北京市社会科学理论著作出版基金资助

唐代
律令制研究

郑显文 著

北京大学出版社
PEKING UNIVERSITY PRESS

图书在版编目(CIP)数据

唐代律令制研究/郑显文著.—北京:北京大学出版社,2004.12
(法史论丛·6)
ISBN 7-301-08173-1

Ⅰ.唐… Ⅱ.郑… Ⅲ.①唐律－研究 ②法制史－研究－中国－唐代 Ⅳ.D929.42

中国版本图书馆 CIP 数据核字(2004)第 113532 号

北京市社会科学理论著作出版基金资助

书　　　名:	**唐代律令制研究**
著作责任者:	郑显文　著
责 任 编 辑:	李力　李霞
标 准 书 号:	ISBN 7-301-08173-1/D·1010
出 版 发 行:	北京大学出版社
地　　　址:	北京市海淀区中关村 北京大学校内　100871
网　　　址:	http://cbs.pku.edu.cn　电子信箱: pl@pup.pku.edu.cn
电　　　话:	邮购部 62752015　发行部 62750672　编辑部 62752027
排 版　者:	北京高新特打字服务社　51736661
印 刷　者:	三河新世纪印务有限公司
经 销　者:	新华书店
	650 毫米×980 毫米　16 开本　20.5 印张　348 千字
	2004 年 12 月第 1 版　2005 年 8 月第 2 次印刷
定　　　价:	30.00 元

未经许可,不得以任何方式复制或抄袭本书之部分或全部内容。
版权所有,翻版必究

前　言

　　中国古代国家制定法自秦汉以来便形成了以律为核心，以令、科、格、式、敕、例等其他形式为补充的法律体系，这种律令制的法律体系从此延续了二千余年的历史，贯穿了整个中国封建社会，成为调整国家政治、经济生活的重要行为规范。因此，探究中国封建社会的历史，研究中华帝国法律的本质特征，首先要从律令制入手，律令制度是中华法系的主干。

　　自近代以来，许多著名的法学家治中国法律制度史也皆从治律令制开始，如我国著名的法学家沈家本、程树德等人，他们在其著作《历代刑法考》和《九朝律考》中，用了大量的篇幅对汉、魏、晋、北魏、北齐、隋、唐、宋、明、清各代的律、令法典形式作了精辟的分析，其研究成果至今仍为学术界所津津乐道。而在海外法史学界，对于律令制法律体系的研究也颇为重视，如中国的近邻日本，自20世纪日本律令研究会成立以来，以泷川政次郎为会长的律令研究会对古代律令制的研究做了大量的工作，其研究成果也是有目共睹的。相比之下，我国法史学界对律令制的研究明显滞后，代表性的研究成果也不多，这种现状很值得法史学界深思。

　　律令制的法律体系肇端于战国秦汉，发展于魏晋南北朝，到隋唐时期逐渐完善。唐高宗永徽年间制定的《唐律疏议》是我国现存最早的封建法典，它的遗存为我们研究唐代律令制提供了方便条件。从上世纪20年代末到30年代初，日本学者仁井田陞历经数年之功，对唐令进行了复原，其研究成果《唐令拾遗》1933年由东方文化书院出版，仁井田陞复原的唐令约为原有条文的一半。自1983年起，东京大学名誉教授池田温等人又在仁井田陞《唐令拾遗》的基础上作了补遗工作，其研究成果于1997年由东京大学出版会出版。《唐令拾遗》和《唐令拾遗补》的出版使我们对唐代律令制的法律体系有了新的认识。但是，由于文献的匮乏，加之唐代另外两种法律形式格、式也已佚失，学术界对唐代格、式的研究还很薄弱，目前发表这方面的研究成果也不很多。因此，对唐代律令制法律体系的研究仍然有许多工作要做。

　　从事唐代律令制的研究是一项艰苦的工作。一部《唐律疏议》虽然仅502条，但它所涉及的领域却十分广泛，内容涉及官吏管理、兵防守备、农田水利、交通驿传、婚姻家庭、商品买卖、仓库管理、医疗卫生、城市管理、宗教信仰、民刑诉讼等社会生活各个方面,可以说是法学领域的一部百科全书。因此,若想探讨唐代律令制的法律体系,仅具备简单的法学知识是远远不够的,还要对当时的政治、经济、思想文化等领域有全面的了解。只有这样,才能对律令制的法律体系作出全面分析,得出公正的结论。

受唐代律令制的影响,日本自飞鸟、奈良时期起即全面接受唐代法律文化,因此,日本的律令制与唐代的律令制有着千丝万缕的联系。若想全面了解唐代的法律体系,也必须对日本的律令制进行研究。在日本著名法典《养老令》的私撰注释书《令集解》中,保存了许多唐代令、格、式的逸文;编纂于醍醐天皇延喜年间的《延喜式》也与唐代的法律形式——式有着密切的关系。但目前为止,我国律令格式四种法律形式仅存一种,即《唐律疏议》,而在日本却保存了三种,令(《令集解》、《令义解》)、格(《类聚三代格》)、式(《延喜式》),中日两国法律形式的互补性为全面了解唐代律令制体系提供了许多有利条件。

笔者从1997年开始即从事唐代律令制的研究工作,1999年参加了由日本著名汉学家大庭脩主持的文部省项目"中日律令制比较研究",2002—2003年,又东赴日本从事中日律令制的比较研究工作,目前这本小书即是对前段工作的一个总结。唐代律令制的研究任重而道远,我们期待着学术界有志之士关心或参与这项工作。

作者谨识

CONTENTS 目 录

第一章 律令格式的法律体系　　1
第一节　唐代律令制研究的现阶段　　1
　　一、唐律研究的历史和现状　　2
　　二、唐令研究的现阶段　　7
第二节　唐律中关于孝的规定　　10
　　一、中国历代政府关于孝道的政策　　11
　　二、唐律中有关孝的法律规定　　15
　　三、唐、明两律关于孝的规定之比较　　21
　　四、唐律、日本律关于孝的规定之比较　　24
第三节　唐律中关于保辜制度的规定
　　　　　——以《73TAM509:8(1)、(2)号残卷》
　　　　　为中心　　28
　　一、保辜制度的历史沿革　　29
　　二、唐律关于保辜制度的规定　　32
　　三、从康失芬伤人案卷看唐代保辜制度　　33
第四节　唐格与律的关系
　　　　　——以唐神龙年间《散颁刑部格》残卷
　　　　　为中心　　37
　　一、关于格的形成和演变　　37
　　二、对唐代格的初步调查　　39
　　三、P3078号、S4673号《唐神龙散颁刑部格残卷》
　　　　的文献价值　　42
　　四、P3078号、S4673号《唐神龙散颁刑部格》
　　　　残卷与唐律之比较　　44

CONTENTS 目 录

第二章　中日律令制比较研究　　52
　第一节　唐律与日本律定罪量刑之比较　　52
　第二节　唐、日《贼盗律》之比较　　65
　第三节　从唐律到日本律的演变　　76
　　一、日本律的成立及其流传情况　　77
　　二、日本律对唐律的变更　　82
　　三、日本律的实施及其影响　　85
　第四节　唐代的《祠令》和日本的《神祇令》　　89

第三章　律令制下的唐代经济　　107
　第一节　律令制下的唐代土地法律　　107
　　一、律令格式体制下的唐代土地的立法　　110
　　二、唐代土地所有权的特征　　113
　　三、唐代对于土地的法律保护　　114
　　四、唐代的土地类型及其相关的管理法规　　116
　　五、唐代土地的买卖、租赁和继承的法律规定　　123
　第二节　律令体制下的唐代的赋税立法　　137
　第三节　律令体制下关于商品买卖的法律规定　　144
　　一、中国古代关于不动产商品买卖的法律文书　　145
　　二、关于中国古代动产交易的法律文书　　154

第四章　律令制下的唐代民事法律　　166
　第一节　律令制下的唐代婚姻　　166

CONTENTS 目　录

　　　一、关于唐代结婚年龄的问题　　　　　　　167
　　　二、唐代婚姻法的基本原则及禁止性规定　　169
　　　三、关于唐代结婚成立的要件　　　　　　　176
　　　四、唐代婚姻的法律效力　　　　　　　　　180
　　　五、唐代离婚的法律程序　　　　　　　　　184
　　第二节　律令制下的唐代家庭财产
　　　　　　继承制度　　　　　　　　　　　　　190
　　　一、中国古代家庭财产继承制的演变　　　　191
　　　二、唐代财产继承的法律规定　　　　　　　194
　　　三、从敦煌文书看唐代的财产继承　　　　　198
　　第三节　律令制下的唐代债权保障制度　　　　204
　　　一、唐代法典中所见的债权保障规定　　　　205
　　　二、唐代债的不同类型及相关的法律规定　　207
　　　三、唐代债权保障的具体措施——担保制度　212
　　　四、敦煌契约中所见的唐代债权保障措施　　216

第五章　律令制下的唐代涉外法律　　　　　　221
　　第一节　关于唐代的涉外法律体系　　　　　　222
　　第二节　唐代的涉外行政管理法　　　　　　　228
　　第三节　律令制下的唐代涉外民事法律　　　　233
　　第四节　律令制下的唐代涉外经济法律　　　　241

第六章　律令制下的唐代佛教　　　　　　　　　250
　　第一节　关于唐代佛教僧尼的法律规定　　　　250
　　　一、关于唐代佛教的经济法规　　　　　　　250

CONTENTS 目 录

二、关于限制僧尼社会活动的法规　253
三、有关唐代僧尼违背礼教的法规　256
四、有关唐代僧尼违犯刑律的法律规定　258

第二节　唐代律令体制对佛教寺院经济
　　　　的制约　262
　　一、唐前期颁布授田法令,对寺院僧侣
　　　　占田进行限制　262
　　二、唐前期政府制定有关的法规,对依附于
　　　　寺院的劳动人口进行限制　265
　　三、唐代前期政府颁布了许多法令,对寺院
　　　　经济的来源进行限制　268
　　四、从唐前期有关的法律规定看佛教寺院
　　　　经济的变化　271

第三节　唐代佛教寺院土地买卖
　　　　的法律规定　272
　　一、唐代寺院土地的来源及相关的法律规定　273
　　二、唐代寺院买卖土地的动因　279
　　三、对唐代寺院土地买卖文书的考察　282

第四节　唐代《道僧格》及其复原之研究　286
　　一、唐代律、令、式关于道、佛教的法律规定　287
　　二、唐代关于道、佛教的法典——《道僧格》　292
　　三、对唐代《道僧格》条文的复原　298

附录　主要参考文献　310

后记　318

第一章 律令格式的法律体系

第一节 唐代律令制研究的现阶段

中国古代国家制定法自秦汉以来便形成了以律为核心,以令、科、格、式等形式为补充的法律体系。尤其是到了西晋时期,令与国家的根本法律被区分界定,从而进入了律令制并存的时代。南北朝时期,又先后出现了格、式两种法律形式,到隋代终于定型为"律令格式"的国家法体系。

律是定罪量刑的刑法典,令由行政制度及规则等构成,两者互为表里,密不可分。如果只有律而无令,国家的行政管理就会杂乱无章;如只有令而无律,国家的行政管理便不能有效地得到保障。在唐律中,单独设立了"违令罪",来对令的法律效力进行维护,如果律中没有罚则,也可根据律中的"违令罪"加以处罚。律、令是国家的两大基本法典,相对稳定,有时为了对律令进行补充,便出现了格、式。格对于律令而言是具有补充意义的法典。式多为关于实施律令而制定的细则法规,对律令来说具有从属关系。隋朝时,将上述四种法典加以组合而构筑了新的法律体系,即律令格式的法律体系。唐朝沿袭不改。

事过境迁,由于王朝的更迭和历史的变迁,唐代律令格式的法律体系除律仍存于世外,其他法典早已佚失,有些仅残存部分佚文。这也为研究者带来了诸多不便。

唐代律令制是秦汉以来国家制定法发展之集大成,也是中国封建法律最为成熟的阶段。律疏是汉代以来法律学发展的结晶,堪称中国古代法律的典范。唐律、律疏对后世法典产生了重要的影响,终南宋(1279年)之世,一直作为现行法延续实施。元朝时期,唐律、律疏虽从现行法的地位退出,但在司法实践活动中仍广为援引。明朝的法典《大明律》、清朝的《大清律例》也都是在唐律显著影响下制定实施的。由此可见,唐律是中国古代一部有着承前启后性质的法典。

唐代的律令制对于古代周边国家也产生了重要影响。日本是中国的近邻,唐代的律令制在唐初即传到了日本,如天智天皇时期,当时的日本政府原样照搬了唐律,而对唐令却作了修改。经过数十年的发展变化,到文武天皇大宝、元正天皇养老年间,终于形成了具有本国特色的法典《大宝律令》和《养老律令》。朝鲜半岛与中国的法律交流更是源远流长,据《汉书》卷28《地理志》记载:"殷道衰,箕子去之朝鲜,教其民以礼仪、田桑、织作,乐浪朝鲜民犯禁八条:相杀,以当时偿杀;相伤,以谷偿;相盗者,男没入为其家奴,女子为婢,欲自偿者人五十万,虽免为民,俗犹羞之"。唐朝法律对当时朝鲜半岛的高丽、百济、新罗三国的法律影响更为深远,据郑麟趾等撰《高丽史》卷84《刑法志》云:"高丽一代之制,大抵皆仿乎唐,至于刑法亦采《唐律》,参酌时宜而用之。"另外,唐代律令制还对琉球、安南等地也产生了重要影响,日本学者牧野巽在《安南黎朝刑律中之家族制度》一文中写道:"安南者,形成中国法系国之南端也。……安南于秦汉时即接受中国文化,追后汉马援之远征,遂完全成为中国之领土,直至唐末犹然,故此时代安南所行之法律,恐即以唐之律令为主也。"①

学术界对于唐代律令制的研究由来已久,发表的研究成果也颇丰,下面将对这些研究成果略作介绍,不妥之处,请求指正。

一、唐律研究的历史和现状

唐朝在建国之初,仍沿用隋代开皇三年的旧律。及至唐高祖武德七年(624年),才制定了本朝的新律《武德律》。唐太宗贞观年间,命房玄龄等人对旧律进行重新修订,把《开皇律》中的许多刑罚进一步减轻,对不合理的刑罚加以调整,于贞观十一年(637年)撰成新律,颁行天下,是为《贞观律》。此后永徽二年(651年)、垂拱元年(685年)、神龙元年(705年)、开元七年(719年)、开元二十五年(737年)又屡次进行修订,但改订的内容大多局限于御名避讳及官司、官职、地名等用字、用语等形式上的改动,也多少有些文字上的变动,所涉及规定的内容几乎没有太大的变更。开元二十五年以后,唐代文献再也没有记述修订律令之事,说明唐代法典已经定型。

唐律共由十二篇,502条构成。其篇目依次为:(一)名例(总则规定)、(二)卫禁(关于宫门、城门警卫、关津等方面的罪名)、(三)职制(国家机关官吏职务上的犯罪等)、(四)户婚(有关户口、田宅、婚姻方面的犯罪)、(五)厩库(关于畜产及仓库管理的犯罪)、(六)擅兴(关于军戍的犯罪)、(七)贼盗(谋反、大逆、杀人、盗窃等方面的犯罪)、(八)斗讼(关于斗殴和告诉方面

---

① 原文发表于《日佛文化》杂志新第6辑,转引自杨鸿烈《中国法律在东亚诸国之影响》,中国政法大学出版社1997年7月版,第417页。

的罪名)、(九) 诈伪(印章、伪造文书,诈欺、伪证的犯罪)、(十) 杂(无法列入上述其他各篇的罪名)、(十一) 捕亡(有关罪犯、兵士、奴隶逃亡及逮捕方面的犯罪)、(十二) 断狱(有关审判和行刑的法律规定)。

唐高宗永徽四年(653 年),在《永徽律》颁行后两年,唐高宗命长孙无忌等当时知名的法学家完成了对律的注释,即"律疏",共三十卷,唐朝政府为唐律作疏议的目的是为了使全国上下对律的解释能够统一,也为明法科的考生提供官方的解释书。

需要指出的是,律疏不单纯是律文的注释,也有将律之规定不完备的地方单独立法的内容,其与律文具有同等的法律效力,经常为司法审判所引用。

唐朝时雕版印刷技术尚未普及,所有的法典皆须抄写,故当时的写本几乎全部淹没,现已经失传,仅在敦煌文书中存有部分唐律的断片。

《唐律疏议》现有三个版本系统,其一是滂喜斋本,也是现存《唐律疏议》诸版本中最古老的一个版本,该本现藏于中国国家图书馆,它包括残宋本、元大字本、元刻本、清兰陵孙氏覆宋抄本以及四部丛刊本。其二是元至正本系统,包括元至正十一年(1351 年)崇化(福建省建阳县)的勤有堂刻本、清孙星衍岱南阁丛书本等。其三是日本文化本系统,即日本文化二年官版本。该本主要依据的是元泰定本。元泰定本不知何时传入日本,后历经多次传抄流传各地。幕府时讲官荻生北溪受命手抄、校订其中的一本,于享保十二年(1727 年)献于八代将军德川吉宗。该本通常被称为荻生北溪校订本或物观本,现存藏于宫内厅书陵部,其转写本藏于"国立"公文书馆内阁文库。

现在国内学者经常使用的版本是中华书局 1983 年 11 月出版的标点本,该版本由北京大学刘俊文点校。刘本在点校时参考了中外诸版本,并结合了敦煌文书中的唐律断简,进行校注,使用起来非常便利。

接下来我们看一下唐律研究的状况。国内学者最早对唐律进行研究的应首推清朝末年的沈家本。沈家本(1840—1913),字子惇,号寄簃,清朝末年杰出的法学家和法律改革家,在其名著《历代刑法考·律令九卷·律令四》中,沈家本对唐《武德律》、《贞观律》、《永徽律》及《律疏》等都作了分析。尤其是在《永徽律疏》一节中,对《唐律疏议》的版本流传情况作了说明,开创了近代国内学者研究唐律的先河。

二十世纪另一位著名的法律史学家程树德在《九朝律考》中虽未专门对唐律进行论述,但其在对《汉律》、《魏律》、《晋律》、《北齐律》、《隋律》等前朝律典的论述中,也为唐律研究提供了许多可供参考的观点。

杨鸿烈先生是研究唐律的另一位大家。1937年,上海商务印书馆出版了其《中国法律在东亚诸国之影响》一书,在该书中,作者就唐律对古代朝鲜、日本、琉球、安南等国的影响进行了全面系统的论述,显示了作者扎实的学术功底和敏锐的学术目光,是一部不可多得的学术精品。

建国以后,国内学术界对唐律研究成就突出的著作应首推杨廷福教授。1982年天津人民出版社出版了其《唐律初探》一书,在该书中,作者对唐律的制作年代、唐律对亚洲古代各国封建法典的影响等问题都作了分析。尤其是作者在《〈唐律疏议〉制作年代考》一文中,对日本学者提出的现存《唐律疏议》是《开元律疏》的观点进行了反驳,从文献著录、敦煌写本、《唐律疏议》的刊本、《唐律疏议》中出现的避讳等七个方面进行了论述,代表了国内唐律研究的最高成就。

从七十年代末八十年代初,北京大学的刘俊文教授对《唐律疏议》进行了详细点校,最后由中华书局出版。作者参考了上述的三个版本系统,并尽可能利用前人的研究成果进行校注,为研究者带来了极大的便利。其另一部著作《敦煌吐鲁番法制文书考释》对现存的唐律及律疏断简进行了考证,由中华书局1989年出版,该书也是研究唐律重要的参考书。

1985年山东人民出版社出版了乔伟《唐律研究》一书,作者从刑法学的角度对唐律进行了探讨,全书分总论和分论两编,上编主要论述了唐律的形成、五刑、十恶、八议以及各项刑罚原则;下编主要论述了唐律中的各项罪名。作者对唐律的研究十分琐细,几乎对每一个细小问题都作了分析,对于初学者来说是一部很好的入门之作。

近年来,又涌现了许多唐律研究的新作,如钱大群《唐律研究》(法律出版社2000年8月出版)、王立民《唐律新探》(上海社会科学院出版社1993年6月出版)等,都从不同的视角对唐律进行了分析。

台湾学者对唐律研究也取得了很大的成就,其中最具代表性的著作是戴炎辉的《唐律通论》。《唐律通论》共分三编,第一编是总论部分,主要叙述了唐律的沿革、特质、身份等问题;第二编作者把《名例律》分成26章,逐条解释。第三编为《唐律各论》,是对《卫禁律》到《断狱律》各篇所进行的解释。此外,还有蔡墩铭《唐律与近世刑事立法之比较研究》(台湾五洲出版公司1968年出版)等。

接下来再看一下发表的论文情况。继1978年杨廷福在《文史》第5辑上发表《〈唐律疏议〉制作年代考》后,1982年蒲坚在《法律史论丛》第2辑上发表了《试论〈唐律疏议〉的制作年代》,进一步论证了现存《唐律疏议》是唐永徽年间制定的《永徽律疏》。

1980年王永兴在《文史》第8辑发表了《关于〈唐律疏议〉三条律疏的修改》,指出从永徽四年到龙朔二年的九年中,"修改律疏三条,其中两条是由于礼改了,律也必须随之改变。"马长林在《学术月刊》1985年5期上发表了《〈唐律〉实施问题辨析》,认为"唐律尽管在名义上被奉为最重要的法典,但在实际生活中,至迟从中唐开始,其实施发生了较大变化。"此外,王立民在《唐律实施问题探究》(《法学》1990年10期)中也对唐律的实施作了论述。

相比之下,国外学者对唐律的研究成就斐然。日本是中国的近邻,奈良时期的日本深受唐代法律的影响。早在江户时期,就兴起了研究唐律的热潮。到十九世纪末二十世纪初,日本先后出现了一大批研究唐律的专家,佐藤诚实就是其中的代表人物。1898年,在《国学院杂志》上发表了佐藤诚实的《律令考》(后收入《佐藤诚实博士律令格式论集》,汲古书院平成3年9月出版)一文,曾怀疑现存的《唐律疏议》非《永徽律疏》。1931年,仁井田陞、牧野巽两人共同完成了《故唐律疏议制作年代考上、下》(《东方学报》第1册、第2册,1931年;后被律令研究会收录于《译注目本律令一、首卷》,东京堂,1978年影印)并公开发表。该文共上、下两部分,计255页,是关于《唐律疏议》形成的划时代的大论文。两位学者致力于文献学的研究,提出了如下的主张,即现存的《唐律疏议》不是《永徽律疏》,而是开元二十五年律疏。它在唐后半叶、五代、宋、元有过字句的修订和附加,最终演变成今天的样式。这种学说得到了后来日本学者的支持,迄今已成为日本法史学界的定论。

泷川政次郎是日本律令研究会的会长,由他发起的律令研究会对唐代律令制的研究作出了巨大贡献。泷川本人也是律令制研究的大家,他在《敦煌出〈开元律疏〉残篇》、《西域出土的唐律断片》(《律令之研究》,刀江书院昭和41年10月出版)、《日唐律中疑罪的观念》(《律令格式之研究》,角川书店昭和42年5月出版)等论文中,对唐律中的许多问题都作了精辟的论述。桑原骘藏是原京都大学的教授,其《唐明律之比较》一文中,认为明律删除了唐律中的避讳条款。①

除上述几位学者外,内藤乾吉根据文献学的研究,明确指出,律疏经开元刊定,在唐后期、五代、宋、辽、金被作为现行法行用的过程中,又在元代

---

① 原文发表于昭和3年12月《高濑博士还历纪念中国学论丛》,后收入《桑原骘藏全集》第3卷,岩波书店昭和3年4月版。

《故唐律疏议》被刊行之际,曾进行了相当程度的用语、用字的改订以及增补、消除等工作,这其中也产生了误脱。① 三位学者的研究分歧很多,但都提出了许多宝贵的意见。

滋贺秀三是日本另一位研究唐律的专家,1958—1964 年,他先后发表了《译注唐律疏议(一)—(五)》(《国家学会杂志》72 卷 10 号,73 卷 3 号,74 卷 3、4 号,75 卷 11、12 号,78 卷 1、2 号)。滋贺氏设想把《唐律疏议》翻译成日语,为日本法学界熟练利用并作为参考资料提供捷径。带着这种美好的愿望,他开始了本书的翻译工作。该译稿篇目简洁、"解题"缜密,附录设有关于亲族称谓及服制明晰的解说。自上而下为《进律疏表》和名例篇目疏,以下是关于名例律各条、与诸本的互校、现代日语的翻译、注释和相关诸问题的解说。遗憾的是该译稿到名例律三十六条中断,后被收入到律令研究会编著的《译注日本律令五·唐律疏议译注篇一》(东京堂,1979 年)中。作者以严谨的学风对唐律、律疏的用语一丝不漏地加以解说,以各条文的法理进行揭示,对与他条的关联性加以说明,其所追求的研究方法,对今天研究唐律的学者仍给予很大的影响。

日本学者关于唐律研究的论文还有:冈野诚《日本的唐律研究——以文献学研究为中心》,《明治大法律论丛》54 卷 4 号,1982 年,第 59—81 页;小林宏《关于〈唐律疏议〉的原文》,《国学院法学》12 卷 2 号,1974 年,第 98—128 页;小林宏、高盐博《关于律集解的构成和〈唐律疏议〉的原文(一)—(三)》《国学院法学》,(一)13 卷 4 号,第 84—120 页,(二)14 卷 3 号,第 1—27 页,(三)15 卷 3 号,第 24—44 页;冈野诚《关于敦煌本唐户婚律放部曲为良条——P3608、P34250 号文书的再探讨》,《明治大法律论丛》60 卷 4、5 号,1988 年,第 651—696 页;同上,《关于唐户婚律立嫡违法条》,唐史研究会《东亚古文书史的研究》,刀水书房 1990 年版,第 105—128 页;奥村郁三《唐律的刑罚》,《大阪市大法学杂志》8 卷 2 号,1961 年,第 81—101 页;同上,《关于断狱律·依告状鞫狱——律令的纠问主义和弹劾主义》,《大阪市大法学杂志》11 卷 2 号,1964 年,第 101—122 页;滋贺秀三《唐律中的共犯》,收入《清代中国的法与审判》,创文社,1984 年,第 385—401 页,原载《别册法学家·法学教室》8 号,1963 年;同上,《关于唐代律改正的一个问题——答利光三津夫、冈野诚两人的论考》,《法制史研究》30 号,1981 年,第 153—158

---

① 内藤乾吉《滂喜斋本〈唐律疏议〉的刊行年代》,《大阪市大法学杂志》4 卷 3、4 号,1958 年,后收录内藤乾吉《中国法制史考证》,有斐阁 1963 年版,第 148—181 页。

页;同上,《唐制中官职的守和行——答池田温对〈译注〉的书评,关于附〈得替〉之语》,《法制史研究》31号,1982年,第331—333页;泷川政次郎《日唐律玄象器物条考》,《国学院法学》18卷1号,1981年,第1—28页等。

近年来,一些欧美学者发表了关于唐律研究的论文。如美国亚利桑那大学东亚研究所的马伯良(Brian E. Mcknight)教授在《美国东方学会学刊》(Journal of the American Oriental Society)上发表了《〈唐律〉与后世的律:连续性的根基》一文,① 作者从唐律对后世程序法原则的影响等问题进行了透彻的分析,堪称这方面的代表之作。

二、唐令研究的现阶段

中国古代的成文法以律为主,辅之以令。自西晋对律、令作了明确区分之后,令逐渐成为封建国家一种重要的法律形式。及至隋唐,令作为国家的行政法律,发挥着重要的作用。

众所熟知,唐令是以隋代《开皇令》为基础的,其篇目大部分沿用隋《开皇令》,只是隋令中缺乏唐令所有的乐、营缮、医疾、捕亡4篇令。② 唐令经过武德、贞观、永徽、乾封、垂拱、景云、开元诸朝的修补,逐渐形成27篇,《唐六典》卷6记述了其篇目:"凡令二十有七(分为三十卷):一曰官品(分为上、下),二曰三师三公台省职员,三曰寺监职员,四曰卫府职员,五曰东宫王府职员,六曰州县镇戍岳渎关津职员,七曰内外命妇职员,八曰祠,九曰户,十曰选举,十一曰考课,十二曰宫卫,十三曰军防,十四曰衣服,十五曰仪制,十六曰卤簿(分为上、下),十七曰公式(分为上、下),十八曰田,十九曰赋役,二十曰仓库,二十一曰厩牧,二十二曰关市,二十三曰医疾,二十四曰狱官,二十五曰营缮,二十六曰丧葬,二十七曰杂令,而大凡一千五百四十有六条焉。"

中国学者对于唐令的研究起步很早,早在十九世纪末二十世纪初,沈家本在《历代刑法考·律令四》中,对唐代的令就进行了探讨。如其在"唐令"条中说:"《唐令》一书,宋时具在,今亡矣。《新志》及《六典》并云一千五百四十六条,《旧志》及《会要》并云一千五百九十条,或开元以后有所增宜。"1934

---

① 该文由霍存福教授翻译成中文,收入高道蕴、高鸿钧、贺卫方主编的《美国学者论中国传统》一书,中国政法大学出版社1994年版。

② 仁井田陞:《〈唐令拾遗〉序论》第一节《唐令历史的研究》,参见栗劲、霍存福等编译《唐令拾遗》一书,长春出版社1989年版,第810页。

年,陈顾远在《中国法制史》(商务印书馆1934年版)中也论述了隋唐两令的篇目异同。此后,学术界对于唐令的研究一度沉寂下去。

近年来,国内学者对唐令的研究又逐渐兴盛。1987年,刘俊文教授在《敦煌写本永徽东宫诸府职员令残卷校笺》(《敦煌吐鲁番出土文献研究论集》,北京大学出版社1986年出版)中,对敦煌写本永徽东宫诸府职员令残卷进行了详细的校注。我国著名的隋唐史专家韩国磐先生在《中国法制史研究》一书中对隋《开皇令》、唐《武德令》、《贞观令》、和《永徽令》的诸令篇目列表比较,并得出了"唐令篇数,综合诸令来看,应不止于三十三篇。《礼令》、《时令》即在此三十三篇之外。"戴建国则在《天一阁藏明抄本〈官品令〉考》(《历史研究》1999年3期)一文中,考证出该抄本为宋《天圣令》,由于《天圣令》"是在唐令的基础上制定的,新发现的残本保存了大量开元二十五年令的原文,仅附录的唐令就有222条。"荣新江、史睿根据俄藏敦煌文献ДX.3558号,对唐代《祠令》的三个条目进行了复原。① 郑显文则将日本的《僧尼令》与唐代的宗教法进行了比较,认为日本的《僧尼令》虽参考了唐代的《道僧格》,但亦有所创新,并非原样照搬。② 其在另一篇论文《律令制下的日本神祇祭祀》中,认为日本的《神祇令》主要基于本民族的祭祀传统,但对于违背祭祀行为的惩罚规定,则借鉴了唐代律令的规定。③ 霍存福在《令式分辨与唐令的复原》(《当代法学》1990年3期)、《论礼令关系与唐令的复原》(《法学研究》1990年3期)中亦对唐令进行了分析研究。

接下来再看一下日本学者对唐令的研究情况。

唐代是中国法律制度走向成熟的历史时期,这期间唐朝政府先后编纂了《武德律》、《武德令》、《贞观律》、《贞观令》、《贞观格》、《永徽律》、《永徽式》以及《开元律》、《开元令》、《开元格》、《开元式》等法典,受此影响,日本政府也在天智天皇元年(662年)制定了《近江令》,天武天皇时期,又制定了《天武律令》,文武天皇四年(700年)编纂了《大宝律令》,元正天皇养老二年(718年)修定了《养老律令》,嵯峨天皇弘仁十年(819年)修定了《弘仁格式》,清和天皇贞观十年(868年)制定了《贞观格式》,醍醐天皇延喜五年(905年)制定了《延喜格式》等法典,使日本的法典体例日趋完善。④ 又如,

---

① 《俄藏敦煌写本〈唐令〉(ДX.3558)考释》,《敦煌学辑刊》1999年第1期。
② 《日本〈令集解·僧尼令〉与唐代宗教法比较研究》,《政法评论》2001年卷,中国政法大学出版社2001年版。
③ 《世界历史》2004年第2期。
④ 参见池田温:《关于唐代律令的继承》,《日本思想大系月报》,1976年版,第55页。

第一章 律令格式的法律体系

唐代的法律形式有律、令、格、式四种,而这四种法律形式在日本法典编纂史上皆出现过。所以,我们说中古时期日本的法律制度是直接受唐代法律影响制定而成的。

由于中日法律制度有着千丝万缕的联系,对于唐令的研究尤其是对于中日律令制的比较研究历来是日本法史学界一个热门的话题。早在1904年,日本著名学者中田薰博士就撰写了《唐令与日本令的比较研究》,① 从而开创了唐日比较法制史的先河。此后,日本著名的法史学家仁井田陞历经数年之功,在充分参考了日本《养老令》的基础上完成了鸿篇巨制《唐令拾遗》,共搜集复原了715条唐令,几乎为唐令的一半。

《唐律拾遗》出版后,对唐令的复原工作并没有因此停止,仁井田陞又陆续发表了一些增补考论的论文,并计划对《唐令拾遗》作以增补。但不幸的是作者英年早逝,其未竟事业最终由弟子池田温等人完成。1997年,东京大学出版会出版了《唐令拾遗补》,新增补了唐令143条。其中第三部分《唐日两令对照一览》,便于唐、日两令的检索,对于比较研究者提供了很大的便利。《唐令拾遗补》的出版,把唐令的研究推向了一个新的阶段。几十年过去了,对于唐日律令的比较仍有许多工作值得我们去做。

与唐日两国的律相比,唐、日两令则有很大的区别。从唐、日两令的篇名上看,其中绝大多数篇名相同或相似,所不同的是日本令中有《继嗣令》而唐令没有,唐令中有《祠令》,日本令中有《神祇令》和《僧尼令》。祠,乃唐代祠部的简称,隶属于礼部,关于其职责,《唐六典》卷四云:"礼部郎中、员外郎掌祠祀享祭,天文漏刻,国忌庙讳,卜筮医药,道佛之事",很明显,唐代祠部管辖的范围包括祭祀神祇以及佛道之事。那么,唐代的祠令亦应有这方面的法律规范。仁井田陞先生在《唐令拾遗》一书中复原唐代祠令46条,里面没有一条关于佛道方面的法令,只是在"田令第二十二"和"杂令第三十三"中列举2条。②

我们再从中日文献对令的定义上分析,也可以看到唐、日两令的差异。据《唐六典》卷四云:"凡律以正刑定罪,令以设范立制,格以禁违正邪,式以轨物程事。"在日本,《弘仁格式序》对日本的令也作了解释:"盖闻律以惩肃为宗,令以劝诫为本,格则量时立制,式则补阙拾遗,四者相须足以垂范,譬

---

① 日本《国家学会杂志》第18卷,1904年,第212—214页,后被收录其《法律史论集》第1卷中。

② 参见前揭书,第568、795页。

犹寒暑递以成岁,昏旦迭而育物,有讼有革或轻或重,实治国之权衡,信驭民立辔策者也。"从上述中日两国文献对令格的定义看,两者之间已有所差异。唐令的职能是"设范立制",格的职能是"禁违正邪";而日本令的职能是"以劝诫为本",格的职能是"量时立制"。说明唐令传到日本后,已有所变化。

接下来再看一下日本学者对唐令的研究情况。日本学者对唐令的研究成就斐然,已故学者泷川政次郎是其中的佼佼者,其对唐令的研究成果主要收录在《律令之研究》和《律令格式之研究》等著作中。① 在《律令之研究》第二编《日唐律令之比较研究》中,作者对唐《职员令》残卷和日本令进行了详细比较;对唐礼与日本令的关系进行了探讨。在《律令格式之研究》中,作者对唐代的《兵部式》和日本《军防令》作了比较研究。另一位日本著名的历史学家坂本太郎在《日唐令篇目之异同》中,指出唐令传入日本后,在篇目上已发生变化。② 菊池英夫《论唐代史料中令文与敕文的关系》(《北海道大学文学部纪要》21:1,1973 年)中,提出了进一步甄别、增补唐令的方法。冈野诚在《唐永徽职员令的复原——关于 S11446 的剥离结果》(《东洋法史的探研——岛田正郎博士颂寿纪念论集》,汲古书院 1987 年出版)中,依据敦煌残卷,对唐《职员令》进行了部分复原。关西大学奥村郁三对日本《令集解》中所引的汉籍进行了辑录,发表了《令集解所引汉籍备考》(《关西大学东西学术研究所研究丛刊》之 14)一文。坂上康俊在《〈令集解〉中所引用的唐令》(《九州史学》第 85 号,1986 年)一文中,对《令集解》中所引用的唐令进行了研究。此外,还有池田温《唐令与日本令——〈唐令拾遗补〉编纂集议》(《中国礼法与日本律令》东方书店 1992 年)、吉田孝《隋唐帝国与日本的律令制国家》(汲古书院 1979 年出版)等。还有很多论文著作因后面的章节中要提到,在此就不一一列举了。

第二节 唐律中关于孝的规定

在长达数千年的中国古代社会,中华民族不仅创造了辉煌灿烂的物质文明,同时也创造了富有特色的精神文明。以儒家思想为核心的伦理道德

---

① 《律令之研究》,刀江书院昭和 41 年 10 月版;《律令格式之研究》,角川书店昭和 42 年 5 月版。

② 《日唐令篇目之异同》,收入《律令制的诸问题——泷川政次郎博士米寿纪念论集》,汲古书院昭和 59 年 5 月版。

体系独具匠心,浑然成一体,成为指导人们日常行为的准则,至今仍对东西方社会产生重要的影响。

孝是儒家文化的精髓,也是维系社会、家庭稳定的基础。自夏商以后到清朝灭亡,历代统治者皆大力提倡孝道。孝已经不仅局限于道德的范畴,它还被写进法典之中,以国家强制力的形式予以保护。

唐律是中国封建法律最为成熟的时期,唐律的主要特征就是使礼和法得到完美地结合。唐太宗本人明确指出:"失礼之禁,著在刑书",① 要把一切违背礼教的行为写进法典,利用法律武器给予严惩。唐初的法学家长孙无忌等人为《永徽律》作疏议,在开篇中写道:"德礼为政教之本,刑罚为政教之用,犹昏晓阳秋相须而成者也"。② 这里的"德礼",本身就包含孝的内容。

中外学者对于中国古代孝道的研究成果很多,③ 但就唐律本身对孝的规定尚无专文进行探讨。因此,笔者试图对这一问题略作分析,不妥之处,祈求教正。

一、中国历代政府关于孝道的政策

孝是家族制度发达的产物,也是礼的重要内容。若想全面了解中国古代的孝,就不能不涉及礼。

礼最早源于氏族部落的风俗习惯,在原始社会末期,由于人们认识自然的能力低下,对许多自然界现象不能正确地理解,加之对生老病死的恐惧,为使自己心灵得到解脱,于是就出现了原始的祭祀。"礼源于祭祀",这在中国古文献中随处可见。东汉许慎在《说文》中对礼定义为:"礼,履也,所以事神致福也。"司马迁在《史记》卷23《礼书》中对礼的内容作了如下表述:"故礼,上事天,下事地,尊先祖而隆君师。"根据司马迁的论述,我们可将古代的祭祀分为两类:其一是祭神。祈求具有超自然力的神明给予保佑,也就是通常所说的自然神,如天地、日月、江河、山谷、风雨雷电等。其二是祭鬼,即已逝去的祖先,尤其是对本宗族、本部落有过重大贡献的祖先。祭祖的目的在于维系血缘亲情,团结本家族内部成员。

---

① 《全唐文》卷7《薄葬诏》。
② 《唐律疏议》卷1。
③ 参见陈鹏生、陈汉生:《孔子的"孝"义及其对封建法制"不孝入罪"的影响》,收入乔伟主编:《孔子法律思想研究》一书,山东人民出版社1986年版;康学伟:《先秦孝道研究》,(台湾)文津出版社1992年版;桑原骘藏:《从法律看中国的孝道》,原文发表于昭和三年《狩野教授还历纪念中国学论丛》,后收入《桑原骘藏全集》第3卷,岩波书店,昭和四十三年四月版等。

当人类迈入文明社会以后,对鬼神的信仰并未因社会的进步而消亡,反而变得更加炽烈。

以夏朝为例,夏代的祭祀活动颇为频繁,礼仪也较为齐整,孔子在评论夏禹时的祭祀情形中讲道:"禹,吾无间矣! 菲饮食而致孝乎鬼神,恶衣服而致美乎黻冕,卑宫室而尽力乎沟洫。禹,吾无间矣。"① 自夏以后,历代统治者都举行大规模的祭祀活动。《清史稿》卷86"宗庙之制"记录了清朝皇帝祭祀祖先的盛况,兹引之如下:

> 清初尊祀列祖神御,崇德建元,立太庙盛京抚近门东。前殿五室,奉太祖武皇帝、孝慈武皇后。后殿三室,奉始祖泽王、高祖庆王、祖福王、考、妣俱南向。并设床榻、衾枕、楎椸、帷幔,如生事议。太宗受尊号,躬率群臣祭告,其太牢、少牢色尚黑。复嗣考祭仪,定祭品,牛一,羊一,豕一,簠、簋各二,笾、豆各十有二,炉一,镫二,各帛一,登、铏、尊各一,玉爵三,金匕一,金箸二。帛共筐,牲共俎。尊实酒,疏布幂勺具。阶前设乐部,分左、右悬。祀日陈法驾卤簿。

父母是对已逝祖先的继续,同时也是现实生活中的祖先。在自给自足自然经济为主体的中国古代农耕社会里,"男子耕田,女子纺绩"是维系家庭正常运转的基本结构。"一夫不耕,或受之饥;一女不织,或受之寒",② 作为家庭中的主要劳动者——父母如果不辛勤劳作,子女将无法生存下去。这样艰难的生存环境必然决定父母在家庭中具有无上的权威,子女要无条件地遵从父母、孝敬父母。所以,农耕社会是产生孝最肥沃的土壤。

中国古代孝的观念在夏朝建国以前即已出现,据《史记·五帝本纪》记载,尧在位七十载,问谁可以继承其位,众皆举荐舜。舜"盲者子,母嚚,弟傲,能和以孝,烝烝治,不至奸。"商高宗武丁亦以孝闻名于世,据《尚书·无逸》云:武丁父死,丁为父守丧三年,"其在高宗,……作其即位,乃或亮阴,三年不言。"

西周承袭了夏商的传统,并将孝的思想与国家政治紧密地结合在一起。《诗经·大雅·既醉》说"威仪孔时,君子有孝子,孝子不匮,永锡尔类。其类维何? 室家之壸;君子万年,永锡祚胤。其胤维何? 天被尔禄;君子万年,景命有仆。"在西周的文献中,孝的规定多处可见。《尚书·康诰》曰:"元恶大憝,

---

① 《论语·泰伯》。
② 《汉书》卷24《食货志》。

鞫为不孝不友。子弗只服厥父事,大伤厥考心;于父不能字厥子,乃疾厥子;于弟弗念天显,乃弗克恭厥兄;兄亦不念鞠子之哀,大不友于弟。惟吊,兹不于我政人得罪,天惟与我民彝大泯乱,曰:乃其速由。文王作罚,刑兹无赦。"

西周孝的观念经过春秋战国时期孔子、孟子的宣扬,对后世产生了巨大影响。孔子是儒家学派的创始人,孔子思想的核心是仁,而仁又以忠、孝为基点。在《论语》一书中,多处记载了孔子关于孝的言论。如《论语·为政》篇载:"《书》云:'孝乎惟孝,友于兄弟,施于有政'。是亦为政,奚其为为政?"孟子同样是孝道的大力提倡者,《孟子·告子》篇说:"尧舜之道,孝弟已矣"。把是否提倡孝道,上升到能否治理好国家的政治高度,这种认识,对后世影响很大。

西汉中期,汉武帝采纳了大儒董仲舒的建议,"罢黜百家,独尊儒术",使儒家思想上升为国家意志,随之建立了以"忠孝"为标准的新的道德评价体系。两汉时期许多皇帝死后都谥号"孝"字。东汉时期,各郡国还专门设立《孝经》师,"来主监试经"。① 南北朝时期,一些开明的少数民族统治者全面继承了中原文化,提倡孝道。据南宋马端临《文献通考》记载,北魏孝文帝迁都洛阳后,以拓跋鲜卑人"未达华语,孝文帝命侯伏、侯可、悉陵,以夷言译《孝经》之旨,教于国人"。② 南朝的许多皇帝还亲自注释《孝经》,如东晋元帝著有《孝经传》,孝武帝撰有《孝经义疏》等,弘扬孝道。

唐代是中国古代孝道思想发展的重要阶段,唐前期的许多皇帝都大力提倡孝道。唐高祖武德四年(621年),针对僧尼不致拜君亲的行为进行了严厉批评,他说:"弃父母之须发,去君臣之章服,利在何门之中,益在何情之处?"③ 唐太宗即位后,正式下诏令僧尼、道士等致拜父母。

宋元明清四代是中国古代孝道思想发展的高峰期。受程朱理学的影响,元大德十一年(1307年)八月,元武宗刚即位不久,"中书左丞孛罗铁木儿以国字译《孝经》进"。武宗大喜,诏曰:"此乃孔子之微言,自王公达于庶民,皆当由是而行。其命中书省刻版模印,诸王而下皆赐之。"④ 明代的大学者丘濬主张在学校教育中灌输孝的思想,他说:"王者之养老,所以教天下之孝也,必于学者,学所以明人伦也,人伦莫先于孝弟。"⑤ 清代前期的几位

---

① 《后汉书·百官志四》。
② 《文献通考》卷185《经籍十二》。
③ 《集古今佛道论衡》卷丙。
④ 《元史》卷22《武宗纪一》。
⑤ 《大学衍义补》卷79。

皇帝都曾注释过《孝经》,如顺治帝撰有《御注孝经》,康熙帝著有《孝经衍义》,雍正帝著有《御纂孝经集注》等,以此号召百姓孝敬父母,弘扬风化。

孝是属于道德调整的范畴,但在"礼法难分"的中国古代,违背礼教也就意味着触犯了国家的法律。自夏商两代迄清朝灭亡,历代法律中都设有不孝罪,以此来惩治家庭中的忤逆者。

中国法律起源于夏代,《尚书·大传》有"夏刑三千条"的说法。清末大学者章太炎考证《孝经·五刑章》"五刑之属三千,而罪莫大于不孝"为夏法,并进而提出夏代已出现了不孝罪的罪名。① 商代对不孝罪的处罚很重,《吕氏春秋》卷14《孝行览》引《商书》云:"刑三百,罚莫重于不孝"。西周将不孝不友列为首恶之罪,对犯此罪者,"刑兹无赦"。② 春秋战国时期虽被后世史家誉为"礼乐崩坏"的岁月,但这一时期对于不孝敬尊长的行为,法律还是作出了严惩的规定。

公元前221年,秦始皇灭掉六国,建立了统一的多民族的中央集权国家。秦代法律齐整,"诸事皆有法式",这在1975年湖北云梦睡虎地发现的秦简中得到证实。在《睡虎地秦墓竹简》一书中,多处可见对不孝罪的处罚,如《封诊式·告子》条记载:"某里士五(伍)甲告曰:'甲亲子同里士五(伍)丙不孝,谒杀,敢告'。即令令史已往执。令史已爰书:与牢隶臣某执丙,得某室。丞某讯丙,辞曰:'甲亲子,诚不孝甲所,毋(无)它坐罪'。"该条的意思是:士伍甲控告亲生子同里伍丙不孝,请求官府处其死刑。当地官府即令令史已前往捉拿,得于某室。令史已作爰书云:本人和牢隶臣某捉丙,县丞审讯丙,丙供称是甲亲生子,对甲不孝属实,没有其他过犯。在张家山汉简《奏谳书》21的秦律中已对不孝罪的处罚有规定:"不孝者弃市。弃市之次,黥为城旦舂"。③ 汉代沿袭了秦代的规定,如衡山王太子刘爽,即因不孝罪而被处以弃市刑。④ 张家山汉简发现的西汉前期的《二年律令》中也明文规定:"子贼杀伤父母,奴婢贼杀伤主父母妻子,皆枭其首市"。⑤

魏晋南北朝时期对于不孝罪的处罚也很严厉。程树德《九朝律考·晋律考中》解释"不孝"罪是指"违反教令,敬恭有亏",如属上述不孝行为,"父母欲杀皆许之"。及至北齐,把不孝罪列入"重罪十条"之中,其名称为:"一曰

---

① 参见章太炎:《孝经本夏法说》,收入《章氏丛书》之《太炎文录初稿》。
② 《尚书·康诰》。
③ 《文物》1995年第3期。
④ 《汉书·衡山王传》。
⑤ 《张家山汉墓竹简[247号墓]》,文物出版社2001年版,第139页。

反逆,二曰大逆,三曰叛,四曰降,五曰恶逆,六曰不道,七曰不敬,八曰不孝,九曰不义,十曰内乱。其犯此十者,不在八议论赎之限。"① 不孝罪名列第八,按唐律中的解释,不孝是指诅咒祖父母、父母,不奉养祖父母、父母,以及违反服制等行为。

宋代沿袭了唐代的法律规定。继宋之后的元朝是我国北方少数民族蒙古族建立的政权,在元代法典《大元通制条格》卷3"亲在分居"条中对祖父母、父母在而别籍异财的行为明令禁止。而对于能详尽孝道的子孙,政府则予以旌表,至元十一年正月十四日,中书省吏、礼部呈:"平阳路李伯祥与妻马氏养母阿张,能备孝道,体覆是实,本部议得:拟合与免李伯祥户下杂役。都省准拟。"②

明、清两代对不孝罪的处罚个别条款较唐律为重。《大明律》卷21"骂祖父母父母"条规定:"凡骂祖父母父母,及妻妾骂夫之祖父母父母者,并绞。"这样严厉的处罚在古今中外的法典中也是少见的。

二、唐律中有关孝的法律规定

唐代是中国封建法律里程碑式的发展阶段,以《唐律疏议》为核心、律令格式并存的法典体系代表着中华法系最高的立法成就。唐律也是礼法结合的典范,一部唐律12篇502条,其绝大部分条文直接或间接地源于礼。③

众所熟知,自西周"周公制礼"以降,德是礼的核心,忠、孝是礼的根本,历代统治者之所以大力提倡礼制,其宗旨无非是为了维护旧的封建等级秩序。尊尊、亲亲是礼制的根本原则,所谓尊尊,即尊其尊者,尊者君为首,要求全国贵族百姓忠于国君;亲亲,即亲其亲者,亲亲父为首,人亲其亲则孝,要求子女对父母要无条件地服从。尊尊、亲亲又可概括为两个字,即"忠"和"孝"。翻开《唐律疏议》,我们见到的条文几乎全是维护这两方面的法规。唐律的制定者在编纂《唐律疏议》时主要围绕着两条主线:其一是对危害皇帝尊严、人身安全及危及封建统治秩序的犯罪行为给予严惩;其二是对危害封建伦理道德及家庭秩序的犯罪行为给予严惩。把握了这两条线索,也就了解了唐律的真谛。

---

① 《隋书·刑法志》。
② 《大元通制条格》卷17"孝子义夫节妇"条。
③ 参见刘俊文:《唐律与礼的密切关系例述》,《北京大学学报》(哲学社会科学版)1984年第3期。

唐律中关于孝的规定占有很大的比例。据笔者统计,在唐律律文及疏议中涉及到孝的条款有58条,约占全部条款的11%左右。这58条分布的范围很广,为方便读者,兹列表如下:

《唐律疏议》关于孝的规定分布一览

篇　名	条文名称
名例律	十恶条、应议请减(赎章)条、以理去官条、免官条、免所居官条、除免官当叙法条、犯死罪应侍家无期亲成丁条、犯徒应议家无兼丁条、犯罪未发自首条、共犯罪造意为首条、共犯罪本罪别条、同居相为隐条、本条别有制条、称期亲祖父母条
职制律	庙享有丧遣充执事条、匿父母及夫丧条、府号官称犯父祖名条
户婚律	子孙别籍异财条、居父母丧生子条、相冒合户条、同居卑幼私辄用财条、居父母夫丧嫁娶条、父母被囚禁嫁娶条、居父母丧主婚条、夫丧守志而强娶条、卑幼自娶妻条、嫁娶违律条
贼盗律	缘坐非同居条、谋杀期亲尊长条、谋杀故夫祖父母条、劫囚条、有所规避执人质条、亲属为人杀私和条、憎恶造厌魅条、残害死尸条、穿地得死人条、盗缌麻小功财物条、卑幼将人盗己家财条
斗讼律	殴缌麻兄姊条、殴詈祖父母父母条、妻妾殴詈夫父母条、妻妾殴詈故夫父母条、殴兄妻夫弟条、殴妻前夫子条、殴詈夫期亲尊长条、祖父母为人殴击条、诬告人流罪以下引虚条、告祖父母父母条、告期亲尊长条、子孙违反教令条、教令人告事虚条
诈伪律	父母死诈言余丧条
杂　律	奸从祖母姑条、奸父祖妾条、监主于监守内奸条
捕亡律	议请减老小疾不合拷讯条
断狱律	闻知恩赦故犯条

这58条法律条文中有关孝的规定又可分为两大类:其一是对危及孝行为的惩罚细则,也就是通常所说的不孝罪。唐律规定,无论是子孙本人或其他人等,只要是触犯了封建统治者认定的孝行为,一律加以严惩,轻者处以笞、杖,重者处以绞、斩。其二是对孝行为的保护。唐律规定,凡祖父母、父母犯罪,子孙为之容隐者无罪;祖父母、父母被人殴击,子孙前往救助,致对手"非折伤者,折伤者减等处罚"。在法律上给予优待。

《唐六典》卷6"刑部郎中"条云:"凡律以正刑定罪,令以设范立制,格以禁违正邪,式以轨物程事"。既然律是"正刑定罪"的法典,因此唐律中关于孝的条款也主要针对不孝罪而制定的。《唐律疏议·名例律》"十恶"条之七"不孝"中列举8种不孝行为:"不孝,谓告言、诅詈祖父母父母,及祖父母父母在,别籍异财,若供养有阙;居父母丧,身自嫁娶,若作乐,释服从吉;闻祖父母父母丧,匿不举哀,诈称祖父母父母死。"其实唐律中对不孝罪的规定远不止此,除上述罪名外,还有一些其他罪名。今参照唐律,将不孝罪的罪名及相关罚则列表如下:

唐律不孝罪罪名及罚则一览表

罪名	卷数及条文名单	罚则
恶逆罪	卷1"十恶"条,又见卷17"谋杀期亲尊长"条	谋杀祖父母父母,杀伯叔父母、姑、外祖父母、夫之祖父母父母,皆斩,且"常赦不免,决不待时"
府号官称犯父母名而冒荣居罪 祖父母父母老疾无侍冒求入仕罪	卷10"府号官称犯父母名"条	诸府号、官称犯父母名,而冒荣居之;祖父母、父母老疾无侍,委亲之官;即妄增加状,以求入侍及冒哀求仕者,徒一年。
闻父母丧匿不举哀罪 忘哀作乐、释服从吉罪	卷10"匿父母及夫丧"条	诸闻父母若夫之丧,匿不举哀者,流二千里;丧制未终,释服从吉,若忘哀作乐,徒三年;杂戏,徒一年;即遇乐而听及参预吉席者,各杖一百。
子孙别籍异财罪	卷12"子孙别籍异财"条	诸祖父母、父母在,而子孙别籍异财者,徒二年。若祖父母、父母令别籍及以子孙妄继人后者,徒二年;子孙不坐。
居父母丧生子及兄弟别籍异财罪	卷12"居父母丧生子"条	诸居父母丧,生子及兄弟别籍、异财者,徒一年。
养子舍弃罪	卷12"养子舍去"条	诸养子,所养父母无子而舍去者,徒二年。
同居卑幼辄用财罪	卷12"同居卑幼私辄用财"条	诸同居卑幼,私辄用财者,十匹笞十,十匹加一等,罪止杖一百。
居父母及夫丧而嫁娶罪	卷13"居父母夫丧嫁娶"条	诸居父母及夫丧而嫁娶者,徒三年;妾减三等。各离之。知而共为婚姻者,各减五等;不知者,不坐。
父母被囚禁嫁娶罪	卷13"父母被囚禁嫁娶"条	诸祖父母、父母被囚禁而嫁娶者,死罪,徒一年半;流罪,减一等;徒罪,杖一百。祖父母、父母命者,勿论。
居父母丧主婚罪	卷13"居父母丧主婚"条	诸居父母丧,与应嫁娶人主婚者,杖一百。若与不应嫁娶人主婚者,得罪重于杖一百。
卑幼自娶妻罪	卷14"卑幼自娶妻"条	诸卑幼在外,尊长后为定婚,而卑幼自娶妻,已成者,婚如法;未成者,从尊长。违者,杖一百。
谋杀故夫祖父母父母罪	卷17"谋杀故夫祖父母"条	诸妻妾谋杀故夫之祖父母、父母者,流两千里;已伤者,绞;已杀者,皆斩。
尊亲属为人杀私和罪	卷17"亲属为人杀私和"条	诸祖父母、父母及夫为人所杀,私和者,流二千里;期亲,徒二年半;大功以下,递减一等。受财重者,各准盗论。虽不私和,知杀期以上亲,经三十日不告者,各减二等。
咒诅尊亲长罪	卷18"憎恶造厌魅"条	有所憎嫌前人而造厌魅,厌事多方,罕能详悉,或图书形像,或刻作人身,刺心钉眼,系手缚足,如此厌胜,事非一绪。魅者,或假讬鬼神,或妄行左道之类,或咒或诅,欲以杀人者,各以谋杀论减二等。若于期亲尊长及外祖父母、夫、夫之祖父母、父母,各不减,依上条皆合斩罪。

(续表)

罪名	卷数及条文名单	罚则
残害尊长尸体罪	卷18"残害尸体"条	诸残害死尸,及弃尸水中者,各减斗杀罪一等;弃而不失及髡发若伤者,各又减一等。即子孙于祖父母、父母者,各不减。
于亲长冢墓熏狐狸罪	卷18"穿地得死人"条	子孙于父母、父母冢墓熏狐狸者,徒二年;烧棺椁者,流三千里;烧尸者,绞。
卑幼将人盗己家财物罪	卷20"卑幼将人盗己家财"条	诸同居卑幼,将人盗己家财物者,以私辄用财物论加二等;他人,减常盗罪一等。若有杀伤者,各依本法。
殴伯叔父母、外祖父母罪	卷22"殴兄姊"条	诸殴兄姊者,徒二年半;伤者,徒三年;折伤者,流三千里;刃刃伤及折支,若瞎其一目者,绞;死者,皆斩;詈者,杖一百。伯叔父母、姑、外祖父母,各加一等。
殴詈祖父母、父母罪	卷22"殴詈祖父母父母"条	诸詈祖父母、父母者,绞;殴者,斩;过失杀者,流三千里;伤者,徒三年。
妻妾殴詈夫之祖父母、父母罪	卷22"妻妾殴詈夫之父母"条	诸妻妾詈夫之祖父母、父母者,徒三年;殴者,绞;伤者,皆斩;过失杀人者徒三年,伤者徒二年半。
妻妾殴詈故夫之祖父母、父母罪	卷22"妻妾殴詈故夫父母"条	诸妻妾殴、詈故夫之祖父母、父母者,各减殴、詈舅姑二等;折伤者,加役流;死者,斩;过失杀伤者,依凡论。
诬告期亲尊长罪	卷23"诬告人流罪以下引虚"条	诸诬告人流罪以下,前人未加拷掠,而告人引虚者,减一等;若前人已拷者,不减。诬告期亲尊长、外祖父母、夫、夫之祖父母、外祖父母者,虽引虚,各不减。
告祖父母、父母罪	卷23"告祖父母父母"条	诸告祖父母、父母者,绞。
告期亲尊长罪	卷24"告期亲尊长"条	诸告期亲尊长、外祖父母、夫、夫之祖父母,虽得实,徒二年;其告事重者,减所告罪一等;即诬告重者,加所诬罪三等。
子孙违反教令罪	卷24"子孙违反教令"条	诸子孙违犯教令及供养有阙者,徒二年。
父母死诈言余丧罪	卷25"父母死诈言余丧"条	诸父母死应解官,诈言余丧不解者,徒二年半。若诈称祖父母、父母及夫死以求假及有所避者,徒三年;伯叔父母、姑、兄姊,徒一年;余亲,减一等。
奸从祖祖母姑及从母罪	卷26"奸从祖祖母姑"条	诸奸从祖伯叔母姑、从母者,流二千里;强者,绞。
奸父祖妾罪	卷26"奸父祖妾"条	诸奸父祖妾、伯叔母、姑者,绞。即奸父祖所幸婢,减二等。

从上述所罗列的 30 种不孝罪的罪名来看,其总的特点是:其一,对不孝罪的处罚量刑偏重,如"告祖父母、父母者,绞";其二,涉及的范围广,如唐律

第一章　律令格式的法律体系

中不仅规定居父母丧期间不准嫁娶,甚至父母、祖父母被囚禁也禁止婚嫁。其规定之纤细,于此可见。

唐朝统治者认为,仅以根本法的形式对不孝行为给予严惩还远远不够,若想使孝的思想能够真正地贯彻实施,还必须以其他法律形式对孝的行为给予保障。在唐代的令、格、式体系中,也有许多这方面的条款。

令是关于国家行政管理方面的法律。唐令迄今已经佚失,日本学者仁井田陞从中外古代典籍中搜集整理,编成《唐令拾遗》一书。从现在的条文来看,有许多条款是维护孝道的措施。

首先,在经济上给予照顾。据《唐令拾遗·户令第九》云:"诸年八十,及笃疾,给侍一人;九十,二人;百岁,五人。皆先尽子孙,听取近亲,皆先轻色。"《赋役令第二十三》云:"诸孝子顺孙、义夫节妇、志行闻于乡闾者,州县申尚书省奏闻,表其门闾,同籍悉免课役。有精诚致应者,则加优赏。"对于"诸遭父母丧,并免丁年徭役。"①

其次,在选官方面给予优待。据开元七年《选举令》规定:"诸贡举人,有博识高才,强学待问,无失俊选者,为秀才。……其为人正直清修,名行孝义,旌表门闾;堪理时务,亦随宾贡,为孝弟力田。"开元七年令又规定:"诸孝义旌表门闾者出身,从九品上叙。"②

再次,在假宁方面给予照顾。对于任职的国家官员,每三年给予固定的假期探视父母。据《假宁令第二十九》引开元二十五年令云:"诸文武官若流外已上者,父母在三千里外,三年一给省假三十日;五百里,五年一给拜墓假十五日,并除程。"凡任职官兵,如在职期间遭父母、祖父母丧者:"诸丧,斩衰三年,齐衰三年,齐衰杖朞。为人后者,为其父母并解官,申其心丧。诸军校尉以下,卫士防人以上,及亲勋翊卫备身,给假一百日。"唐《杂令》中甚至对贱民阶层遭父母丧者,也给予一定的假期:"诸官户奴婢,元日、冬至、寒食,放三日假;产后及父母丧、婚,放一月;闻亲丧放七日。"③

对于在押的囚徒,如在押期间遭父母丧,唐朝政府也往往法外开恩,给予照顾。如唐《狱官令》中规定:"诸流移人未发前所,而祖父母、父母在乡丧者,遭父母丧、祖父母丧承重者,给暇七日发哀。流徙罪三十日,责保乃出。"④

---

① 参见《唐令拾遗补》,东京大学出版会1997年3月版,第779页。
② 参见仁井田陞:《唐令拾遗》,东京大学出版会1993年9月版,第295、298页。
③ 同上书,第740、858页。
④ 参见池田温等:《唐令拾遗补》,东京大学出版会1997年3月版,第1431页。

接下来再看一下唐格对孝的规定。唐代格已经佚失,现存的敦煌文书及中外古代法律文献中还存有个别条款。据《开元户部格》残卷记载:"勒:孝义之家,事须旌表。苟有虚滥,不可哀称。其孝必须生前纯至,色养过人,殁后孝恩哀毁訆礼,神明通感,贤愚共伤。其义必须累代同居,一门邕穆,尊卑有序,财食无私,远近亲永,州闾推伏。州县亲加案验,知状迹殊尤,使覆同者,准令申奏。其得旌表者,孝门复终孝子之身。"①

律以惩戒为宗,唐律中的绝大多数条款是关于惩罚方面的规定。但其中也有个别条款对孝的行为给予保护,其具体措施有:

其一,权留养亲。《唐律疏议》卷3"犯死罪应侍家无期亲成丁"条规定:"诸犯死罪非十恶,而祖父母、父母老疾应侍,家无期亲成丁者,上请。"长孙无忌等人在疏议中解释道:祖父母、父母或曾、高祖父母年八十以上及笃疾,户内又无期亲年二十一以上,五十九以下者,先具状申刑部,听敕处分。若敕许充侍,则允许权留养亲。

权留养亲制度对后世法典影响很大,直至清代仍沿用不改。据清律规定:"凡犯死罪非常赦所不原者,而祖父母、父母老(注:七十以上)、疾(笃、废)应侍,家无以次成丁者,开具所犯罪名,奏闻,取自上裁。若犯徒、流者,止杖一百,余罪收赎,存留养亲。"②

其二,同居有罪相为隐。唐代同居有罪相隐的原则源于《论语·子路》中的"父为子隐,子为父隐,直在其中矣"之说。所谓"父为子隐,乃父慈也;子为父隐,乃子孝也。"儒家的这一思想到汉代上升为"亲亲得相首匿"的刑罚原则。据《汉书·宣帝纪》记载:"父子之亲,夫妇之道,天性也。虽有患祸,犹蒙死而存之。诚爱结于心,仁厚之至也,岂能违之哉!自今子首匿父母,妻匿夫,孙匿大父母,皆勿坐。"唐代将相隐的范围由汉代的三代扩大到同居者,规定:"诸同居,若大功以上亲及外祖父母、外孙,若孙之妇、夫之兄弟及兄弟妻,有罪相隐。其小功以下相隐,减凡人三等。"③

其三,其他特例。唐代禁止民众之间的聚众殴斗,规定不论何人,"诸斗殴人者,笞四十;伤及以他物殴人者,杖六十。"但对于祖父母、父母被人殴击,却作出了超乎寻常的规定:"祖父母、父母为人所殴击,子孙理合救之。

---

① 该文书现存于英国大英图书馆,编号为S1344号。
② 《大清律例》卷4《名律例上》。
③ 《唐律疏议》卷6"同居相为隐"条。

当即殴击,虽有损伤,非折伤者,无罪。"①

唐律中对于劫持人质的犯罪,规定了严厉的罚则。若部司及邻伍知见,因担心人质安危而不与犯人格斗者,徒二年。但唐律又规定下列特殊情况下可以不格,即"质期以上亲及外祖父母者,听身避不格。"② 如前去格斗,恐伤及尊长。唐律中的这项规定,也是出于维护孝道的观念。

三、唐、明两律关于孝的规定之比较

明律是以唐律为样本而制定的中国古代另一部著名法典。明律本之于唐律,而又有所不同,关于两者之间的比较,清末沈家本、薛允升等人都曾作过评述。沈家本在《重刻唐律疏议序》中讲道:我朝定律,大皆沿袭明律,而明律所载律条,"与唐律大同者四百一十有奇,其异者八十有奇"。③ 说明唐明两律有着很深的渊源关系。清末另一位法律史学家薛允升在《唐明律合编》中主要从两者差别的角度进行了分析,他说:"古律之为书,原根极于君臣、父子、夫妇之经,而使事事物物之各得其宜也。……人徒见唐律之应拟徒罪以上者,明律大半改为笞杖,遂谓唐律过严,不如明律之宽,不知宽而有制,斯为得中。一味从宽,则苟且因循之弊,从此起矣。请以大者言之:郊祀庙享,王者之所有事,亦国家之大典礼也,稍有怠忽,不敬莫大焉。更以小者言之:婚姻者人道之始,万化之原也。不慎之于初,则本先拔矣。唐律于此等俱严其罚,明律悉改而从轻,甚至明明载在十恶,唐律载明应拟绞流者,亦俱改为杖罪,即此数端而论,两律之优劣,已可得其大凡,其余概可知矣。"④ 薛允升是借批判明律而讥讽清律,未免有指桑骂槐之嫌疑。若将唐、明两律中关于孝的规定进行比较,我们会发现两者或完全相同,或互有轻重。

1. 我们先看一下唐、明两律对孝规定相同或略有增补的条款。共有五项:

其一,对"十恶"罪中"恶逆"、"不孝"两款的规定。唐、明两律对"恶逆"的规定相同,作"谓殴及谋杀祖父母、父母,杀伯叔父母、姑、兄姊、外祖父母、夫、夫之祖父母、父母。"但在对不孝条款的规定上,明律略有增补,增加了"夫之祖父母、父母"的内容。如明律规定:"谓告言咒骂祖父母、父母,夫之

---

① 《唐律疏议》卷23"祖父母为人殴击"条。
② 《唐律疏议》卷17"有所规避执人质"条。
③ 《唐律疏议》,中华书局1983年11月版,第669页。
④ 参见《唐明律合编》,法律出版社1999年1月版,第821页。

祖父母、父母,及祖父母父母在别籍异财,若奉养有阙,居父母丧身自嫁娶,若作乐、释服从吉,闻祖父母父母丧匿不举丧,诈称祖父母、父母死。"①

其二,对存留养亲的规定。唐、明两律规定大致相同,只是唐律规定的较为详细。

唐律:"诸犯死罪非十恶,而祖父母、父母老疾应侍,家无期亲成丁者,上请。犯流罪者,权留养亲,不在赦例,课调依旧。若家有进丁及亲终期年者,则从流。计程会赦者,依常例。即至配所应侍,合居作者,亦听亲终期年,然后居作。"

明律:"凡犯死罪非常赦所不原者,而祖父母、父母老疾应侍,家无以次成丁者,开具所犯罪名奏闻,取自上裁;若犯徒、流者,止杖一百,余罪收赎,存留养亲。"

其三,关于亲属相隐的规定。唐、明两律规定大体相同,明律中新增设了"妻之父母、女婿、孙之妇",扩大了相隐的范围。如明律规定:"凡同居若大功以上亲,及外祖父母、外孙、妻之父母、女婿、若孙之妇、夫之兄弟及兄弟妻,有罪相为容隐。"②

其四,"关于父祖被殴击"的条款。唐律规定:"诸祖父母、父母为人所殴,子孙即殴击之,非折伤者,勿论;折伤者,减凡斗折伤三等;至死者,依常规。"明律前半条与唐律相同,但在该条后面又对唐律作了补充:"若祖父母、父母为人所杀,而子孙擅杀行凶人者,杖六十;其即杀死者,勿论。"③ 明律中的补充条款,弥补了汉唐以来律文对血亲复仇规定的不足,这也是明律的一大进步。

其五,关于"称期亲祖父母"条的规定。《唐律疏议》卷6与《大明律》卷1中该条的规定相同,只是将唐律中的"慈母"改为"养母"。

2. 唐、明两律关于孝的规定彼此俱无的条款。

由于唐、明两代相距甚远,这期间不仅政治、经济制度发生了巨大变化,甚至道德评价体系、法律制度也有很大的差异。如唐律中存在的条文,到明代已没有必要延续下去,因而明律将其尽行删除,删除的条款有:《职制律》卷10"府号官称犯父祖名"、《户婚律》卷12"居父母丧生子"条等。④

---

① 《大明律》卷1"十恶"条。
② 《大明律》卷1"亲属相为容隐"条。
③ 《大明律》卷20"父祖被殴"条。
④ 参见桑原骘藏:《唐明律之比较》,昭和三十年十二月《高濑博士还历纪念中国学论丛》所载,后收入《桑原骘藏全集》第3卷,岩波书店昭和四十三年四月版,第131页。

当然，明律中也增设了许多唐律中所没有的新罪名。如唐代敕令中规定的"令僧道致拜父母"禁令，已出现在《大明律·礼律》之中，规定："凡僧、尼、道士、女冠，并令拜父母，祭祀祖先；丧服等第皆与常人同。违者，杖一百，还俗。"另外，《大明律》卷12"弃亲之任"条："凡祖父母、父母年八十以上，及笃疾、别无以次侍丁而弃亲之任；及妄称祖父母、父母老疾，求归入侍者，并杖八十"，与《唐律疏议》卷3"府号官称犯父祖名"条的后半部分条文大体相同。但明律该条后面的条款"若祖父母、父母及夫犯死罪被囚禁而筵宴作乐者，罪亦如之"，为唐律所无。

3. 明律对不孝罪处罚较唐律略重的条款。

从总体来看，明律对不孝罪的处罚较唐律为轻，但个别条款也有加重的情节，如妻妾对祖父母、父母的犯罪即属于此。自宋代以后，由于受程朱理学的影响，妇女在家庭和社会中的地位日益下降，体现在法典之中，就是对妻妾冒犯尊长的行为加重处罚。如唐律规定：诸妻妾詈夫之祖父母、父母者，徒三年；詈故夫之祖父母、父母者，减詈舅姑二等。而明律的处罚是："妻妾骂夫之祖父母、父母者，并绞"；"凡妻妾夫亡改嫁，骂故夫之祖父母、父母者，并与骂舅姑同"，即处以绞刑。①

另外，明律对于妻妾殴祖父母父母罪、奸父祖妾罪的处罚，也较唐律为重。唐律规定：诸妻妾殴夫之祖父母、父母者，绞；伤者，皆斩；过失杀者徒三年；伤者徒二年半。② 而明律规定："妻妾殴夫之祖父母、父母者，皆斩；杀者，皆凌迟处死；过失杀者，杖一百流三千里；伤者，杖一百徒三年"。③ 相比之下，明律比唐律处罚要严厉很多。

4. 明律对不孝罪处罚较唐律为轻的条款。

日本学者桑原骘藏在《唐明律之比较》一文中，曾对唐、明律中的十二种不孝罪进行比较，认为明律较唐律为轻。今笔者参考上述研究成果，将明律中处罚略轻于唐律的条款列表如下：

罪名	唐律的量刑	唐律卷数	明律的量刑	明律卷数
匿父母丧	流二千里	卷10	杖六十徒一年	卷12
释服从吉、忘哀作乐	徒三年	卷10	杖八十	卷12
居父母丧参预吉席	杖一百	卷10	杖八十	卷12

---

① 《大明律》卷21"妻妾骂故夫父母"条。
② 《唐律疏议》卷22。
③ 《大明律》卷20"殴祖父母父母"条。

(续表)

罪名	唐律的量刑	唐律卷数	明律的量刑	明律卷数
弃亲之任	徒一年	卷10	杖八十	卷12
祖父母、父母在子孙别籍异财	徒三年	卷12	杖一百	卷4
居父母丧兄弟别籍异财	徒一年	卷12	杖八十	卷4
养子舍去	徒二年	卷12	杖一百,发付所养父母收管	卷4
同居卑幼私辄用财	十匹笞十,十匹加一等,罪止杖一百	卷12	二十贯笞二十,二十贯加一等,罪止杖一百	卷4
居父母丧嫁娶	徒三年	卷13	杖一百	卷6
父母被囚禁而嫁娶	死罪,徒一年半;流罪,减一等,徒罪,杖一百	卷13	杖八十,为妾者减二等,杖六十	卷6
卑幼自娶妻	杖一百	卷14	杖八十	卷6
亲属为人杀私和	父母、祖父母、夫为人杀私和者,流二千里	卷17	祖父母、父母、夫为人杀私和者,杖一百徒三年	卷19
尊长冢墓熏狐狸	徒二年;烧棺椁者,流三千里;烧尸者,绞	卷18	杖一百;烧棺椁者,杖一百徒三年;烧尸者,绞	卷18
告祖父母、父母	绞	卷23	杖一百徒三年,诬告者绞	卷22
告期亲尊长	徒二年	卷24	杖一百	卷22
子孙违反教令	徒二年	卷24	杖一百	卷22
供养有阙	徒二年	卷24	杖一百	卷22
诈称祖父母、父母死	徒三年	卷25	发口外独石等处充军	《问刑条例》之《礼律·仪制》

通过以上对唐、明的比较,我们发现唐、明两律对不孝罪的处罚并非像某些学者所说的那样"唐律重于明律",而是互有轻重。明律中加重了对妻妾不孝罪的处罚力度,说明妇女的地位日益下降;明律删除了唐律中一些苛刻的条款,增补了一些唐律中未予规定的内容,这无疑是个进步。

四、唐律、日本律关于孝的规定之比较

在儒家思想未传入日本以前,日本社会孝的形态究竟如何,因史料匮乏,已很难知其全貌。据《三国志·魏书·倭人传》记载,当时的日本已"宗族尊卑,各有差序,足相臣服。其尊长死,"有棺无椁,封土作冢。始死停丧十余日,当时不食肉,丧主哭泣"。说明在三至四世纪,日本已出现了孝的观念。

及至推古天皇十二年(604年),圣德太子制定了《十七条宪法》。《十七条宪法》第 1 条曰"以和为贵,无忤为宗"。许多学者认为该条源于《论语·学而》"礼之用,和为贵"。而泷川政次郎则认为其与北周苏绰制定的《六条诏书》有密切关系。① 但无论源于何者,我们说《宪法十七条》都与儒家思想密切相关。

在圣德太子制定的《宪法十七条》中,有许多内容与儒家的孝的观念有关。如在第 1 条中有"人皆有党,亦少达者,是以或不顺君父,乍违于邻里"。第 4 条:"群卿百案,以礼为本。其治民之本,要在乎礼。上不礼而下非齐,下无礼以必有罪。是以群臣有礼,位次不乱;百姓有礼,国家自治。"②《宪法十七条》的颁布,说明孝的思想已上升到治国之策的理论高度。

公元七至八世纪,是日本文化全面接受唐文化的时期。飞鸟、奈良时代的日本政府在充分参考唐代的政治法律制度之后,建立了以律令制为核心的法律体系。律是禁止法、令是劝诫法,在律令法典体系中,言及孝的地方很多。

在奈良时期,律令制下的贵族和平民对孝的认识有所不同。当时的贵族阶层有很深的文化修养,对儒家的经典《论语》、《孝经》等有着较为深刻的了解,因而对孝的观念容易接受。而普通的庶民百姓对孝的认识,则得益于政府的大力提倡。据《续日本纪》记载,奈良时代的中央政府曾十次命国司搜访管内孝子顺孙、义夫节妇,然后申报太政官,旌表门闾。③ 在当时的各类学校中,儒家的经典《论语》、《孝经》等皆被当作学生学习的教材。在奈良末平安初期的秀才对策文中,也经常出现论及忠孝的试题,如:"孝以事亲,忠以奉国,既非贤圣,孰能兼此。必不获己,何后何先?"④ 在日本著名的诗歌总集《万叶集》"防人歌"中,也收录了许多思念父母,表现孝心的歌词。凡此种种,说明儒家孝的思想已根植于日本社会之中了。

法律是现实社会的集中体现。当时的日本的律令制法律体系也以法典的形式对孝作出了规定。

我们先看一下令中的规定。日本《养老令》沿用了唐令的内容,如《赋役令》"孝子"条规定:"凡孝子、顺孙、义夫、节妇,志行闻于国郡者,申太政官奏

---

① 参见泷川政次郎:《国家制法之始〈上官太子宪法十七个条〉》,收入《律令格式之研究》,名著普及会,昭和 61 年 9 月版。
② 增订新补国史大系《日本书纪·后编》卷 22,平成 12 年 8 月版。
③ 日本思想研究会编:《日本伦理思想的展开》,昭和 40 年 12 月版,第 47 页。
④ 《经国集》卷 20,《覆刻日本古典全集》第 133 册所收,现代思潮社,昭和 57 年 10 月版。

闻,表其门闾,同籍悉免课役。有精诚通感者,别加优赏。"① 另外,在《假宁令》中还规定:"凡文武官长上者,父母在畿外,三年一给定省假卅日,除程;若已经还家者,计还后年给。""凡职事官,遭父母丧,并解雇官;自余皆给假。夫及祖父母、养父母、外祖父母(五月服)卅日;三月服二十日;一月服十日;七日服三日"。②

接下来再看一下日本律中对孝的规定。日本律中最具代表性的法典应首推《养老律》,该律原十二篇十卷,现大半已经佚失,今仅存《名例律》前半、《卫禁律》后半、《职制律》、《贼盗律》、《斗讼律》的一部分。日本学者曾进行律的复原工作,现复原条文约60%左右。③ 根据现存的日本律及其逸文,我们发现在日本律中,同样存在许多关于孝的规定。

"八虐"是日本《养老律》中关于违背纲常名教最严重的犯罪,其据唐律"十恶"之名而改,列于律文篇首,名称依次是:谋反、谋大逆、谋叛、恶逆、不道、大不敬、不孝、不义。八虐中"恶逆"、"不孝"两款是关于不孝罪的规定。其中不孝条云:"不孝:谓告言、诅詈祖父母父母,及祖父母父母在别籍异财,居父母丧身自嫁娶,若作乐、释服从吉,闻父母丧匿不举哀,诈称祖父母父母死,奸父祖妾。"④ 若将其与唐律不孝条相对照,我们发现日本律省略了唐律中"供养有阙"的字样,而在后面的《贼盗律》中单独规定,新增加了"奸父祖妾"的内容。

日本律对唐律不孝罪名的最大修正就是将唐律《职制律》"府号官称犯父祖名"条中避讳的条款删除。唐代避讳严格,任官者不仅不能犯本朝及前代君主之讳,还要避自己父祖名讳。"假若父名卫,不得于诸卫任官;或祖名安,不得任长安县职之类。"⑤ 日本自修订《大宝律》时起,即将唐律中关于国家讳的条项一切削除。⑥

日本律中对不孝罪的定罪量刑较唐律为重的条款极少,据笔者统计,仅发现"同居卑幼私辄用财"一条。其中规定:"凡同居卑幼私辄用财者,五端笞十,五端加一等,罪止杖一百。"⑦ 而唐律规定:"诸同居卑幼、私辄用财者,

---

① 三浦周行、泷川政次郎:《令集解释义》,国书刊行会,昭和57年版,第386—387页。
② 《令集解》卷40"职事官"条。
③ 参见水本浩典:《关于日本律的特色》,收入《律令注释书的系统研究》,塙书房1991年2月版,第394页。
④ 新订增补国史大系《律》,吉川弘文馆昭和53年版,第3—4页。
⑤ 《唐律疏议》卷10。
⑥ 参见桑原骘藏:《王朝律令和唐律令》,《历史和地理》第6卷5号,大正6年11月版。
⑦ 新订增补国史大系《律》,吉川弘文馆昭和53年版,第113页。

十匹笞十,十匹加一等,罪止杖一百。"按日本的度量衡"二端为匹",唐律中的 10 匹相当于日本的 20 端。而日本律 2.5 匹即笞十,其定罪量刑显然重于唐律。①

日本律关于不孝罪的规定有许多条款与唐律相同。今笔者参照唐日两律,将两者罚则相同的条款列表如下:

罪名	唐律中的规定	日本律中的规定
殴祖父母、父母	斩	斩
告祖父母、父母	绞	绞
子孙违反教令	徒二年	徒二年
妻妾詈夫之祖父母、父母	徒三年	徒三年
闻父母丧匿不举哀	徒一年	徒一年
祖父母、父母为人殴击	非折伤者,勿论;折伤者减凡斗三等	非折伤,勿论;折伤者减凡斗三等
妻妾殴詈故夫之祖父母、父母	各减殴、詈舅姑二等;折伤者,加役流;死者,斩	各减殴、詈舅姑二等;折伤者,加役流;死者,斩
咒诅尊亲长	以谋杀论	以谋杀论

另外,唐、日两律中对孝的维护条款"犯徒应役家无兼丁"、"犯死罪非十恶而祖父母父母老疾"、"同居相为隐"等条款也相同,在此就不一一枚列了。

根据日本学者的研究,唐日两律最大的差异表现在量刑上,即日本律与唐律相比,减一二等量刑。② 唐、日两律对不孝罪的处罚亦是如此。为方便阅览,兹列表如下:

罪名	唐律的规定	日本律的规定
詈祖父母父母	绞	徒三年
祖父母、父母在别籍异财	徒三年	徒二年
居父母丧身自嫁娶	徒三年	徒二年
居父母丧作乐及释服从吉	徒三年	徒一年半
闻父母丧匿不举哀	徒三年	徒二年

---

① 唐、日两国对端、匹的规制不同,据宋洪迈《容斋随笔·五笔》"谓端为匹"条云:"今人谓缣帛一匹为壹端,或总言端匹。"

② 荻生北溪:《唐律疏议订正上书》,《改定史籍集览》第 117 册所收,近藤活字所 1907 年出版,第 270 页。

（续表）

罪名	唐律的规定	日本律的规定
奸夫祖妾	绞	徒二年半
诈言祖父母、父母丧以求假及有所规避	徒三年	徒一年半
祖父母、父母犯死罪被囚禁奏乐	徒一年半	徒一年
祖父母、父母犯死罪被囚禁而嫁娶	徒一年半	徒一年
祖父母、父母为人殴杀私和	流二千里	徒三年
父母死应解官而诈言余丧	徒二年半	徒二年
养子舍弃养父母	徒二年	徒一年
亲长冢墓熏狐狸	熏狐狸者，徒二年；熏棺椁者，流三千里；烧尸者，绞	熏狐狸者，徒一年，熏棺椁者，徒二年；烧尸者，徒三年
妻妾谋杀故夫之祖父母、父母	流二千里；已伤者，绞；已杀者，皆斩	徒三年；已伤者，远流；已杀者，皆斩

除此之外，在日本律《贼盗律》中增加了子孙"谋杀祖父母、父母，皆斩"的条款，而唐律只对妻妾作了规定，未涉及到子孙，日本律对此进行了补充。那么是不是唐律中对该项规定有所疏漏呢？绝非如此。根据《唐律疏议》卷6"断罪无正条"中"其应入罪者，则举轻以明重"的原则，子孙詈祖父母、父母者，绞；殴者，斩。若谋杀祖父母、父母，罪重于殴、詈，更应处斩，故而唐律未作规定。

通过上述对唐、日两律的比较，我们发现日本律中新增设的不孝罪名有一条，即"子孙谋杀祖父母、父母"条；删除了唐律中避讳的条款；对不孝罪的处罚较唐律为重的仅有一条；与唐律相同的条款有 8 条，比唐律处罚较轻的条款有 14 项。总体看来，与唐律相比，没有太大的变化。

第三节　唐律中关于保辜制度的规定
——以《73TAM509:8(1)、(2)号残卷》为中心

保辜制度是中国古代刑事法律规范中有关人身伤害与责任挽救相结合的一项法律制度。其具体到司法实践领域，为准确判断伤害所造成的后果，即在被伤害人伤情未定的情况下，给予一定期限，责令伤害人为伤者治疗，限满之日再根据被害人的伤亡情况，确定伤害人的刑事责任。该项制度具

有很大的合理性,它要求行为人对于被伤害者采取积极的治疗措施,使受害人早日康复,以减轻自身的罪责;另外,还可避免司法人员在审判时对伤害人作出重罪轻判或轻罪重判。保辜制度是中华法系在立法上原则性和灵活性的集中体现,其不仅在中国历史上存续了两千多年,而且影响到了中国的周边国家,如日本法、朝鲜法以及越南法也都承袭了这一制度。① 据日本学者根据《法曹至要抄》和《金玉掌中抄》所复原的日本律文云:"凡保辜者,以手足殴伤人,限十日;以他物殴伤者,二十日;以刃及汤火伤者,三十日。折跌支体及破骨者,五十日。殴伤不相须,余条殴伤及杀伤,各准此。限内死者,各依杀人论。其在限外,及虽在限内,以他故死者,依本殴伤法"。②

鉴于保辜制度在中外法制史上具有如此重要的地位,自 20 世纪初,国内外许多著名法史学家如沈家本、程树德、仁井田陞、戴炎辉等人在其著作中都对此作了论述。然而,由于文献资料缺乏,许多问题仍有待于进一步探讨。近年来,随着云梦秦简、居延新简以及敦煌吐鲁番文书的大量发现,对这一问题又有了新的认识。

一、保辜制度的历史沿革

在中国古代,由于"医学水平远不能对常见的伤害行为与造成的后果之间的必然联系作出科学的判断,为了确保犯罪者对伤害行为担负应有的罪责,就创立了保辜制度。"③ 关于保辜制度出现的具体时间,史籍无明文记载。依据现有的资料,许多学者认为该项制度在汉代即已存在。④

我们认为,保辜制度在秦代已有存在的可能性。众所周知,"汉承秦制",已是学术界的公论,而保辜制度在西汉武帝时已经存在,所以其出现的时间或许会更早些。据汉代文献《急就篇》云:"疻痏保辜,呀呼号。注云:保辜者,各随其状轻重,令殴者以日数保之,限内至死,则坐重辜也。"在此,"疻痏"很明显是一种伤害罪的名称,而这种罪名在秦律中已经出现过。在1975年湖北云梦发现的秦律竹简《法律答问》中有两条这方面的材料,"或

---

① 参见仁井田陞:《中国法制史研究·刑法》之第二部《中国古代刑法基本原则的展开》,东京大学出版会 1980 年版,第 213 页。
② 新订增补国史大系《律》,吉川弘文馆昭和 53 年 11 月版,第 134 页。
③ 参见钱大群、夏锦文:《唐律与中国现行刑法比较论》,江苏人民出版社 1991 年版,第 148 页。
④ 参见程树德:《九朝律考》卷 1《汉律考四》,商务印书馆 1934 年版,第 110 页;布目潮渢:《试论汉律体系化——有关列侯之死刑》,《东方学报》第 27 册,昭和 32 年 3 月,第 136 页等。

与人斗,夬(决)人唇,论可(何)殴(也)? 比疻痏";"或斗,啮人颏若颜,其大方一寸,深半寸,可(何)论? 比疻痏"。① 秦简中的"比疻痏"是否为汉代的"疻痏保辜",还有待于考古材料的证实。

不过,汉代实行保辜制度已确凿无疑。据《公羊传·襄公七年何休注》云:"古者保辜,辜内当以弑君论之,辜外当以伤君论之。疏:其弑君论之者,其身枭首,其家执之;其伤论之,其身斩首而已,罪不累家,汉律有其事。"《汉书》卷16《功臣表》亦载:"元朔三年,坐伤人二旬以内弃市",二旬应为保辜的期限。在最近几年新发现的汉简中曾多次出现保辜的情况,如《敦煌汉简》220号有:"尉大君以禀,伤辜半日死",《居廷新简》EPS4T2:100 有:"以兵刃索绳他物可以自杀者予囚,囚以自杀、伤人而以辜二旬中死,予者髡为城旦舂及有——"。据此可知,汉代伤人的辜限应为二十日。

魏晋南北朝时期也实行保辜制度,如晋律中有:"诸有所督罚,五十以下鞭,如令,平心而私,而以辜死这,二岁刑",② 应指保辜。另从唐永徽年间长孙无忌等人为保辜作"疏议"而引用的注文看,隋以前存在保辜制度。为方便起见,兹将唐律正文、注文、疏议抄录如下:③

律正文:

诸保辜者,手足殴伤人限十日,以物殴伤人这二十日,以刃及汤火伤人者三十日,折跌支体及破骨者五十日。

注文:

殴、伤不相须。余条殴伤及杀伤,各准此。

疏议曰:

凡是殴人,皆立辜限,伤与不伤,限十日;若以他物殴伤,限二十日;"以刃",刃谓金铁,无大小之限,"及汤火伤人"谓灼烂皮肤,限三十日;若折骨跌体及破骨,无问手足、他物,皆限五十日。注云"殴、伤不相须",谓殴及伤,各保辜。然伤人皆须因殴,今言不相须者,为下有僵仆,或恐迫而伤,此则不因殴而有所损伤,故律云"殴、伤不相须"。"余杀殴伤及杀伤各准此",谓诸条殴人,或伤人,故、斗、谋杀、强盗,应有罪者,保辜并准此。

从上述这段律文看,长孙无忌等不但对律文正文作了"疏议",而且又在

---

① 《睡虎地秦墓竹简》,文物出版社1978年版,第188、189页。
② 《太平御览》卷644。
③ 《唐律疏议》卷21。

疏议中对注文的内容也作了解释。由此我们推断,《唐律疏议》卷21第307条"保辜"并非唐永徽年间新创的条文,律文及注文皆沿袭了隋以前的旧律和注,这进一步验证了《新唐书·刑法志》所说的"律之为书,因隋之旧"的观点。

　　魏晋南北朝时期存在保辜制度,还可以从后人的记述中找到一点蛛丝马迹。据宋人《棠阴比事》"魏涛证死"条载:"魏朝奉涛知沂州永县,两仇斗而伤,既决遣而伤者死。涛求其故而未得。死者子诉于监司,监司怒有恶言。涛叹曰:'官可夺囚不可杀'。后得其实,乃因其夕罢归骑及门而堕死,邻证既明,其诬自辩"。这是一起斗殴伤人而伤者又以"他故"死亡的案件,据唐律规定:"限内死者,各依杀人;其在限外及虽在限内,以他故死者,各依故死者,各依本殴伤法"。本案中死者虽在限内死亡,但因他故"堕死",故依殴伤法,不应判死刑,与唐律的记载正相吻合。

　　唐代有关保辜制度的规定因后面还要专门论及,此不多赘。宋代法典《宋刑统》卷21"保辜"条的规定与唐律大体相同。此外,在宋代文献中还多次出现过有关保辜的记载。如《洗冤集录》卷4云:"伤损条限,手足十日,他物二十日"。楼钥《攻媿集》卷27"缴泉州吴净党罪案"载:"以枕背打许应遂额中心一下,……伤重,于辜限内身死"。《折狱龟鉴》卷4也记述了"马宗元父麟殴人,被系守辜,而伤者死,麟将抵法。宗元推所殴时,在限外四刻,因诉于郡,得原父罪"的故事。

　　元代仍实行保辜制度。据《元典章》卷44《刑部卷之六》"辜限"条载:"手足伤人一十日,他物殴二十日,刃及汤火伤三十日。折跌支体破骨五十日。限内死各依杀人论。其限外及虽在限内以他故死,各依本法"。关于元代保辜的实施情况,《元典章》卷44记录了至元十二年十一月中书兵刑部来申的阮有成诉状,称本家躯口小沈放马食苏则毛田地里的庄稼,引起殴斗,被苏用枣木棒打折右手第二指,一节不见。最后法官依据元代法律作出裁定,"依例保辜五十日,合下仰照验,依上施行"。

　　明清两代仍实行保辜制度。在明、清两朝的法典《大明律》、《大清律例》中都有这方面的记载。如《大明律》卷20规定:"凡保辜者,责令犯人医治,辜限内皆须因伤死者,以斗殴伤人论。其在辜限外,及虽在辜限内,伤已平复,官司文案明白,别因他故死者,各从本殴伤法。若折伤以上,辜内医治平复者,各减两等,辜内虽平复,而成残废、笃疾,及辜限满日,不平复者,各依律全科"。在清人著作《六部成语·刑部》中也记述了实行保辜的程序,即"被人殴伤者,由官验其轻重,定以期限,限内死者,应抵其命,限外死者,罪应减等,曰保辜"。

总而言之,保辜制度自产生之日起,历代相袭,一直延续到清末,成为中国古代一项重要的司法制度。

二、唐律关于保辜制度的规定

在现存的中国古代诸法典中,对保辜记载最早的当属《唐律疏议》。《唐律疏议》是唐代行用的法典文献,全书共12卷,502条。著名法史学家杨廷福先生认为,该书"集封建法律之大成,在中国法制史上承上启下,影响深远。正由于它总结了以往各朝代的立法经验及其司法实践,使之系统化和周密化",① 其评价颇为公允。唐代的保辜制度也正是在总结以前各朝代立法的经验而实施的一种法律制度。

《唐律疏议》卷21第307条对保辜制度的有关规定作了详细的记载,概而言之可分为如下几方面的内容:

其一,对保辜期限的规定。唐律中规定的保辜辜限有四种,即十日、二十日、三十日和五十日。"凡是殴人,皆立辜限。手足殴人,伤与不伤,限十日;若以他物殴伤者,限二十日;'以刃',刃谓金铁,无大小之限,'及汤火伤人',谓灼烂皮肤,限三十日;若折骨跌体及破骨,无问手足、他物,皆限五十日"。

其二,对损伤程度的界定。唐律中对损伤程度作了明确的界定,主要有手足殴人,以铁器伤人,以汤火灼烧皮肤伤人,殴人折骨、跌体和破骨伤人四种情况。此外,唐律中还规定了三种特殊损伤的保辜界定。"其有堕胎、瞎目、毁败阴阳、折齿等,皆约手足、他物、以刃、汤火为辜限";注文中有"殴、伤不相须",指"殴及伤,各保辜十日",即二十日;对于共同殴人,"各以下手重者为重罪",若"据辜内致死,故有节级减文"。②

其三,对保辜限内、限外处罚的规定。按长孙无忌等人疏议的解释,"限内死者,各依杀人论",凡在限内死亡,不限尊卑、良贱及罪轻重,各从本条杀罪科断。"其在限外",假有人用拳殴人,保辜十日,计累千刻之外,是名"限外";又虽在限内,谓辜限未满,"以他故死者",他故谓别增余患而死,假殴人头伤,风从头疮而入,因风致死之类,仍依杀人论,若不因头疮得风,别因病而死,是为他故,各依本殴伤法。

---

① 杨廷福:《唐律初探》,天津人民出版社1982年版,第144页。
② 《唐律疏议》卷21。

其四，对保辜适应范围的规定。据唐律规定，"凡是殴人，皆立辜限"。也就是说，凡是对他人人身造成伤害的，皆适用保辜制度，诸如殴人、伤人，以及"故、斗、谋杀，强盗，应有罪者，保辜并准此"。另外，唐律中对于某些特殊的伤害行为，也比照斗殴罪实行保辜制度，这种情况尽管在唐律中没有明文规定，但在法律适用中经常出现，如失火伤人、无故于城内街巷走车马伤人、诈陷伤人、失时不修堤防伤人等。

以上对《唐律疏议》中有关保辜制度的具体规定进行了简单的分析。至于保辜制度在唐代司法实践领域如何应用，在现存的唐代法律典籍中并没有明确的记载，因而我们也就无法窥视唐代保辜制度的全貌。值得庆幸的是，自20世纪初以来，在中国西北边陲甘肃、新疆等地发现了大量的唐代遗书，主要有敦煌藏经洞发现的敦煌文书，日本大谷探险队在吐鲁番等地发现的文书，以及新中国成立后1965年、1966年、1967年、1972年、1973年在新疆阿斯塔那等地发现的大量唐代文书，都为研究唐代法律制度提供了大量的第一手资料。尤其是1973年在阿斯塔那发现的编号为《73TAM509∶8(1)、(2)残卷》，为我们研究唐代保辜制度在司法实践中的运用提供了许多新的证据。

三、从康失芬伤人案卷看唐代保辜制度

编号为73TAM509∶8(1)、(2)号《勘问康失芬行车伤人事案卷》残卷是1973年在新疆阿斯塔那发现的，现藏于新疆维吾尔自治区博物馆。该文书首缺尾齐，中间亦残缺不全，共有3纸58行，每行字数约11—12字，纸缝处各押一"舒"字。

关于该残卷的书写年代及文书所反映的地点，刘俊文先生曾考证其为宝应元年六月高昌县的审理案卷。根据卷中原告状辞投诉"县司"，可知案件系由高昌县审理，此卷乃高昌县勘问本案案卷。卷中多次出现"元年建末月"。考诸史籍，唐肃宗上元二年九月，制去上元之号，但称"元年"，以建子月(十一月)为岁首，使建丑、建寅每月以所建为数，至次年建巳月(四月)甲子，始改元宝应，变寅正，月数皆如其旧。"此卷署'元年建末月'盖因高昌僻远，信息缓慢，故中原已改元两个月，而其地仍沿用'元年'纪年和以所建为月数。实际上，此卷之时间当为宝应元年六月"。[①]

我们说刘俊文先生的推断很有见地。在该残卷末尾有"仍随牙"一句，

---

① 参见刘俊文：《敦煌吐鲁番唐代法制文书考释》，中华书局1989年版，第570—571页。

"牙",乃牙门之简称,"牙"与县衙同义。按唐人封演的《封氏闻见记》"公牙"条记载:"近俗尚武,是以通称公府为公牙,府门为牙门,字稍讹变,转而为衙。"封演,生卒年不详。从该书内容看,其为天宝末年进士,生活年代为玄、肃、代、德四朝。而刘先生认为该文书系代宗宝应元年所写,与封氏的记载大体吻合。

《73TAM509:8(1)、(2)号残号》与现存唐人著述的《甲乙判》、《龙筋凤髓判》有所不同,前者是依据唐代法律对康失芬行车伤人一案所进行的实判,因此,《残卷》中所记述的审判活动、法律适用原则等也更能反映唐代实体法和程序法的原貌。

该文书残卷首部已缺,内容不详。其余内容大体上可分为四个方面。其中第1至15行记录的是原告法定代理人史拂郁、曹没冒的诉辞。为方便阅读,兹抄录如下:

(前缺)
男金儿八岁……
牒:拂郁上件男在张鹤店门前坐,乃被行客靳嗔奴家生活人将车辗损,腰已下骨并碎破,今见困重,恐性命不存,请处分。谨牒。
元年建未月　　日,百姓史拂郁牒
追问。　舒示。
囗一
〈空白〉
元年建未月　　日,百姓曹没冒辞。
女想子八岁,……
县司:没冒前件女在张游鹤店门前坐,乃被行客靳嗔奴快车人将车碾损,腰骨损折,恐性命不存,请乞处分。谨辞。
本案。　舒示
囗一

辞牒乃唐代司法文书的写作格式,《唐律疏议》卷24第356条云:"诸为人作辞牒,加增其状,不如所告者,笞五十;若加赠罪重,减诬告一等"。该书记有原告法定代理人的姓名,故推断为原告的诉辞。

自第16行至第42行为司法官员的问案记录,主要是被告即伤害人的陈述。本案卷的主审官名舒,根据《唐六典》卷30"京畿及天下诸县令"条:"京畿及天下诸县令之职,皆掌导扬风化,抚守黎氓,敦四人之业,崇五土之利,养鳏寡,恤孤穷,审察冤屈,躬亲狱讼,务知百姓之疾苦",可知舒为高昌县之县令。

第 16 至 33 行是主审官舒对被告康失芬快车牛行辗伤原告史拂郍男金儿、曹没冒女想子犯罪事实的认定。第 34 至 42 行是被告最后的陈述,即对本案最终判决所发表的意见。兹抄录如下:

勒嗔奴快车人康失芬,年卅。

问:快车路行,辗损良善,致令困顿,将何以堪?款占损伤不虚,今欲科断,更有何别理?仰答。但失芬快车,力所不逮,遂辗史拂郍等男女,损伤有实。今情愿保辜,将医药看待。如不差身死,情求准法科断。所答不移前款,亦无人抑塞,更无别理。被问,依实谨辩。

元年建未月　　日。

从上述这段文字可以看出,保辜措施的提出是在主审官对伤害人伤害事实认定之后和司法机关断案之前。从"今情愿保辜,将医药看待"这句话分析,保辜制度是伤害人自愿的,并非每个伤害案件都适用保辜。也就是说,如果伤害人不愿意或没有能力对被害人进行医治,法官则可依照唐律中的有关条文判决,而不必适用保辜,如本案中主审官舒的问决"今欲科断,更有何别理"即是证明。

《唐律疏议》卷 21 第 307 条没有明文规定交通肇事而适用保辜制度的条款。但在该书卷 26 第 392 条有"诸于城内巷街及人众中,无故走车马者,笞五十;以故杀伤人者,减斗杀伤一等。"也就是说,唐律中规定,凡交通肇事而杀伤人,比照斗杀伤减一等处罚,《唐律疏议》卷 21 "保辜"条曾明确规定斗殴适用保辜制度,故而宝应元年六月康失芬行车伤人可比照斗讼律保辜五十日,并减一等处罚。事主为免于监禁之苦,便提出了保辜,这与唐律的规定并不矛盾。

第 43 至 54 行记录的是高昌县勾检官诚对本案的检勾,以及县史上报给高昌县县丞、县令有关康失芬保人何伏昏等人保状的牒文。其中第 43 行以上中缺,但从尾行"简诚白"和后面的"具检如前"一语分析,似为高昌县勾检官诚对本案勾检的结果。第 45 行至 51 行是县吏张奉庭上报给县令舒、县丞曾等人有关何伏昏保状的内容、勾检官勾检的材料等文件,请求批复。兹据原件移录如下:

靳嗔奴并作人康失芬

右得何伏昏等状,称保上件人在外看养吏拂郍等男女,仰不东西。

> 如一保巳后，忽有东西逃避，及反覆与前状不同，连保之人情愿代罪，仍各请求受重杖廿者。具检如前。请处分。
>
> 牒件检如前。谨牒。
>
> 建月末　日，吏张奉庭牒

吏为唐代各级官府中的办公人员。这段文字主要记录了保人的职责，即保证伤害人在监外为被害人治疗疾病，并保证伤害人不离开本县。否则，连保之人除重杖二十外，还负连带责任。

第52行至54行是高昌勾检官诚责成车主靳嗔奴并作人通知担保人到衙，随案一同上报至县丞、县令，听候处分的谘报。现引录如下：

> 靳嗔奴并作人责保到。
>
> 随案引过谘，取处分讫。
>
> 牒所由谘。诚白。十九日

"谘"乃"谘报"之简称，宋人洪迈在《容斋随笔》卷九"翰苑故事"条云："公文至三省，不用申状，但尺纸直书其事，右语云：'谘报尚书省，伏候裁旨'。月日押，谓之谘报。"本案卷中诚与县令、丞同在一个部门，系下上级隶属关系，故未用申状。

第55至58行是高昌县最高司法长官舒对本案的批复意见。案卷先报县丞审阅，县丞曾作出"依判谘"后再呈报给本县最高长官舒，由舒作出最终裁定："放出，勒保辜，仍随牙，余依判"。"放出"，指把监禁的伤害人康失芬释放；"勒保辜"，即责令伤害人、保人办理保辜手续。

综上所述，《73TAM509:8(1)、(2)号残卷》不仅使我们看到了唐代地方司法机关在审理案件时严格按照法定程序办案的情况，也使我们对唐代的保辜制度有了一些新的认识：

第一，唐代的保辜制度适用范围颇为广泛，除《唐律疏议》卷21第307条所规定的情况外，还适用于比照斗殴罪而出现的其他伤害情节，如交通肇事伤人即是其中一例。

第二，唐代保辜制度的适用并非伤害案件的必经程序。过去法史学界通常认为，凡斗殴伤人，即适用保辜。通过对上述案件的分析，我们看到保辜制度是在伤害人同意的前提下实行的。若伤害人不同意保辜，则司法官员可依据律令格式进行判决，那么也就不存在保辜的问题。

第三，保辜制度是在保证的前提下来实现的。若无保证，保辜也就无从谈起。本案卷中记有保证人何伏昏等,保证伤害人看养被伤害人,并不得随意离开居住地;如发生伤害人反悔或逃亡现象,则保证人负连带责任,即"情愿代罪"和"受重杖二十"。这说明保辜制度对保证人的要求是非常严格的。

第四,唐代保辜制度的具体实施必须经过严格的审核程序。先由司法人员对被伤害人作出伤情鉴定,后经伤害人同意、保证人出具保函,由勾检官勾检,再呈报本地区司法长官审阅,最后由该地区最高司法长官签署意见同意保辜,然后将伤害人放出,整个司法程序严谨而务实,没有丝毫的漏洞。这也反映了唐代的司法制度高度严密而灵活的特点。

第四节 唐格与律的关系
——以唐神龙年间《散颁刑部格》残卷为中心

一、关于格的形成和演变

格作为中国古代中世纪一种重要的法律形式存在了近千年的历史,它不仅对中国的法律产生了重要的影响,而且也影响到了中国的邻国,如日本的法典《弘仁格式》、《类聚三代格》等就是受中国法典形式的影响编纂而成的。但是,由于年代的久远和社会的变迁,中古时期的四种重要的法律形式律、令、格、式至今在我国仅存有律一种,即中华法系的代表性法典《唐律疏议》。自二十世纪三十年代以来,随着日本学者仁井田陞的《唐令拾遗》以及八十年代初池田温等人《唐令拾遗补》的出版,也推动了国内学者对唐令的研究。但是,对于唐代另外两种法律形式格和式的研究目前仍很落后,发表的研究成果仍寥寥无几。

关于格的产生,最早应追溯到汉代的故事。据《唐六典》卷六"尚书刑部卷"记载,汉建武时期有《律令故事》上、中、下三篇,皆刑法制度。晋贾充等撰律、令,兼删定当时制、诏之条,为《故事》三十卷,与律、令并行。梁易《故事》为《梁科》,三十卷,皆蔡法度所删定。陈依梁。后魏时期,以格代科,于麟趾殿删定,名为《麟趾格》。北齐因魏立格,撰《权格》,与律、令并行。唐朝贞观年间,撰《贞观格》十八卷,由房玄龄等删定。高宗永徽年间,经长孙无忌等删定,有《永徽留司格》十八卷,《散颁格》七卷;后又有《永徽留司格后本》,刘仁轨等删定。武则天时期,又命裴居道等删定格、式,最终完成《垂拱留司格》六卷,《散颁格》二卷。唐中宗神龙元年六月,"诏尚书右仆射唐休璟、中书令韦安石、左散骑常侍李怀远、礼部尚书祝钦明、尚书右丞苏瑰等,定垂拱格及格后至神龙元年正月二十五日已前制敕,为散颁七卷。"① 唐睿宗即位,又令户部尚书岑羲等著《太极格》十卷。唐玄宗开元时期,又命姚崇、宋璟等制定《开元前格》、《开元后格》,唐宪宗时,刑部侍郎许孟容等删天宝以后敕为《格后敕》三十卷,唐文宗大和年间,又命人撰《新编格后敕》六十卷,后又去繁举要,列司分门,都为五十卷。到了开成四年,又详定了《刑法格》十卷。宣宗大中五年,刑部侍郎刘瑑等又奉敕修《大中刑法总要格后敕》六十卷。

从上面的记述中不难看出,唐代的格最早源于汉代的故事。西晋时期,贾充删定当时的制、诏编成《故事》三十卷,与律令并行,成为一种重要的法律形式。南北朝时,南朝梁易《故事》为科,北朝后魏时期又改科为格,所以说南朝的科和北朝的格应为同一种法律形式,即经过删定后不入律、令的前朝和当朝皇帝制、诏的汇编。隋唐时期,律、令、格、式这四种法律形式一直延续下来,并不断地得到修改。从唐玄宗开元天宝年间以后,由于律的适用范围越来越小,唐朝政府已从过去重点修订律文转向重点修订格敕条文,从我们见到的资料看,唐后期几乎没有修律,而修订格敕的现象却很多,这说明唐律作为根本法的地位在安史之乱后正逐步动摇。

格在律、令、格、式法律体系下究竟发挥着怎样的作用,《唐六典》卷6是这样论述的:"凡律以正刑定罪,令以设范立制,格以禁违正邪,式以轨物程事。"《新唐书·刑法志》也有如下的记载:"唐之刑书有四,曰:律、令、格、式。令者,尊卑贵贱之等数,国家之制度也;格者百官有司之所常行之事也;式者,其所常守之法也。凡邦国之政,必从事于此三者。其有所违及人之为恶而入于罪戾者,一断以律。"由于唐律流传至今,主要用于定罪量刑,属刑法典。令虽已失传,但因受中国律令制体系影响的日本《养老令》的存在,日本学者仁井田陞在充分参考唐代文献的基础上,完成了《唐令拾遗》,对唐令做了大量的复原工作,使人们对唐令也有了更深入的了解。就我们所见到的唐令的内容来看,大多是关于国家的制度方面的内容,所以唐令类似于行政法的性质。对于唐代另外两种法律形式格和式,由于文献的匮乏,目前学术界仍有不同的看法。如有的学者认为唐代的律令格式都是刑法典,② 还有的学者认为律是刑法典,令是行政法,格是刑事特别法,式是国家机关的办事细则等等。对于上述观点,笔者不敢妄加评论。就笔者所能见到的资料

---

① 《册府元龟》卷612。
② 参见王立民:《论唐律令格式都是刑法》,《法学研究》1989年第4期。

来分析，格、式都是对唐律、令的补充，但律和格又不同于令、式，律和格都有相应的罚责，而令和式没有，律是国家的刑法典，格应是对律令体系下出现的立法遗漏所做的补充或扩展，所谓不著于律、令者，以格、式补之。

唐代的格按《唐会要》卷39、《旧唐书·刑法志》等文献的记载，自永徽二年定制，分为两部，曹司常务者为留司格，天下所共者为散颁格。散颁格下州县，留司格本司行用。由于散颁格和留司格颁行的对象不同，散颁格要颁行天下，而留司格只是在本司，以备本司常务，所以自唐高宗以后，就一直把格分为两类，即留司格和散颁格。这两种格的条文在数量和内容上应是有区别的。如在永徽年间，由长孙无忌等删定的格有《永徽留司格》十八卷，散颁格七卷，留司格的卷数是散颁格的卷数二倍还多。又如在武则天年间由裴居道删定的格《垂拱留司格》六卷，《散颁格》三卷，留司格是散颁格的二倍。唐中宗神龙二年，又删定已前制敕，为《散颁格》七卷。从唐睿宗以后，我们就没有看到再把格分为散颁格和留司格的情况，唐玄宗时，只是有《开元前格》和《开元后格》，未见分散颁格和留司格的记载。说明此时散颁格和留司格有可能又合二为一。

从开元中期以后，唐朝政府开始了编纂格后敕的活动。开元十九年，侍中裴光庭、中书令萧嵩以格后制敕行用之后，颇与格文相违，于事非便，奏令所司删撰《格后长行敕》六卷，颁行天下。开元天宝以后，唐政府修订格后敕的现象日益频繁。如唐宪宗元和十三年，就命凤翔节度使郑馀庆等详定《格后敕》三十卷，唐宣宗大中年间，刑部侍郎刘瑑等又奉命修《大中刑法总要格后敕》六十卷。敕作为唐后期一种重要的法律形式，其地位正迅速上升，其数量也在不断地增加。

二、对唐代格的初步调查

格作为唐代一种重要的法律形式，其作为法典的形式虽已佚失，但很多格的条文却保存在各种文献之中。由于格最早来源于皇帝的制、诏、敕，所以唐代的格与唐朝皇帝发布的诏令、制敕有着密切的联系。《唐律疏议》卷30"辄引制敕断罪"条云："诸制敕断罪，临时处分，不为永格者，不得引为后比。若辄引，致罪有出入者，以故失论。"因此，我们说唐代皇帝颁布的诏令、制敕是唐代格的直接来源，制敕一旦上升为永格，也就被编入法典之中，成了格的条款。在现存的唐代文献中，保存唐代皇帝诏令、制敕最多的文献当首推《唐大诏令集》。此书由北宋的宋绶纂辑，其子宋敏求于熙宁三年(1070年)整理成书，全书有一百三十卷，共分十三类。该书收集的唐代诏令、制敕共1460余件,在这1460余件条文中,有很多是关于禁违正邪的条款,并且有的被编入永格,成为唐代格的内容。如在现存的日本的《养老令》中的《僧尼令》中有十几条是依据唐代的《道僧格》编纂而成的,而其中有3条格文与唐代的诏令有着渊源关系。[①]

在宋人王溥所撰的《唐会要》中,也保存了大量的唐代格文。《唐会要》的作者王溥五代后汉时登进士第一,后周广顺初为端明殿学士,任右仆射之职,宋朝建立后官进司空,监修国史。从他的个人经历看,他完全有条件阅读当时保存下来的所有唐代法律文献,因此《唐会要》的文献价值非常高。在该书中,保存了大量的唐代法律史料,其中格的材料就占有很大的比重。如《唐会要》卷40"君上慎恤"条载:"天宝四年八月十二日敕:刑之所设,将以闭邪。法不在严,贵于知禁。今后应犯徒罪者,并量事宜,配于诸军效力。"又如在卷41"左降官及流人"条载:"开元十年六月十二日敕,自今以后,准格及敕,应合决杖人,若有便流移左贬之色,决讫,许一月内将息,然后发遣。其缘恶逆指斥舆者,临时发遣。"卷86"市"条引大中五年八月户部格云:"准户部格式,其市史、壁师之徒,听于当州县供官人市买。"

《唐六典》是研究唐代法律制度的重要文献,在该书中,保存了大量的唐代法律的条文。日本学者仁井田陞在复原唐令时,曾将其作为重要的参考书。在《唐六典》中,也发现有许多格的条款,而且许多条款现已被认定为唐格的内容。如卷4中"祠部郎中"条"(凡僧尼道士等)若服俗衣及绫罗、乘大马、酒醉、与人斗打、招引宾客、占相吉凶、以三宝物饷馈官僚、勾合朋党者,皆还俗"已被认定为唐《道僧格》的条文。在该书卷7虞部郎中条规定:"每年五月、正月、九月皆禁屠杀、采捕"也属于唐格的内容。

《宋刑统》虽为宋代的法典,但由于该法典中收录了许多自开元二年以后令格式敕的条文,所以这些内容也就非常珍贵。如在《宋刑统》卷26所引户部格云:"敕,州县官寄附部人兴易及部内放债等,并宜禁断。"同卷引刑部格云:"敕,私铸钱及造意人及勾合头首者,并处绞,仍先决杖一百;从及居停主人,加役流,仍各先决杖六十。若家人共犯,坐其家长。若老弱残疾不坐者,则归罪以其次家长。其铸钱处邻保配徒一年,里正、坊正、村正各决杖六十。若有纠告者,即以所铸钱毁破并铜物等赏纠人。"

《通典》为唐杜佑所作,全书二百卷,共分九门,其中关于刑法方面的内

[①] 参见拙文:《日本〈令集解·僧尼令〉与唐代宗教法比较研究》,《政法评论》2001年卷,中国政法大学出版社2001年版。

容有163—170卷。据有关学者统计,书中关于唐代的内容占全书的四分之一。① 其中也收录了唐代格的内容。如在该书卷170所引开元格:"周朝酷吏来子珣、万国俊、王弘义、侯思止、郭霸、焦仁亶、张知默、李敬仁、唐奉一、来俊臣、周兴、丘神勣、索元礼、曹仁哲、王景昭、裴籍、李秦授、刘光业、王德寿、屈贞筠、鲍思恭、刘景阳、王处贞。右二十三人残害宗枝,毒陷良善,情状尤重,身在者宜长流岭南远处;纵身殁,子孙亦不许仕宦;陈嘉言、鱼承晔、皇甫文备、傅游艺,右四人残害宗枝,毒陷良善,情状稍轻,身在者宜配岭南,纵身殁,子孙亦不许近任。敕依前件。开元十三年三月十二日。"

在《唐律疏议》中,也征引了唐代格的条文。如在第二十三条"除免比徒"中就有"依格:道士等辄著俗服者,还俗。"不过,在《唐律疏议》中我们见到的格文很少。

此外,在《册府元龟》、《白氏六帖事类集》、日本的《令集解》等文献中,也收录了许多唐代格的条文。如在《白氏六帖事类集》卷24引唐金部格云:"敕:松当悉维翼等州熟羌,每年十月以后,即来彭州互市易时,差上佐一人,于蚕崖关外,依市法致市场交易,勿令百姓与往还。"又如在《令集解》中"孝子条"所引开元格云:"开元格:其义必须累代同居,一门邕穆,尊卑有序,财食无私,远近钦承,州闾推伏。州县亲如按验,知状迹殊充,使覆问者,准令申奏。其得旌表者,孝门复终孝子之身也。"

进入二十世纪以后,随着敦煌吐鲁番文书的大量发现,也推动了唐代格的研究。在现存的敦煌、吐鲁番文书中,就有许多保存了唐代格的原件。根据唐耕耦、刘俊文以及日本学者池田温、山本达郎、冈野诚等人研究统计,在现存的敦煌、吐鲁番文书中,共存有五件唐代格的残卷。下面就对这五件格的残卷作以下的简单介绍。

1.《神龙散颁刑部格残卷》,(原题)共两断卷,五纸,120行,发现于敦煌藏经洞。该文书一部分现存于法国巴黎国立图书馆,编号为P3078号;另一部分现存于伦敦大英图书馆,编号为S4673号。

2.《垂拱后常行格断片》,共一断片,16行,最早发现于吐鲁番吐峪沟等地,现存于德国柏林科学院东方学与亚洲历史研究所,编号为TIIT。

3.《开元户部格残卷》,共一断卷,三纸,69行,发现于敦煌,现存于伦敦大英图书馆,编号为S1344号。

4.《开元职方格断片》,共一断片,7行,发现于敦煌藏经洞,现存于中国

---

① 参见吴枫:《隋唐历史文献集释》,中州古籍出版社1987年版,第99页。

北京国家图书馆,编号为周字 51 号。

5.《开元兵部选格断片》,共一断片,18 行,发现于敦煌,现存于法国巴黎国立图书馆,编号为 P4978 号。

在这五件唐格中,内容最多的当属《神龙散颁刑部格残卷》。该文书共有 120 行,是迄今为止我们所见到的最长的唐代格。因此对于我们了解唐代格在唐代法典中的地位以及如何适用具有重要的参考价值。

三、P3078 号、S4673 号《唐神龙散颁刑部格残卷》的文献价值

格作为唐代法律形式的一种,究竟在国家的法典体系中发挥着怎样的作用,格的内容又是如何编纂的,过去人们见到的只是零星的记载。自从二十世纪初以来,敦煌、吐鲁番文书的大量发现,使我们对唐代的格有了一个较清楚的认识。在现存的唐代格中,保存内容最多的当属在法国巴黎国立图书馆和英国大英图书馆的 P3078 号和 S4673 号唐神龙《散颁刑部格》残卷。神龙为唐中宗的年号,时间为 705—707 年。唐中宗在位时间很短,仅有五年的光景。但在这短短的几年里,唐中宗下令修订了法典。神龙元年六月二十七日,曾令人删定《垂拱格》及格后敕,尚书左仆射唐休璟、中书令韦安石、散骑常侍李怀远、礼部尚书祝钦明、尚书右丞苏瑰、兵部郎中姜师度、户部郎中狄光嗣等,同删定至神龙二年正月二十五日已前制敕,为《散颁格》七卷。又删补旧式为二十卷。表上之,制令颁于天下。① 很显然,神龙二年的《散颁格》是在全国范围内行用的法典。

关于唐神龙二年《散颁格》的编纂体系,现存的文献没有明确记载。其总的卷数为七卷,我们推测其篇名为第一卷是综合性的内容,其余六卷依次是吏、户、礼、兵、刑、工的分类,关于这一点可以从 P3078 号文书的记述中得以验证。如在该文书篇首直接写:"散颁刑部格卷",而未题写第几卷,这说明该《散颁格》并不是毫无目的编写成的,而是按朝廷六部的顺序编纂的。也就是说除了散颁刑部格卷外,应还有散颁吏部格卷、散颁户部格卷、散颁礼部格卷、散颁兵部格卷和散颁工部格卷。如果我们的推测没有错的话,唐神龙年间制定的《散颁格》是按照总论以及六部的体例编纂的。这种编纂体例不同于现存的日本《类聚三代格》的体例,也与后来编纂格的体例不同,应该说是一种新的体例。而这种新的体例并不是在唐中宗神龙年间发明的,其首创应在唐高宗永徽时期。唐高宗永徽年间,曾制定过《散颁格》七卷,此

---

① 《唐会要》卷 39 "定格令" 条。

时的散颁格就极有可能是按照六部的体例而编纂的。过去学术界认为明、清律典按六部分类的体例滥觞于元代，笔者认为这种形式或许会更早，有可能在唐代就出现了，而这一说法的直接根据就是唐神龙二年的《散颁刑部格》残卷。《唐六典》卷6"凡格二十有四篇，以尚书省诸曹为之目"也验证了笔者的观点。

首先，从该文书的题写方式来看，在P3078号文书《散颁刑部格卷》题目下列有刑部、都部、比部、司门的名称，而这四个部门正是唐代尚书省六部之一刑部下设立四个职能部门。这说明唐代散颁格对于四个职能部门都能适用，它不仅是全国通行的法律文件，对于刑部下设的四个司来说也具有通用的性质。而留司格则不同，据《大唐六典》卷6记载，唐代"凡格二十有四篇。皆以尚书省二十四司为篇名。"这说明留司格是各职能部门自己应遵守的法律文件，适用的范围是尚书省六部的本司。

其次，从《神龙散颁刑部格》残卷的编纂形式看，散颁格的编写为一条一段，每条前面没有"敕"字，在每条法条下面也没有该法条制定的时间。而留司格则不同，在唐耕耦主编的《敦煌社会经济文献真迹释录》第二辑中收录了《唐神龙年代(705)吏部留司格残卷》，从该文书的体例看，每条条文之前由"敕"字开始，在条文的末尾写有该条文的制定年代。这说明两者的体例是不一样的。留司格的体例为：

2. 敕：诸司有大事及军机须(下缺)
3. 须奏者，并宜进状。仍令仗家觉(下缺)
4. 其应仗下奏事人，夏中炎热，每日(下缺)
5. 肆刻挺。长寿三年腊月十一日。①

而散颁格的体例则与此不同。《散颁刑部格》残卷的体例为：

10. 官人在任，缘赃贿计罪成殿已上，虽非赃贿
11. 罪至除免，会恩及别推免，并即录奏，量所
12. 犯赃状，贬授岭南远恶处及边远官。

在这里，散颁格前面没有"敕"字，是经过整理之后的敕令，而且在条文

---

① 该文书现存于德国，编号为CH3841号。引文前面的数字是该文书的行数。

后面也没有形成的年代,这说明散颁格的制定要比留司格严格的多。留司格与散颁格的体例和适用的范围是不一样的。

最早对唐神龙《散颁刑部格》文书进行研究的是董康的《书舶庸谭》,此后,日本学者仁井田陞对此文书也进行了探讨。[①]在日本学者山本达郎、池田温、冈野诚合编的《敦煌吐鲁番文献1法律文书》中对此做了整理。我国学者唐耕耦、陆宏基在《敦煌社会经济文献真迹释录》第二辑中对该文书进行了标点和注,作者认为该文书的书写年代为公元八世纪中叶。[②]当然,对该文书进行全面研究的还是北京大学的刘俊文,他在《敦煌吐鲁番唐代法制文书考释》中,对该文书作了详细的考证、校补和笺释,其研究成果对于后来研究者颇有参考价值。

在现存的古代文献中,明确认定为唐代刑部格条文的法律典籍当属《宋刑统》。在《宋刑统》中,笔者认为是唐代刑部格的有7条。不过这7条中既有刑部格敕,也有开成格(笔者认为其属于刑部格的内容)。而《宋刑统》中所保存的条文无论从数量还是从完整程度上,都无法与敦煌文书《散颁刑部格》相比。

四、P3078号、S4673号《唐神龙散颁刑部格》残卷与唐律之比较

P3078号、S4673号《唐神龙散颁刑部格》残卷共有120行,记载了18条条文。这些条文和《唐律疏议》中的条有怎样的区别和联系呢?我们不妨将两者逐条加以对照,看看它们之间的关系。

1.《唐神龙散颁刑部格》(4—9行):"伪造官文书印,若转将用行(行用),并盗用官文书印及亡印而行用,并伪造前代官文书印,若将行用,因得成官,假与人官,(同)情受假,各先决杖一百。头首配流岭南远恶边处,从配缘边有军府小州,并不在会赦之限。其同情受用伪文书之人,亦准此。"

按:《唐律疏议》第363条有"伪写官文书印":诸伪写官文书印者,流二千里。余印,徒一年。即伪写前代官文书印,有所规求,封用者,徒二年。两者之间的差别在于《唐律疏议》只规定了伪造官文书印的犯罪情形和惩罚的罚则,而刑部格则侧重于犯罪后处罚的具体办法,即先决杖一百,首犯流边远处,从犯配缘边军府小州,并不在会赦之限。此为唐律所无,是对唐律的扩展。

---

① 参见《中国法制史研究·法与道德卷》,东京大学出版会1981年版,第301—303页。
② 参见《敦煌社会经济文献真迹释录》第2辑,全国图书馆文献缩微复制中心出版,第596页。

2.《散颁刑部格》(10—12行):"官人在任,缘赃贿计罪成殿已上,虽非赃贿罪至除免,会恩及别赦免,并即录奏,量所犯赃状,贬授岭南远恶处及边远官。"

按:《唐律疏议》卷11《职制律》列举了赃贿的种种情形,但未有与此条相同者。"成殿",《唐六典》卷2"考功员外郎"条内注文云:"诸官人犯罪负殿者,计赎铜一斤为一负,公罪倍之。十负为一殿。当上上考者,虽有殿不降,此谓非私罪。自上中已下,率一殿降一等。即公坐殿失应降,若当年劳剧有异于常者,听减一殿。"从《唐六典》的解释可以知道,凡官吏缘赃贿罪考核累计成殿以上,虽非赃贿除名或免官,如遇恩赦,吏部应将其所犯的赃状奏录,贬授边远地方为官。因此种情况属违纪行为,故在唐律中没有罚则,而在《散颁刑部格》中有相应的条款。

3.《散颁刑部格》(13—19行):"流外行署,州县杂任,于监主犯赃一匹以上,先决杖六十,满五匹以上,先决杖一百;并配入军。如当州无府,配侧近州。断后一月内,即差纲领所配府取领报讫,申所司。赃不满匹者,即解却。虽会恩,并不在免军之限。在东都及京犯者,于尚书省门对众决;在外州县者,长官集众对决。赃多者,仰依本法。"

按:《唐六典》卷2对流外和行署作了如下的解释,"未入九流者为流外","凡未入仕而吏京司者,复分为九品,通为之行署"。"州县杂任",应指在州县中担任杂职的流外属职。对于这类人员犯罪,唐律中没有专门的规定。在《唐律疏议》卷11"监主受财枉法"条、"受所监临财物"条所规定的罚则主要对流内官,对于流外和行署官,唐律并没有明确的规定。在《唐会要》卷41"杂记"记载了永徽五年三月之制:"州胥吏犯赃一匹以上,先决一百,然后准法。"《神龙散颁刑部格》对这类官员的犯赃行为的惩罚规定是:"于监主犯赃一匹以上,先决杖六十,满五匹以上,先决杖一百;并配入军。"对于赃不满匹者,立即解职,东都和京城之官在尚书省门对众宣决,州县之官集众对决。比永徽五年的法令处罚要轻。

4.《散颁刑部格》(20—28行):"法司断九品以上官罪,皆录所犯状进内。其外推断罪定,于后雪免者,皆得罪及合雪所由并元断官同奏。(事)若在外,以状申省。司亦具出入状奏闻。若前人失错,纵去官经赦,亦宜奏。若推断公坐者,不在奏限。应雪景迹状,皆于本使勘检,如灼然合雪,具状牒考选司。若使司已停,即于刑部大理陈牒问取使人合雪之状,然后为雪。仍牒中书省并录状进内讫,然后注。"

按:《唐律疏议》卷2第8条"八议者"条云:"诸八议者,犯死罪。皆条所坐及应议之状,先奏请议,议定奏裁"。第9条"皇太子妃"疏议云:"条其所犯者,谓条录请人所犯应死之坐。应请之状者,谓皇太子妃大功以上亲,应议者期以上亲及孙,若官爵五品以上应请之状"。而成书于其后的《散颁刑部格》将成书于永徽年间的《唐律疏议》的"官爵五品以上应请之状"改变为"九品以上官罪,皆录所犯状进内",反映了适用法律特权的官僚贵族的范围正逐渐扩大。

关于雪免,《唐会要》卷41"永淳二年二月之制"条也有类似的规定:"官人犯决经断后得雪者,并申上书省详定。前被枉断及有妄雪者,具状闻奏。"

5.《散颁刑部格》(29—33行):"盗及诈请两京及九城宫库物,赃满一匹已上,首处斩,从配流。若盗司农诸仓及少府监诸库物并军粮军资,赃满五匹以上,首处死,从处流;若一匹以上,首处流,从徒三年。所由官人,不存检校,失数满三十匹已上者,奏闻。"

按:《唐律疏议》卷19有"监临主首自盗"条,常人盗官物,只是比照以凡盗加等处罚。而对于盗两京及九城宫(皇帝行宫)、司农诸仓、少府监诸库以及军粮军资这些重地和急需财物,唐律没有明确的规定。《散颁刑部格》的这些规定,无疑弥补了唐律的不足。

6.《散颁刑部格》(34—36行):"诐诱官奴婢及藏隐并替换者,并配流岭南。无官荫者,于配所役三年;有官荫者,不得当、赎。官奴婢犯者,配远州苦使。"

按:《唐律疏议》卷20第293条"略和诱奴婢"云:"诸略奴婢者,以强盗论;和诱者,以窃盗论。各罪止流三千里。即奴婢别赍财物者,自从强、窃法,不得累而科之。"唐代奴婢有官、私之分,对于诈诱、隐藏官奴婢的处罚,《散颁刑部格》的规定比唐律更加细致,可补唐律之不足。

7.《散颁刑部格》(37—39行):"工乐杂户犯者,没为官奴婢,并不在赦限"

按:此条是对工、乐、杂户出身者诈诱官奴婢的处罚措施,皆降低身份等级没为官奴婢,并规定不在赦免之限。亦为唐律之补充。

8.《散颁刑部格》(38—39行):"盗计赃满一匹以上,及诐诱官私奴婢,并恐吓取财,勘当知实,先决杖一百,仍依法与罪。"

按:《唐律疏议》卷19云:"诸窃盗,不得财笞五十;一尺杖六十,一匹加一等,五匹徒一年,五匹加一等,五十匹加役流。"长孙无忌的疏议曰:"得财一尺杖六十,一匹加一等,即是一匹一尺杖七十。"而《刑部格》的处罚较唐律的处罚有明显加重的情节。

第一章 律令格式的法律体系

9.《散颁刑部格》(40—47 行):"私铸钱人,勘当得实,先决杖一百,头首处尽,家资没官;从者配流。不得官当荫赎。有官者,仍除名。勾合头首及居停主人,虽不自铸,亦处尽,家资亦没官。若家人共犯罪,其家长资财并没;家长不知,坐其所由者一房资财。其铸钱处,邻保处徒一年,里正、坊正各决杖一百。若有人纠告,应没家资,并赏纠人。同犯自首告者,免罪,依例酬赏。"

按:《唐律疏议》卷 26 有"私铸钱"条,该条规定:"诸私铸钱者,流三千里;作具已备,未铸者,徒二年;作具未备者,杖一百。"但唐律对于首、从如何处罚,有品官者如何使用刑罚,对里正、坊正如何处理等都未有明确的规定。《通典》卷 9《食货门·钱币下》载:"永淳元年五月敕云:私铸钱,造意人及勾合头首者并处绞,仍先决杖一百;从及居停主人加役流,各决杖六十。若家人共犯,坐其家长;老疾不坐者,则罪归其以次家长。其铸钱处邻保配徒一年,里正、坊正、村正各决六十。若有纠告者,即以所铸钱毁破并铜物等赏纠人。"《通典》的记载与《散颁刑部格》的规定大体相同,有可能该条文源于永淳元年五月的敕文,但《散颁刑部格》的处罚还是有加重处罚的倾向。

10.《散颁刑部格》(48—51 行):"略及和诱和同相卖为奴婢,自首者,非追得卖人,并不得成首。其略良人,仍先杖一百,然后依法。若于羁縻及轻税州自首者,虽得良人,非本州者,亦不成首。"

按:《唐律疏议》卷 5 第 37 条"犯罪未发自首"、卷十八 262 条"造畜蛊毒"列举了不得自首的六种情况,即:于人损伤,物不可备偿,事发逃亡,越关、私度关及奸,私习天文,造畜蛊毒。《散颁刑部格》该条文所列的三种情况不在这六种自首之内。唐律禁止买卖良人和非法买卖奴婢,对于略及和诱、和同为奴婢者,须追回被卖者才符合自首的要件;对于略卖良人,不管追未追回被卖者,先杖一百,再按律处罚;如在诸番降户州府、征税赋税较轻的州府自首,虽得良人,非本州者,亦不成自首。

11.《散颁刑部格》(52—72 行):"但有告密,一准令条,受告官司尽理推鞫。如先有合决笞杖者,不须勘当。密条灼然,有逗留者,即准律掩捕,驰驿奏闻。如无指的,不须浪追及奏。若推勘事虚,先决杖一百,然后依法科罪,仍不得减赎。若责状不吐,确称有密者,即令自抄状自封,长官重封。如不解书,推勘官人为抄,长官封印署,驰驿进奏,仍禁身待进止。有不肯抄状,并不受推勘者,即与密,宜便准前决杖及科本罪。若死囚,旨符已到,有告密者,不须为受。其有相知,遣人数头分告,及取人文状,或称闻人传说,或称疑有如此,或云恐有如此,即告或重告他人,所告之密,勘当事虚,其杖及反坐无密等罪,一准告人科决。其告密人,虽抄封进,状内所告非密,及称状有不尽,妄请面见者,亦同无密科罪。纵别言他事,并不须为勘当。或缘斗竞,或有冤嫌,即注被夺密封,事恐露洩,官司不为追摄,即云党助逆徒,有如此色者,并不须为勘当,仍令州县录敕于所在村坊要路榜示,使人具知,勿陷入罪。"

按:此条专为告密所设。关于告密,在《唐律疏议·斗讼律》"知谋反逆叛不告"条、唐《狱官令》之"告密"条以及《唐六典》卷6"刑部郎中员外郎"中均有这方面的规定。然而《刑部格》中所列的内容却是为告密所设的种种限制,如不肯抄状、所告非密、所告称疑、借告密妄请见面等,一准告人之科决断。这些条款均为唐律、令中所无。

12. 《散颁刑部格》(73—84 行):"光火劫贼,必籍主人,兼倚乡豪,助成影援。其所获贼,各委州县长官尽理评覆,应合死者,奏闻。其居停主人,先决杖一百,仍与贼同罪;邻保、里正、坊正、村正,各决杖六十;并移贯边州。其有捉获贼应合赏,准强盗法,其赏出贼家及居停主人。其贼党有能密告官司,因而擒获者,免其罪,仍同赏例。如有贼发州县专知官及长官隐蔽不言,及勾官不能纠举者,并解却。若捉贼不获,贬授远恶官,限内捕获过半数以上,即免贬责。如擒获外境五人以上,与中上考,应贬者听功过相折。御史巡察出日,仍访察奏闻。"

按:在《唐律疏议》卷 20 中有"部内人为盗及容止"条、卷 24 有"强盗杀人不告主司"条。格文此条专为"火光劫贼"所设。关于火光贼,从武则天时期就已出现,据《旧唐书》卷 185《冯元常传》记载,在武后统治年间,眉州有所谓的火光贼,夜掠居人,"昼潜山谷"。陈子昂《上蜀川安危三事》曾提到蓬、渠、果、合等州山林中,有逃户三万多人,他们"结为火光大贼,依凭林险,巢穴其中。若以甲兵捕之,则鸟散山谷;如州县急慢,则劫杀公行。"后来火光贼又发展到了广西等地,在《旧唐书·裴怀古传》中也记载了火光贼的情况。火光贼在武则天、唐中宗时期十分活跃,已威胁到了唐朝政权的统治,因此,《刑部格》中专设了此条款,即于律外严加惩治。

13. 《散颁刑部格》(85—91 行)①:"盗及煞官驼马一匹以上者先决杖一百,配流岭南,不得官当赎。其知情博换卖买,及过致人,居停主人知情者,并准此。有人纠告者,每纠得一匹,赏物二十匹。纠数虽多,不得过一百匹。

---

① 90 行以上为 P3078 号,存于法国巴黎国立图书馆;从第 91 行开始存于英国大英图书,编号为 S4673 号。

其赏物并出隐煞盗驼马人。告数满十匹以上者,卫士免军,百姓免简点,户奴放从良。所由官人阿纵者,与下;受财求(赇)者,准盗人科罪。"

按:《唐律疏议》卷19"盗官私马牛"条规定:"诸盗官私马牛而杀者,徒二年半。疏议曰:马牛军国所用,故与余畜不同。若盗而杀者,徒二年半。若准赃重于徒二年半者,以凡盗论加一等。其有盗杀牦牛之类,乡俗不用耕驾者,计赃以凡盗论。"格文此条对盗官驼马者处以先决杖一百,再流岭南,并祸及知情博买者、居停主人等,明显比唐律的处罚要重。

14.《散颁刑部格》(92—98行):"官人被推赃罪,事迹分明,拟为诉辞,规避不对;或经恩赦,求请证徒,若得重推,多有翻动;或使过之后,州县容翻,宜审详元状。如事验明白,身虽未对,不须为理。必称枉酷,任经省论,州县不得辄受申诉。告事人,但审引虚,先决杖六十,仍各依法处断。支证翻者,亦同此科。"

按:此条专为官人被推所设。唐律中未有对官吏被推审的条文。《刑部格》中设此条款,无疑弥补了唐律中对官吏犯罪如何被推的诉讼程序。

15.《散颁刑部格》(99—100行):"宿宵行道,男女交杂,因此聚会,并宜禁断。其邻保徒一年,里正决杖一百。"

按:唐长儒先生认为"宿宵"乃佛教徒夜晚举行斋会的说法。《唐大诏令集》卷113记载了开元十九年的诏书,针对僧尼"或出入州县,假托威权;或巡历村乡,恣行教化。因其聚会,便有夜宵"的情况,下令严加禁断。过去人们认为对该活动的禁令出现在开元时期,其实早在神龙年间就出现了,《神龙散颁刑部格》中对此有严格的规定。

16.《散颁刑部格》(101—109行):"州县职在亲人,百姓不合陵忽。其有欲害及殴,所部者承前已令斩决。若有犯者,先决一百,然后禁身奏闻。其内外官人,有恃其班秩故犯,情状可责者,文武六品以下,勋官二品以下并荫人,并听量情决杖,仍不得过六十。若长官无,听通判官应致敬者决。雍、洛住及诉竟人,亦准此。其清官并国子助教、大学四门博士,及副二通判官、录事参事(军)县令、折冲府司马,各于本任长官,并不得决限。"

按:此条是为了维护地方官之权威的格文。在《唐律疏议》卷17有"谋杀制使府主等官"条、卷21"殴制使府主刺使县令"条,其中规定:谋杀刺使、县令者流二千里,已伤者绞,已杀者皆斩;殴刺使、县令者徒三年,伤者流二千里,折伤者绞。《刑部格》与唐律相比有所变化,一是增加了"先决一百"的内容,另一是对文武六品以下官等犯有此科"仍不得过六十"的处罚规定。

17.《散颁刑部格》(110—116行):"私造违样绫锦,勘当得实,先决杖一百,造意者徒三年,同造及挑文客织,并居停主人,并徒二年半。总不得官当荫赎。踏锥人及村正、坊正、里正各决杖八十。毛褐作文者,不得服用、买卖。违者,物并没官。有人纠者,物入纠人,官与市取。其敕赐者,听与应服用之人。如管内□□者,官司量事贬附。"

按:《唐律疏议》卷26有"舍宅车服器物违令"条,但对于私造违样绫锦,未有处罚的规定。在唐朝皇帝的颁布诏令中,有许多类似的内容。如在《唐大诏令集》卷108开元二年发布的《禁奢侈服用敕》就规定对于"造作锦绣珠绳"者,决一百。这一处罚措施,我们推测就是沿用《神龙刑部格》中的规定。

18.《散颁刑部格》(117—120行):"□□□别敕推事,多为酷法,乃有悬枷著□(树)□□□□(经日不解),脱衣迥立,连宵忍冻,转动□□(有碍),□□□□□□房小舍堙户塞窗,数□□□□□□□□□与脱枷用,(后残)"

按:别敕推勘指皇帝勅命法司以外审理的案件。《唐大诏令集》卷82收录了永徽六年十一月的诏书《法司及别敕推事并依律文诏》:"朕闻:(前略)今既科格咸备,宪制久行,讯鞫之法,律条具载。深文之吏,犹乖遵奉,斯行惨虐,曾靡人心。在含之伦,禀柔脆之质,乃有悬枷着树,经日不解,单衣无纩,连宵忍冻,动转有碍,食饮乖节,残酷之事,非复一途,楚痛切心,何求不得,念及于此,深以矜怀……。"很明显,《神龙散颁刑部格》中的规定是由永徽六年的这条敕令修改而制成的。

以上我们将《神龙散颁刑部格》残卷与唐律的有关规定进行了简单的比较,通过分析,得出如下几点认识:

其一,虽然《神龙散颁刑部格》仅存了18条条文,但其所涉及的内容非常广泛,如对于伪造官文书、未入仕流官吏犯赃加重处罚、官吏雪免、盗杀官驼马、诱卖奴婢、违样造绫锦、别敕推勘多为酷法等规定,这里面除了有实体法的内容外,还涉及到了雪免、审讯等程序法的内容,说明诸法合体的法典的编纂体系不仅体现在唐律中,也被应用到了令、格、式法典的编纂中来。

其二,表面上看,唐代的法律形式格与唐律的规定似乎有重复之处,实际上是对唐律的扩展和补充。对于唐律中没有涉及到的违法犯罪行为,在格中大都有相应的罚则,反映了唐代法律体系的完备性。如第3条对于流外行署、州县杂任的处罚在唐律中没有规定,而在格文中却有罚则,且比流内官的处罚要重,此条为补充。又如在第4条中对于"法司断九品以上官罪,皆录所犯状进内",将进状由唐律规定的五品扩大到九品,是对唐律的扩展。类似现象很多,在此就不一一列举了。

其三,从神龙《散颁刑部格》中的格文来源看,大多是前代皇帝颁布的敕令,经过修改后上升为永格。如第 4 条中对于雪免的规定就源于永淳二年的诏令,第 9 条中对于私铸钱的规定源于永淳元年的敕令,第 18 条关于别敕推勘的规定源于永徽六年的诏令等皆属于此,这也进一步证明了《唐律疏议》卷 30 第 486 条"辄引制敕断罪"中疏议所说的"事有时宜,故人主权断制敕,量情处分。不为永格者,不得引为后比"的规定所言非虚。

其四,从神龙《散颁刑部格》残卷中的定罪量刑看,使我们对唐代轻刑的说法产生了怀疑。《唐律疏议》中的律条和疏议内容,对于犯罪行为的定罪量刑很轻。但若从神龙年间的《刑部格》残卷中的定罪和量刑来看,丝毫看不到有宽缓的迹象,有许多条款都有明显加重的倾向。如即使对于"宿宵行道,男女交杂,因此聚会"的情况,《刑部格》也要对邻保徒一年,里正杖八十。而对于官僚贵族的法律特权,在该格中却极力维护,"如有欲害及殴所部"长官,除了唐律中的惩罚措施外,又增加了先决杖一百的规定,这也进一步暴露了中国封建法律制度的残酷性、反动性和虚伪性。

总之,通过上面对神龙年间制定的《散颁刑部格》的分析,使我们进一步认清了唐代法律制度的本质。李唐统治者在制定《唐律疏议》时虽标榜崇尚宽简、树仁惠化,但这种思想在此后屡次增修的格条中予以破坏。尤其是安史之乱以后,随着格敕法律地位的上升,唐律的适用范围逐渐缩小,格敕适用的范围越来越广,因此编订格敕的活动成为唐后期立法的主要内容。宋代以后,以格敕代律的出现也就是必然的了。

第二章　中日律令制比较研究

第一节　唐律与日本律定罪量刑之比较

一

中日两国是一衣带水的邻邦,中日两国的文化交流自远古时代就已开始了。据民族学者研究推测,早在原始社会末期,即有居民从中国的华北、东北地区经过朝鲜半岛进入日本的北部,再向东延续发展。① 有文字记载的中日文化交流始于后汉光武帝中元二年(57 年),据《后汉书》卷 85《东夷传》"倭人"条记载:"建武中元二年,倭国之南界也。光武赐以印绶。"该印名"汉委奴国王"金印,天明四年(1784 年)发现于日本博多湾志贺岛(福冈市)。② 自东汉以后,中国内陆与日本的交往就一直没有停止过。不过,中国文化尤其是法律制度以泄洪之势传入日本,并对日本法律制度产生重要影响还是在日本大化改新之后。③ 公元 645 年,当时的孝德天皇仿照隋唐两代的政治、经济和法律制度进行变革,史称"大化改新",此为隋唐法律制度传入日本之始。继此之后,天智天皇在位时,曾制定了《近江令》22 卷,其内容篇目皆已散佚,内容不详,日本法律史学家宫崎道三郎在《法制史讲义案》中认为《弘仁格式》中的"《近江令》二十二卷"应为《近江律令》22 卷,包含律的内容。天武天皇十年(682 年),又修撰了《飞鸟净御原律令》,其中令已经佚失,律有多少卷,施行与否,情况不明。在日本法典编纂史上具有划时代意义的法典应该说是在文武天皇十年(701 年)制定的《大宝律》6 卷、《大宝令》21 卷,以及后来元正天皇养老二年(718 年)重新修订的《养老律》10 卷、《养老令》10 卷。《大宝律令》已经佚失,日本学者利光三津夫、高盐博

---

①　夏应元:《秦时至隋唐时期的中日文化交流》,收入大庭脩、王晓秋主编:《日中文化交流史丛书》之一《历史》,大脩馆 1995 年 7 月版,第 77 页。
②　参见梶山胜:《"汉委奴国王"金印与弥生时代的文字》,收入《古文化丛谈》第 30 集,1993 年版。
③　泷川政次郎:《日本法制史》,角川书店,昭和 44 年 6 月版,第 93 页。

等人依据现存的古代文献进行了若干条的复原。① 《养老令》以《令集解》、《令义解》的形式保存下来,而《养老律》只存有《名例律》的前半,《卫禁律》的后半,《职制律》、《贼盗律》的全部,以及《斗讼律》的个别条款。近年来,日本律令研究会对《养老律》进行了大规模的复原工作,复原的条文约有60%弱。目前中日学者所进行的唐律与日本律之比较,主要也是与日本的《养老律》进行比较。

以唐律为母法的《养老律》,在很多方面又与唐律有着明显的不同。如《唐律疏议·名例律》中有"十恶"、"八议"制度,而日本律则改为"八虐"、"六议"等,凡此种种,不一而足。

学术界对于唐、日两律的比较研究,其成果不像对唐令与日本令的比较那样成果显著。这其中的原因有二:其一是唐日两律的差异较小,可比性不多;其二是日本的《养老律》残缺严重,受资料匮乏的制约。

但即使如此,对唐律与日本律的比较研究还是取得了巨大的进展。早在江户时代中期,荻生北溪(1679—1754年)在《唐律疏议订正上书》中就谈到了唐律与日本律的差异,指出:"和律与唐律相比,在刑罚上大多减一、二等处罚。"② 荻生的观点现已成为学术界的通说。自二十世纪初以来,对唐律与日本律的比较全面展开,研究的重点主要侧重在三个方面:一是日本律母法的问题。《大宝律》的母法主要是唐高宗永徽二年(651年)编纂的《永徽律》以及永徽四年(653年)制定的《永徽律疏》。③ 而继此之后编纂的《养老律》与现存的《开元律疏》皆本于《永徽律疏》,如"兄弟之子孙的关系"。④ 众所周知,目前中日两国法史学界对《唐律疏议》的成书年代尚有分歧,日本学者认为现存的《唐律疏议》是开元二十五年的律疏,⑤ 而中国学者杨廷福在《〈唐律疏议〉制作年代考》中则提出现存的《唐律疏议》应为唐高宗永徽年间制定的《永徽律疏》。⑥ 另据日本学者小林宏研究,《养老律》与宋代的法典

---

① 参见利光三津夫:《大宝律考》,收入《律之研究》一书,名著普及会昭和63年3月版;高盐博《关于〈大宝律〉若干条的复原》,收入国学院大学日本文化研究所主编《日本律复原之研究》一书,国书刊行会,昭和59年版。

② 参见《唐律疏议订正上书》,第270页,《改定史籍集览》第17册所收,近藤活版所1902年版。

③ 参见利光三津夫:《大宝律考》,收入《律之研究》一书,明治书院1961年版,第123页。

④ 森鹿三:《中国的法律、日本的法律》,收入《讲座中国之五·中国和日本》,筑摩书房1972年版。

⑤ 参见仁井田陞、牧野巽:《故唐律疏议制作年代考》,东方文化学院《东方学报》第1、2册,后收入律令研究会主编:《译注日本律令·首卷》,东京堂昭和50年版。

⑥ 参见《唐律初探》,天津人民出版社1982年5月版。

《宋刑统》在用字用语上差别很小,而与《唐律疏议》(万有文库本)却有着很大的差别。① 《宋刑统》的制定主要是参考了开元二十五年的《开元律疏》,若现存的《唐律疏议》是《开元律疏》,则与《宋刑统》在用字用语方面不应有较大的差别。但事实恰相反,日本的《大宝律》是参考唐《永徽律疏》制定的;《养老律》在编纂的过程中虽未参考《开元律疏》,但由于其颁布时间很晚,在颁布之前极有可能参照《开元律疏》,对成书之已久的《养老律》用字用语进行改动。② 其二是对唐律与日本律篇名条目名称数目的比较。日本律并非完全照搬唐律,而是增设或消除了许多唐律的条款。以《职制律》为例,职制是关于职务犯罪的法律,《唐律疏议》共有59条,日本《职制律》广桥本《律》残存至今,共有56条,比唐律少3条,这3条律文并非脱落,而是在制定《养老律》时被删除。③ 日本学者泷川政次郎在《律令之研究》一书中,亦提出了《养老律》的编纂方针是删改《大宝律》直译唐律而不适合本国国情的部分。其三是对唐律与日本律定罪量刑的比较研究。相比之下,唐律与日本律最大的差异还是体现在量刑上。与唐律相比,日本律大多减一二等刑处罚。这种观点自荻生北溪首倡之后,现代许多学者都承袭了这一观点,如佐藤诚实在《律令考》一文中认为,日本律留心恤刑,其刑与唐律相比,皆有减轻的倾向。④

以上叙述的是日本学者的研究情况。对于唐律与日本律的比较研究,中国学者尚未给予足够的重视,这其中有多种因素,笔者认为最主要的原因是由于唐律未受到日本律的影响。中国学者对于唐律与日本律的比较应首推著名的法律史学家杨鸿烈先生,杨鸿烈在《中国法律在东亚诸国之影响》中指出:"日本民族者,世界上最能适应时事之民族也。虽充分输入中国法律,但非削趾适履,一味盲从可比。"⑤

中日两国学者对唐律与日本律的比较研究取得了丰硕成果。但是,由

---

① 参见小林宏:《关于〈唐律疏议〉的原文》,收入国学院大学日本文化研究所《日本律复原之研究》,国书刊行会昭和59年6月版。

② 元正天皇养老二年(718年),《养老律》编纂完成,并没有付诸实施,唐《开元律疏》也未形成。及至孝谦天皇天平胜宝九年(757年)颁布实施《养老律》时,《开元律疏》已成书多年,这期间日本政府不断派遣唐使来唐,《开元律疏》也传到了日本。因此,笔者认为,天平胜宝九年在颁布《养老律》时,又参考《开元律疏》,对用字用语作了改动。这也是《养老律》、《宋刑统》与《故唐律疏议》(即《永徽律疏》)用字用语有所不同的原因。

③ 参见利光三津夫《被我国律中消除的唐律》,收入《律令及令制研究》,明治书院1959年版。

④ 《佐藤诚实博士律令格式论集》,汲古书院平成3年9月版。

⑤ 杨鸿烈:《中国法律在东亚诸国之影响》,中国政法大学出版社1999年7月版,第174页。

于唐代法律对日本法典影响深远,如唐律传入日本的时间,日本律具体实施的情况以及日本律如何崩坏等问题,都值得进一步探讨。

二

前已述及,唐律与日本律之间最大的差异是定罪量刑上的差别,即日本律与唐律相比,一般减一、二等刑处罚,日本律处罚较轻,唐律处罚较重。为何会出现这种现象,目前学术界众说纷纭。岩桥小弥太提出:"日本律之所以减一、二等刑,恐彼此间的国民性不同,我国国人富于慈心所致。"① 利光三津夫在《大宝律研究》一文中指出:"日本律广泛接受了唐律令中所标榜的儒教仁政主义,而不注重法家的严刑主义;唐朝是个疆域广阔、各民族集聚的国家,需要强有力的法的威慑力,而日本是地域狭小的单一民族国家,不需要法的威慑力;《大宝律》的编纂者深受佛教慈悲思想的熏染,把减轻刑罚视为累积功德。"②

对于上述的观点,有些固然有一定的道理,但笔者并不完全苟同。唐日两律定罪量刑之差异,有许多重要的因素。首先,从唐律与日本律形成的途径来看,两者有明显的不同。我们先看唐律的形成情况。自战国时期李悝制定《法经》、商鞅"改法为律",中国国家根本法的制定一直以法家的重刑主义原则为指导。如商鞅认为,"行刑重其轻者,轻者不生,则重者无从至矣,此谓治之于其治也。"③ 秦始皇统一全国以后,继续推行法家的重刑主义主张,"以法为本"、"事断于法"的法家传统被延续下来,据《汉书·刑法志》记载:"秦始皇吞并六国,遂毁先王之法,灭礼仪之官,专任刑罚。"汉朝建立以后,鉴于前代"举措暴众而用刑太极"之故,也曾减轻刑罚,汉武帝时,又采纳董仲舒的儒家思想,主张以德为主,以刑为辅,但"汉承秦制",秦代法律体系的主体还是被延续下来,与秦律稍有不同的只是在量刑上有所减轻而已。魏晋南北朝时期虽然总的发展趋势较汉律相比有所减轻,如西晋时期废除肉刑,北齐时期废除宫刑等,但与隋唐时期的法律相比,定罪量刑仍偏于苛重,如北齐对于"盗及杀人而亡者,即悬名注籍,甄其一房配驿户。"④ 隋唐时期,中国封建法律继续朝着轻刑化的方向发展,隋文帝即位之后,"大崇惠

---

① 岩桥小弥太:《唐律与日本律》,《历史教育》第9卷3号,1961年版。
② 《律之研究》,名著普及会昭和63年3月版,第124—125页。
③ 《商君书·说民》。
④ 《隋书·刑法志》。

政,法令清简,躬履节俭,天下悦之。"开皇年间制定的《开皇律》,以"以轻代重,化死为生"为宗旨,"除苛惨之法,务在宽平"。① 此后唐太宗贞观年间制定的《贞观律》,与隋律相比,减少死罪 92 条,改流罪为徒罪 71 条,并删去"连坐俱死"之法,从而奠定了唐律轻刑的基础。因此,我们说自李悝制定《法经》到唐初编纂唐律,中国法律始终朝着轻刑化的方向发展。

而日本律则不同,可以说日本律的制定者自始至终没有受到法家重刑主义思想的影响,而是直接照搬了唐律。众所周知,在大化改新以前,日本法律相对滞后,处于氏族法阶段。社会也四分五裂,法律形态千差万别。据《三国志·魏书·倭人传》记载:"其犯法,轻者没其妻子,重者灭其门户及宗族",主要以习惯法为主。另据《日本书纪》卷 10"应神天皇九年(278 年)"条记载,天皇命武内宿弥于筑紫监察百姓,其弟甘美内宿弥妒之,乃进谗言于天皇,双方争执不下。最后天皇推问二人,是非难决,"天皇敕旨,令请神祇探汤。是以武内宿弥与甘美内宿弥共出于矶城川湄为探汤。武内宿弥胜之。"实行的又是盟神探汤制度。即使到了六世纪,日本的法律制度仍没有大的变化,《隋书》卷 81《东夷传》记载:"其俗杀人强盗及奸皆死,盗者计赃酬物,无财者没身为奴。自余轻重,或流或杖。每讯究狱讼,不承引者,以木压膝,或张强弓,以弦锯其项。或置小石于沸汤中,令所竞者探之,云理曲者即手烂。或置蛇瓮中,令取之,云曲者即螫手矣。人颇恬静,罕争讼,少盗贼。"当时日本社会的这种状况与极为成熟的中国封建社会盛世——隋唐两代社会形态差别甚远。大宝、养老两律的制定者全部照搬唐律,显然不适合本国的国情。鉴于当时社会"人颇恬静,罕争讼"的实情,只有通过减轻刑罚等手段来适应唐律。若从这方面的原因考虑,也就不足为奇了。

其次,唐律和日本律制定的背景及指导思想也不同。唐朝建立后,儒家思想居于主导地位,在立法上强调礼法结合。如唐太宗李世民即位后,尊孔子为先圣,颜回为先师。据《贞观政要·崇儒学》所载:"太宗又数幸国学,令祭酒、司业、博士讲论,毕,各赐以束帛。四方儒生负书而至者,盖以千数。……于是国学之内,鼓箧升讲筵者,几至万人,儒学之兴,左昔未有也。"唐律的制定者在当时几乎都是研究儒学的大师,《唐律疏议》的制定者长孙无忌在《名例律》篇"疏议曰"更明确指出:"德礼为政教之本,刑罚为政教之用,犹昏晓阳秋相须而成者也。"把儒家思想作为编纂唐律的指针。

而日本律的修订则稍有不同,飞鸟、奈良时代的日本文化虽也受到中国

---

① 《旧唐书》卷 50《刑法志》。

儒家文化的熏染,但该时期受到佛教思想的影响更为显著。佛教在大和时期传入日本,据《日本书纪》"钦明天皇十三年(552年)壬申"条记载:

> 是法于诸法中最为殊胜难解难入,周公孔子尚不能知,此法能无量无边福德果报。乃至成辨无上菩提。譬如人怀随意宝,逐所须用尽依情。此妙法宝亦复然。祈愿依情无所乏。且夫远自天竺,爰洎三韩,依教奉持无不尊敬。由是百济王臣明谨遣陪臣怒唎斯致契奉传帝国。流通畿内,果佛所记我法东流。①

继此之后的敏达天皇亦深笃佛教。敏达天皇十三年(584年),"从百济来鹿深臣有弥勒石像一躯,佐伯连有佛像一躯。"②

日本佛教兴盛的时期还是在圣德太子以后。圣德太子敬信佛教,据《日本书纪》"推古天皇十一年十一月乙亥朔"条云:"皇太子谓诸大夫曰:我有尊佛像,谁得是像以恭拜? 时秦造河胜进曰:臣拜之。便受佛像。因此造峰冈寺。"说明此时佛教在贵族阶层中已广为流传。推古天皇十二年(604年)夏四月,圣德太子亲自制定《十七条宪法》,这在日本古代史上是划时代的大事,《弘仁格式·序文》评价说:"国家之制法由此而始焉。"在《十七条宪法》第二条中云:"笃敬三宝,三宝者,佛、法、僧也,则四生之终归,万化之极宗,何世何人,非贵是法! 人鲜尤恶,能教从之,其不归三宝,何以直枉?"正是从圣德太子以后,佛教在日本社会日益兴盛。在文武天皇大宝年间制定的《大宝令》和元正天皇养老年间制定的《养老令》,曾专设了《僧尼令》一篇,置于《神祇令》之后,以示对佛教的重视。为了与《僧尼令》相适应,在律中也专设了保护佛教的条款。佛教宽忍的思想在当时统治阶级上层中已形成共识,这种认识反映到法典中来就是实行轻刑政策,减轻刑罚。日本《养老律》比唐律定罪量刑较轻,正是佛教思想在法律中的体现。

三

对于唐律与日本律定罪量刑之比较,日本学者奥村郁三指出:"刑罚的轻重由于国情的差别是相对的,单纯的量刑比较应慎重对待,若留意于法的威慑力或许会更为重要。"③ 从定罪量刑的角度考察唐、日两律的差异,应首

---

① 《日本书纪》卷19。
② 《日本书纪》卷20。
③ 《中国和日本的法律制度》,收入《中国文化丛书》之九,大脩馆书店1968年版。

推日本学者石尾芳久，① 此后，水本浩典等人又作了进一步的探讨②。而在我国法律史学界，目前尚未见到这方面的研究成果。

日本律现存《名例律》的前半，《卫禁律》的后半，《职制律》、《贼盗律》的全部，以及《斗讼律》的个别条款，其余为日本学者辑录的律之逸文。因此，若将其与内容全面的唐律进行比较，不可避免要遇到很多困难。

根据现存的日本律及其逸文，《名例律》是关于刑罚的各种罪名及定罪量刑的通例，类似于现代刑法的总则部分，我们在此不作讨论。自《卫禁律》至《断狱律》定罪的条款约半数左右具有减刑的倾向，其中减一二等刑者约占四分之三，二等以下者约占四分之一，半数左右的条款与唐律相同，比唐律加刑者仅数项而已。总体来看，日本律基本上沿用了唐律的规定，两者差别并不是很大，这与日本令有明显的区别。下面笔者即依据唐、日律各篇进行比较，不妥之处，请求教正。

1.《名例律》名乃"五刑之罪名"，例是"五刑之体例。"其内容涉及惩罚犯罪的刑罚名称与等级以及刑罚适用的原则等，类似于现代刑法的总则部分。唐律《名例律》共有57条，日本律仅存《名例律》的前半。由于《名例律》具有刑法总则的性质，所以比较唐、日两律之差异，首先应从《名例律》入手。

对于唐、日《名例律》的比较，日本学者吉田孝在《日本古代的社会和经济》一书《名例律继受的诸阶段》一节中曾专文进行了论述。就日本律《名例律》现有条文与唐律相关内容进行比较，我们会发现两者的差异很大。首先，日本律将唐律中的"十恶"、"八议"改为"八虐"、"六议"。其次，将刑事责任年龄"年七十以上，十五以下"改为"年七十以上，十六以下"，比唐律略有变化。再次，删除了不适合日本国情的条款。如删除了唐律中"以理去官"、"免所居官"的避讳条款。复次，对于与当时日本社会、政治体制不符的条款大幅度修改。如唐律中"工乐杂户及妇人犯流决杖"是关于贱民及妇女犯罪的规定，日本律"杂户"条的内容与此相近，现将两者相比：《唐律疏议》卷3"工乐杂户及妇人犯流决杖"条：

> 诸工、乐、杂户及太常音声人，犯流者，两千里决杖一百，一等加三十，留住，俱役三年。若习业已成，能专其事，及习天文，并给使、散使，

---

① 《日唐律之比较》，日本关西大学《法学论集》8卷3号，后收入《日本古代法之研究》，法律文化社1959年版。

② 参见水本浩典：《关于日本律的特色——以日唐量刑比较为中心》，收入《律令注释书的系统研究》，塙书房1991年2月版。

各加杖二百。犯徒者,准无兼丁例加杖,还依本色。其妇人犯流者,亦留住,流二千里决杖六十,一等加二十,俱役三年。若夫子犯流配者,听随之至配所,免居作。

日本律"杂户"条:

> 凡杂户、陵户犯流者,近流决杖一百,一等加三十,留住,俱役三年。犯徒者,准无兼丁例加杖,还依本色。其妇人犯流者,亦留住。近流决杖六十,一等加二十,俱役三年。若夫犯流配者,听随之,至配所,免居作。

很明显,日本的贱民阶层不像唐朝那样复杂,仅有杂户和陵户,亦没有"若习业已成,能专其事,及习天文,并给使、散使,各加杖二百"的规定,同时取消了"夫、子犯流配,听随之至配所"的条款。与唐律相比,有了较大的变化。

2.《卫禁律》是关于宫殿、城镇、关津保护的法律规定。现存的日本律自"车驾行冲队仗"条以前阙,仅存后半部分,前十六条佚失,日本学者补有逸文。在后半部分内容中,被日本律删除两条,为"犯庙社禁苑罪名"和"越度缘边关塞"。在定罪量刑方面,与唐律相同者有"私度及越度关"、"宫内外行夜不觉犯法"、"缘边城戍不觉奸人出入"三条,其余量刑均较唐律减轻。如"关津留难"条:《唐律疏议》:"诸关、津度人,无故留难者,一日主司笞四十,一日加一等,罪止杖一百。"日本律作:"凡关津度人,无故留难者,一日主司笞二十,一日加一等,罪止杖一百。"较唐律减轻二等刑。

3.《职制律》是关于官吏职务犯罪的法律规定。日本律共存56条,唐律58条,其中"刺史县令私出界"、"庙享有丧事遣充执事"两条为日本律所无。共有28条较唐律处罚较轻,25条与唐律定罪相同,其中1条较唐律定罪量刑略重,即"用符节事讫稽留不输"条:《唐律疏议》记载:"诸用符节,事讫应输纳而稽留者,一日笞五十,二日加一等,十日徒一年。"而日本律作:"凡用关契。事讫应输纳,而稽留者,一日杖一百,一日加一等,十日远流。其刀解驿铃者,一日笞五十,二日加一等,十日徒一年;传符减三等"。

4.《户婚律》是关于户口、婚姻及农业生产等方面的法律规定。日本律《户婚律》已经佚失,日本学者曾根据唐律及日本古代文献的逸文进行复原,收集律的逸文约50%左右。总体来看,与唐律相比,在规定项方面几乎没有变更,只是在定罪加减刑方面有所变化,绝大多数条款减一二等刑。

5.《厩库律》其前半部分是关于畜牧业管理的规定,后半部分条文是关于库藏方面的规定。日本律该篇已佚失,现已复原条文约70%左右。与唐律相比,日本律在具体的量刑上略有变化。如《唐律疏议》卷15"乘官畜车私驮载"条:"诸应乘官马、牛、驼、骡、驴,私驮物不得过十斤,违者,一斤笞十,十斤加一等,罪止杖八十。其乘车者,不得过三十斤,违者,五斤笞十,二十斤加一等,罪止徒一年。即从军征讨者,各加二等。"日本律逸文:"凡应乘官马牛,私驮不得过十斤,违者五斤笞十,十斤加一等,罪止杖六十。其乘车者,不得过三十斤,违者十斤笞十,二十斤加一等,罪止杖八十。即从军征讨者,各加二等。(若数人共驮载者,各从其限为坐。监当主司知而听者,并计所知,同私驮载法。)"括号部分与唐律相同。

6.《擅兴律》是关于军防及工程营造方面的法律规定。日本律的逸文非常少,保存下来的也是只言片语。如《唐律疏议》"私有禁兵器"条规定:"诸私有禁兵器者,徒一年半(谓非弓、箭、刀、盾、短矛者。)弩一张,加二等;甲一领及弩三张,流二千里;甲三领及弩五张,绞。私造者,各加一等;未造成者,减二等。即有甲、弩,非全成者,杖一百;余非全成者,勿论。"日本律逸文:"凡私有禁兵器者,徒一年。"总体来看,日本律《擅兴律》中的定罪量刑仍较唐律为轻。

7.《贼盗律》是关于惩治盗贼犯罪的法律规定。唐律现存54条,内容完整。日本律中的《贼盗律》因红叶山文库本残存而保存下来,这就使唐、日《贼盗律》的比较有了可能。该篇现存53条,比唐律仅少一条,删除了唐律中的"监临主守自盗",是日本律各篇保存最为完整的篇目。

笔者将唐、日《贼盗律》逐条比较,发现两者几乎完全相同的条文有27条;规定项相同、定罪量刑略轻于唐律的有18条;与唐律相比,量刑有较大变化的有8条。如"部内人为盗及容止盗"条:

《唐律疏议》规定:"诸部内有一人为盗及容止盗者,里正笞五十(坊正、村正亦同);县内,一人笞三十,四人加一等;州随所管县多少,通计为罪,各罪止徒三年。强盗者,各加一等。即盗及盗发、杀人后,三十日捕获,主司各勿论;限外能捕获,追减三等。若军役有所犯,队正以上,折冲以下,各准部内征人冒名之法,同州、县为罪。"

日本律该条云:"凡部内有一人为盗,及容止盗者,里长笞三十(坊令、坊长亦同)。三人加一等。郡内一人笞二十,四人加一等。因随所管郡多少,通计为罪,各罪止徒二年半。强盗者,加一等。即盗发杀人后三十日捕获,主司各勿论。限外能捕获,追减三等。若军役有所犯,队正以上,两毅以下,准部内征人冒名之法,同国郡为罪。"

在此,我们看到,对于基层组织里(日本律作"坊")、县(日本律作"郡")的行政犯罪,唐律规定笞五十、三十,日本律笞四十、二十,略轻于唐;但对于县以上的行政长官的犯罪,州(日本律作国)的处罚,唐律为徒二年,日本律作徒二年半,较唐律又重。

8.《斗讼律》是关于斗殴及告诉方面的法律。唐《斗讼律》共60条,内容丰富。日本《斗讼律》仅存九条家旧藏《延喜式》纸背所记录的二条半,其余条文皆已佚失。近年来日本学者虽竭尽全力复原,但复原的条文亦不过26%左右。从残存的条文来看,日本的《斗讼律》篇与唐律该篇的内容大体相同,变化很小,如"殴人折肢体瞎目"条,唐、日两律就完全相同。①

9.《诈伪律》"诈"指"知而欺隐",或妄求功赏,逃避罪责,有所规避;"伪"指伪造、伪写、伪印官文书之类。唐《诈伪律》共27条,日本律该篇全部佚失,日本学者根据《政事要略》、《法曹至要抄》等文献进行复原。从复原的条文看,与唐律变化不大。如:"对制上书不以实"条:《唐律疏议》卷25云:"诸对制及奏事、上书,诈不以实者,徒二年;非密而妄言有密者,加一等。若别制下问、案、推,报上不以实者,徒一年;其事关由所司,承以奏闻而不实者,罪亦如之。未奏者,各减一等。"复原的日本律该条云:"凡对诏及奏事、上书,诏不以实者,徒二年(《法曹至要抄》、《金玉掌中抄》)。非密而妄言有密者,加一等(《令义解·狱令》)。告上不以实者,徒一年。其事关由所司,以奏闻而不实者,罪亦如之。未奏闻者,各减一等(《式目抄》、《政事要略》)"。将上述两条条文相对照,我们发现日本律《诈伪律》该条几乎是照搬唐律的条款。

10.《杂律》是指其他各篇不能归入的种种犯罪行为汇集在一起,实际上是"拾遗补缺"的篇目。唐律《杂律》的条目共62条,在全书中占有很大的比重。日本律该篇已经佚失,日本学者根据古代文献复原了部分条文,总体来说,在定罪量刑上略轻于唐律。如"坐赃致罪"条,《唐律疏议》:"诸坐赃致罪者,一尺二十,一匹加一等;十匹徒一年,十匹加一等,罪止徒三年。与者,减五等。"日本律:"凡坐赃致罪者,一尺笞十,一端加一等,十二端徒一年,十

---

① 《唐律疏议》该条"若断舌及毁败人阴阳者,流三千里",日本《养老律》作"若断舌及毁败人阴阳者,远流。"其余内容完全相同。《唐律疏议》流刑有三等,即二千里、二千五百里、三千里。日本由于国土狭小,故根据实际情况,将流刑分为三等,名称略有变化,即近流、中流、远流。

二端加一等,罪止徒三年。与者减五等。"

11.《捕亡律》捕指"捕系",亡指"逃亡"。该篇规定的是犯罪逃亡、兵役逃亡犯罪的法律。唐律该篇共 18 条,日本律该篇佚失,现今条文系复原的成果。从复原的情况看,在处罚项方面,沿袭了唐律的体系,几乎与唐律完全相同。① 以"邻里被强盗不救助"条为例,《唐律疏议》卷 28 云"诸邻里被强盗及杀人,告而不救助者,杖一百;闻而不救助者,减一等。力势不能赴救者,速告随近官司,若不告者,亦以不救助论。其官司不即救助者,徒一年。窃盗者,各减二等。"日本律复原条文为:"凡邻里被强盗及杀人,告而不救助者,杖一百(见《法曹至要抄》、《三代实录》等);闻而不救助者,减一等;力势不能赴救者,速告随近,若不告者,亦以不救助论。其官司不即救助者,徒一年。窃盗者,各减二等(《金玉掌中抄》、《法曹至要抄》)。"

12.《断狱律》是关于断狱及监狱管理方面的法律规定。唐律共存 34 条,日本律佚失,现所存条文均为复原条款。从整体上看,唐律与日本律规定项几乎完全相同,但在具体的量刑及琐细之处稍有变化。如"议请减老小疾不合拷讯"条,《唐律疏议》卷 29 云:"诸应议、请、减,若年七十以上,十五以下及废疾者,并不合拷讯,皆据众证定罪,违者以故失论。若证不足,告者不反坐……"日本律复原条:"凡应议请减,若年七十以上,十六以下,及废疾者,并不合拷讯,皆据众证定罪,违者以故失论(《法曹至要抄》、《公式令集解》等)。若证不足,告者不反坐。"上述唐、日两律除刑事责任年龄稍有不同外(唐律年七十以上,十五以下;日本律年七十以上,十六以下),其余各项规定相同。

以上讨论了唐律和日本律十二篇各条文中定罪量刑的差异,从唐、日律各篇的定罪量刑来看,两者在规定项方面变化很小,但在具体的量刑情节上略有变化,总的趋势是日本律量刑略轻于唐律,一般减一二等刑处罚。

四

接下来我们再探讨一下唐、日两律关于疑罪及法官在审判中定罪量刑责任的规定。

1. 唐、日两律关于疑罪的异同

按照现代西方的法学理论,对罪的划分一般实行二分法,即有罪和无

---

① 参见水本浩典:《关于日本律的特色——以日唐量刑比较为中心》,收入《律令注释书的系统研究》,墒书房 1991 年 2 月版。

罪。可在中国古代的法典中,实行的却是三分法,即在有罪和无罪中间增加了疑罪。这种划分虽不很科学,但在证据制度不发达的古代社会,却也有一定的合理性。疑罪的出现既可以避免使无辜的人受刑,又可避免使有罪者逃脱法律的惩罚。

对于唐、日两国疑罪的比较,日本学者泷川政次郎在《日唐两律疑罪的观念》一文中曾作了论述,① 但有些问题仍需要作进一步的探讨。首先,我们看一下唐、日两律对疑罪是如何定义的。据《唐律疏议》卷30《断狱律》"疑罪"条云:"诸疑罪,各依所犯,以赎论。疑,谓虚实之证等,是非之理均,或事涉疑似,旁无证见;或旁有闻证,事非疑似之类。即疑狱,法官执见不同者,得为疑议,议不得过三。"日本律的规定大体与之相同,据日本学者复原的该条文曰:"凡疑罪,各依所犯以赎论。疑,谓虚实之证等,是非之理均(参见《法曹至要抄》、《政事要略》卷82)。即疑狱法官执见不同者,得为异议,不得过三。"② 唐、日两律的规定完全相同。

那么都有那些情况属于疑罪呢?由于日本律该篇已经佚失,具体的规定已不可知。长孙无忌等人对唐律该条作了疏议:"疑罪,谓事有疑似,处断难明"。"疑,谓虚实之证等",谓八品以下及庶人,一人证虚,一人证实,二人以上,虚实之证其数各等。"是非之理均",谓有是处,亦有非处,其理各均。"或事涉疑似",谓赃状涉于疑似,旁无证见之人;或旁有证见之人,其事全非疑似。称"之类"者,或行迹是,状验非;或闻证同,情理异。疑状既广,不可备论,故云"之类。"

对于疑罪的处理办法,唐、日两国皆实行以铜收赎。但在具体的量刑细节上,两者又有所区别,仔细比较,我们发现日本律的量刑略重于唐律。对于笞、杖、徒罪,唐、日两律量刑相同,均作:"笞罪五:笞十赎铜一斤,笞二十赎铜二斤,笞三十赎铜三斤,笞四十赎铜四斤,笞五十赎铜五斤。杖罪五:杖六十赎铜六斤,杖七十赎铜七斤,杖八十赎铜八斤,杖九十赎铜九斤,杖一百赎铜十斤。徒刑五:一年赎铜二十斤,一年半赎铜三十斤,二年赎铜四十斤,二年半赎铜五十斤,三年赎铜六十斤。"但是,在死刑和流刑的定罪上,两者出现了差异,日本律比唐律量刑有所加重。

先看一下流刑。唐律规定:"流刑有三:二千里,赎铜八十斤;二千五百

---

① 参见《律令格式之研究》,收入泷川政次郎:《法制史论丛》第1册,角川书店昭和42年5月版。

② 参见黑板胜美主编国史大系《律》,吉川弘文馆昭和53年11月版,第179页。

里,赎铜九十斤;三千里,赎铜一百斤。"① 而日本律规定:"流刑有三:近流赎铜一百斤,中流赎铜一百二十斤,远流赎铜一百四十斤。"② 除了名称发生变化以外,最主要的特征就是增加了赎铜的数量。

死刑亦是如此。唐律规定:"死刑有三:绞、斩,赎铜一百二十斤。"日本律规定:"绞、斩二死,赎铜各二百斤",略重于唐律。为何会出现日本律赎金多于唐律的情况,我们推测,在唐代律令制传入日本以前,日本对罪的划分实行两分法,在刑事审判中经常采用盟神探汤制度,没有疑狱的情况。当新的疑罪理论传入之后,当时的封建贵族还很难接受,所以赎金的数额规定的也比唐律要高,其目的主要是为了减少赎刑的是使用。

2. 唐、日两律关于法官在审判中定罪量刑责任的规定

唐律与日本律在审判中定罪量刑总的原则大体相同,即"诸断罪皆须具引律、令格、式正文,违者笞三十。若数事共条,止引所犯罪者,听。诸断罪应言上而不言上,应待报而不待报,辄自决断者,各减故失三等。诸制敕断罪,临时处分,不为永格者,不得引为后比。若辄引,致罪有出入者,以故失论。"③ 从这款规定看,唐、日两律都以根本法的形式维护了法律的严肃性,即法官定罪量刑都要援引律、令、格、式正文,类似于近代西方法学中的罪行法定主义,从而避免了法官在审判中自由擅断现象的出现。

对于法官在审判过程中出现定罪量刑上的错误,唐、日两律都有相应的规定。《唐律疏议》卷 30 "官司出入人罪"、"敕前断罪不当"两条对此作了明确的规定,日本律沿袭了唐律的内容,从日本学者复原的条文来看,日本律不仅继承了唐律的正文部分,甚至注文及疏议部分也照搬不改。如"敕前断罪不当"条,唐律规定:"诸敕前断罪不当者,若处轻为重,宜改从轻;处重为轻,即依轻法。其常赦所不免者,依常律(注:常赦所不免者,谓虽会赦,犹处死及流,若除名、免所居官及移乡者。)即敕书定罪名,合从轻者,又不得引律比附入重,违者各以故、失论。"日本律该条虽已佚失,但据《政事要略》卷 60 等文献记载,与唐律相同。

对于法官在审判中故意出罪或入罪,唐律与日本律的处罚亦大体相同。先看一下对故意出入人罪的处罚。《唐律疏议》卷 30 云:"诸官司入人罪者(注:谓故增减情状足以动事者,若闻知有恩赦而故论决,及示导令失实辞之

---

① 《唐律疏议》卷 1。
② 参见黑板胜美主编国史大系《律》,吉川弘文馆昭和 53 年 11 月版,第 1 页。
③ 参见《唐律疏议》卷 30;国史大系《律》,吉川弘文馆昭和 53 年 11 月版,第 175 页。

类。)若入全罪,以全罪论(注:虽入罪,但本应收赎及加杖者,止从收赎、加杖之法。);从轻入重,以所剩论;刑名易者:从笞入杖、从徒入流亦以所剩论,从徒流入死罪亦以全罪论。其出罪者,各如之。"

对于法官在审判过程中由于过失而出现的定罪量刑上的偏差,唐律亦有规定:"即断罪失于入者,各减三等;失于出者,各减五等。若未决放及放而还获,若囚自死,各听减一等。"① 这句话的意思是,法官在审判中,不是出于故意,是由于过失而出现的定罪量刑上的错误,可以比照故意入人罪减三等处罚,出人罪减五等处罚,入人罪重于出人罪。何为入人罪和出人罪,《唐律疏议》对此作了明确的解释,简而言之,"入人罪"就是把无罪断成有罪,轻罪断成重罪的审判;"出人罪"是把有罪判为无罪,重罪判为轻罪的审判。唐律中的这项规定仍延续了自先秦以来形成的"与其杀无辜,宁失不经"的慎刑原则。

对于"别使推事","通状失情"的审判,又在原"失出入罪"的基础上再减二等。所谓"别使推事",即"充使别推覆",也就是任命新的审判人员对于原来已审理过的案件重审;"通状失情",谓"不得本情,或出或入"。再审案件难度较大,证据收集也比较困难,因而在审判中也容易出现误断的情况,对此,唐律规定,又在原出入人罪的基础上减二等处罚,以此来减轻重审法官的法律责任。

从上述唐、日两律对于法官"出入人罪"的处罚看,故意犯罪者处罚最重,过失犯罪次之,对于证据不充分及有争论的案件处罚最轻,这样的规定既避免了法官在定罪量刑中的随意性,同时又减轻了法官的心理负担,具有一定的合理性,在今天看来仍具有值得借鉴的意义。

第二节 唐、日《贼盗律》之比较

一

自从人类进入阶级社会以来,法作为国家机器的重要组成部分一直发挥着维护统治阶级利益、维护正常的社会秩序这两种职能,中国古代的法律也不例外。自公元前21世纪中国第一个奴隶制国家夏朝建立后,就把镇压人民反抗、维护社会秩序作为法律的首要任务。夏朝的法律《禹刑》内容已

---

① 《唐律疏议》卷30"官司出入人罪"条。

无法考定,但从后人的记述中仍可看到这方面的规定。据《左传》"昭公十四年"云:"晋邢侯与雍子争鄐田,久而无成。士景伯如楚,叔鱼摄理。韩宣命断旧狱,罪在雍子。雍子纳其女于叔鱼,叔鱼舍罪邢侯。邢侯怒,杀叔鱼与雍子于朝。宣子问其罪于叔向。叔向曰:三人同罪,施生戮死可也。雍子自如其罪,而赂以买直,鲋也鬻狱,邢侯专杀,其罪一也。己恶而掠美为昏,贪以败官为墨,杀人不忌为贼。《夏书》曰:昏、墨、贼,杀;皋陶之刑也,请从之。乃施邢侯而尸雍子与叔鱼于市。"这里的"贼",是指肆无忌惮地杀人,即破坏统治秩序的行为。对于此种行为,夏代法律皆处以死刑。

商朝沿用了夏代的规定。西周时期,法律对贼盗犯罪的规定更加详细具体。《左传》"昭公六年"记载:"周有乱政,而作九刑。"《左传》"文公十八年"太史克言:"先君周公制《周礼》曰:则以观德,德以处事,事以度功,功以食民。作《誓命》曰:毁则为贼,掩贼为藏,窃贿为盗,盗器为奸。主藏之名,赖奸之用,为大凶德,有常无赦,在九刑不忘。"可见,西周《九刑》已对贼、藏、盗、奸这四种罪名有了明确规定。春秋战国时期是中国社会的大变革时代,尤其是战国时期,以李悝、商鞅、韩非等人为代表的法家学派十分活跃。这些法家代表人物在政治体制、法典编纂等方面多有建树,其中以李悝、商鞅等人成就最高。李悝是战国前期著名的改革家和法学家,为了保证魏国变法的顺利实行,他撰写了《法经》一书。《法经》原书已湮没失传,其内容已不得而知,但据《晋书·刑法志》、《唐律疏议》、及明代董说的《七国考》等文献,可以了解其主要篇目和内容。《法经》共有六篇,即《盗》、《贼》、《囚》、《捕》、《杂》、《具》六篇。李悝将《盗》、《贼》两篇放置篇首,《七国考》引《新论》曰:"魏文侯师李悝著《法经》,以王者之政莫急于盗贼,故其律始于《盗》、《贼》。""正律略曰:杀人者诛,籍其家,及其妻氏;杀二人,籍其母氏。大盗戍为守卒,重则诛。窥宫者膑,拾遗者刖,曰为盗心焉。"说明惩治盗贼犯罪,维护新兴的地主阶级统治及人身财产安全,是封建法律的首要任务。

自《法经》之后,《秦律》、汉《九章律》,皆沿袭前制,将惩治盗、贼之法列于律文篇首。三国时,魏文帝命陈群等制定新律,在《盗律》、《贼律》之前新增加了具有刑法总则性质的《刑名》篇,晋代沿而不改,北齐时期,虽将《盗贼律》列于第八,但在律文首篇《名例律》中新列了重罪十条,其名称依次为:"一曰反逆,二曰大逆,三曰叛,四曰降,五曰恶逆,六曰不道,七曰不敬,八曰不孝,九曰不义,十曰内乱。其犯此十者,不在八议论赎之限"。这里的反逆、恶逆,都属于《贼律》的范畴。另外,《北齐律》又将贼、盗两篇合为一起,命名《贼盗律》。

隋朝建国后，在《名例律》中将《北齐律》中的"重罪十条"改为"十恶"，继续列于篇首，将《贼盗律》排位第七。唐律沿而不改，仍将反叛中央政权和危害封建秩序的行为视为严重的犯罪。唐律是目前为止我国现存最早、最完整的古代法典。唐律中的"十恶"条以及《贼盗律》中皆是关于防止和惩治盗贼犯罪的法律。

日本是中国的近邻，大化改新以前的日本社会通常被称为氏族社会。关于这一时期的法律情况，各书记载不一。据《三国志·魏书·倭人传》记载，三至四世纪邪马台时代的日本，"其俗，国大人皆四五妇，下户或二三妇。妇人不淫，不妒忌。不盗窃，少诤讼。其犯法，轻者没其妻子，重者灭其门户，及宗族尊卑，各有差序，足相臣服。收租赋。有邸阁。国国有市，交易有无，使大倭监之。"及至公元六世纪末至七世纪初大和、飞鸟时代，日本的法律仍以习惯法为主，"其俗杀人强盗及奸皆死，盗者计赃酬物，无财者没身为奴。自余轻重，或流或杖。每讯究狱讼，不承引者，以木压膝，或张强弓，以弦锯其项。或置小石于沸汤中，令所竞者探之，云理曲者即手烂。或置蛇瓮中，令取之，云曲者即螫手矣。人颇恬静，罕争讼，少盗贼"。① 该时期没有成文法，对强盗罪的处罚沿用古代的习俗，处以死刑。

及至孝德天皇大化改新以后，全面效仿唐朝的政治制度和法律制度进行改革，才使日本脱离了固有法阶段，进入了律令制时代。大化二年(646年)正月甲子颁布改新诏书："置畿内国司、郡司、关塞、斥候、防人、驿马、传马，及造铃契、定山河。凡京每坊置长□(一)人，四坊置令一人，掌按检户口，督察奸非。""初造户籍、计账、班田收授之法。凡五十户为里，每里置长一人，掌按检户口，课殖农桑，禁察非违，催驱赋役。"② 说明此时已形成了相当完备的行政组织法，即类似于同时期唐《贞观令》的法律形式。天智天皇七年(668年)，编成《近江令》22卷。关于《近江令》的实施情况，《日本书纪》卷25"九年春二月条"云："造户籍，断盗贼与浮浪"。说明《近江令》中已有关于盗贼方面法规。天武天皇十一年八月(684年八月)又下诏"造法令"，③ 即众所熟知的《天武律令》。在《天武律令》中，采纳了唐"十恶"条款，据《日本书纪》卷30"持统天皇六年七月"条云："大赦天下，但十恶、盗贼不在赦例"。仍把盗贼犯罪视为严重的犯罪。文武天皇大宝元年(701年)，藤原朝

---

① 《隋书》卷81《倭人传》。
② 《日本书纪》卷25，吉川弘文馆平成12年8月版。
③ 《类聚国史》卷147。

廷御宇正一位藤原太政大臣,奉敕制令十一卷,律六卷。《大宝律》迄今已经佚失,日本学者利光三津夫曾复原《大宝律》条文 56 条,其中复《贼盗律》的条文有:"谋反"条、"谋叛"条,"谋杀诏使"条、"卖二等卑幼"条、"部内"条共有 5 条。① 如《令集解·考课令》"强济诸事肃清所部"条引《古记》云:"《古记》云:'问:肃清所部'?答:'《贼盗律》云曰:凡部内有一人为盗及容止盗者,里长笞五十,三人加一等。界内有盗发及杀人者,一处以一人论"。该条与《唐律疏议》卷 20 "部内人为盗容止盗"条的规定大体相同。国学院大学高盐博教授又据《政事要略》卷 29 复原了《贼盗律》中的"发冢"条。

据《弘仁格式·序》记载:"养老二年,复同大臣不比等,奉敕更撰律令,各为十卷,今行于世律令是也。"《弘仁格式》中所言的《律令》即指《养老律令》。关于《养老令》,其以注释书《令集解》、《令义解》的形式流传于世,保存相对完整。而《养老律》却残缺不全。现仅存有《名例律》的前半、《卫禁律》的后半、《职制律》、《贼盗律》的全部以及《斗讼律》的数条。其中内阁文库所藏旧红叶山本《名例律》、《贼盗律》较为齐整。尤其是《贼盗律》53 条的遗存,为我们比较唐、日两律提供了宝贵的资料。

二

《唐律疏议》三十卷,唐长孙无忌等奉敕撰。现存的版本共有三大系统,即旁熹斋本系统、至正本系统和日本文化二年官版本系统,其中以旁熹斋本最古。关于现存《唐律疏议》的制作年代,中日学者有很大分歧,以杨廷福等人为代表的中国学者认为现存的唐律为《永徽律疏》,而日本学者仁井田陞等人则认为现存的《唐律疏议》为《开元律疏》。② 但无论是《永徽律疏》还是《开元律疏》,"正如律自贞观制定后没有大的变化一样,《唐律疏议》的变化也属于内容上的别增改或个别文字的修订。"③

《唐律疏议》中关于盗贼犯罪的规定除《名例律》"十恶"条外,主要集中在第 17 卷至 20 卷中,共 54 条。这 54 条按不同的犯罪形式又可分为两大类:其一是对《名例律》中"十恶"罪六项犯罪的具体惩罚规定。其二是对盗窃犯罪及容止盗窃行为的犯罪所作出的具体罚则。

---

① 参见利光三津夫:《大宝律考》,收入《律之研究》一书,名著普及会昭和 63 年 3 月版。
② 杨廷福:《关于〈唐律疏议〉的制作年代》,收入《唐律初探》一书,天津人民出版社 1982 年版;仁井田陞、牧野巽:《〈故唐律疏议〉制作年代考》,原文发表于东方文化学院《东方学报》第 1、2 册,昭和 6、7 年版,后收入律令研究会编《译注日本律令·首卷》,东京堂昭和 53 年 5 月版。
③ 参见刘俊文点校:《唐律疏议·点校说明》,法律出版社 1999 年 9 月版,第 3 页。

日本《养老律》共十卷,元正天皇养老二年(718年)命藤原大臣不比等撰。关于日本《养老律》的目录,各家说法不一。据《本朝法家文书目录》记载:"第一名例上,第二名例下,第三卫禁、职制,第四户婚,第五厩库、擅兴,第六盗贼,第七斗讼,第八诈伪,第九杂,第十断狱、补亡。"而红叶山文库本《盗贼律》作卷第七,并保存至今,黑板胜美主编的新订增补国史大系《律》将其列为第七卷。

　　《养老律》除去《大宝律》中的矛盾之处,删除冗文,成为日本古代史上最著名的法典之一。关于《养老律》的蓝本,泷川政次郎等人认为是成书唐高宗时期的《永徽律》。而一条良冬在《令闻书》中则认为《养老律令》以唐《开元律令》为蓝本。① 无论是《永徽律》还是《开元律》,两者之间的差别并不大,只是个别条文和文字上的改动。日本在编纂《养老律》的过程中,唐代开元年间也正在删定律令格式。据《旧唐书》卷五十《刑法志》记载:"开元六年(718年),玄宗又敕吏部侍郎兼侍中宋璟、中书侍郎苏颋、尚书左丞卢从愿、吏部侍郎裴漼、慕容珣、户部侍郎杨滔、中书舍人列令植、大理司直高智静、幽州司功参军侯郢雄等九人,删定律令格式,至七年(719年)三月奏上"。而此前开元三年(715年),只是删定格式令,并未涉及律。也就是说开元七年律和养老律几乎是同时完成的。所以我们说泷川政次郎的观点无疑是正确的。

　　《唐律疏议·贼盗律》与日本《养老律·贼盗律》之间有着很大的差别。首先,我们先看一下条文上的变化。

　　《唐律疏议·贼盗律》共有54条,而日本《养老律》有53条,比唐律少一条。在日本律中,删除了唐律中的"监临主守自盗"的条款。该条文内容为:"诸监临主守自盗及盗所监临财物者,若亲王财物而监守自盗,亦同。加凡盗二等,三十匹绞。本条已有加者,亦累加之。"长孙无忌等疏议对此作了解释:假如左藏库物,则太府卿、丞为监临,左藏令、丞为监事,见守库者为主守,而自盗库物者,为"监临主守自盗"。州、县官人盗部内人财物,是为"盗所监临"。监临主守盗亲王(皇兄弟、皇子)家的财物,亦同官物之罪。

　　关于《养老律·贼盗律》中为何删除该条,日本律令研究会主编的《译注日本律令》三《律本文篇》下卷作了如下的解释:"《名例律》"以官当徒条疏:"假有,王位以上及带勋位,于监临内盗布三端,本坐合杖八十。仍须准例除名"。另外在"比徒"条疏:"假有,人告臣位以上,监主内盗布三端,若事实盗

---

① 参见《令闻书》第10辑,续群书类丛本,芳文社昭和49年1月版,第132页。

者,合杖八十,仍合除名"等,与唐律本条相当,故而推测《养老律》规定之不存在。①

另外,在日本律中,也删除了唐律中的许多内容。其主要体现在:

①《唐律疏议》卷17"谋杀期亲尊长"条注云:"凡妻妾犯奸而奸人杀其夫,所奸妻妾虽不知情,与同罪。"日本律将该款删除。

②《唐律疏议》卷18"杀人移乡"条:"诸杀人应死会赦免者,移乡千里外,其工、乐、杂户及官户、奴,并太常音声人,虽移乡,各从本色。若群党共杀,止移下手者及头首之人。若死者家无期以上亲,或先相去千里外,若妇人有犯及杀他人部曲、奴婢,并不在移限,违者徒三年。"日本律将"其工、乐、杂户及官户、奴,并太常音声人,虽移乡,各从本色"和"即习天文业已成"等内容删除。

③《唐律疏议》卷19"盗大祀神御物"条:"诸盗大祀神御之物者,流二千五百里。其拟供神御,未呈馔者,徒一年半。已阕者,杖一百。"日本律将"已阕者,杖一百"的规定删除。

④《唐律疏议》卷19"盗毁天尊佛像"条:"诸盗毁天尊像、佛像者,徒三年。即道士、女官盗毁天尊像,僧、尼盗毁佛像者,加役流。真人、菩萨,各减一等。盗而供养者,杖一百。"日本律中将关于道教的内容删除。

唐、日两律在用词用语上也有很大的区别。由于唐、日两国民族习俗和语言、政治制度的不同,唐、日《贼盗律》中的许多用词用语也各不相同,如唐律"谋杀府主等官"条:"谋杀制史、若本属府主、刺史、县令,及吏卒谋杀本部五品以上官长者。"日本律"谋杀诏使"条作:"谋杀诏使,若本土本国守,及吏卒谋杀本部五位以上官长者。"又如唐律中"谋杀期亲尊长"条:"谋杀缌麻以上尊长者,流二千里。"日本律"谋杀祖父母"条作"五等以上尊长者,徒三年",将"缌麻"亲改作"五等"亲。唐律"造畜蛊毒"条:"造畜者同居家口,虽不知情,若里正(注:坊正、村正亦同)知而不纠者,皆流三千里。"而日本律"造畜"条:"造畜者同居家口,虽不知情者,远流。若里长(注:坊令、坊长亦同)知而不纠者,徒三年。"唐律"盗官文书印"条:"诸盗官文书印者,徒二年。"而日本律"外印"条作:"凡盗外印传符者,徒二年。"唐律"盗宫殿门符"条:"诸盗宫殿门符、发兵符、传符者,流二千里。"而日本律"盗节刀"条作:"凡盗节刀者,徒三年"。类此事例还有很多,在此就不一一枚列了。

唐、日《贼盗律》在内容上也有很大的不同。在日本律中,增加了一些新

---

① 《译注日本律令》之3,三阳社,昭和50年8月版,第545页。

的规定,如在《贼盗律》"谋反"中,新增加了"谋毁大社者,徒一年;毁者,远流"的规定,为唐律所无。日本律将"谋毁大社"视为同谋反重罪,反映了自奈良时代,神道思想在日本社会中占有重要的地位。

当然,由于日本律是参照唐律而制定的法典,所以其中绝大多数条款与唐律规定的内容相同;大多数条款几乎是原封不动地照搬唐律的条文、注释及疏议部分;有些条文是套用了唐律的条文,对于注释及疏议则部分节录;还有一些只是部分地援引了唐律的条文、注释和疏议的内容。说明奈良时期的日本政府在制定本国法律时并未一味地照搬,而是有选择地移植。

那么日本律《贼盗律》中究竟有多少条文与唐律大体相同呢? 据笔者笔计,唐、日《贼盗律》中两者规定的罪名几乎完全相同,几乎没有什么差别,两者之间的差别也主要体现在量刑上。

三

正如许多日本学者所指出的那样,唐、日两律最明显的区别主要体现在量刑上。据水本浩典统计,日本律《贼盗律》53 条在定罪量刑上,比唐律减一等者有 21 项,减二等者有 12 项,减三等者有 6 项,减四等者有 5 项,减五等者有 2 项;同等者有 22 项,变更者有 5 项;加刑项有 9 项;日本律削除者有 12 项,增设 11 项,不能比较者有 22 项。[①] 从总的趋势来看,唐、日《盗贼律》在定罪量刑方面或者相同,或者有所减轻。

首先,看一下唐、日《盗贼律》中规定相同的条款。为方便读者,兹将两律中条文相同的条款列表如下:

唐律条文名称	日本律条文名称	注
口陈欲反之言	口陈欲反	
部曲奴婢杀主	谋杀主	
劫囚	劫囚	
规避执人	执质	日本律对规避不格者,减一等
造畜蛊毒	造畜	日本律对里长、坊令、坊长的处罚减三等
以毒药药人	毒药	日本律将脯肉作鱼肉
憎恶造厌魅	厌魅	日本律将"即于祖父母及主,直求爱媚而厌咒者,徒二年"减唐律一等;"若涉乘舆者,皆绞",减唐律一等

[①] 参见水本浩典:《关于日本律的特色》,收入《律令注释书的系统研究》,塙书房 1991 年 2 月版。

(续表)

唐律条文名称	日本律条文名称	注
夜无故入人家	入人家	日本律将"夜无故入人家笞四十",减为笞三十
盗大祀神御物	大祀	
盗官私牛马	盗官私牛马	
盗不计赃罪名	不计赃而立罪名	
窃盗	窃盗	日本律将匹作"端"
故烧人舍屋	故烧人舍	
恐喝取人财物	恐吓	
本以他故殴人夺物	本以他故	
卑幼将人盗己家财	同居	
因盗过失杀伤人	因盗而	
私财奴婢贸易官物	贸易	
山野物已加功力	山野	
略和诱奴婢	略奴婢	日本律作"各罪止中流",比唐律减一等
知略和诱和同相卖	知略和等	日本律省略了"部曲"二字
知略和诱强窃盗	知略和	
共盗并赃论	共盗	
共谋强盗不行	共盗	
盗经断后三犯	三犯	
公取窃取皆为盗	公取	
部内容止盗者	部内	唐律作"县内一人笞三十",日本律作"郡内一人笞廿"

上述唐、日26条条文除了个别地方有微小变化之外,其余内容完全相同,约占《贼盗律》全部条文的50%左右。这一数字表明唐、日贼盗两律有着密切的关系。

接下来我们再看一下日本《贼盗律》比唐律《贼盗律》定罪量刑较轻的条款。

关于日本律定罪量刑较轻,日本学者从诸多方面探究其原因。如佐藤诚实在《律令考》一文中,认为日本律"留心恤刑,其量刑皆比唐律为轻"。[①]石井良助在《日本法制史概论》中则认为"或许根据我国温和的国民性,在量

---

① 佐藤诚实:《律令考》,《国学院杂志》5卷3号—6卷3号,1897年,后收入《佐藤诚实博士律令格式论集》,汲古书院1991年9月版。

刑上与唐律不同,大体减一二等量"。① 而利光三律氏在《大宝律考》一文中则认为"日本律接受了标榜儒教的仁政主义精神,而未留意了法家的严刑主义;唐朝是个地域广阔、各民族杂居共处的国家,需要很强大的法的威慑力,而日本地域狭小、民族单一,不需要法的威慑力;大宝律的编纂者深受佛教慈悲思想之影响,将减轻量刑视作一种功德。"②

上述观点固然有一定道理,但我们认为,若从两国法律发展的历史来看,或者更能揭示日本律轻刑的原因。众所周知,在日本大化改新以前,日本处于氏族法阶段,没有统一的成文法。当全面受容唐代的政治、经济、法律制度后,需要有一个漫长的消化过程。与日本固有的氏族法相比,唐律量刑无疑是严厉而先进的。若想使国民能够顺利地接受唐代政治制度、经济制度,奈良时期的日本政府只能用减轻量刑得到国民的认同。而一旦得到了国民的认同,则会变的严厉起来。

另外,从唐律发展演变的历史来看,一直受法家重刑主义思想的影响。从李悝制定《法经》六篇,到商鞅"改法为律",制定秦律,律的始作俑者便全面贯彻法家的重刑主义思想。虽然汉武帝时期采纳了董仲舒的建议"罢黜百家,独尊儒术",在治国理论上,实行"德主刑辅",但在汉代的法典中仍没有摆脱法家的重刑主义,这从汉代的许多罪名以及相应的定罪量刑即可体现出来。唐律的制定者唐太宗、高宗、玄宗等人虽然多次修改唐律,但仍然没有改变法典中的重刑倾向。所以唐代的以儒家思想为指导的治国理论及政策与法典中的法家主义重刑思想在现实生活中仍有很大的距离。而日本律的制定者并没有受到法家思想的影响,在一开始制定日本律时就减轻刑罚,也是在情理之中了。

日本《贼盗律》篇对于危害社会秩序的盗窃罪,定罪量刑与唐律相比变化不大。基本上是沿用了唐律的规定,个别条款有所变化。如唐律"略卖期亲卑幼"条:"诸略卖期亲以下卑幼为奴婢者,并同斗殴杀法。即和卖者,各减一等。其卖余亲者,各从凡人和略法。"而日本律则作为:"凡卖二等卑幼及兄弟孙、外孙为奴婢者,徒二年半。子孙者,徒一年。即和卖者,各减一等。其卖余亲者,各从凡人和略法。"日本律将唐律中的"略卖期案以下卑幼为奴婢者,并同斗殴杀法"的比附条款,定刑为徒两年半,并新增加了"子孙者,徒一年"的内容。

---

① 《日本法制史概说》,弘文堂1948年版,第61页。
② 《大宝律之研究》,后收入《律之研究》一书,名著普及会昭和63年3月版。

《贼盗律》是中、日古代法典中最重要的一篇，与唐律相比，日本《贼盗律》对于十恶中的谋反、谋大逆、谋叛、恶逆、不逆、大不敬、不义以及其他恶性犯罪行为处罚与唐律相比，有所变化。

① 我们先看一下对谋反罪的处罚规定

唐律"谋反大逆"条规定："谋反及大逆者，皆斩，父子年十六以上，皆绞。十五以下及母女妻妾、祖孙兄弟姊妹，若部曲资财田宅，并没官。男夫年八十及笃疾、妇人年六十及废疾者并免。伯叔父、兄弟之子，皆流三千里，不限籍之异同。"日本律取消了"父子年十六以上，皆绞"的条款，而改为没官。唐律中谋反罪对于伯叔父、兄弟之子亦流三千里，而日本律仅溯及"祖孙兄弟"，对于伯叔父、兄弟之子不在牵连之列。

对于"口陈预反之言，心无真实之计"的谋反罪，唐律流二千里，日本律作徒三年，减一等。

② 对于谋叛的处罚规定

日本律对于谋叛的处罚较唐律为重。如唐律该条款疏议曰："谋叛者，谓欲背国投伪。始谋未行，事发者，首处绞，从者流。"而日本律该条则"首处绞，从者远流"，加重了对从犯的处罚。另，唐律对于"若率部众百人以上，父母、妻子，流三千里；所率虽不满百人，以故为害者，以百人以上论"。日本律则改为"若率部众十人以上，父、子、配远流。所率虽不满十人，以故为害者，以十人以上论。"

③ 对于大不敬的处罚

所谓大不敬，谓盗大祀神御之物、乘舆服御物、盗取伪造御宝等犯罪。唐、日两律对于该项犯罪，或者相同，或日本律轻于唐律。如唐律中"盗大祀神御物"与日本律"大祀"条规定相同。但对于盗园陵内草木的处罚，日本律则处罚较轻。唐律规定："诸盗园陵内草木者，徒二年半"。而日本律则规定："凡盗山陵内木者，杖一百；草者，减三等"，即杖七十。比唐律减轻5至8等。

④ 对于恶逆罪的处罚

所谓恶逆，谓殴及谋杀祖父母、父母、杀伯叔父母、姑、兄姊、外祖父母、夫、夫之祖父母、父母的犯罪行为。与唐律相比，日本律新增加了"谋杀嫡母、继母、伯叔父、姑、兄姊者，远流；已伤者绞"的条款。对于尊长谋杀卑幼的犯罪，日本律也减等处罚。如唐律规定："尊长谋杀卑幼者，各依故杀罪减二等；已伤者，减二等；已杀者，依故杀法。"对于妻妾谋杀故夫之祖父母、父母的犯罪，也各减一等处罚。

值得注意的是，日本律中对于奴婢谋杀主及主之期亲的犯罪，则与唐律相同，没有减等之例。

⑤ 对于谋杀以及不道罪的处罚规定

所谓不道，即杀一家非死罪三人，支解人，造畜蛊毒、厌魅等犯罪。日本律对于"谋杀人"、"杀一家三人"、"以物置人耳鼻"以及"造畜蛊毒"、"以毒药药人"等犯罪皆较唐律相同或有的减轻。如唐律"谋杀人"条"谓谋杀人者，徒三年；已伤者绞"。① 而日本律则规定："凡谋杀人者，徒二年；已伤者，近流"。② 对于"以物置人耳鼻"的犯罪，唐律规定，"以物置人耳鼻及孔窍中，有所妨者，杖八十"。而日本律则杖六十。对于造畜蛊毒等犯罪，唐日律中对造畜者规定相同，皆处以绞刑。而对于里长、坊正、村正"知而不纠者"，日本律则处罚略轻，徒三年，较唐律减三等。

⑥ 对于不义罪的处罚

不义，谓谋杀本属府主、刺史、县令、见受业师、吏、卒杀本部五品以上官长等犯罪行为。日本律对于该项犯罪的处罚略轻于唐律。唐律规定："谋杀制使、若本属府主、刺史、县令，及吏、卒谋杀本部五品以上官长者，流二千里；已伤者绞；已杀者，皆斩。"日本律规定"凡谋杀诏使、若本主本国守，及吏卒谋杀本部五位以上官长者，徒三年；已伤者，远流，杀者皆斩。"较唐律减一等刑。

综上所述，通过对唐、日《盗贼律》的比较研究，我们发现日本律在编纂的过程中，对于盗律的修改并不是很大，对于盗窃罪的处罚基本上沿袭了唐律的内容。而对于《贼律》的修改却变化很大，在量刑上总的趋势是有所减轻，当然个别条款也有加重的情节，如对谋叛罪的处罚就重于唐律。为何会出现这样大的变化呢？我们说其主要原因是与日本律《名例律》中"八虐"罪相互应。众所周知，日本律在编纂《大宝律》时，即已将唐律中的"十恶"改为"八虐"。关于其改名的理由，《政事要略》卷82云："古答云：虐兼却反"，《广雅》："虐，恶也，逆也。野王案：虐犹暴害也。五恶五逆也。五刑之中八虐尤切，亏损名教，毁裂冠冕，特标篇首，以为明诫。其数八者甚虐者，事类有八，故称八虐"。其实"虐"、"恶"两字意思相近，日本律将"十恶"改为"八虐"，是律的制定者为使日本律与唐律有所不同，制定一部能够反映本国文化的法典，这种变化也正是奈良时代日本文化对唐文化受容之后，当时日本贵族阶

---

① 《唐律疏议》卷17。
② 新订增补国史大系《律》，吉川弘文馆昭和53年版，第58页。

层思想意识和文化基准的反映。为了与上述《名例律》"八虐"条相适应,在《贼盗律》中,关于贼律的规定也必须相应变化,因为在《贼盗律》中,有六项是关于"八虐"的规定。而《贼盗律》的这种变化,也正是日本律的编纂者在当时制定本国法律时困惑的反映,当时日本律的制定者既想摆脱唐律的阴影,又没有能力脱离唐律,制定一部属于本国的法典。所以,只能在表面上略有改动而已。

第三节 从唐律到日本律的演变

大化改新以前的日本古代社会通常被称为氏族法阶段,该时期的法律形式主要以习惯法(不成文法)为主,日本法律史学家称其为固有法阶段。关于这一时期的法律形态,在中日古代文献中有很多记述。据《三国志》卷30《魏书·倭人传》记载:"其俗,国大人皆四五妇,下户或二三妇。妇人不淫,不妒忌。不盗窃,少诤讼。其犯法,轻者没其妻子,重者灭其门户。及宗族尊卑,各有差序,足相臣服。收租赋,有邸阁。国国有市,交易有无,使大倭监之。"《日本书纪》卷10"应神天皇九年(278年)"条记载了同时期日本的审判情况:天皇任命武内宿弥于筑紫监察百姓,其弟甘美内宿弥妒之,欲废兄自立,乃进谗言于天皇。双方争执激烈,天皇推问二人,是非难决。最后天皇敕旨,令请神祇探汤。"是以武内宿弥与甘美内宿弥共出于矶城川湄为探汤。武内宿弥胜之。"这种盟神探汤的审判制度与中国上古时期的神明裁判如出一辙。

及至六世纪以前,日本的法律制度仍没有太大的变化。据《隋书》卷81《东夷传》记载:"其俗杀人强盗及奸皆死,盗者计赃酬物,无财者没身为奴。自余轻重,或流或杖。每讯究狱讼,不承引者,以木压漆,或张强弓,以弦锯其项。或置小石于沸汤中,令所竞者探之,云曲者即手烂。或置蛇瓮中,令取之,云曲者即螫手矣。人颇恬静,罕争讼,少盗贼。"

公元592年,推古天皇即位后,册立圣德太子(574—622年)为皇太子而主持朝政。圣德太子执政期间,仿效隋朝的体制,在内政方面进行改革,推行冠位十二阶和《宪法十七条》,从而使日本的政治、经济、法律制度迈向了一个新的阶段。《宪法十七条》中的第五条,是关于诉讼方面的内容,该条云:"五曰绝飨弃欲,明辨诉讼。其百姓之讼,一日千事,一日尚尔,况乎累岁。顷治讼者,得利为常,见贿听谳,便有财之讼,如石投水,乏者之讼,似水投石,是以贫民,则不知所由臣道亦于焉阙。"① 嵯峨天皇弘仁年间(810—823年)制定的《弘仁格式序》中对《宪法十七条》评价甚高,云:"古者世质时素,法令未彰,无为而治,不肃而化。暨于推古天皇十二年,上宫太子亲作宪法十七个条,国家制法自兹始焉。"我们说《宪法十七条》并不是成文法典,而是类似于国家的大政方针,与北周时期苏绰制定的《六条诏书》极为相近。②在推古天皇在位期间,日本仍没有制定出本国的成文法典。

一、日本律的成立及其流传情况

孝德天皇大化元年(645年),由大中兄皇子和中臣镰足发动了一场轰轰烈烈的革新运动,即大化改新。大化改新废除了旧的族长政治,全面仿效唐代的政治体制,制定了中央官制和地方行政体系;在经济方面,实行班田收授法,从而使日本一跃进入封建社会。在法律制度方面,当时的政府亦有所创新。从大化二年(646年)颁布的诏书中我们可看到当时制定法令的情况,如新诏云:"凡京每坊置长一人,四坊置令一人,掌按检户口,督察奸非。……凡五十户为里,每里置长一人,掌按检户口,课植农桑,禁察非违,催驱赋役。"③ 这与唐《武德令》"百户为里,五里为乡,四家为邻,五家为保,在邑居者为坊,在田野者为村,村坊邻里递相督察"的规定相似。④

天智天皇即位之后(662—671年),以唐《武德令》、《贞观令》为蓝本,制成《近江令》二十二卷。天智朝编纂的法典《近江令》存在无疑,但对于是否存在《近江律》,目前日本学术界分歧很大,分歧的焦点是《大织冠传》"天智天皇七年"的记述:"先此帝令大臣撰述礼仪,刊定律令,通天人之性,作朝廷之训。大臣与时贤人,损益旧章,略为条例。崇敬爱之道,同止奸邪之路,理慎折狱,德洽好生。至于周之三典,汉之九篇,无以加焉。"⑤ 佐藤诚实根据日本《官位令集解》中"上宫太子并近江朝廷唯制令而不制律",否定了《近江律》的存在。⑥ 而宫崎道三郎等人在《法制史讲义案》中则力主《近江律》的存

---

① 黑板胜美主编:新订增补国史大系《日本书纪·后篇》卷22,吉川宏文馆平成12年8月版,第143页。
② 关于《太子宪法》和《六条诏书》的关系,可参见泷川政次郎《国家制法之始——〈上宫太子宪法十七个条〉》,收入《律令格式之研究》,名著普及会刊行,昭和61年9月版。
③ 黑板胜美主编:新订增补国史大系《日本书纪·后篇》卷25,吉川宏文馆平成12年8月版。
④ 《旧唐书》卷48《食货志》。
⑤ 《大织冠传》,群书类丛本,第5辑,平文社昭和54年版。
⑥ 参见佐藤诚实:《律令考》,收入《佐藤诚实博士律令格式论集》一书,汲古书院平成3年9月版。

在，宫崎氏的根据就是《弘仁格式序》、《本朝法家书籍目录》中的"《近江令》二十二卷"。而后面的《大宝律》六卷、令十一卷，共 17 卷；《养老律》十卷、《养老令》十卷，两者共 20 卷。所以《弘仁格式序》中所云的《近江令》二十二卷，应为《近江律令》二十二卷较为合理。加之前引《大织冠传》的记述，《近江律》应该存在无疑。

对于上述两种观点，笔者认为两者分歧的焦点是对《近江律》的形式和内容认识不同。那么如何来认识《近江律》的存在呢？下面就谈谈自己的浅见。近江朝在引进唐代法典之前，曾频繁遣使如唐，如舒明天皇十二年(640年)，僧旻等留隋、唐数十年回国。《善邻国宝记》引"《唐录》曰：高宗永徽五年(654 年)，倭国使献琥珀玛瑙，高宗慰抚之。"① 这些遣唐使回国后，无疑成为新法律的制定者。据《大织冠传》卷上云："大臣与时贤人，损益旧章，略为条例"，这里的贤人，就包括留唐回国、在皇极天皇四年(645 年)被委任为博士的高向玄理、僧旻法师等人。众所周知，自商鞅变法，"改法为律"以来，律作为国家的根本法典一直为历代封建政府所沿用。《大唐六典》卷 6 云："凡文法之名有四：一曰律，二曰令，三曰格，四曰式。"隋唐两代的统治者皆把"以正刑定罪"的根本法——律放在立法的首要位置，而令、格、式则次之，令的执行需要靠律来保障。《近江令》的修订者高向玄理、僧旻等人对隋、唐的法律制度有较深刻的了解，绝不会犯只制令而不作律的错误(如只有令而没有律，令也就变成了一纸空文)。据我们推测，《弘仁格式序》中的二十二卷，应包括律十二卷，令十卷，其中律十二卷沿袭了唐律的内容，而令则有所损益。后引《日本书纪》卷 29 天武天皇十年诏书"朕今更欲定律令，改法式"，而非"制律令"，更加证明是对《近江律令》的改定。天智天皇以后，在壬申之乱取得胜利的天武天皇即位于飞鸟净御原宫。天武天皇十年(682 年)二月，下诏诸亲王及大臣曰："朕今更欲定律令，改法式，故俱修是事，然顿就是务，公事有阙，分人应行。"② 到天武天皇十四年(684 年)正月，《天武律令》编纂完成。《天武律令》以唐武德、贞观、永徽、垂拱等律令为蓝本修订而成。关于其实施的情况，《持统天皇纪》"六年七月乙未"条："大赦天下，但十恶盗贼不在赦例"，③ 很显然是指律的内容。《天武律》的存在没有疑义。

文武天皇四年(700 年)三月甲子，"诏诸王臣读习令文。又撰律条。六

---

① 参见《善邻国宝记》卷上，史籍集览本，第 12 页。
② 黑板胜美主编：国史大系《日本书纪》卷 30，吉川宏文馆平成 12 年 8 月，第 356 页。
③ 黑板胜美主编：新订增补国史大系《日本书纪·后篇》卷 30，吉川弘文馆平成 12 年 8 月版。

月甲午,敕净大参刑部亲王、直广壹滕原朝臣不比等,直大贰粟田朝臣真人、直广参下毛野朝臣古麻吕、直广肆伊歧连博德、直广肆伊余部连马养、勤大壹萨弘恪等,撰定律令,赐禄各有差。"① 十月戊申,"颁下律令于天下诸国",② 这就是著名的《大宝律》。《大宝律》是一部"大略以净御原朝廷为准正"的法典,并对前述的《天武律令》作了较大的修正。如把《天武律令》中的"十恶"改为"八虐",把"八议"改为"六议"等。《大宝律》迄今已佚失,日本学者利光三津夫根据《政事要略》,《令集解》所引《古记》、《古答》等文献,对大宝律进行复原,复原条文56条,③ 使我们对《大宝律》有了简单的了解。

《大宝律令》的制定及实施在日本法典编纂史上具有重要的地位。《政事要略》卷84《弘仁刑部式》云:"父母缘贫穷卖儿为贱,其事在己丑年以前者依契,若卖在庚寅年以后,皆改为良,不须论罪。其大宝二年制律以后,依律科断。"另据《类聚国史》卷147《文部下》"律令格式"云:"臣窃按:昔我文武天皇大宝元年,甫制律令,施行天下。"都说明《大宝律令》是一部承前启后的法典。

继《大宝律》之后,元正天皇养老二年(718年),"大臣不比等,奉敕更撰律令,各为十卷,今行于世律令是也。"④ 另据《本朝法家文书目录》云:"律一部,十卷,十三篇,元正天皇养老二年赠太政大臣正一位藤原朝臣不比等奉敕作律令,并二十卷。"⑤ 这就是著名的《养老律》。

《养老律》删除了《大宝律》中的矛盾之处,去掉其冗文,代表了当时日本立法的最高成就。关于《养老律》的蓝本,有些学者认为是在《开元律》的基础上编订而成的。⑥ 这种未免有些偏颇。据《旧唐书》卷50《刑法志》记载,开元三年以前,唐政府只"删定格式令",并未对律作以改动。开元六年(718年),玄宗敕"吏部侍郎兼侍中宋璟、中书侍郎苏颋、尚书左丞卢从愿、吏部侍郎裴漼、慕容珣、户部尚书杨滔、中书舍人刘令植、大理司直高智静、幽州司功参军侯郢雏等九人,删定律令格式,至开元七年三月奏上,律令式仍旧名,格曰《开元后格》。"我们说开元七年(719年)修订律令格式与日本编纂《养老律》几乎同时进行,《养老律》完成的时间略早于《开元律》,因而不可能参

---

① 黑板胜美主编:国史大系《续日本纪》卷1,吉川弘文馆平成12年10月版。
② 黑板胜美主编:国史大系《续日本纪》卷2,吉川弘文馆平成12年10月版。
③ 利光三津夫:《大宝律考》,收入《律之研究》一书,名著普及会昭和63年3月版。
④ 《本朝文粹》卷8《书序》。
⑤ 参见《本朝法家文书目录》,续丛书类丛本,第148页。
⑥ 参见一条冬良:《令闻书》,续丛书类丛本,第148页。

考唐代的《开元律》。另据《选叙令集解》"癫狂酗酒"条记载:"问:《宫卫令》云:宿卫及近侍人二等以上亲,犯死罪被推劾者,牒本司本府,勿听入内者。未知两条何会作？答:此条先在《永徽令》,今于《开元令》省除",故两条难会。"即是很好的例证。所以,当时的日本政府在编纂《大宝律》的过程中,以唐《永徽律》为蓝本,同时也有可能参考了唐《垂拱律》的内容。①《养老律》同样是以《永徽律》为蓝本,参考了开元律以前的其他各律。

《养老律》共 10 卷,13 篇,《本朝法家文书目录》记载了《养老律》的篇名情况:第一名例上,第二名例下,第三卫禁、职制,第四户婚,第五厩库、擅兴,第六贼盗,第七斗讼,第八诈伪,第九杂,第十捕亡、断狱。②关于《养老律》的条文数,因仅存《名例律》的前半,《卫禁律》的后半,《职制律》、《贼盗律》的全部,《斗讼律》个别条款。现仅知道《职制律》有 56 条,《贼盗律》有 53 条。

最后,谈一下《养老律》的版本流传情况。《养老律》颁行之后,作为奈良、平安时期的法典,一直为刑事审判所引用。即使到了权归武门的镰仓幕府以后,也与武家法典《御成败式目》相并而行,屡屡为当时的审判机关所援引。凡《贞永式目》未规定的事项,仍可适用律令格式之法。③

镰仓时期,对于律令学的研究仍很兴盛。据红叶山文库本《律》残卷之奥书记载:

> 律卷第一　名例
> 文永十年蒙越州使君尊阁严命移点毕,于是蘸宾初律茇人后朝而已。
>
> 　　　　　　　　　　　音博士　清原俊隆
> 此书先年受较隆真人之说了,而件书回禄成孽化灰烬,仍重以俊隆之本书写校合了,于时文永十年九月二十八日
>
> 　　　　　　　　　　　越州刺史　平(花押)

文永十年系公元 1273 年,恒仁天皇在位时期。该时期的律令学由明法博士清原教隆、清原俊隆等辗转相传,延绵不衰。另据《花园院天皇宸记》记载,镰仓末期讲读律令之风尤盛,该书云:

---

① 参见川北靖之:《日唐律比较研究序说》,收入《律令制的诸问题——泷川政次郎博士米寿纪念论集》一书,汲古书院昭和 59 年 5 月版。

② 内阁文库所藏旧红叶山文库本《养老律》残卷《贼盗律》篇首题"贼盗律第七",黑板胜美主编国史大系《律》则依据红叶山文库本作"贼盗律第七",《斗讼律》依此后推。

③ 参见泷川政次郎:《日本法制史》,角川书店昭和 44 年 6 月版,第 206 页。

第二章　中日律令制比较研究

　　元应二年(1320年)十七日壬戌,章任参,读律第六卷了。
　　二十日乙丑,章任参,律第七卷读之,半卷余读合之间,被召女院御方,仍后日可读合之由仰之。
　　那么,《养老律》究竟毁于何时呢? 泷川政次郎认为,《养老律》之泯灭,应始于应仁文明大乱之后,即1467—1487年以后。① 《大乘院寺社杂事记》"应仁二年(1468年)闰十月二十日"条:②
　　一成就参申,大阁御对面,御记录事巨细被仰付之,一指拜领申。
　　一条家书
　　玉叶八合,正本;殿御记一合,正本;……文德实录一合;律令格一合;延喜式一合,同仪式……。
　　一条家的"律令格一合"因转移到奈良兴福寺别院的大乘院而幸免于难。但从此之后,关于《养老律》的流传再无音信。
　　公元1600,德川家康在关之原之战一举击败了丰臣家族的势力,掌握了全国政权。1603年,德川家康被任命征夷大将军,从而进入了江户幕府统治的时代。德川家康为复兴文运,广泛搜访古籍。后水尾天皇庆长十九年(1614年)七月,右大臣今出川晴季将律令十九卷献于德川家康,《大日本史料》第十二编之十四记述了此事:"七月二十八日,今日,自菊亭殿于板仓伊贺守状到来,是者律令金泽文库本。关白秀次执之,今出川殿被遣之,今日被进之,令三十篇,内十一篇不足;律八,二卷在之。"律之二卷,即指《名例》、《贼盗》两篇,其余篇目不见记述。
　　昭和十四年,日本学者黑板胜美汇集了红叶山文库本《名例》、《贼盗》二篇,广桥家本《卫禁》、《职制》二篇,大正十二年(1923年)在《九条家延喜式》纸背发现的《斗讼律》三条,以及《名例律里书》、《名例律勘物》、《律逸文》,编成了《律》一书,这也是迄今为止我们能够见到的《养老律》最全面的本子。
　　昭和43年(1968年)十二月,由泷川政次郎、板本太郎等人发起的律令研究会,以复原日本律令为宗旨,进行了日本律的复原工作,其成果汇总成《日本律复原之研究》、《译注日本律令》等著作。现复原的律条约60‰左

---

①　参见泷川政次郎:《本邦律令之沿革》,收入《律令之研究》一书,刀江书院昭和41年10月版,第238—239页。
②　参见《大日本史料》第八编之二,第119页。

右①。对日本律的复原仍有许多工作要作。

二、日本律对唐律的变更

前已述及,日本《大宝律》、《养老律》是以唐律为蓝本而制定的法典,因此,唐律与日本律有着千丝万缕的联系。日本学者很早就注意对唐律与日本律的比较研究。在室町幕府统治时期,当时著名的律学家一条兼良、一条冬良父子就着手进行律令制的研究工作。及至江户时代,日本著名的国学家荷田春满负责古书的搜集整理及校订,享保十年(1725年),他亲自主持完成了《名例律》、《贼盗律》两卷的校合工作。而同期的另一位律学家荻生北溪则对《唐律疏议》进行校订,最终完成了《唐律疏议订正上书》,指出了唐、日两律的差异,其观点至今仍为中日学者所沿袭。

继荷田春满、荻生北溪、伊藤东涯等人之后,又涌现了像荷田在满、河村秀颖、稻叶通邦、薗田守良等一大批律学家,从不同的角度对唐律和日本律进行了比较。

明治以后的日本学者继承了江户时代研究国学的传统,对律令制的研究有了更进一步的发展。如小中村清矩在《本朝法律起源沿革》中提出了《近江令》以下的蓝本是唐《永徽律》,《近江律》也和《近江令》同样存在。明治32年11月至33年3月,另一位著名的律学家左藤诚实在《国学院杂志》发表了《律令考》,对《近江律》是否存在,大宝、养老两律之异同,唐、日律之比较等问题进行了探讨,从而把律令制的研究引向了新的阶段。此后,又涌现了宫崎道三郎、中田薰、三浦周行、仁井田陞、泷川政次郎等一大批著名学者,因他们的研究成果广为人知,在此就不一一列举了。

日本律虽以唐律为蓝本,但在很多方面有所改动。其具体表现在四个方面:其一,在用字用语方面的改动。日本律除了众所熟知的将"官品"改为"官位",每条条文之首"诸"改为"凡"字外,还有许多文字上的变化。日本学者小林宏将万有文库本《唐律疏议》与日本律相对照,发现两者用字用语有72处不同。如唐《名例律》"以理去官"条疏议曰:"卑官犯罪,迁官事发者,谓任九品时犯罪,得八品以上事发之类。在官犯罪,去官事发者,谓在任时犯罪,去任后事发。或事发去官者,谓事发勾问未断,便即去职。"日本律将唐律的"勾问未断"改为"勾断未问"。又如唐《擅兴律》"拣点卫士征人不平"

---

① 参见水本浩典:《关于日本律的特色》,收入《律令注释书的系统研究》,墒书房1991年2月版,第394页。

条疏议云:"拣点之法,财均者取强,力均者取富,财力又均先取多丁",日本律将"均"字改为"敌"字等。①

其二,在内容上进行变更。由于中日两国历史地理、风俗习惯、民间信仰等各方面有所不同,所以日本律自《大宝律》以后并没有一味地照抄唐律,而是有所变更。如在《名例律》中,对唐"五刑"、"十恶"、"八议"进行了修改。唐"五刑"之流刑规定:"流刑有三:二千里,二千五百里,三千里。"日本律则作"流刑三:近流、中流、远流",没有标明具体流放的里数,这主要与日本地域狭小有关。唐"十恶"罪名云:一曰谋反,二曰谋大逆,三曰谋叛,四曰恶逆,五曰不道,六曰大不敬,七曰不孝,八曰不睦,九曰不义,十曰内乱。日本律则将唐十恶改为"八虐",罪名为:一曰谋反,二曰谋大逆,三曰谋叛,四曰恶逆,五曰不道,六曰大不敬,七曰不孝,八曰不义。删除了唐律中关于家庭犯罪的"不睦"、"内乱"两条。不睦,指谋杀及卖缌麻以上亲,殴告夫及大功以上尊长、小功尊亲属的犯罪;内乱,谓奸小功以上亲、父祖妾、及与和者。由于奈良时代的日本受儒家思想影响较弱,国内民风淳朴,"人颇恬静,罕争讼","妇人不淫,不妒忌",② 这两项犯罪不适合本国国情,故而删除。此外,日本律中还将"八议"(议亲、议故、议贤、议能、议功、议贵、议勤、议宾)中的议勤、议宾两项删除。

唐《职制律》"长吏辄立碑"条规定:"诸在官长吏,实无政绩,辄立碑者,徒一年。若遣人妄称己善,申请于上者,杖一百。有赃重者,坐赃论。受遣者,各减一等。"日本律将该条改为"诸司遣人妄称己善",规定:"凡内外诸司,实无政绩,遣人妄称己善,申请于上者,杖一百。有赃重者,坐赃论。受遣者,杖一百。"删去了唐律该条前面的条款。

在唐《贼盗律》"盗宫殿门符"条规定:"诸盗宫殿门符、发兵符、传符者,流二千里;使节及皇城京城门符,徒三年;余符,徒一年。门钥,各减三等。盗州镇及仓厩库关门等钥,杖一百。县戍等诸门钥,杖六十。"而日本律对该条作了很大的修改,据"盗节刀"条云:"凡盗节刀者,徒三年;宫殿门、仓库及仓廪、筑紫城等钥,徒一年(注:国郡仓库、陆奥、越后、出羽等栅,及三关门钥亦同);宫城京城及官厨钥,杖一百;公廨及国厨等钥,杖六十;诸门钥,笞五十。"

---

① 参见小林宏:《关于〈唐律疏议〉的原文》,收入国学院大学日本文化研究中心主编:《日本律复原之研究》,国书刊行会昭和59年6月版。
② 参见《三国志》卷30《魏书·倭人传》,《隋书》卷81《东夷传》。

其三，日本律删除了许多唐律中不适合的条款。如唐《卫禁律》"犯庙社禁苑罪名"条云："诸本条无犯庙社及禁苑罪名者，庙，减宫一等；禁苑，与社同。即向庙社禁苑射，及放弹投瓦石，杀伤人者，各以斗杀伤论。至死者，加役流。"日本文献《平户记》"宽元三年年(1245年)四月一日"条所引《古答》："问：大社山陵御膳所至国未度罪名，未知何科？答：但大社山陵未訒者不令科罪"。利光三津夫等人据此认为日本修订《大宝律》时即将唐律该条删除。① 另外，日本《卫禁律》还删除了唐律中的"斋戒物私度关"条、"越度缘边关塞"条等条款。

日本《职制律》保存相对完整，现存56条，而唐《职制律》有58条，很明显删除了唐律中的部分内容，如《唐律疏议》"刺史县令私出界"条规定："诸刺史县令、折冲果毅，私自出界者，杖一百，经宿乃坐。"日本律对此没有规定，将其删除。

另外，日本律还删除了唐律中的避讳条款。唐《职制律》"上书奏事犯讳"条规定："诸上书若奏事，误犯宗庙讳者，杖八十；口误、及余文书误犯者，笞五十；即为名字触犯者，徒三年。若嫌名及二名偏犯者不坐。"又"府号官称犯名"条："诸府号官称，犯父祖名，而冒荣居之，……徒一年。"日本律将唐律中的避讳条款完全删除。②

其四，与唐律相比，日本律也增加了一些新的条款。《唐律疏议·贼盗律》"谋杀期亲尊长"条规定："诸谋杀期亲尊长、外祖父母、夫、夫之祖父母、父母者，皆斩。谋杀缌麻以上尊长者，流二千里；已伤者绞；已杀者皆斩。"而日本律"谋杀祖父母"条则增加了新的规定："凡谋杀祖父母、父母、外祖父母、夫、夫之祖父母、父母者，皆斩；嫡母、继母、姑、兄姊者，远流。已伤者绞。"新增加了谋杀祖父母、父母、嫡母、继母等项规定。在《贼盗律》"谋反"条中，还增设了"谋毁大社者，徒一年；毁者，远流"的规定，为唐律"谋反"条所无。日本律将"谋毁大社"视为等同谋反的重罪，反映了自奈良时代，神道思想在日本社会中已占有重要的位置。

在唐《职制律》"大祀散斋吊丧"条有五项禁忌规定："诸大祀在散斋而吊丧、问疾、判署刑杀文书及决罚者，笞五十；奏闻者，杖六十。致斋者，各加一等"。日本律则新增加了一项，即"凡大祀在散斋而吊丧、问疾、判署刑杀文

---

① 《大宝律考》，收入《律之研究》，名著普及会昭和63年3月版。
② 参见桑原骘藏：《王朝律令与唐律令》，原文发表于大正6年11月《历史和地理》第6卷5号，后收入《桑原骘藏全集》第3卷，岩波书店昭和43年4月版，第240页。

书、及决罚、食完者,笞五十;奏闻者,杖七十;致斋者,各加二等。"① 新增加了"食完",即食肉的禁忌。日本律中为何会新增本项规定,笔者认为,自圣德太子以后,佛教在日本社会中盛行,变成了日本的国教。如《十七条宪法》第二条规定:"笃敬三宝,三宝者,佛、法、僧也。则四生之终归,万国之极宗,何世何人,非贵是法。人鲜有恶,能教从之,其不归三宝,何以直枉!"② 在日本的《神祇令集解》卷7上"散斋"条、《僧尼令集解》卷7下"饮酒食肉五辛"条都有"食肉"的禁忌。日本律为了与令的规定相统一,也增加了"食肉"禁忌的条款。

三、日本律的实施及其影响

日本最早的刑法典《近江律》与《近江令》并存,《近江律》为唐律的翻版。关于其实施情况,据《日本书纪》卷29"天智天皇九年(670年)二月"条记载:"造户籍,断盗贼与浮浪"。"造户籍",标志着行政法"令"的制定,"断盗贼与浮浪",意味着刑法典"律"的适用。

在"壬申之乱"中取得皇位的天武天皇即位后不久,就编纂成《天武律令》。据《持统天皇纪》"三年六月庚戌"条云:"班赐诸司《令》一部,二十二卷",未提及颁布《律》之事。另据《持统天皇纪》"六年七月乙未"条:"大赦天下,但是十恶盗贼不在赦例","十恶盗贼不在赦例",这与北齐隋唐以来律典中的"其犯此十者,不在八议论赎之限"的规定相同。③《续日本纪》卷1"文武天皇元年闰十二月庚申"条亦云:"禁正月往来行拜之礼。如有违犯者,依净御原朝廷制决罚之。"众所周知,令是行政法,无论是唐令还是日本令,都没有具体的罚则,只有律中才有惩罚规定。"禁正月往来行拜贺之礼,"属于《仪制令》中的内容;"如有违者,依净御原朝廷制决罚之",应属于律所调整的范畴。日本律中专设了"违令罪"的罪名,据《户令御抄》、《金玉掌中抄》等文献记载:"凡违令者,笞五十。"该条沿袭了唐律《杂律》中的"违令"条款。因此,我们说《天武律》也与《近江律》一样,照搬了唐律的内容,并在当时的诉讼审判中广为引用。

继《天武律》之后的《大宝律》是由日本古代著名的法学家藤原不比等十九人对《飞鸟净御原律》修订后而颁布的法典,同时也是对《唐律疏议》进行

---

① 黑板胜美主编:新订增补国史大系《律》,吉川弘文馆昭和53年11月版,第36页。
② 新订增补国史大系《日本书纪》卷2,吉川弘文馆平成12年8月版,第142页。
③ 《隋书》卷24《刑法志》。

大规模修正后而制定的第一部日本化的法典。据《续日本纪》"大宝元年八月癸卯"条记载:"遣三品刑部亲王、正三品藤原朝臣不比等、从四位下下毛野朝臣古麻吕、从五位下伊吉连博德、伊余部马养撰定律令,于是始成,大略以净御原朝廷为准正。"可见,《大宝律》是对《飞鸟净御原律》(即《天武律》)进行大的修改后而颁布的法典。《大宝律》的完成及实施,使日本律摆脱了唐律的原貌,走向了唐律日本化的道路。如《大宝律》将唐律中的"十恶"该为"八虐";把"八议"该为"六议"等,都是对唐律或《天武律》的变更。日本古代的文献对《大宝律》的评价也甚高,如《类聚国史》卷 147"天长七年十月丁未"条引藤原三守的奏疏曰:"昔我文武天皇大宝元年(701 年),甫制律令,施行天下。"《类聚三代格》卷 17 收录的承和七年(840 年)四月二十三日太政官符曰:"律令之兴,盖始于大宝。惩肃既具,劝诫亦甄。"

《大宝律》自大宝二年(702 年)二月"始颁新律于天下","颁下律令于天下诸国"以后,[①] 并未能很好地贯彻实施。《续日本纪》卷 5 元明天皇"和铜四年(711 年)七月甲戌"条引诏书曰:"张设律令,年月已久矣。然缱行一二,不能悉行"。说明《大宝律》在颁布后,其实行并非一帆风顺,而是遇到了波折。探究其原因,就是飞鸟时期的日本自习惯法阶段突然进入到成文法时代,固有的习惯法仍发挥着重要的职能,成文法的实施还要有一个适应的过程。

元正天皇养老二年(718 年),藤原朝臣不比等又奉敕更撰律令,即著名的《养老律令》。《养老律令》制定之后,并没有立即付诸实施。关于《养老律》实行的年代,日本学者中田薰在《关于养老令的施行期》一文中认为是在天平胜宝九年(757 年)。[②] 据《弘仁格式·序文》载:"故去天平胜宝九岁五月二十日敕书称:顷年选人依格结阶,人人高位不便任官,自今以后宜依新令。去养老年中,朕外祖故太政大臣奉敕刊修律令,宜仰所司早令施行。"按《弘仁格式》的记述,在《养老律》制定之后,并未立刻颁布实施,而是经过约四十后才实行,这期间国家的法典(律、令)仍然行用《大宝律令》。

天平胜宝九年《养老律》颁行之后,中间也经过多次修改。据《日本后纪》卷 22"延历十年(791 年)丙寅"条记载:"故右大臣从二位吉备朝臣真备,大和国造正四位下大和宿弥长冈等,删定律令二十四条,辨轻重之舛错,矫首尾之差违,至是下诏,始行用之。"

---

① 新订增补国史大系《续日本纪》卷 2,吉川弘文馆平成 12 年 10 月版,第 14、16 页。
② 该文收入中田薰:《法制史论集》第 1 卷,岩波书店 1985 年 12 月版。

第二章　中日律令制比较研究

自《近江律》的制定到《大宝律》、《养老律》两律的实施,中间仅经过五十余年就由习惯法步入成文法阶段。为了使律令法能更好地推行,当时的日本政府曾采取了许多措施,普及法律知识。如在《大宝律令》制定前后,天皇多次命令朝中大臣学习新法,《续日本纪》记录了当时推行新法的情况:"文武天皇四年三月甲子,诏诸王臣读习令文,又撰成律条。""大宝元年四月庚戌,遣右大弁从四位下下毛野朝臣古麻吕等三人,始讲新令,亲王、诸臣百官人等就而习之。"

为了进一步推广律令制,普及法律知识,培养法律人才,日本圣武天皇神龟五年(728 年),仿唐代的律学体制,首置律学。据《类聚三代格》卷 4 "贞观十三年(871 年)十二月二十七日太政官符"记载:"去神龟五年初置律学,为正七位下官"。律学设立之后,设置律学博士,招收生员,讲读律令。明法生定员十人,延历二十一年(802 年)六月八日改为二十人。律学对明法生的要求严格,和唐代一样,每年有定期的考试制度。① 据《考课令集解》卷 22 "明法"条规定:"凡明法试律令十条(注:律七条,令三条),识达义理、问无疑滞者为通;粗知纲例,未究指归者为不。全遍为甲,通八以上为乙,通其以下为不第。"律学的设立,为推行律令制度、普及律学知识起到了重要的作用。

最后,再谈一下日本律制定实施对古代日本社会的影响。飞鸟、奈良时代的日本律移植唐律是大化改新后日本文化吸收唐文化一部分。众所熟知,日本自大化改新以后,建立了新的政治、经济体系。在政治方面,在中央仿照隋唐的三省六部制,在天皇之下设太政官,总理全国政务;神祇官掌管神祇祭祀。太政官之下设中务省、式部省、治部省、民部省、兵部省、刑部省、大藏省、宫内省共八省,以及监察机构弹正台。在地方上,实行国、郡、里三级行政体制。为了保证各级中央、地方机构的正常运转,自天智天皇时起,就制定了行政法《近江令》,与现行的官制体系相配套。但无论是唐令还是日本令,对于官吏犯罪的行为都没有相应的罚则,只能以国家根本法的形式律予以保障,唐、日律中的《职制律》等篇目正弥补了令中没有相应罚则的缺陷。因此,我们说在律令体制下,若没有令,中央及地方机构便无法正常运转;若没有律,更无法维持行政体系的运作,律和令在律令体系下是须臾不

---

① 关于唐代明法科的考试情况,参见拙文《唐代明法考试制度初探》,《政法论坛》2000 年第 2 期等;关于日本明法科的考试情况,参见利光三津夫《奈良时代的大学寮明法科》,收入《律令制和其周边》一书,庆应义塾大学法学研究会刊丛书之七;布施弥平治《明法道之研究》,新生社昭和 41 年 9 月版。

可分离的。有些学者认为近江时代的日本只有令而没有律,不仅从法理上解释不通,更与当时的律令体制不符。

在经济方面,大化改新之后,日本实行班田收授法。所谓班田收授法,是类似于唐代均田制的一种土地分配制度。其规定:"凡给口分田者,男三段,女减三分之一;五年以下不给。其地有宽狭者,从乡土地。易田倍给。给讫,具录町段及四至。""凡应班田者,每至班年,正月三十日内申太政官;起十月一日,京国官司,预校勘造薄,至十一月一日,捡集应授之人,对共给授。二月三十日内使讫。"① 在赋税制度上,也仿照唐代的租庸调制,建立了新的赋税体系。据《令义解》卷3《田令》规定:"凡田,长三十步,广十二步为段;十段为町。段租稻二束二把,町租稻二十二束。""凡调,绢、绝、丝、棉、布,并随乡土所出。"为了保障国家的税收体制,也必须以根本法的形式予以保障。日本律中的《户婚律》、《杂律》等篇目对于违犯经济秩序的犯罪都有相应的罚则,从而保证了班田收授法、租庸调制的顺利实施。

在军事方面,大化改新后的日本建立了卫府军团制度,该制度借鉴了北朝隋唐时期的府兵制度。据《令义解》卷5《边防令》记载:"凡兵士,十人为一伙,伙别充六驮马,养令肥壮。差行日,听将充驮。若有死失,仍即立替。"关于士兵的选拔,"凡兵士简点之次,皆令比近团割,不得隔越。其应点入军者,同户之内,每三丁取一丁。"② 为了维护军队的秩序,保障国家的安全,对于军事方面的犯罪,日本律中的《卫禁律》、《擅兴律》等篇目作出了相应的罚则。因已有学者专门论及,在此就不加赘述了。③

综合以上所述,笔者认为,自日本大化改新之后,唐代的律令制度就通过遣唐使传播到日本。飞鸟时代天智天皇在制定《近江令》时,以唐《贞观令》、《永徽令》等为蓝本,在对唐令作了较大的修改的基础上制定了本国的令。为了与令相配套,当时的日本政府并没有制定律,而是直接照搬了唐律,并在微小的地方作了调整,如对官名、地名、用字、用语等方面作了修正。因此,天智、天武天皇在位期间,虽没有制定律,但不等于当时的社会没有律,《近江律》、《天武律》就属于上述类型的产物。这种现象与中国古代宋朝统治者翻版《唐律疏议》而制定《宋刑统》的现象颇为类似。及至文武天皇大

---

① 参见新订增补国史大系《令义解》卷3《田令》,昭和60年4月版。
② 参见新订增补国史大系《令义解》卷5《边防令》,昭和60年4月版。
③ 参见松本政春:《律令兵制史的研究》,浦文堂2002年6月版;笹山晴生:《日本古代卫府制度的研究》,东京大学出版会1985年4月版等。

宝年间,在制定《大宝律令》时,才对旧律进行较大规模的修改,如将《唐律疏议》中的"十恶"改为"八虐",将"八议"改为"六议"等,删除了许多不适合本国的条款,增加了一些新的规定。尤其是在量刑方面,较唐律有所减轻。《大宝律》的制定,使日本的刑律摆脱了唐律的原貌,具有了本国化的特色。因此,《大宝律》在日本法典编纂史上具有重要的地位。

但是,由于飞鸟时期的日本中央政府一开始就将制定法典的中心工作放在了修订日本令上,只是到了文武天皇时期才对旧律作了较大的修改,制定了《大宝律》。因此,与日本令相比,无论是《大宝律》还是后来的《养老律》,其修改的幅度都很小,修订的时间也很短,绝大多数条款抄袭了唐律的内容,这也是为何唐、日两国令的差别较大,律的差异较小的根本原因。

第四节 唐代的《祠令》和日本的《神祇令》

一

在以农耕为主的古代东方社会,礼制十分发达。礼最早是由氏族部落的风俗习惯演变而来。在原始社会末期,由于人们认识自然的能力有限,对许多自然现象不能正确地理解,以及对生老病死的恐惧,为了使自己的心理得到解脱,便产生了最初的祭祀。东汉许慎在《说文》中对礼作了如下的定义:"礼,履也,所以事神致福也。"司马迁在《史记》卷23《礼书》中也对礼作了总结:"故礼,上事天,下事地,尊先祖而隆君师。"根据司马迁的论述,可将中国古代的礼分为两大类,一是祭神之礼。即祈求具有超自然力的神灵给予祐护,主要指自然神,包括天地、日月、江河、山谷、风、雨、雷、电等;二是祭祖之神,尤其是祭祀那些对本家族、本部落有过重大贡献的祖先。祭祀的目的在于维系血缘亲情,团结本宗族内部的成员。

当人类进入文明社会以后,对自然界和祖先的信仰并未随着社会的进步而衰亡,反而变得更加炙热。以夏朝为例,夏代的祭祀活动颇为频繁,孔子在评价禹时说:"禹,吾无间矣。菲饮食而致孝乎鬼神,恶衣服而致美乎黻冕,卑宫室而尽力乎沟洫,禹,吾无间矣。"[①] 商代沿用了夏朝的作法,在祭祀方面,无论是祭祀规模还是祭祀的用品都有了明显的变化。及至西周,又以国家强制力——法的形式对祭祀制度作了规定,据《周礼·王制》记载:"山川

---

① 《论语·泰伯》。

神祇,有不举祭者为不敬,不敬者,君削以地;宗庙有不顺者为不孝,不孝者君黜以爵;变礼易乐者为不从,不从者,君流之;革制度衣服者为畔,畔者,君讨。"

根据文献的记载,真正以法典形式——令的方式对祭祀作出规定的是汉代。据《史记·孝文本纪》索引注、《汉书·文帝纪注》、《汉书·郊祀志》、《后汉书·礼仪上》等文献记载,两汉时期已出现了《祀令》、《祠令》、《斋令》的名称。① 西晋建国后,晋武帝命贾充撰令四十篇,其中第八篇即为《祠令》。此后,《梁令》、《北齐令》、《开皇令》、《贞观令》、《开元令》等诸法典中皆设有《祠令》的篇目,专门对祭祀制度给予了明确的规定。

日本是中国的近邻,日本民族对天地神祇的信仰亦由来已久。关于天神信仰的起源,已不可考,② 但对作为日本皇室的祖先——天照大神的崇拜和祭祀,在神武天皇在位时就已出现,据《日本书纪》"神武天皇即位前纪戊午年九月戊辰(5日)"条曰:"是夜,自祈而寝,梦有天神训之曰:宜取天香山社中土,以造天平瓮八十枚,并造严瓮,而敬祭田地神祇。""另据《日本纪略·前篇三》"崇神天皇"条载,在崇神天皇六年,因百姓流离,或有背叛,乃"请罪神祇。先是,天照大神,倭大国魂二神,祭于天皇大殿之内。"到第十一代天皇垂仁天皇时,在伊势市五十铃川附近建造大神宫以享之,也就是现在的伊势神宫。不过,日本古代以法典——令的形式对祭祀制度作出规定,还是出现在对隋唐法律的受容之后。

日本自大化改新(645年)后,便试图以唐代政治制度和法律制度为范本而进行全面革新,从近江令至大宝、养老律令的编纂实际上就是基于大化改新的精神而制定的法典。据《弘仁格式·序》云:"至天智天皇元年,制令廿十卷",该令即所谓的《近江令》。《近江令》的内容及篇目早已佚失,日本学者泷川政次郎认为,《近江令》的篇目大体上看是仿唐《贞观令》而作,《大宝令》、《养老令》的篇目在《近江令》中亦应存在。③ 按照泷川政次郎的说法,在《近江令》中应有《神祇令》的篇目。不过《近江令》中是否有关于祭祀方面的法令内容《神祇令》,还需要新的资料来证明。继之而后的是《天武律令》和《大宝律令》,这两部法令也已佚失,在天武天皇在位时,已制定了《神祇令》,

---

① 参见浅井虎夫:《中国法典编纂的沿革》,汲古书院昭和52年4月版,第32页;程树德:《九朝律考》卷1《汉律考一》,商务印书馆出版等,第24—25页。
② 参见《神道史研究序说·神道史1》,收入《宫地直一论集·5》,苍洋社刊昭和60年2月版,第6页。
③ 参见泷川政次郎:《律令之研究》,刀江书院昭和41年10月版,第58页。

这可从《日本书纪》中得到验证,据《日本书纪》"天武天皇六年五月己丑"条:"天社地社神税者,三分之一,为拟供神,二分给神主。"在《大宝令》中,已明确记述了《神祇令》的篇目。《令释》是《大宝令》的注释书,《本朝法家文书目录》对《令释》的篇目作了记录:"《令释》一部七卷,卅篇。第一卷:官位、职员、后宫、东宫、家令职员、神祇、僧尼;第二卷:户、田、赋役、学;第三卷:选序、继嗣、考课、禄;第四卷:宫卫、军防、仪制、衣服、营缮;第五卷:公式;第六卷:仓库、厩牧、医疾、假宁、丧葬、关市、捕亡;第七卷:杂狱。"[①] 遗憾的是《大宝令》已经佚失,该书中关于《神祇令》的内容与后来的《养老令·神祇令》的内容有何区别和联系,还需要进一步研究。

继《大宝律令》之后,元正天皇养老二年(718年),又令藤原朝臣不比等修撰律令,各为廿十卷,即《养老律令》。《养老律》现存部分内容,《养老令》则以注释书的形式《令集解》、《令义解》流传至今。关于其篇目及条文数,兹引之如下:

  第一卷《官位令》,凡十九条;第二卷《职员令》,凡八十条;第三卷《神祇令》十二条(或作二十条)、《僧尼令》二十七条;第四卷《户令》四十五条、《田令》三十七条、《赋役令》三十九条、《学令》二十二条;第五卷《选叙令》三十八条、《继嗣令》四条;第六卷《宫卫令》二十八条、《军防令》七十六条;第七卷《仪制令》二十六条、《衣服令》十四条、《营缮令》十七条;第八卷《公式令》八十九条;第九卷《仓库令》二十二条、《厩牧令》二十八条、《医疾令》二十七条、《假宁令》十三条、《丧葬令》十七条;第十卷《关市令》二十条、《捕亡令》十五条、《狱令》六十三条、《杂令》四十一条。

值得注意的是,在该书第三卷中,保存了《神祇令》二十条(或作十二条)的内容,为我们研究古代日本关于祭祀的法律提供了珍贵的资料。

与日本令的命运不同,唐令迄今已经佚失,关于祠祀方面的法律文献《祠令》也已不存。但是,在现存的唐代其他文献中,还有许多唐代《祠令》的佚文,如《太平御览》卷27《时序部·冬下》引唐《祠令》云:"季冬藏冰,并用黑牡秬黍,祭司寒之神于冰室,其开冰,加以桃弧棘矢,设于神座。"又如《唐律疏议》卷9《职制律》"大祀不预申期"条:"依《祠令》,在天称祀,在地为祭,宗庙曰享。"此外,在《唐六典》、《大唐郊祀录》、《旧唐书·礼仪志》、《新唐书·礼

[①] 《本朝法家文书目录》,续群书类丛本,第149页。

乐志》、《唐会要》等文献中，也保存了唐代《祠令》的部分内容。

在现存的古代典籍中，保存唐《祠令》条文内容最多的古代文献当首推《大唐开元礼》和《天地瑞祥志》。《大唐开元礼》共150卷，《四库全书总目》卷82"史部政书类"作"唐太子太师同中书门下三品兼中书令萧嵩等奉敕撰"。但据《新唐书》卷11《礼乐一》云："开元十四年，通事舍人王喦上疏，请删去《礼记》旧文而益以今事，诏付集贤院议。学士张说以为《礼记》不刊之书，去圣久远，不可改易，而唐贞观、显庆礼，仅注前后不同，宜加折衷，以为唐礼。乃诏集贤院学士右散骑常侍徐坚、左拾遗李锐及太常博士施敬本撰述，历年未就而锐卒，萧嵩代锐为学士，奏起居舍人王仲丘撰定，为一百五十卷，是为《大唐开元礼》。"《开元礼》为礼仪制度方面的著作，其中收录了许多《祠令》的条文，如该书卷1记载：

> 凡祀昊天上帝，皆用苍犊一，配帝亦苍犊一，五方上帝五人帝，各方色犊一，大明青犊一，夜明白犊一。皇地祇黄犊一，配帝亦黝犊一。宗庙、社稷、帝社、先蚕、先代帝王、五岳、四镇、四海、四渎、孔宣父、齐太公、诸太子庙并用大牢。若冬至祀圆丘，加羊"九豕九。夏至祭方丘，加羊五豕五。腊祭、神农、伊祁、星辰以下，方别各用少牢。其方不熟，则阙之。

《天地瑞祥志》是研究唐代《祠令》又一部重要的著作。该书在国内已经佚失，而在日本，以尊经阁文库所藏的写本流传至今。全书残缺不全，约存三分之一左右。根据该写本卷第一的记述："麟德三年四月 日，大史臣萨守真上启"，可知该书成书于唐高宗时，麟德为唐高宗的年号，麟德二年唐高宗已改年号为乾封，历史上并未有麟德三年这一年号，或许是抄录者笔误。在《天地瑞祥志》最后一卷第廿卷中，是关于祭祀方面的内容。日本学者太田晶二郎曾将该残卷进行整理，发现唐高宗以前的唐代《祠令》共二十七条，这也是目前我们见到有关唐《祠令》最集中的古代典籍。①

十九世纪末二十世纪初，在中国西北的敦煌地区发现了大量的古代文书，在现存的敦煌文书中，也有关于唐代《祠令》的残卷。如在俄罗斯圣彼得堡所藏敦煌文献第九册未刊敦煌文书 Дх.3558 号就是一件关于唐代《祠令》的文书，该文书经过荣新江、史睿两位先生研究整理，认为该《祠令》为

---

① 参见太田晶二郎：《天地瑞祥志略说》，原文发表于昭和48年《东京大学史料编纂所报》第7号，后收入《太田晶二郎著作集》第1册，吉川弘文馆平成3年8月版。

《永徽令》的修订本或唐高宗显庆二年七月以后行用的《永徽令》。①

对唐令的研究成就最为卓著的是日本学者仁井田陞。二十世纪初，在日本学者宫崎道三郎、中田薰等人的倡导下，著名的法律史学家仁井田陞开始了对唐令的复原工作，经过四年的努力，1933年3月，由东方文化学院东京研究所出版了《唐令拾遗》这部研究唐令的划时代的巨著，该书共收录唐令715条，其中复原的唐《祠令》有46条。近年来，随着唐史研究的不断进展，许多学者又发现了一些新的唐令条文，为了弥补《唐令拾遗》的缺憾，原东京大学教授池田温等人又对《唐令拾遗》作了补遗，1997年3月，《唐令拾遗补》由东京大学出版会出版。该书在原《祠令第八》46条条文的基础上，又依据《大唐开元礼》、《天地瑞祥志》等文献增补了23条有关祠祀方面的令文，使我们对唐代的《祠令》有了更为清楚的认识。

二

仁井田陞、池田温等人对唐令的复原以及日本《养老令·神祇令》的存在，使我们对唐、日两国祭祀制度的比较有了可能。目前国内很少有人对此问题进行探讨，仅见的只有笔者的《律令制下的日本神祇祭祀》一文。② 而在日本，由于受宗教神学思想的影响浓厚，对祖法于唐《祠令》的《神祇令》研究一直颇为热烈。日本学者从唐、日两国令的名称及条文数、祭祀的类型、祭祀的用品、对祭祀的管理、触犯祭祀礼仪的罚则等许多方面进行了比较，发现唐、日两令在祭祀方面有很大的差异。为何会出现这样的差异，坂本太郎等人认为，是由于唐、日两国宗教观完全不同。③ 笔者认为，上述说法固然有一定的道理，但若从两国祭祀制度发展的历史及两国的国情进行比较，或许会有更大的收获。

1. 我们先比较一下唐、日两令名称的差异

据《令集解》卷7"天神地祇"条云："凡天神地祇者，皆依常典祭之。注云：天神者，伊势、山城鸭、住吉、出云国造斋神等类是也。地祇者，大神、大倭、葛木鸭、出云大汝神等类是也。"很明显，神祇是天神和地祇的合称。神祇之说在中国早已有之，据汉朝孔安国《孝经传》注云"天精曰神，地灵曰祇

---

① 参见荣新江、史睿：《俄藏敦煌写本〈唐令〉残卷（Дх.3558）考释》，《敦煌学辑刊》1991年第1期。
② 《世界历史》2004年第2期。
③ 参见坂本太郎：《关于日唐令篇目的异同》，收入《坂本太郎著作集》第7卷《律令制度》，吉川弘文馆平成元年3月版，第122—123页。

也。"可见,天神地祇最早还是源于中国,并非日本新创。日本令中关于祭祀方面的规定之所以命名为《神祇令》,其原因是日本古代的祭祀主要祭天神、地神,不像中国古代的祭祀形态那样复杂。

唐代《祠令》的名称来源已久。祠用于祭祀在先秦文献中即已出现,《周礼·天官·女祝》云:"凡内祷祠之事,掌以时招梗禬禳之事以除疾殃。"《祠令》的名称在汉代以前即以形成,此后历代相沿。根据现存文献的记载,唐代祭祀的类型复杂,祭祀的对象也比日本《神祇令》中所记载的对象多。仁井田陞《唐令拾遗·祠令第八》云:"依《祠令》,在天称祀,在地为祭,宗庙曰享。国有大祀、中祀、小祀。昊天上帝、五方上帝、皇地祇、神州、宗庙,皆为大祀。日月、星辰、社稷、先代帝王、岳镇海渎、帝社、先蚕、孔宣父、齐太公、诸太子庙、并为中祀。司中司命、风师雨师、灵星、山林川泽等,并为小祀。州县社稷、释奠、及诸神祠,亦准小祀例。"上述这三类祭祀若按祭祀的不同对象又可划分为四类:"凡祭祀之名有四:一曰祀天神,二曰祭地祇,三曰享人鬼,四曰释奠先圣先师。"① 如将唐代的《祠令》改为《神祇令》,则第三、四项内容便不能包含其中。因此,我们说日本《养老令》之所以作《神祇令》,是因为古代的日本祭祀的内容不像唐代那样复杂,祭祀的对象也较唐令所规定的少。

2. 唐、日两令关于祭祀名称之比较

日本的《神祇令》共有20条,其中记录的祭祀名称有:仲春有祈年祭、季春有镇花祭;孟夏有神衣祭、大忌祭、三枝祭、风神祭、季夏有月次祭、镇火祭、道飨祭、大尝祭、镇魂祭;孟秋有大忌祭、风神祭、季秋有神衣祭、神尝祭;仲冬有相尝祭、大尝祭、镇魂祭、季冬有月次祭、镇火祭、道飨祭;天皇即位天神地祇祭等。②

唐代祭祀的类型要比日本《神祇令》中记载的类型复杂。从内容上看,日本《神祇令》仅有20条,而唐代的《祠令》仅知道的条文就有69条,约是日本令的3倍多。③ 日本学者井上光贞依据《大唐开元礼》及《唐令拾遗》等文献,对唐代国家一年中的祭祀活动进行了总结,④ 笔者参考上述成果及其他

---

① 《唐六典》卷4。
② 参见菊池克美:《关于〈神祇令〉中法继受的问题》,收入池田温主编《中国立法和日本律令制》,东方书店1994年4月版。
③ 仁井田陞:《唐令拾遗》复原的《祠令》有46条,池田温等在《唐令拾遗补》中增补23条,两者相加共69条。
④ 参见井上光贞:《古代日本的王权和祭祀》,收入《井上光贞著作集》第5卷《古代的日本和东亚》,岩波书店1986年3月版,第235—238页。

古代文献,对唐代的祭祀活动进行分类,并列表如下:

月份		大祀	大祀中宗朝	中祀	中祀中释奠	小祀	规格不明
春季	立春	祀青帝东郊		祭东岳泰山、东镇沂山、东海、东渎淮		祀风师国城东北	
	春分			祭日于国城之东			祀朝日东郊
	孟春	上辛祈谷,祀昊天上帝于圆丘	大享大庙,兼祭司命及户	吉亥享先农			
	仲春			祭太社、太稷,三年一祫享大庙室	释奠孔宣父、齐太公	州县祭社稷,释奠孔宣父	刚日,祀马祖于大泽之中
	季春			享先蚕于西郊			
夏季	立夏	祀赤帝于南郊		祭南岳衡山、南镇会稽山、南海、南渎江		立夏后申日,祀雨师于国城西南	
	夏至	祭皇地祇于方丘					
	孟夏	雩,祀昊天上帝于圆丘	大享大庙,兼祭灶,五年一禘				
	仲夏						刚日,享先牧大泽之中
	季夏	祀黄帝南郊	祭中霤	土王日祭中岳嵩山			

(续表)

月份		大祀	大祀中宗朝	中祀	中祀中释奠	小祀	规格不明
秋季	立秋	祀白帝于西郊		祭西岳华山、西镇吴山、西海、西渎河		立秋后辰日，祀灵星于国城东南	
	秋分			祭月于西郊			
	孟秋		大享大庙，兼祭门及厉				
	仲秋			上戊祭太社、太稷	释奠孔宣父、齐太公	上戊，州县祭社稷、释奠孔宣父	刚日，祭马社于大泽之中
	季秋	大享，祀昊天上帝于明堂					
冬季	立冬	祀黑帝北郊，立冬后祭神州地祇北郊		祭北岳恒山、北镇医无闾山、北海、北渎济		立冬后亥日，祠司中、司命、司人、司禄于国城西北	
	冬至	祀昊天上帝于圆丘	腊日，蜡百神于南郊				
	孟冬		大享大庙，兼祭行禘三年一度				
	仲冬						刚日，祭马社大泽之中
	季冬			腊月，大享大庙	藏冰，祭司寒		

从上述唐、日两国的祭祀名称来看，很少有相同之处，唐令中没有日本令中的即位、践祚、祚、大尝条，说明唐日两令的制定是各自根据本国固有的

风俗习惯制定的。

3. 唐、日两令对祭祀用品的不同规定

唐《祠令》和日本《神祇令》的另一明显不同之处是祭祀用品不同。唐代的祭祀用品大多使用动物牺牲及谷物等。唐代对于牺牲的要求严格，根据祭祀的类别分别用苍、青、白、黄、黝等不同毛色的犊，或羊、豕、羯羊等作为贡品祭神。据池田温《唐令拾遗补·祠令八·补五》引开元七年的《祠令》云："凡贡别祭用太牢者，犊一，羊一，猪一，酒二斗，脯一段，醯四合。若供少牢者，去犊，减酒一斗。"唐令对于祭祀之后贡品的处理，也有明确的规定："凡祭天神，皆焚柴；祭地祇，皆瘗埋；祭山，皆皮县；祭川者，皆沈浮。皆以祭祀讫乃埋之。若埋讫，所在官司差人守掌，六十日止。若埋币以火稍焚破者，则不守。"

而日本的《神祇令》则与此不同，很少用牛、羊等大型动物祭祀。如《神祇令》"仲春祈年祭"条记载的贡品也只是白猪、白鸡，该条曰："祈年祭，别葛木鸭名为御年神，祭日，白猪、白鸡各一口也。为令岁稔祭之，如大岁祭也。"其余的祭祀用品主要用酒、果子、米饭、鱼、菜以及日常生活用品等。① 关于日本古代为何很少用大型动物祭祀，笔者认为有两方面因素：其一，历史上中国古代的中原王朝经常受到周边游牧民族的侵扰，周边游牧民族的祭祀习惯也影响到了中原王朝的祭祀，可以说中国古代用大型动物祭祀与游牧民族的祭祀有密切关系。而日本则不然，历史上日本民族是单一的民族，由于大海的阻隔，长期以来与外界交往很少，加之日本列岛渔业发达，畜牧业相对落后，这种独特的地域特征也影响到了其祭祀活动。其二，历史上日本也曾出现过用大型动物祭祀的情况，但当时的人们认为效果不明显。如《日本书纪》"皇极元年"条云："群臣相语之曰：随村村祝部所教，或杀牛马祭祀诸神，或频移市，或祷河伯，既无所效。"尤其是大化改新以后，佛教在朝廷内外盛行，祭祀不用大型动也就在情理之中了。需要指出的是，虽然在日本的国家祭祀中不使用牛马等大型动物，但在民间的祭祀活动中，奈良、平安时期由于受唐文化的熏染，也有用大型动物祭祀的情况，据《续日本纪》"延历十年九月"条记载，当时伊势、尾张、近江、美浓等国的百姓还有"杀牛用祭汉神"的习俗，这恐怕与中国的大陆文化有密切关系。

---

① 参见安江和宣：《大尝祭神馔供进之仪式》，收入《续大尝祭之研究》，皇学馆大学出版部平成元年6月版。

4. 唐、日两国对祭祀管理的规定

日本古代奈良、平安时期对祭祀制度十分重视,作为掌管祭祀的最高长官神祇官虽位居从四位下,但在排序上经常与最高行政长官太政官并称。在《养老令·职员令》中,更是把神祇官列于篇首,并对此给予了明确的解释:"神祇者是人主之所重,臣下之所尊,祈福祥,求永贞,无所不归神祇之德,故以神祇官为百官之首。"① 祭祀时,除由天皇主持的祭祀活动外,其余的祭祀皆由神祇官负责。

唐代的祭祀由尚书省礼部的祠部司负责。据《唐六典》卷4"祠部郎中"条:"祠部郎中一人,从五品上;员外郎一人,从六品上;主事二人,从九品上。祠部郎中、员外郎掌祠祀享祭,天文漏刻,国忌庙讳,卜噬医药,道佛之事。"祠部郎中的职位不高,其仅负责具体的祭祀事务,大的祭祀活动由皇帝负责,小的祭祀则由朝廷三公九卿主持,"凡国有大祭祀之礼,皇帝亲祭,则太尉为亚献,光禄卿为终献;若有司摄事,则太尉为初献,太常卿为亚献,光禄卿为终献;孔宣父庙,则国子祭酒为初献,司业为亚献,国子博士为终献;齐太公庙,则太常卿为初献,少卿为亚献,丞为终献。"②

对于祭祀活动的管理,唐、日两国没有太大的差别。《神祇令集解》"祭祀"条云:"凡祭祀,所司预申官,官散斋平日旦颁告诸司。祭祀之前由卜部卜日。"③对于祭祀的用品,"布帛、饮食、及果实之属,所司长官亲自检校,必令精细,勿使秽杂。"④ 祭祀之前,接神斋官皆沐浴等。

唐令中对祭祀的规定大体与此相同。据开元二十五年的《祠令》云:"诸祭祀,二十日以前,所司预申祠部,祠部颁告诸司。"祭祀前,"祠祭皆卜日"。对于祭祀的用品,"诸馔供备祭,祀前一日,诸司官典送斋所,行事之官,并监检对受。"凡大祀、中祀,"接神斋官,祀前一日皆沐浴。"⑤ 很明显,唐日两国对于祭祀管理的规定没有太大的差别。

值得注意的是,唐日两令对斋日禁忌的规定。据唐《祠令》规定:"散斋之日,斋官昼理事如故,夜宿于家正寝,惟不得吊丧问疾,不判署刑杀文书,

---

① 《令集解》卷2。
② 《唐六典》卷4。
③ 《令义解》卷1"神祇官"条注"卜兆"云:"卜者,灼龟也;兆者,灼龟,纵横之文也。凡灼龟占吉凶者,是卜部之执业。"
④ 《令集解》卷7。
⑤ 参见《唐令拾遗补·唐日两令对照一览》,"祠部第八——神祇令第六",东京大学出版会1997年3月版。

不决罚罪人,不作乐,不预秽恶之事。致斋惟祀事得行,其余悉断",① 唐令中共有5项禁忌。而据日本《神祇令集解》卷7"散斋"条记载:"凡散斋之内,诸司理事如旧,不得吊丧问病、食肉、亦不判刑杀、不决罚罪人、不作音乐、不预秽恶之事。致斋,唯祭祀事得行,自余悉断。其致斋前后兼为散斋。"比较唐、日两令,我们发现日本令中多出了"食肉"之禁。为何会出现这种情况,我们认为,日本律令在制定的过程中接受了佛教的思想。大化改新后,奈良时代的日本逐步走向了佛教国家化的道路,据《日本书纪》"文武天皇四年(675年)"条所引天皇诏书云:"诏诸国曰:自今以后,制诸渔猎者,莫造槛穽机枪等之类,……且莫食牛马犬猿鸡之完(肉),以外不在禁例。若有犯者罪之。"《神祇令》中对"食肉"的禁忌,除为了与后面《养老令·僧尼令》篇的规定相呼应外,也与《养老律》中的规定相统一。据《令集解》卷7"饮酒食肉服五辛"条规定:"凡僧尼,饮酒、食肉、服五辛者,卅日苦使,若为疾病药分所须,三纲给其日限。"② 另据《养老律·职制律》"在散斋吊丧"条中规定:"凡大祀,在散斋而吊丧问疾,判署刑杀文书,及决罚,食完(肉)者,笞五十;奏闻者,杖七十。"③ 因此,我们说《神祇令》中的规定主要是为了与律中的规定相照应,避免出现法律冲突的现象。

5. 古代皇帝(天皇)即位礼仪之比较

《神祇令集解》"即位"条、"践祚"条、"大尝"条是关于日本古代天皇即位的法令。"即位"条云:"凡天皇即位,总祭天地神祇"。"践祚"条云:"凡践祚之日,中臣奏天神之寿词,忌部上神玺之镜、剑"。"大尝"条云:"大尝者,每世一年,国司行事。以外每年所司行事。"上述三条是日本令中关于天皇即位之礼的法律规定,概而言之,即天皇驾崩之后,皇嗣立即践祚皇位。据《日本后纪》所记述的大同元年三月十七日桓武天皇崩御之事曰:"天皇崩于正寝,春秋七十七。皇太子哀号擗踊,迷而不起,参议从三位近卫中将坂上大宿祢田村麻吕,春宫大夫从三位藤原朝臣葛野麻吕固请扶下殿,而迁于东厢,次玺并剑柜奉东宫。"从上面的史料看,日本天皇即位是在先帝崩御之日,践祚的程序是由中臣宣读天神之寿词,忌部以镜、剑、玺三种神器进奉新天皇。

唐代《祠令》中没有皇帝即位仪式的规定,根据唐代文献的记载,唐代皇

---

① 参见《大唐开元礼》卷29《吉礼·斋戒》,古典研究会昭和56年8月版,第165页。
② 《令集解》卷7,吉川弘文馆平成7年8月版,第221—222页。
③ 黑板胜美主编:国史大系《律》,吉川弘文馆昭和53年11月版,第36页。

帝即位的仪式很简单，即位之祀也多在登基后很久才后举行，如唐太宗、唐高宗等人都是在即位二三年后举行郊祀太庙及籍田的祭祀，祭天地于南郊也都是在数十日后进行。唐玄宗是在即位三天举行的谒庙之礼，这恐与当时玄宗和太平公主激烈的斗争形式有密切关系。① 唐肃宗的即位也比较特殊，是在安史之乱爆发后唐玄宗南逃特殊的背景下即位的，关于其即位的仪式，《旧唐书》、《资治通鉴》等文献都有记载，本来杜鸿渐上表在"城南设坛壝，先一日具仪注草奏"，但肃宗以"圣君在远，寇逆未平，宜罢坛场"，② 否决了其意见。但命"所司择吉日昭告上帝"，③ 大赦天下等仪式还是不可缺少的。

唐、日两国皇帝即位之礼为何会如此不同，换言之，唐代皇帝即位的仪式有时甚至不及册立皇太子之礼隆重，其原因何在？笔者认为主要是由于中日两国的国情及风俗习惯所致。其一，众所周知，中国古代历朝历代围绕着皇位继承都有激烈的宫廷斗争，而这种斗争又是以流血为代价的，因此，新皇帝登基之后首要的任务不是举行即位仪式，而是要尽快平息朝中的反对势力，稳固自己的政权，当政权巩固之后，才举行祭天祭祖活动。其二，孝是中国古代子女应遵守的行为准则，也是历代封建帝王所倡导的治国之道。自夏商以降至清朝灭亡，历代政府皆有相关的规定，对不孝的行为给予惩罚，唐代也不例外。父母去世，子孙哀毁踰礼。在唐代法典《唐律疏议》中，所规定的不孝罪罪名竟多达 30 余条，其中仅对遭父母丧而违礼的罪名就有：父母丧匿不举哀。遇乐而听及参与吉席、释服从吉等。可以想见，在尊崇孝道的古代中国，若先皇帝刚刚驾崩，继承者便忙于即位登基，搞大规模的即位仪式，显然与传统的孝道观念不符。所以，唐代皇帝即位后主要的任务并不是筹办即位仪式，而是为先皇帝发丧，至于说即位之事，一切从简。

日本则不然，日本的天皇制是现今世界上最古老的王位世袭制，从古代传至现今共传 125 代，约一千五百余年的历史，历史上日本的皇位传承也很少发生大的宫廷政变，绝大多数情况下是在和平环境下进行的。加之皇室家族把王位继承当作国家头等大事，因此日本律令制中对天皇即位之礼的规定也就是自然而然的事了。

---

① 参见金子修一：《古代中国和皇帝祭祀》，汲古书院平成 14 年 3 月版，第 72 页；又见其《关于唐玄宗谒庙之礼》，《山梨大学教育学部研究报告》，第 42 号，1991 年版。
② 《旧唐书》卷 108《杜鸿渐传》。
③ 《旧唐书·肃宗本纪》。

唐、日两国对大、中、小祀的划分也不同。据唐《祠令》记载："昊天上帝、五方上帝、皇地祇、神州、宗庙，皆为大祀；日月、星辰、社稷、先代帝王、岳镇、海渎、帝社、先蚕、孔宣父、齐太公、诸太子庙，并为中祀；司中、司命、风师、雨师、灵星、山林川泽等，并为小祀；州县社稷，释奠，及诸神祠，亦准小祀例。"①日本令中仅规定："凡一月斋为大祀，三日斋中祀，一日斋为小祀"，②未指出何种祭祀为大祀、中祀、小祀。《延喜式》卷1《四时祭上》对此作了补充："凡践祚、大尝祭为上祀；祈年、月次、神尝、新尝、贺茂等祭为中祀；大忌、风神、镇花、三枝、相尝、镇魂、镇火、道飨、园韩神、松尾、平野、春日、大原野等祭为小祀。"中日两国对祭祀类型的划分完全不同。

此外，唐、日两国对于祭品的处理、祭祀器皿的使用和选择以及祭祀财物的来源等方面，也有不同的规定，因已有学者专文作了论述，在此就不一一进行比较了。

三

令是"设范立制"的行政法规，唐代《祠令》及日本的《神祇令》中都没有祠祀犯罪的相应罚则，但这并不意味着违犯祭祀活动的行为不受惩罚，在唐、日两律中，都有对违令罪的惩罚规定。如《唐律疏议》卷27"违令"条云："诸违令者，笞五十（注云：谓者）；别式，减一等。疏议曰：'令有禁制'，谓《仪制令》'行路，贱避贵，去避来'之类，此是'令有禁制，律无罪名'，违者，得笞五十。"日本学者根据《户令御抄》、《法曹至要抄》等复原了《养老律·杂律》的"违令"条："凡违令者，笞五十，谓令有禁制，律无罪名者；别式，减一等。"③另外，在唐、日两律其他各篇，以及唐、日两国的格中，也有很多关于祭祀犯罪的惩罚规定。

1. 唐、日两国律中对祠祀犯罪的惩罚规定

最早从律的角度来探讨祭祀犯罪的学者是日本国学院大学教授泷川政次郎，1988年，他发表了《律和大尝祭》一文，就日本律各篇中对于祭祀犯罪的规定进行了全面的研究。④近年来，也有一些中国学者对此进行了探讨。⑤

---

① 《大唐开元礼》卷1《序例上·择日》。
② 《令集解》卷7"月斋"条。
③ 参见黑板胜美主编：国史大系《律》，吉川弘文馆昭和53年版，第165页。
④ 该文后收入《律令和大尝祭》一书，国学刊行会昭和63年11月版。
⑤ 参见拙文：《律令制下的日本神祇祭祀》，载《世界历史》2004年第2期。

《名例律》类似于现代刑法的总则部分，虽非具体的刑罚，但在唐、日《名例律》五刑之后的"十恶"条内，有三款是涉及危害祠祀的犯罪，即：一，谋反，"谓谋危社稷。疏议曰：社为五土之神，稷为田正也，所以神地道，主司啬。君为神主，食乃人天，主泰即神安，神宁即时稔"。二，谋大逆，"谓谋毁宗庙、山陵及宫阙。"三，大不敬，"谓盗大祀神御之物"。在日本律"八虐"条中，也有两款这方面的内容：一，谋大逆，"谓谋毁山陵及宫阙。"二，大不敬，"谓毁大社及盗大祀神御之物，乘舆服御物，盗及伪造神玺等。"从上述的规定中可以看到，唐、日两国皆把触犯祭祀的犯罪作为重点打击的对象。

自《卫禁律》以下至《断狱律》各篇，是具体的惩罚细则。下面笔者将唐、日两律各篇中关于祭祀的犯罪作以比较：

其一，《卫禁律》中的规定。

《唐律疏议》卷7"阑入庙社及山陵兆域门"条云："诸阑入太庙及山陵兆域门者，徒二年；越垣者，徒三年。大社，各减一等。守卫不觉，减二等；主帅又减一等。故纵者，个与同罪。"

日本律将唐律中的该条分为"阑入大社门"条和"阑入山陵兆域门"两条，其中"阑入大社门"条规定："凡阑入大社门者，徒一年；中社、小社，各递减三等；神部不觉，减二等；监神亦减二等。"另据"阑入山陵兆域门"条规定："凡阑入山陵兆域门者，笞五十；越垣者，杖一百；陵户不觉者，减二等，公卿又件一等。故纵者，各与同罪。"

比照上述唐、日两律各条，我们发现唐律中的量刑比日本律要重。日本律中对阑入中社、小社也有罚则，唐律却没有处罚的规定，此为唐律该条之遗漏。唐律对阑入山陵兆域门者，处徒二年，而日本律仅笞五十，这也反映了唐日、两国对前代帝王陵寝的不同认识。

其二，《职制律》中的规定。

唐《职制律》中有"大祀不预申期及不如法"、"大祀在散斋吊丧问疾"、"祭祀朝会失错违仪"、"庙享有丧遣充执事"共四条关于祠祀方面的规定，而日本《养老律》仅有三条，即"大祀不预申期"条、"在散斋吊丧"条、"祭祀朝会侍卫"条，缺少了唐律中"庙享有丧遣充执事"条的规定。下面将唐、日两律中相对应的三条加以比较：

① 唐律"大祀不预申期"条："诸大祀不预申期及不颁所司者，杖六十；以故废事者，徒二年。牲牢、玉帛之属不如法，杖七十；阙数者，杖一百；全阙者，徒一年。即入散斋，不宿正寝者，一宿笞五十；致斋，不宿本司者，一宿杖九十；一宿各加一等。中、小祀递减二等。"日本律该条作："凡大祀不预申

期,及不颁告所司者,笞五十;以故废事者,徒一年;阙数者,杖八十;全阙者,杖一百。中、小祀递减二等。"很明显,唐律在量刑上比日本律该条重一等或二等,日本律删除了唐律中"入散斋,不宿正寝"、"致斋,不宿本司"的规定。

② 唐律"大祀在散斋吊丧问疾"条规定:"诸大祀在散斋而吊丧、问疾、判署刑杀文书及决罚者,笞五十;奏闻者,杖六十。致斋者,各加一等。"日本律该条为:"凡大祀,在散斋而吊丧问疾、判署刑杀文书、及决罚、食宍(肉)者,笞五十;奏闻者,杖七十;致斋者,各加二等。"日本令中新增了"食肉"的禁忌,与《僧尼令》的规定相统一。另外,在对"奏闻"和"致斋"的量刑上,反而比唐律加重一等。

③ 唐律"祭祀朝会失错违仪"条:"诸祭祀及有事于园陵,若朝会,侍卫行事失错及违失仪式者,笞四十。应集而主司不告,及告而不至者,各笞五十。"日本《养老令·神祇令》中该条与唐律的规定完全相同,在此也就不作比较了。

其三,《贼盗律》中的规定。

唐《贼盗律》中有两条关于祠祀方面的规定,即"盗大祀神御物"和"盗园陵内草木"条,日本律中有"谋反"条、"大祀"条和"山陵"条三条。唐《名例律》"十恶"条款的内容在日本律《贼盗律》首条又作了补充的规定,其中对谋毁大社的处罚是:"谋毁大社者,徒一年。毁者远流。"

① 唐《贼盗律》"盗大祀神御物"条云:"诸盗大祀神御之物者,流二千五百里。其拟供神御,及供而废阙,若飨荐之具已馔呈者,徒二年;未馔呈者,徒一年半。已阕者,杖一百。若盗釜、甑、刀、匕之属,并从常盗之法。"日本律《贼盗律》"大祀"条的规定与唐律的规定相同,只是将唐律中的流二千五百里改为"中流"。①

② 唐《贼盗律》"盗园陵内草木"条:"诸盗园陵内草木者,徒二年半。"日本律"山陵"条云:"凡盗山陵内木者,杖一百;草者,减三等。"唐代对已故的皇帝陵称为"园陵",日本律作"山陵"。唐律中将盗先帝园陵内草木的行为视为严重犯罪,处以徒二年半的徒刑,且草、木不分。日本律处罚较轻,对盗木者,杖一百;对盗山陵内草者,仅杖七十,比唐律量刑减轻5至8个等级。

其四,《诈伪律》及《杂律》中的规定。

---

① 《唐律疏议·名例律》"五刑"条流刑是按距离远近分为三等,即二千里、二千五百里和三千里。日本因国土狭小,《养老律》五刑条中的流刑分为近流、中流、远流三等。中流实际上与唐律"流二千五百里"相同。

日本《养老律·诈伪律》"伪造神玺"条云："凡伪造神玺者,斩。"唐律与之相对应的是"伪造御宝"条,作："诸伪造皇帝八宝者,斩。"神玺是日本古代天皇即位时"神明之征信",而唐代则与之稍有不同,所谓"八宝",长孙无忌等解释道："皇帝有传国神宝、有受命宝、皇帝三宝、天子三宝、是名八宝。"①

唐律《杂律》中有三条是关于祠祀方面的规定,即"山陵兆域内失火"、"弃毁亡失神御之物"、"毁大祀丘坛"。日本律《杂律》除"山陵兆域内失火"条未能确认外,其余两条与唐律相同。②《唐律疏议》卷27"弃毁大祀神御之物"条规定："诸弃毁大祀神御之物,若御宝、乘舆服御物及非服而御者,各以盗论;亡失及误毁者,准盗论三等。""毁大祀丘坛"条云："诸大祀丘坛将行事,有守卫而毁者,流二千里;非行事者,徒一年。壝门,各减二等"。说明唐、日两律对于毁坏祭祀用的物品及建筑,处罚还是相当严厉的。

2.唐、日两国格敕中关于祭祀的规定

在日本的《类聚三代格》卷1中,保存了许多关于神社祭祀方面的条款,据宝龟八年(777年)三月十日"笞课诸祝扫修神社事"条云："右检案内:太政官去年四月十二日下诸国并称:扫修神社,洁斋祭事,国司一人专当检校其扫修之状。每年申上,若有违犯,必科违敕之罪者。"延历二十年(801年)五月十四日,太政官又以符的形式对违犯祠祀的行为科以祓刑。祓刑实际上是财产刑,共分为四等,据"科祓事"条记载:大祓科物有廿八种,主要是对"阙怠大尝祭事,及同斋月内吊丧问病、判署刑杀文书决罚。食肉、预秽恶之事者,宜科大祓。"上祓罚物廿六种,主要对"阙怠新尝祭、神尝祭、祈年祭、月次祭、神衣祭等事,殴伊势大神宫祢宜内人,及秽御膳物,并新尝等诸祭斋日,犯吊丧问疾等六色禁忌者,宜科上祓。"中祓罚物廿二种,主要是对阙怠大忌祭、风神祭、镇花祭、三枝祭、镇火祭、相尝祭、道飨祭、平野祭等行为宜科中祓。下祓物廿二种,对"阙怠诸祭事,及斋日殴祝祢宜并预祭神户犯诸禁忌者,宜科下祓。"③ 每一等级的祓刑,罚物也各不相同,主要有马、大刀、弓、矢、麻、酒、米、稻、鹿皮、坚鱼、鳆等物品。在此后弘仁二年(811年)九月廿三日太政官《应令神户百姓修理神社事》符中,就出现了"随状科祓"的内容。说明奈良时期对违犯祭祀的行为科以祓刑已广泛适用于各种祭祀犯罪

---

① 《唐律疏议》卷25。
② 参见国学院大学日本文化研究中心编:《日本律复原之研究》一书之《日本律复原论考一览及条文索引》,国书刊行会昭和59年6月版。
③ 《类聚三代格》卷1,吉川弘文馆昭和48年8月版,第31—35页。

之中了。

唐代格已经佚失,现虽存有部分敦煌文书断简,但亦没有《祠部格》的条文。《白氏六帖事类集》卷26引有唐《祠部格》的条款,是涉及佛道方面的内容,未有祭祀的规定。在现存的《唐大诏令集》中,保存了许多皇帝颁布的敕令,其中涉及到祭祀方面的规定。由于唐代皇帝的诏令很多被编入"永格",成为唐格的重要来源。如唐玄宗颁布的《升坛入庙行事官先去剑佩及履敕》云:"精意曰禋吉蠲为享,苟乖此义,何以降神?如闻比来祭官及监察使等,虽受斋戒,殊□虔洁,如在之典,岂其然欤?又虚心好静,神听无声,倘致喧烦,尤非致敬。自今以后,应升坛入庙行事官,并去剑佩及履,咸宜勉励,所递相纠察,如或因循,别有处分。"①敕令中的"别有处分",我们推测是对违犯规定者给予的行政处分,而非刑事处罚。

《唐大诏令集》卷74《条贯祀事诏》记录了对违犯祭祀活动的处罚措施及执行机构,这也是目前为止我们见到的关于唐代祭祀管理最重要的资料,为方便读者,兹引之如下:

> 王者受天地之明命,缵祖宗之鸿业……如闻近岁有司因循,将事不恪,牲牷无涤,敬粢乏容,鼎俎虽陈,荐享多缺。祠官或怠斋肃,胥吏有至于喧呶,戏礼渎神,莫斯为甚。永言重事,用恻深衷。自今以后,太庙郊社斋郎,先事前一日,委监察御史仔细点检。如有替代非正身者,当时禁身推问奏闻,当重科惩。既责躬亲,须议优奖,其斋郎委中书门下商量与减选。应缘祠祭官,下至斋郎,及乐人胥吏等,致斋日,有博弈、饮酒、喧呼争竞者,委御史台纠察闻奏。其牲牢准礼循行之际,合视肥瘠之宜。近日相承,临时取办,既乖诚敬,颇失旧章,委太仆寺准礼令处分。如无本色牛羊,速具闻奏。至于酒醴醓醯,笾簋膳羞各委本司,准礼令切加提举。凡有庙壖,所宜肃敬,纵云隙地,岂废修筑?如有耕垦艺植者,亦仰御史台纠察奏闻。摄祭公卿,虽约品官,将朕诚敬,必在得人,委尚书省差定之时,稍加慎选。其祭器礼物中,如有欠缺及滥恶,须填补改张者,委太常、宗正、光禄、太仆寺,少府监诸司速具条疏闻奏,仍委中书门下即与梳理处分。

根据上述史料,可以得出如下几点认识:其一,唐代御史台监察御史对所有的祭祀活动进行监督。据《唐六典》卷13"监察御史"条云:"凡冬至祀

---

① 《唐大诏令集》卷67。

圆丘，夏至祭方丘，孟春祈谷，季秋祀明堂，孟冬祭神州，五郊迎气及享太庙，则二人共监之。若朝日、夕月及祭社稷、孔宣父、齐太公、蜡百神，则一人率其官属，阅其牲牢，省其器服，辨其轻重，有不修不敬则劾之。"其二，对祭祀用的祭品、用具则由太常、光禄、太府等机构负责。太常寺的太常卿之职，掌邦国礼乐、郊庙、社稷之事，以八署分而理焉：一曰郊社，二曰太庙，三曰诸陵，四曰太乐，五曰鼓吹，六曰太医，七曰太卜，八曰廪牺，总其官属，行其政令"。① 光禄寺的职责是"凡国有大祭祀，则省牲、镬、视濯、溉。"② 太府寺之职责为供币："凡供祀昊天上帝币以苍，配帝亦如之；皇地祇币以黄，配帝亦如之。祀大明币以青；夜明币以白；神州帛以黄；太社、大稷之币皆以玄，后稷亦如之；先农币以青；先蚕币以玄。蜡祭神农币以赤，伊祁氏币以玄"等。③ 凡某一职能部门出现错误，便"准礼令处分"。

另据《宋刑统》卷26"国忌私忌"条引唐大和七年二月二十三日敕："准令：'国忌日，唯禁饮酒、举乐'。至于秤罚人吏，都无明文，但缘其日不合釐无务，官曹即不得决断刑狱。其小小笞责，在礼、律固无所妨。起今以后，纵有此类，台府更不要举奏。"《宋刑统》中的记载说明唐代御史台、太常、光禄、太府等职能部门对于祭祀中出现小的违纪行为，可以直接作出笞责，无须向中书门下及皇帝举奏。

从现存的唐代诏令看，笔者未见到唐代格敕对祭祀过程中出现的违纪行为处以财产处罚的规定，这恐怕是唐代格与日本格最大的区别。至于为何会出现这样的差异，还需要进一步的探讨。

综上所述，由于唐、日两国历史和风俗的原因，唐代的《祠令》与日本的《神祇令》有很大的差别，如祭祀的种类、祭祀的用品等方面，各自根据本国的习惯而制定。但是，两者也有很大的联系，尤其是唐代律令制传入日本后，使日本的祭祀制度更加完善，当时的日本借鉴并吸收了唐代对祭祀的管理、斋日的禁忌、违犯祭祀的惩罚规定等内容，只是在量刑方面较唐代略轻。

---

① 《唐六典》卷14。
② 《唐六典》卷15。
③ 《唐六典》卷20。

第三章 律令制下的唐代经济

第一节 律令制下的唐代土地法律

唐代时期是我国封建社会经济发展和转型的时期,这种变化最突出的表现是土地制度的变革。唐代土地制度的变化,主要表现在均田制的破坏和庄园经济的发达上。在这短短的数百年间,封建土地制度为何发生如此重大的变化呢?若想解决这一问题,必须先对该时期的土地立法思想作以简单的说明。

自春秋战国之际我国进入封建社会以来,封建土地国有制一直占据着主导地位。如《诗·小雅·北山》说:"溥天之下,莫非王土。"《礼记·王制》说:"田里不鬻,墓地不请。"《周礼·地官司徒·遂人》说:"以岁时稽其人民,而授之于野","辩其野之土,上地、中地、下地,以颁田里。上地,夫一廛,田百亩,菜五十亩,余夫亦如之;中地,夫一廛,田百亩,菜百亩,余夫亦如之;下地,夫一廛,田百亩,菜二百亩,余夫亦如之。"这说明该时期的土地不可买卖,是由国家授予的。从两汉到隋唐,封建土地国有制一直处于支配地位。如三国时期司马朗在提出恢复井田制时就曾讲到:"往者以民各有累世之业,难中夺之,是以至今。今承大乱之后,民人分散,土业无主,皆为公田,宜及此时复之。"[①] 这个建议也正式产生在封建土地国有制基础上。及至两晋南朝时期,都颁布过占田、占山令,而这些法令的颁布都是建立在封建土地国有制基础上的。

及至北魏太祖道武帝拓跋珪进入中原后,由于多年的战乱,使广大农民流离失所,有的死于战争,有的举家迁往外地,造成了大量的无主土地。北魏统治者把这些土地悉数据为官府所有。对于这些土地,北魏统治者一方面将其作为苑地,如道武帝拓拔珪在平城"起鹿苑于南台阴,北距长城,东包白登,属之西山,广轮数十里。"到太武帝时,由于皇家占有的苑地太多,以至于"上谷民上书,言苑囿过度,民无田业,乞减大半,以赐贫人。"[②] 北魏官府

---

① 《三国志·魏书》卷 15《司马朗传》。
② 《魏书》卷 28《古弼传》。

还把很多土地圈占为牧场。如太武帝"平统万,定秦陇,以河西水草善,乃以为牧地,蓄养滋息,马至二百余万匹,橐驼将半之,牛羊则无数"。① 另一方面,政府又把许多无主的荒地授给农民,实行计口授田。这种授田的办法到后来发展成为均田制。北魏孝文帝太和九年(485),正式颁布了均田令。关于均田制的性质,国内外绝大多数学者都认为,北朝隋唐时期实行的均田制是一种国有的土地制度,也就是说,自北魏至隋唐的历代政府,虽然把土地分配给农民,农民也只有使用权,并没有所有权,封建政府实行的是国家土地所有的政策。

为了维护封建的国有土地,自北魏时期开始,封建政府皆制定了相应的法令法规,以保护土地为封建国家所有,唐朝的统治者亦不例外。首先,唐政府制定了严格的土地管理办法,对于国有土地予以保护。如建立完善的户籍和土地管理机构,由乡里基层组织负责收授土地。在已发现的敦煌和吐鲁番出土文书中,我们见到了许多有关这方面的内容。

为了维护封建的土地国有制,在唐代法律中制定了有关许多这方面的规范。如《唐律疏议》卷13《户婚律》有对于占田过限、盗种公田、妄认公田的规定。对于盗种公田,唐代规定:"诸盗耕种公私田者,一亩以下笞三十,五亩以下加一等;过杖一百,十亩加一等,罪止徒一年半。荒田,减一等。强者,各加一等。苗子归官、主。"② 从这条材料来看,李唐政府不但对国家耕地给予严格的保护,即使是无人开垦的荒地,也不允许民众使用。在《唐律疏议》卷26"占山野陂湖利"条曾专门设有对国家无主土地的法律规定,"诸占固山野陂湖者,杖六十。疏议曰:山泽陂湖,物产所植,所有利润,与众共之。其有占固者,杖六十。已施功取者,不追。"对于侵占公共用地,唐代也有明确的规定。如在同书卷26"侵巷街阡陌"条记载:"诸侵巷街、阡陌者,杖七十。若种植垦食者,笞五十。各令复故。虽种植,无所放废者,不坐。疏议曰:'侵巷街、阡陌',谓公行之所,若许私侵,便有所废,故杖七十。'若种植垦食'谓于巷街阡陌种物及垦食者,笞五十。各令依旧。若巷陌宽闲,虽有种植,无所防废者,不坐。"

1972年,在新疆吐鲁番阿斯塔那第230号墓中,发现了一件记载当地

---

① 《魏书》卷110《食货志》。
② 《唐律疏议》卷13。

地方官吏盗种公田的案例,该文书经陈国灿先生整理后发表。① 从文书的内容来看,被告人高昌县主簿高元祯利用职务之便将公田、逃户田、死绝户田或租与他人,或"回换粟麦",被唐建进告发,时间是天授二年(691年)。当地的主管机关西州都督府审理了此案,维护了法律的尊严。

唐朝政府不仅对于国有土地给予保护,对于私人合法的土地,国家也明令予以保护。首先,唐政府对于官僚贵族、普通百姓原有的私人土地予以承认。唐政权建立后,并未因均田制的实施而失去合法性。像唐朝初年,大臣于志宁"家自周、魏以来,世居关中,业业不辍。"说明自北周以来,北周、隋唐政府一直对私人的原有土地给予承认。及至唐初立国,唐高祖曾颁布法令,明确予以保护,武德元年七月,颁布了《隋代公卿不预义军者田宅并勿追收诏》:"其隋代公卿以下,爰及民庶,身往江都,家口在此,不预义军者,所有田宅,并勿追收。"② 对于已抄没者,依数退还。例如,内史令萧瑀,其关内产业并先给勋人,至是特还其田宅。

其次,国家严禁豪强地主侵夺农民的私有土地。如在永徽年间,下令禁买卖世业口分田,其后豪富兼并,贫者失业,于是诏买者还地而罚之。武则天时期,安乐公主、韦温等侵夺百姓田业,雍州司田陆大同尽断还给百姓。不过,安史之乱以后,由于国家的法令废弛,官僚贵族侵占农民土地的情况屡有发生,在《敦煌掇琐》卷70就有这样的记述:"百姓凋残,强人侵食;如宋智阇门尽为老吏,吞削田地,其数甚多,昨乃兼一户人,共一毡装,助其贫防,不着百钱乃投此状来,且欲沮议。"尽管如此,豪强地主侵占农民的土地仍是非法的。

再次,唐政府明确制定法律,对私人的土地予以保护。在《唐律疏议》卷13"盗耕种公私田"、""在官侵夺私田"、"妄认盗卖公私田"、"盗耕人墓田"等条文中都有对私人土地保护的规定。如在"妄认盗卖公私田"中规定:"诸妄认公私田,若盗贸卖者,一亩以下笞五十,五亩加一等;过杖一百,十亩加一等,罪止徒二年。"在"盗耕种公私田"条中规定:"诸盗耕种公私田者,一亩以下笞三十,五亩加一等;过杖一百,十亩加一等,罪止徒一年半。荒田,减一等。"

将农民束缚在土地上,来保证封建国家的劳动人手,以便从中征取租调

---

① 《对唐西州都督勘检天山县主簿高元祯职田案卷的考察》,收入《敦煌吐鲁番文书初探》,武汉大学出版社1983年10月版。
② 《唐大诏令集》卷114。

力役,这是中国古代封建政府的一贯政策,早在西汉时,晁错就指出,"不足生于不农,不农则不地著,不地著则离乡轻家",因此,"明主知其然也,故务民于农桑","民可得而有",当然也能满足统治者们过着奢华的生活。唐代的统治者也不例外,唐朝时期的封建政府通过均田、屯田、营田等办法,把土地分配给农民耕种,不但可以向农民征收大量的赋税,还可以解决国家军队的兵员问题,这也是统治者为何把土地分配给农民的最重要的原因。

唐朝政权建立后,同样要利用把土地分配给农民的办法,来向农民征收赋税。像唐太宗本人就曾这样说:"国以民为本,人以食为命,若禾黍不登,则兆庶非国家所有"。① 因此,恢复和发展农业生产,最大限度的满足农民的土地需要,不仅可以向农民征收赋税,更能使封建政府得以长期统治下去。

在把土地分配给农民、实行均田制的同时,唐政府也把服兵役的任务转嫁给了农民。西魏、北周时期实行府兵制度,多是原于隶属县籍的百姓。在均田制下,他们原本受田的农民,只是被点为府兵后,才除其县籍,不属州县。到隋文帝时,这些大多来自府兵的农民,按规定与农民一样受田,籍账仍归州县,府兵制下的兵士,也就是均田制下的农民。这些府兵制下的士兵,平时进行农业生产,战争时期出征打仗,必要的军用物资都由府兵自己来解决,封建政府把这笔庞大的军费转嫁给了农民。所以,为了保证国家的兵员,唐代的统治者们也必须加强土地的立法,对封建的土地制度予以保障。如隋文帝时期,规定军人受田,"垦田籍账,一与民同",② 就是说军士与农民同样受田。到后来,隋朝又规定,"身死王事者,子不退田。品官年老不减地。"身死王事主要指士兵为封建国家战死者,这是对府兵制下官兵的优恤,唐朝也继承了这一法令。

一、律令格式体制下的唐代土地的立法

土地是人类伟大的实验场所,是提供劳动工具和劳动材料的仓库,是社会的住处和基础。人类离开了土地,既无处生存,也就更谈不上发展。自从私有制产生、国家建立以后,对于以农业为主的东方封建帝国来说,土地是最重要的生存条件。人们不断地从土地上取得自己的生存资料,土地的价值也逐渐被人们所认识,成为国家、私人的重要财富。土地具备了这一特

---

① 《贞观政要》卷8《论务农》。
② 《隋书》卷2《高祖纪》。

征,自然而然地成为人们争夺的对象。封建政府为了维护国家的利益、维护封建统治秩序,也会加强土地方面的立法,以保护国家、私人的合法土地。

唐代是我国封建社会法律制度十分完善的时期,唐代政府关于土地的立法也颇为成熟,在唐代法律形式律、令、格、式中都有关于土地方面的法律规定。首先,我们看一下唐律中有关土地方面的规定。在唐律《户婚律》中,有许多这方面的条款。如对买卖口分田的规定,对占田过限的规定,对盗种公私田的规定,对在官侵夺公私田、盗耕人墓田的规定,对里正授田违法的规定等;在《杂律》中有对侵占巷街阡陌的规定,对非法侵占山野陂湖之利的规定,以及对非时烧田野的规定等等。从上述这些条款的内容来看,其规定还是很详细的。如为了土地保护,唐律规定,"诸失火及非时烧田野者,笞五十(注云:非时,谓二月一日以后、十月三十日以前。若乡土异宜者,依乡法);烧人舍宅及财物者,杖八十;赃重者,坐赃论三等;杀伤人者,减斗杀伤二等。"① 为了对国有土地的买卖进行限制,唐律规定:"诸卖口分田者,一亩笞'口分田',谓计口受之,非永业及居住园宅。《礼》云'田里不鬻',为受之于公,不得私自鬻卖,违者一亩笞十,二十亩加一等,罪止杖一百,卖一顷八十一亩即为罪止。地还本主,财没不追。'即应合卖者',谓永业田家贫卖供葬,及口分田卖充宅及碾硙、邸店之类,狭乡乐迁就宽者,准令并许卖之。其赐田欲卖者,亦不在禁限。其五品以上若勋官,永业地亦并听卖。故云'不用此律'。"

其次,再看一下唐令中对土地管理的规定。唐令中对唐代土地的规定最为详细,由于唐令中有关田令的条文早已佚失,日本学者仁井田陞曾对唐代的田令进行了复原工作,仁井田陞在广泛参考中国古代的文献以及日本养老令的基础上对唐代的田令进行了复原,总计复原39条,这些条文对于了解唐代的土地立法颇有参考价值。

概而言之,《田令》中关于土地的法律规定可分为如下几类:其一,关于土地制度方面的规定。主要有顷亩之制、给田之制、永业田课种桑榆枣、宽乡狭乡、买卖田须经所部官司申牒等规定。如"顷亩之制"条规定了土地的计量单位,"诸田广一步、长二百四十步为亩,百亩为顷"。又如对土地买卖制度的规定,"诸卖买田,皆须经所部官司申牒,年终彼此除附。若无文牒辄卖买,财没不追,地还本主"。其二,对于官吏、百姓以及工商、道士女官僧尼授田的规定。如在"五品以上永业田不得狭乡受"条规定:"诸所给五品以上

———————
① 《唐律疏议》卷27。

永业田，皆不得狭乡受，任于宽乡隔越射无主荒地充。其六品以下永业，即听本乡取还公田充。愿于宽乡取者亦听"。又如对杂户、官户的授田，田令规定："杂户者，依令，老免进丁受田，依百姓例。官户受田减百姓口分之半"。① 在"给口分田务从近便"条，规定了授田的原则，"诸给口分田，务从便近，不得隔越。若因州县改易，隶地入他境及犬牙相接者，听依旧受。其城居之人，本县无田者，听隔县受。"其三，对政府各职能部门授田的规定。为了减轻国家及农民的负担，唐代曾实行把国有土地分配给政府的各级部门，再由各部门把土地出租给农户，从中收取办公费用。在田令中，对这方面的规定也很详细，其主要条款有：在京诸司公廨田、在外诸司公廨田、京官文武职事职分田、诸州官人职分田、诸驿封田、职分田交接断限等规定。如在诸京官文武职事职分田条规定："诸京官文武职事职分田，一品十二顷，二品十顷，三品九顷，四品七顷，五品六顷，六品四顷，七品三顷五十亩，八品二顷五十亩，九品二顷，并去京城百里内给。其京兆、河南府及京县官人职分田，亦准此（即百里内地少，欲于百里外给者，亦听之）。"又如在对驿封田条规定："诸驿封田，皆随近给。每马一匹，给地四十亩。若驿侧牧田之处，匹各减五亩。其传送马，每匹给二十亩。"其四，是对田地管理的规定。主要条款有：田不得贴赁及质、借田不耕、竞田判得已耕种者、庶人徙乡及供葬得卖永业等。其中在田不得贴赁及质条规定："诸田不得贴赁及质，违者财没不追，地还本主。若从远役、外任，无人守业者，听贴赁及质。其官人永业田及赐田，欲卖及贴赁者，皆不在禁限。"在借田不耕条中规定："令其借而不耕，经二年者，任有力者借之。即不自加功，转分与人者，其地即回借见佃之人。若佃人虽经熟讫，三年之外不能种耕，依式追收改给也。"其五，对国家其他公田的规定。主要的条文有：诸屯之田、屯田配牛、营田配丁牛、失火等。在诸屯之田条规定："诸屯，隶司农寺者，每三十顷以下、二十顷以上为一屯。隶州、镇、诸军者，每五十顷为一屯。其屯应置者，皆尚书省处分。其旧屯重置者，一依承前封疆为定。"②

再次，我们看一下唐代格对土地的规定。格的职能是"禁违正邪"，即对于违背律、令所作出的补充惩罚措施。由于年代久远，唐代的格至今已佚失。所幸的是在二十世纪初敦煌吐鲁番出土的文书中保留了部分唐代格的残卷。在S1344《开元户部格》残卷中，也有两条关于逃人田土方面的条文。

---

① 《唐令拾遗·田令第二十二》。
② 《太平御览》卷333《兵部六十四·屯田》。

其一是景龙二年三月的条文,里面规定:"畿内逃户宅地,王公百官等及外州人不得辄请射。"另一是唐元年七月十九日的规定:"逃人田宅,不得辄容卖买,其地任依乡原价租充课役,有剩官收。若逃人三年内归者,还其剩物。其无田宅,逃经三年以上不还者,不得更令邻保代出租课。"由此可见,在唐代的法典中,对于土地问题都有相关的法律规定。

二、唐代土地所有权的特征

所谓土地所有权是指土地所有者依法对其所有的土地占有、使用、收益和处分的权利。在这四种权利中,处分权居于核心地位,它决定土地所有权的性质。依据对土地所有权的处分不同,唐朝的土地所有权在法律上分为国有土地和私有土地两种类型。唐代的土地所有权与其他民事权利相比,具有如下的特征:

首先,是权利主体的特定性。唐代的土地,只能由国家和私人所有,国家和私人以外的民事主体不能成为土地所有人。对于国有土地,只能由国家占有,如《唐律疏议·户婚律》规定:"诸盗种公私田者,一亩以下笞三十;五亩加一等。过杖一百,十亩加一等,罪止徒一年半。荒田,减一等。强者,各加一等。苗子官、主。""诸妄认公私田、若盗贸卖者,一亩以下笞五十,五亩加一等;过杖一百,十亩加一等,罪止徒二年"。对于私田,法律也给予明确保障:"诸在官侵夺私田者,一亩以下杖六十,三亩加一等;过杖一百,十亩加一等,罪止徒二年。"

其次,交易的限制性。唐朝法律对土地的交易形式进行了种种限制。对于口分田及国家其他公田,法令明确禁止交易。如《新唐书·食货志一》云:"初,永徽中,禁买卖世业、口分田。其后,豪富兼并,贫者失业。于是,诏买者还地而罚之。"对于永业田,在唐律中专门设立法律条文予以规定。据《通典·田制下》记载:"诸庶人有身死家贫无以供葬者,听卖永业田。即流移者,亦如之。乐迁就宽乡者,并听卖口分(原注:卖充住宅、邸店、碾硙者,虽非乐迁,亦听私卖)。诸买地者,不得过本制,虽居狭乡,亦听依宽制。其卖者不得更请。凡卖买皆须经所部官司申牒,年终彼此除附。若无文牒辄卖买,财没不追,地还本主。"

再次,权能的可分离性。唐朝时期,为了使土地资源能得以更好有效的利用,曾将土地的使用权从所有权中分离出来,使之成为一种相对独立的物权形态。众所周知,均田制下的口分田是属于国有土地,但政府并不亲自耕种,而是把它授给农民耕种,当农民到了一定的年龄,失去了继续耕种土地的能力,政府再不能从农民身上征收赋税时,政府则收回农民的口分田,另授与他人。在近年来发现的吐鲁番出土文书中,经常会见到国家把口分田授给农民的情况。如在大足元年,政府授给农民邯寿寿口分田 23 亩、张玄均 35 亩;先天而年授给农民阙名 16 亩;开元四年授给农民母王 6 亩、杨法子 19 亩、余善意 7 亩、阙名 16 亩、董思勋 8 亩;开元十年授给农民赵玄表 10 亩、曹仁备 22 亩、阙名 30 亩;天宝六载授给农民郑恩养 47 亩、徐庭芝 10 亩、程思楚 18 亩等。政府把土地分给农民后,并不是农民无偿使用,还得向国家交纳一定数量的赋税。据《唐六典·尚书户部》记载:"凡赋役之制有四:一曰租,二曰调,三曰役,四曰杂徭。课户每丁租粟二石。其调随乡土所产绫绢绝各二丈,布加五分之一,输绫绢绝者锦三两,输布者麻三斤,皆书印焉。凡丁岁役二旬,无事则收其庸,每日三尺。有事而加役者,旬有五日免其调,三旬租调俱免。"

没有用于均田的的土地,唐朝中央政府亦将其租给农民耕种。尤其是在安史之乱以后,政府把官田租给农民耕种的情况更为普遍。如大历十四年五月,内庄宅使奏,州府没入之田,有租万四千斛,官中主之为冗费,上令分给所在,以为军储。即使是在五代十国时期,政府亦把国家控制的公田租给农民耕种。如《旧五代史》卷 112《后周太祖纪第三》载:"(广顺三年春正月)乙丑,诏:诸州道府系属户部营田及租税课利等,除京兆府庄宅务、赡国军榷盐务、两京行从庄外,其余并割属州县。所征租税课利,官中只管旧额。其职员节级一切停废。应有客户元佃系省庄田、桑土、舍宇,便赐逐户,充为永业,仍仰县司给予凭由。应诸处元属营田户部院及系县人户所纳租中课利,起今年后并与除放。所有下面现牛犊并赐本户,官中永不收系。"

三、唐代对于土地的法律保护

唐朝政府为了使土地能够合理使用,先后制定了一系列的法律文件,对土地进行保护。这些法律条文涉及范围十分广泛,主要有非法买卖和侵占国有、私有耕地,非法侵占公共用地,非法占山野陂湖利,非时烧田野等。这些内容因在前面或后面都有论述,此不多赘。在此,我们只想谈谈唐代土地法对于土地上的附着物的规定。

众所周知,土地是一个非常宽泛的概念,它由土地及其附着物共同构成土地的概念。所谓附着物包括土地上的房屋、林木、地下宿藏物等。唐代的法律不但对土地的买卖、使用、占有、处分给予了明确的规定,而且对于土地上的附着物也有明确的规定。

先看一下对土地上的房屋的规定。唐代法律条文中对于官私的住宅给予了保护。如《唐律疏议》卷26"向城官私宅射"条规定,严禁威胁官私住宅内人身安全的行为,凡"向城及官私住宅,若道径射者,杖六十;放弹及投瓦石者,笞四十;因而杀伤人者,各减斗杀伤一等。"对于非法侵入人家,唐律也有明确的规定。在《唐律疏议》卷18"夜无故入人家"条规定:"诸夜无故入人家者,笞四十。主人登时杀死者,勿论;若知非侵犯而杀伤者,减斗杀伤二等。"长孙无忌等对此条作了疏议,曰:"夜无故入人家",依刻漏法:昼漏尽为夜,夜漏尽为昼。谓夜无事故,辄入人家,笞四十。家者,谓当家宅院之内。登于入时,被主人格杀之者,勿论。"若知非侵犯",谓知其迷误,或因醉乱,及老、小、疾患,并及妇人,不能侵犯,而杀伤者,减斗杀伤二等。在《唐律疏议》中,还有对于因放火而烧毁官私住宅的规定,《唐律疏议》卷27"烧官府私家舍宅"条规定:"诸故烧官府廨舍及私家舍宅,若财物者,徒三年;赃满五匹,流二千里;十匹,绞。杀伤人者,以故杀伤论。"

在唐代法律中,对于官私园林中的瓜果、林木、庄稼等种植的物品,也给予了保护。《唐律疏议》卷27第441、442条中,都有明确的规定。如第441条"食官私田园瓜果"规定:"诸于官私田园,辄食瓜果之类,坐赃论;弃毁者,亦如之;即持去者,准盗论。"在第442条"弃毁器物稼穑"云:"诸弃毁官私器物及毁伐树木、稼穑者,准盗论。即亡失及误毁官物者,各减三等。"另外,在唐律中,还有对于山野之物,如有人先割取,后来者占有,如何处分的问题。唐代法典强调先占的原则,如《唐律疏议》卷20"山野物已加功力辄取"条记载:"诸山野之物,已加功力割伐积聚,而辄取者,各以盗论。疏议曰:山野之物,谓草、木、药、石之类。有人已加功力,或割伐,或积聚,而辄取者,各以盗论,谓各准积聚自处时价,计赃,依盗法科罪。"

中国古代许多法典都有对于土地内宿藏物的规定。唐代也不例外。《唐律疏议》卷27第447、448条曾对此作了规定。如第447条"得宿藏物隐而不还"云:"诸于他人地内得宿藏物,隐而不送者,计合还主之分,坐赃减三等。(注云:若得古器形制异,而不送官者,罪亦如之。)疏议曰:谓凡人于他人地内得宿藏物者,依令合与地主中分。若有隐而不送,计应合还主之分,坐赃减三等,罪止徒一年半。"如系官田,私人借种,如何处分,唐律作了进一步解释:"问曰:官田宅,私家借得,令人佃食;或私田宅,有人借得,亦令人佃作,人于中得宿藏,各合若为分财? 答曰:藏在地中,非可预见,其借得官田宅者,以见住、见佃人为主,若作人及耕犁人得者,合与佃住之主中分。其私田宅,各有本主,借者不施功力,而作人得者,合与本主中分。借得之人,既非本主,又不施功,不合得分。"由此可以看出,唐律的规定主要是为了保护所有人及施功人的权利,即土地的所有者和财物的发现者。

四、唐代的土地类型及其相关的管理法规

按照土地所有权的不同归属,唐朝的土地类型可以分为国有土地和私有土地两种类型:

1. 唐代的封建国有土地

所谓封建的国有土地,是指封建政府以国家的名义占有土地。唐朝建国后,为了保证封建国家的劳动人手,征收更多的赋税,继续实行北魏以来的均田制,极力维护封建的土地国有制。实行均田制,最基本的条件是有大量的荒地。在南北朝末年,全国人口不过六百余万户,而东汉桓帝时多达一千零六十余万,从每平方公里的人口密度来看,隋代人口比东汉稀少一半左右,在当时肯定有大量的荒地。从文献记载来看,当时北方确有不少荒地。据《魏书》卷106说:"恒代以北,尽为丘墟,滑潼以西,烟火断绝;齐方全赵,死于乱麻。"北齐北周对峙百余年,双方经常战争,土地荒芜现象仍然存在。如河南地区是"荒废来久,流民分散";荆州"土地辽落,称为殷旷。"所以在隋文帝开皇元年(581),即颁布新令,实行授田。唐朝初年,由于隋末战乱,土地荒芜,"自燕赵跨于齐韩,江淮入于襄邓,东周洛邑之地,西秦陇山之右,""宫观鞠为茂草",①社会上出现了大量的无主土地。即使到了唐太宗贞观六年,"自伊洛以东,暨乎海岱,灌莽巨泽,茫茫千里,人烟断绝,鸡犬不闻,道路萧条,进退艰阻。"②直到高宗显庆年间,河南某些地方仍然是"田地极宽,百姓太少"。李唐政府将这些无主土地据为国有,以法律的形式予保护。唐代国有土地的主要类型有:

(1) 口分田

口分田是国家授给均田制下农民的土地,是政府直接从农民身上榨取赋税的前提条件。唐代授给农民口分田的具体办法是,丁男中男以一顷,老男笃疾废疾以四十亩,寡妻妾以三十亩,如为户者,减丁之半。凡田分为二等,一曰永业,一曰口分。丁之田二为永业,八为口分。口分田在农民死后须退还国家。此外,唐政府还有对僧尼道士、老男笃疾废疾以及寡妻妾、官户等授予口分田的规定。

---

① 《隋书》卷24《食货志》。
② 《旧唐书》卷71《魏征传》。

(2) 职分田、公廨田

唐代延续了隋代的制度,关于职分田,诸京官文武职事职分田:一品一十二顷,二品十顷,三品九顷,四品七顷,五品六顷,六品四顷,七品三顷五十亩,八品二顷五十亩,九品二顷。诸州及都护府、亲王府官人职分田:二品一十二顷,三品一十顷,四品八顷,五品七顷,六品五顷,七品四顷,八品三顷,九品二顷五十亩。此外,镇戍关津岳渎及在外监官也根据不同的职务授予土地。

(3) 屯田、营田

唐朝的屯田规模比隋代有所扩大,有工部屯田郎中所掌管的屯田,有司农司所管的屯田,还有州镇的屯田。据《唐六典·尚书工部》所载:"屯田郎中、员外郎掌天下屯田之政令。凡军州边防镇守转运不给,则设屯田,以益军储。其水陆腴瘠,播植地益,功庸烦省,收率等级,咸取决焉。"唐时屯田郎中"管屯总九百九十有二,大者五十顷,小者二十顷。凡当屯之中,地有良薄,岁有丰俭,各定为三等。凡屯皆有屯官、屯副。"至于司农司和州镇所管屯田,《通典·屯田》所载如下:"大唐开元二十五年(737年)令:诸屯隶司农寺者,每三十顷以下、二十顷以上为一屯,隶州镇诸军者,每五十顷为一屯。应置者皆从尚书省处分。其旧屯重置者,一依承前封疆为定。新置者,并取荒闲无籍广占之地。其屯虽料五十顷,易田之处各依乡原量事加数。"

唐代屯田的分布范围很广,在两税法施行前,京畿和东都一带都有屯田。姜师度曾在同州进行屯田,华州也有屯田,韦机曾在东都屯田,元载曾在东都、汝州一带置屯田。安史之乱以后,各节度使所置的屯田更多。

所谓营田,本来是开垦荒地,发展生产的意思。如《旧唐书》卷83《张俭传》说:"俭单马推诚,入其(思结)部落,召请首领,布以腹心,咸甸匐启颡而至,便移就代州。即令(俭)检校代州都监,俭遂劝其营田。每年丰熟,表请和籴,拟充储备,蕃人喜悦。"这里所谓"营田",既不是军屯,也不是民屯,"劝之营田"就是劝之发展生产经营农业的意思。到了唐朝后期,内地设置很多屯田,当时人们多将屯田称为营田。关于唐朝后期的营田规模,《唐会要》卷78元和十三年条说:"初,景云开元间,节度、支度营田等使,诸道并置,又一人兼领者甚少,艰难以来,优宠节将,天下拥旄者,当不下三十人,例衔节度支度营田观察使。"这段记载对于了解唐代后期营田发展的规模,具有重要意义。

(4) 国家牧地

唐代政府掌握了大量的牧地。据《元和郡县图志》卷3"关内道"记载,牧监:贞观中自京师东赤岸泽移马牧于秦魏二州之北,会州之南,兰州狄道县之西,置牧使以掌其事,仍以原州刺史为都监牧使以管四使。南使在原州南一百八十里,西使在临洮军西二百二十里,北使寄理原州城内,东宫使寄理州城原内。天宝中诸使共有五十监,其所管辖的范围东西约六百里,南北约四百里。这恐怕也是唐代最大的牧场。除此之外,唐朝在银州、闽中、盐州、襄州等地也设有牧地。贞元元年八月,因吐蕃率羌浑之众犯塞,分遣中官于潼关、蒲关、武关,禁大马出界。与此同时,国家对牧场的管理也更加重视,如元和十四年八月,于襄州谷城县置临汉监以牧马,仍令山南东道节度使兼充监牧使。太和十一年十一月,度支盐铁使等奏以银州是牧放之地,水草甚丰,国家自艰虞以来,制置都阙。每西戍东牧,常步马相凌,致令外夷侵骄,边备不立。臣得银州刺史刘源状,计料于河西道侧,近市孳生,堪牧养马,每匹上不过绢二十匹,下至十五匹,臣已于盐铁司方图收拾羡余绢,除正进外排比得五万匹,今于银州置银州监使,委刘源充使勾当,冀得三数年外,蕃息必多,得到皇帝的允许。

(5) 官庄

唐代还有许多由政府控制的官庄,负责对官庄进行管理的机构是内庄宅使。关于唐代官庄的情况,史书记载的十分零散。如《唐大诏令集》引《穆宗即位敕》云:"诸州府,除京兆河南府外,应有官庄宅,铺店、碾硙、茶菜园、盐畦、车坊等,宜割属所管州府。"唐朝后期,随着均田制的破坏,官庄的数量也越来越多。唐文宗时,大臣上奏书说:"陛下即位,不忧声色,于今十年,未始采择,数月以来,稍意声伎,教坊阅选,百十未已,庄宅收市,未为有闻。"

(6) 其他国有土土地

唐代的国有土地还有很多类型,如皇家园林、国家牧场、驿站土地、山川湖泊、城乡道路等。对此,政府都颁布法令予以保护,禁止私人占有。如《唐律疏议》卷26"占山野陂湖利"条云:"诸占固山野陂湖之利者,杖六十。疏议曰:山泽陂湖,物产所植,所有利润,与众共之。其有占固者,杖六十。已施功者,不追。"唐律中把巷陌、阡陌亦列入国有土地的管辖之内。《唐律疏议》卷26"侵巷街阡陌"条云:"诸侵巷街、阡陌者,杖七十。若种植垦食着,笞五十。各令复故。虽种植,无所妨废者,不坐。疏议曰:'侵巷街、阡陌',谓公行之所,若许私侵,便有所废,故杖七十。'若种植垦食',谓于巷街阡陌种物及垦食者,笞五十。各令以旧。若巷陌宽闲,虽有种植,无所妨废者,不坐。"

2. 唐代的私有土地

唐代的私有土地在唐前期还不很发达,但自高宗、武后之后,私有土地的数量明显增多,私有土地的种类与隋朝相比,亦增加了许多。概而言之,唐代的私有土地有如下几类:

(1) 官、民的永业田

唐政府对于官吏所受的永业田数量远远超过农民应受的永业田。据《通典·田制下》所载:"其永业田,亲王百顷,职事官正一品六十顷,郡王及职事官从一品各五十顷,国公若职事官从二品各四十顷,郡公若职事官从二品各三十五顷,县公若职事官正三品各二十五顷,职事官从三品二十顷,侯若职事官正四品十四顷,伯若职事官从四品各十顷,子若职事官正五品各八顷,男若职事官从五品各五顷。上柱国三十顷,柱国二十五顷,上护军二十顷,护军十五顷,上轻车都尉十顷,轻车都尉七顷,上骑都尉六顷,骑都尉四顷,骁骑尉、飞骑尉各八十亩,云骑尉、武骑尉各六十亩。其散官五品以上同职事给。兼有官、爵及勋,俱应给者,唯从多,并不给。若当家口分之外,先有地非狭乡者,并即回受,有剩追收,不足者更给。诸永业田皆传子孙,不在收授之限。即子孙犯除名者,所承之地亦不追。所给五品以上永业田,皆不得狭乡受,任于宽乡隔越射无主荒地充(原注:即买荫赐田充者,虽狭乡亦听)。其六品以下永业,即听本乡取还公田充,愿于宽乡取者亦听"。以上是关于官吏永业田、赐田的规定。

我们再看一下对普通农民授予永业田的规定。按唐代均田制的规定,农民受田百亩,其中有二十亩是永业田。对于工商户,"永业田、口分田各减半给之,在狭乡者并不给。"这里的减半给之,是授予工商户永业田十亩。此外,对于老男笃疾废疾亦授予一定数量的永业田。

(2) 园宅地

按唐代土地法的规定,凡天下百姓皆给园宅地,良人三人以上给一亩,三口加一亩;贱人五人给一亩,五口加一亩。对于园宅地,其私有权应属于无期永代,子孙有权继承,这一点在《宋刑统》中所反映。据《宋刑统》卷12所引《户令》:"诸应分田宅及财物者,兄弟均分,兄弟亡者,子承父分,兄弟俱亡则诸子均分。"

(3) 墓田

墓田是家族的墓地,亦属于永代私有的土地,且有不可转让性。唐律对于私家墓地在法律上予以保护。如《唐律疏议》卷13"盗耕人墓田"条云:"诸盗耕人墓田,杖一百;伤坟者,徒一年。即盗葬他人田者,笞五十;墓田,加一等。仍令移葬。若不识盗葬者,告里正移埋,不告而移,笞三十。即无处移埋者,听于地主口分内埋之。疏议曰:墓田广袤,令有制限。盗耕不问多少,即杖一百。伤坟者,谓尊窆穸之所,聚土为坟,伤者合徒一年。即将尸柩盗葬他人地中者,笞五十;若盗葬他人墓田中者,加一等,合杖六十。如盗葬伤他人坟者,亦同盗耕伤坟之罪。"

(4) 私人田庄

唐代的田庄又称"庄"、"庄宅"、"别业"、"庄园"等。据有的学者考证,最早的庄是东魏祖鸿勋在范阳雕山的山庄,北齐、北周、隋代都有过田庄。隋末农民起义虽然冲击了大小庄园,暂时缓和了阶级矛盾,使土地兼并有所减轻。但是,李唐王朝仍然是地主阶级的政权,在唐政府中掌握政权的仍是贵族官僚和新兴地主。如协助李渊谋划太原起兵的裴寂,原来是隋末晋阳的宫监,唐朝建国后封魏国公,赐田千顷,任宰相。徐世勣是"家多童仆,积粟数千钟"的大财主。武德二年(619年),唐高祖赐田五十顷甲第一区,实封九百户。关中大姓于志宁,北周大贵族于谨的曾孙,隋封燕国公,任侍中,关中著名地主。于志宁对唐太宗说:"臣家自周、魏以来,世居关中,赀业不坠",很显然,唐政府对于开国元勋予以优待。对于那些没有参加反隋的旧贵族、旧官僚,国家也对其土地所有权予以法律保护。武德元年七月,颁布了《隋代公卿不预义军者田宅并勿追收诏》,正式宣布:"其隋代公卿以下,爰及民庶,身往江都,家口在此,不预义军者,所有田宅,并勿追收。"[①] 已经抄没者,必须退还。例如内史令萧瑀,其"关内产业并先给勋人,至是特还其田宅。"唐初地主的田庄就是这样发展起来的。

随着土地兼并的加剧,中唐以后,地主的田庄进一步扩大。早在贞观年间,便出现了官僚地主强占民田的情况。据《旧唐书》卷58《长孙顺德传》记载:"前刺史张长贵、赵士达,并占境内膏腴之田数十顷"。高宗永徽年间,洛州豪富之室,皆籍外占田,刺史贾敦颐都扩获三千顷。为了防止地主兼并土地,中央政府多次下令制止,如在永徽时期,曾下令禁买卖世业、口分田,诏买者还地而罚之,但收效甚微,土地兼并日益激化。大商人邹凤炽,"邸店园宅,遍满海内",武则天的女儿太平公主,"田园遍于近甸膏腴"。玄宗时期,宰相李林甫"京城邸第,田园水硙,利尽上腴。城东有薛王别墅,林亭幽邃,甲以都邑。"工部尚书卢从愿,"盛殖产,占良田百顷,帝自此薄之,曰多田翁"。上述情况并不是个别现象,唐代很多官僚都兼并土地,当时工部尚书

---

① 《唐大诏令集》卷114。

张嘉贞说:"比见朝士,广占良田,及身没后,皆为无赖子弟作酒色之资。"至于豪强和商人,也是大量侵占良田。如河南土豪屈突仲任,"家童数十人,资数百万,庄第甚众。"玄宗末年,相州王叟,"富于财,积粟近至万斛,……庄宅尤广,客二百余户。"

唐代地主田庄的发展过程,同时也就是均田制度破坏的过程。天宝年间,大土地私有制恶性膨胀,均田制全面瓦解。据《册府元龟》卷495《田制》天宝十一年条说:"如闻王公百官及富豪之家,比置田庄,恣行吞并,莫惧章程,借荒者皆有熟田,因之侵夺;置牧者唯指山谷,不限多少。爰及口分永业,违法卖买,或改籍书,或云典贴,致令百姓无处安置,乃别停客户,使其佃食。"尤其是一些大官僚利用政治优势,掠夺或抑买民间良田,唐人谓之"任所寄庄"。《北梦琐言》说:"唐李当尚书镇南梁日,境内多朝士庄产,子孙侨寓其间。"唐后期各地出现的"寄庄户",就是官僚贵族侵占民田的有力见证。

对于官僚贵族肆意侵占农田的情况,唐朝政府也曾一再下令制止土地的买卖,开元二十五年(735),唐玄宗下诏书说:"天下百姓口分永业田,频有处分,不许买卖典贴。如闻尚未能断,贫人失业,豪强兼并。宜更申明处分,切令禁止"。天宝十一载(752)中央政府又申明两京五百里内不合广置牧地,应将多余的田地括出,并且不准官僚工商富豪兼并之家请受这些田地。唐政府颁布的禁令虽多,效果却不很明显。难怪当时著名的政治家杜佑感叹说:"开元之际,天宝以来,法令弛坏,兼并之弊,有逾于汉成、哀之间。"①安史之乱以后,兼并益烈,逃户更多,故宝应元年(762)又下诏令:百姓田地,比者多被殷富之家、官吏吞并,所以逃散,莫不由兹。益委县令,切加禁止。若界内自有违犯,当倍科责。"② 但这个诏令的效果更小。加上安史之乱后藩镇与朝廷之间矛盾重重,户口逃散,均田制遭到破坏,社会上出现了"疆畛相接,半为豪家;流庸无依,率是编户"的局面。

(5) 寺院土地

对于唐代寺院土地的性质,目前学术界还有争论。不过绝大多数学者认为,唐代寺院的土地属于私有土地。唐朝建国后,针对社会上出现大量无主荒地的情况,在颁布均田令的同时,也颁布了对僧尼道士授田的规定。唐朝政府授田给僧尼道士的目的,有些学者认为是唐政府对北朝以来寺观广占田地既成事实现象的正式承认,是僧尼社会地位逐渐提高的表现。而我

---

① 《通典》卷2《田制下》。
② 《唐会要》卷85《逃户》。

们认为，唐代中央政府通过授田给僧尼道士，正是李唐政府试图在经济上控制寺院土地发展的表现。由于有了政府授田给僧尼这一前提，国家就有足够的理由对僧尼占田的数量及规模进行限制。如在唐朝前期，政府就多次对寺院的田产进行检括。开元二十一年，唐玄宗命"检括天下寺观田"，少林寺田碓因系先朝所赐，不令官收。① 这说明唐代是禁止寺院、道观额外占有土地的。

但是，由于唐代许多皇帝和官僚贵族都信奉佛教，他们把大量的土地赠给寺观，使僧尼、道士非法占有的土地越来越多。早在武则天时期，就有"所在公私田宅，多为僧有"的记载。中宗时，寺院不但广占土地，而且还侵夺百姓之田。如《全唐文》卷19《申劝礼俗敕》中说："寺院广占田地及水碾硙，侵夺百姓。"睿宗时，在雍州竟出现了寺僧与太平公主为争夺土地而打官司的情况。唐玄宗开元十八年，金仙长公主奏请将自己的私有土地捐献给寺院。《金石萃编》卷83记述了此事："范阳县东南五十里上堡村赵襄子淀中麦田、庄并果园一所及环山林麓，东接房南岭，南逼他山，西止白带山麓，北限大山分水界，并永充供给山门所用。"说明这时僧人非法占有土地的现象已非常严重。

安史之乱以后，随着商品经济的发展，土地买卖弛禁，寺院经济出现了兴盛的景象。唐代宗时，江南地主张宗达，与兵部尚书刘晏等，在苏州共置法华道场，张宗达为道场"置常住庄二区"。唐德宗时，宰相陆贽为衢州正觉寺"捐助田千余亩以饭众僧"。

此外，僧寺积财买田的现象也很普遍。从史籍记载来看，唐代宗、穆宗、文宗时期买田的现象最为严重。肃宗时，扬州六合县灵居寺贤禅师"置鸡笼墅、肥地庄，山原连绵，亘数十顷。"代宗大历年间，僧道标为杭州天竺寺"置田亩，岁收万斛"。唐文宗开成四年，日本僧人圆仁自登州西赴长安，一路经过多处寺院田业，均系庄园经营。第一处文登县赤山村法华院，"其庄田一年得五百石米"，若以亩租五斗计，大约有田地千亩。第二处是长山醴泉庄，在寺北十五里，有"寺庄园十五所"。第三处太原府三交驿有"定觉寺庄，见水硙"。第四处长安资圣寺有"诸庄"。② 圆仁所见可以证明在今山东、河北、山西以至唐代都城长安地区，寺庄随处可见。

---

① 《金石萃编》卷77。
② 圆仁：《入唐求法巡礼行记》卷2。

五、唐代土地的买卖、租赁和继承的法律规定

首先，我们看一下唐代关于土地买卖的法律规定。

为了保证国有土地不至于流失到私人手中，为了保障均田制的顺利实施，唐代政府在国家的法典中对土地买卖作了种种限制。可以说从一开始就不提倡和鼓励土地买卖、典帖，因此在立法上也没有给予足够的重视。

唐代对于土地买卖的限制与前代相比更加松弛。桑田、麻田都是永业田，可以自由买卖；口分田在一定条件下也可以买卖。在现存的唐令中，首先会看到对卖田的限制。早在武德七年，就规定："凡庶人徙乡及贫无以葬者，得卖世业田。自狭乡而徙宽乡者，得并卖口分田。"① 唐玄宗开元二十五年，对于土地的出卖限制又进一步放宽，除了"诸庶人有身死家贫无以供葬者，听卖永业田，即流移者亦如之。乐迁就宽乡者，并听卖口分。卖充住宅、邸店、碾硙者，虽非乐迁，亦听私卖。"② 在这里，不但乐迁就宽乡者听卖口分田，即使是卖充住宅、邸店、碾硙亦属合法，这也为土地的买卖大开了方便之门。

对于官僚贵族的赐田、永业田，《宋刑统·户婚》明确记载："赐田欲卖者，亦不在禁限。其五品以上若勋官永业地，亦并听卖。"

接下来再看看对买田的规定。仁井田陞《唐令拾遗·田令》"买地不得过本制"条云："诸买地者，不得过本制，虽居狭乡，亦听依宽制。其卖者不得更请。"所谓"不得过本制"，即无论狭乡还是宽乡，不能超过政府授田的最高限额。在这里所说的最高限额，指均田制下的农民（丁男、中男）应授田百亩，官吏的授田依品级而定。

唐代法律制度中对土地的买卖限制并没有维系多久，随着商品经济的发展和商品买卖的日益频繁，土地作为一种商品必然要进入流通领域。唐玄宗天宝年间，土地买卖像泻堤的洪水，已势不可挡。唐玄宗时期，曾两次发布诏书，限制土地的买卖。第一次是开元二十三年七月，诏书规定："天下百姓口分、永业田，频有处分，不许买卖典帖，如闻尚未能断，贫人失业，豪富兼并，宜更申明处分，切令禁止。若有违犯，科违敕罪。"③ 第二次是天宝十一年的诏书，《册府元龟》卷495引该诏书云：

---

① 《文献通考·田赋考二》。
② 仁井田陞：《唐令拾遗》，栗劲、霍存福等译，长春出版社1989年版，第560页。
③ 《册府元龟》卷495。

> 如闻王公百官及富豪之家，比置庄田，恣行吞并，莫惧章程。借荒者皆有熟田，因之侵夺；置牧者唯指山谷，不限多少。爰及口分永业，违法买卖，或该籍书，或云典帖，致令百姓无处安置。乃别停客户，使其佃食，既夺居人之业，实生浮惰之端。远近皆然，因循亦久。不有釐革，为弊虑深。其王公百官、勋荫等家，应置庄田，不得逾令式……自今以后，更不得违法买卖口分永业田。

天宝年间的这纸诏书并不能改变土地买卖的大潮，安史之乱以后，随着均田制的瓦解，国家控制的公田数量日减，私人土地数量的增加，土地买卖更加频繁，唐前期法律所规定的土地买卖的办法已不适应新形式的需要。到了五代时期，新的土地买卖法律就应运而生了。

唐代土地买卖需经过严格的程序，土地的买卖首先要制作买卖文书，经官府确认后，除去卖主旧的田籍，更换新主，发给土地所有的凭证。据《通典》卷2记载："凡买卖，皆须经所部官司申牒，年终彼此除附。若无文牒辄买卖，财没不追，地还本主。"这也就是说，在购买土地时，一定要向当地的主管机关申报，到年终时将双方的权利义务转移，这里所说的义务是指向国家交纳的赋税。如果双方不向官府申报，尤其是买主不获得政府颁发的文牒，其所有权就得不到法律的保护，政府会将买主新购买的土地无条件没收，将土地返还原主。因此，买卖双方到官府办理过户手续是必不可少的程序。

仅有政府颁发的文牒还远远不够，买卖双方还必须制定土地买卖的法律文书。日本学者仁井田陞曾专门对唐宋时期土地买卖的文书进行了探讨。① 在该著作中，引用了两条唐代土地买卖的资料，第一条为元和九年乔进臣买地契，兹引之如下：

> 元和九年九月二七日，乔进臣买得地一段。东至东海，西至山，南至韧各，北至长城，用钱九十九千九百九文。其钱交付讫，其得更不得忏吝。如有忏吝，打你九千，使你作奴婢。
> 上至天，下至皇（黄）泉。
> 保人张坚故
> 保人管公明
> 保人东方朔

---

① 参见《唐宋法律文书研究》第二编第一章第二节（东方文化学院东京研究所刊），昭和12年3月出版。

第三章 律令制下的唐代经济

　　　　　见人李定度
　涿州范阳县向阳乡永乐村郭义理南二里人　　乔进臣牒

在《江苏通志稿·金石五》中收录了《徐府君夫人彭城刘氏和附铭》,其文如下:

其墓园地东弦南北迳直肆拾壹步,西弦南北迳直长肆拾壹步。南弦东西迳直长阔贰拾肆步,北弦东西迳直长贰拾肆步。南至官路,北至买地主许伦界,东至许界,西至王弥界。其墓园地于大和五年(831年)三月拾肆日立契,用钱壹拾叁千伍百文,于扬子县百姓许伦边买所墓园地,其墓园内祖墓壹穴,肆方各壹拾叁步,丙首壬穴。记地主母河宫同卖地人亲弟文秀、保许林、保人许亮、保人芊宁。

在《匋斋藏地记》卷33《刘元简卖地契》中,也保存了刘元简买地的契约,现抄录如下:

维大中元年(847年)岁次丁卯八月甲午朔式一日甲寅□□刘元简为亡考□□刘□□墓于定州□喜□□虞卿晖同村于百姓高元静(约缺六字)伍贯文买地一段壹拾亩充永业墓地。东自□□□□吴侍御墓,南自至,北自灵□括(约缺七字)是卖地人高元静(约缺八字)□人李□□阎如岳。东至青□,西至□□□,南至□□,北至□□,上至青天,□□□(下至黄)泉,□□刘□□有居者,远□万里,石券分明(下缺)买人岁月主者一□以后主人大富贵。

从这几则史料来看,我们说唐代土地买卖的契约须具备如下的要件:其一,是契约制定的时间。在上述三件土地买卖的契约中,都有明确的日期,即元和九年、大和五年、大中元年。其二,是买卖双方的姓名。如第一份契约的买主是乔进臣,卖主不详;第二份契约的买主是徐府君家人,卖主是许伦;第三份契约的买主为刘元简,卖主是高元静。其三,土地的四至及亩数。其四,买卖的担保及证人。从几件文书看,担保人又分买方的担保和卖方的担保,如买卖双方发生违约行为,双方的保人要承担连带责任。证人只是起见证的作用,不承担连带责任。其五,买卖双方在契约成立后的保证。从上述三则契约来看,对买卖双方契约成立后的悔约,并没有明确的罚则。虽然在元和九年的契约中有"打你九千,使你作奴婢"之语,但这并不是法律用语,而是类似于民间的誓言,这与宋代买卖土地的文书相比,显得很不严谨。

在从封建的国有土地均田制向封建私有土地庄园制过度的过程中,唐代寺院频繁的土地买卖从中起了很重要的作用。应该说寺院大量的买卖土地就犹如一针催化剂,加速了均田制的崩溃和瓦解。尽管唐代一些有名的政治家对佛教寺院广占土地现象颇有微词,如武则天时期,就有人宣称"所在公私田宅,多为僧有"。① 唐中宗时,又有人称"寺院广占田地及水碾硙"。但我们认为唐代寺院所掌握的土地绝大多数都是通过正当渠道获得的,其中很大一部分就是通过合法的买卖而取得。

唐代寺院买卖土地的现象虽屡见不鲜,但保存下来的契约文书却很少。在《金石萃编》卷114中,记载了大中初年位于长安东北部的安国寺购买土地的情况。为方便阅读,兹引之如下:

> 安国寺
> 万年县浐川乡陈村安国寺,金□壹所,估计价钱壹百叁拾捌贯五百壹□文。舍叁拾玖间,杂树共肆拾玖根,地□亩玖分。庄居:东道并菜园,西李升和,南龙道,北至道。
> 牒前件庄,准敕出卖,勘案内□正词、状请。买价钱准数纳讫,其庄□巡交割分付,仍帖买人知,任便为主。□要有悔改,一任货卖者奉使判。□者准判牒知任为凭据者,故牒。

这是一件唐代寺院购买政府官庄的买地契约文书。从这份文书的内容看,首先,该文书记载了卖方出卖土地的亩数及土地附着物上的房屋、树木,明确标出了该庄的四至。其次,该文书明确记载了买卖双方的名称,买方为安国寺,卖方是地方官府。再次,就双方进行交易的过程而言,当事双方的法律地位是平等的。由买方出资,卖方在收到买方交付的足额货款后,通知买方接管土地和房屋。丝毫没有官府强迫的迹象。双方交易后制定了买卖文书,并由主管的官员"判官内仆□承彭□、副使内府□令赐绯□□刘行宜"拿出经上级官府准许出卖的审批意见出示给买方。最后,文书中明确了双方发生纠纷时的解决途径,那就是和其他的买卖纠纷一样,通过文书中所标明的法律救济来解决。如文书规定,"□要有悔改,一任货卖者奉使判。"

在法国国立图书馆所藏敦煌文书中,有P3394号《大中六年(852年)沙州僧张月光父子回博土地契》,这是一件单向的土地交换文书。该文书虽非买卖文书,从文书的内容看,却具备了所有买卖文书的要件。如该文书记载

---

① 《资治通鉴》卷205。

了交换双方当事人的姓名,即僧张月光和僧吕智通;还记载了双方交换土地的亩数及四至,僧张月光土地贰拾五亩,共分三段,僧吕智通土地共五畦拾壹亩,分为两段。经双方同意,"各自收地","入官措案为定",即经过官府的公证后,"永为主己"。此外,又规定了对方违约的责任,"立契后有人忏吝园林舍宅田地等称为主记者,一仰僧张月光父子知当,并畦觅上好地充替,入官措案。"最后,为田主张月光,保人男坚坚、手坚、儒奴伾力力,以及见人僧张法源、于佛奴、张达子、王和子、马宜奴、杨千荣、僧善惠的签字。

现在如果我们把前面的三件世俗买卖土地的文书和后边两件寺院买卖、交换的文书相对照,就会发现后边的文书规定的更加规范具体,与宋代的土地买卖文书更相似。如后边的文书中又增加了两个要件,其一,是到官府进行公证,即入官措案为定;其二,对解决纠纷的途径、对违约一方所承担的法律责任规定的更明确。如在 P3394 号文书中规定,若僧吕智通违约,由僧张月光觅上好地充替。

作为唐代商品交换重要内容之一的土地买卖,同样促进了唐代不动产业交易的规范化。众所周知,在唐以前,由于受重农轻商的思想的影响,商品经济极不发达,很多人把土地视为自己的命根子,非到了万不得已的情况绝不出卖,因而国家对于不动产的买卖很不规范,这从已发现的汉魏六朝的土地买卖文书中就可见一斑。[①] 但到了唐代,由于佛教寺院频繁买卖土地,使土地的买卖更加规范,买卖双方须制定严格的法律文书,文书中须写明买卖双方的姓名、土地的亩数及四至、双方违约的法律责任、双方的担保人、见证人、土地买卖的日期,最后还要经过官府的公证等,这套完整的程序对买卖双方当事人的利益都给予了明确的保护,这不能不说是一种进步。及至五代时期,对不动产的买卖规定的更加合理,不但照顾到了当事人的利益,而且考虑到了邻接权的问题,制定了区别一般意义上买卖的特殊程序,即先问亲邻、输钱印契、过割赋税、原主离业,这就是受唐代佛教寺院土地买卖的影响。

五代时期,关于土地的买卖又增加了新的程序,即政府在买卖双方交易时,从中收取一定交易税。后唐时期,民间侵占土地的现象严重,这些私人土地在交易时不经过官府,致使屡有争讼,已成为社会的隐患。长兴二年六月八日,左右军巡使奏:诸厢界内,多有人户侵占官街及坊曲内田地,盖造舍

---

① 参见仁井田陞:《中国法制史研究·土地法、交易法》第一部第二章《汉魏六朝的土地买卖文书》,东京大学出版会 1981 年版。

屋，又不经官中判押凭据，厢界不敢便止绝，且恐久后别有人户，更于街坊占射，转有侵占，不惟窄狭，兼恐久后及致人户争竞。近日人户系税田地多被军人、百姓作空闲田地，便立封疆修筑墙壁占射，又无判押凭据。及本主或有文契典卖，兼云占射年深，或有税额及无税，空闲拦拦不令修盖，以此致有争竞，厢界难有立绝者。为了改变这种状态，到了后周时，终于出台了由政府控制土地买卖，从中征税一定数额交易税的政策。《五代会要》卷 26 记载了对于土地买卖征税的情况，兹引文如下：

> 周广顺二年十二月开封府奏……又庄宅牙人，亦多与有物业人通情，重叠将产宅立契典当；或虚指别人产业，及浮造屋舍，伪称祖父所置；更有卑幼骨肉，不问家长，衷私典卖，及将倚当取债；或是骨肉物业，自己不合有分，倚强凌弱，公行典卖，牙人钱主，通同蒙昧，致有争讼。起今后，欲乞明降指挥……其有典质倚当物业，仰官牙人业主及四邻同署文契，委不是曾将物业印税之时，于税务内，纳契白一本，务司点检，须有官牙人邻人押署处。及委不是重叠倚当，方得与印。如有故违，关联人押行科断，仍征还钱物。如业主别无抵当，仰同署契行保邻人均分代纳。如是卑幼不问家长，便将物业典卖倚当；或虽是骨肉物业，自己不合有分，辄敢典卖倚当者，所犯人重行科断，其牙人钱主，并当深罪，所有物业，请准格律指挥。如有典卖庄宅，准例房亲邻人，合得承当。若是亲人不要，及著价不及，方得别处商量，不得虚抬价例，蒙昧公私。有发觉，一任亲人论理，勘责不虚，业主牙保人并行重断，仍改正物业。或亲邻人，不收买，妄有遮吝阻，滞交易者，亦当深罪。从之。

从上述这则史料可以看出，五代时期对于土地买卖与以前相比有了重大的变化。这种变化主要表现在：其一，典卖田产必须先问房亲邻人，如房亲邻人不要及价格不合理，方可卖与他人，卖主不得以虚抬价例的形式剥夺房亲邻人的优先购买权。如发现卖主有上述行为，"一任亲人论理"。为了防止房亲和邻人干涉卖主的正当交易，也制定了对卖主的保护措施，如亲邻不收买而妄加阻遮，同样追究责任。这在法律上确定了房亲邻人对土地的优先购买权。其二，在法律上剥夺了子女卑幼对土地的处分权。如卑幼不经过家长而擅自出卖家庭田地，所犯人员亦严加惩办，甚至中介人牙人、钱主（买主）亦不能幸免。其三，进一步保护土地所有人的权利。如即使是自己的子女兄弟，如本人不合有分，亦没有处置权。其四，对违犯契约的法律责任，也有明确的规定。如发现买主或卖主有欺诈行为，又无力偿还债权人财物时,由有关责任人保人、邻人、牙人承担赔偿责任。

其次,再看一下唐代关于土地租赁的法律规定

唐前期,农民可以从封建政府手中分得定额土地,土地买卖和兼并得到了控制,土地租佃现象自然以国家公有土地的形式出租。安史之乱以后,随着均田制的瓦解,私人土地数量增加,私人出租土地占有很大的比重。

唐代国家公有土地出租给私人的土地类型主要有:

职分田和公廨田。隋唐时期的职分田和公廨田最早源于两晋的菜田、禄田和州郡公田,到了北魏时,国家给刺史、太守和县令部分公有土地,这类土地不许买卖,更代相付。隋朝时,将官吏所受的土地分为两类:一为职分田,其收入作为官吏俸禄的一部分;二为公廨田,其收入作为官署的办公费用。这些土地官吏自己不会亲自耕种,由官府将土地出租给无地或少地的农民耕种,从中收取一定数量的地租。

宫地、官庄。唐代皇室和官府还控制着大量的土地,这些土地也是用来出租给农民耕种的。唐代的宫地由长春宫使管理。由于宫地在京城附近,故大多由同州刺史或朝中官员担任。如开元八年,同州刺史姜师度兼营田长春宫使;上元元年,殿中监李辅国充长春宫使。到大历九年以后,一般由同州刺史兼长春宫使。长春宫使负责将土地出租给附近的民户,从中收取一定数额的租税。

唐代的官庄由内庄宅使管理。内庄宅使在武则天时期所置,李吉甫《百事举要》说:"司农别有园苑庄宅使",认为是武后所设。而冯鉴《续事始》则云玄宗时置。李肇《国史补》云"玄宗开元天宝末置使,有庄宅使。"庄宅使的办公地点在丹凤门街东来庭坊西北的庄宅司。在全国各州县亦有官庄,唐穆宗时,曾敕令将其管辖权下到各州府,"诸州府,除京兆河南府外,应有官庄宅、铺店、碾硙、茶菜园、盐畦、车坊等,宜割属所管州府。"

唐代的官庄和宫庄经常由主管部门把土地出租给农户,从中收取地租。如《唐会要》卷83记载:"大历十四年五月内庄宅使奏:州府没入之田,有租万四千余斛,官中主之为冗费,上令分给所在,以为军储。"由于租种官田的农户大多是贫苦的农民,所以政府也经常免除佃户的赋税。如唐懿宗咸通年间,政府就下令"应租庄宅司产业庄硙店铺所欠租斛斗草及舍课地头等钱,所由人户贫穷,无以征纳,年岁既远,虚系簿书,缘咸通七年赦条不该,今亦从大中三年至大中十三年以前,并令放免。"[①]

---

① 《唐大诏令集》卷86。

五代时期，官庄的数量仍然很多，每州都有数量不等的官庄。如广顺三年九月，后周皇帝下令京兆府，云"耀州庄宅三百，渠使所管庄宅并属州县，其本务职员节级一切停废。除见管水磑及州县镇郭下店债外，应有系官桑土屋宇园林车牛动用，并赐先佃人充永业。如已有庄田，自来被本务或形势影占，令出课利者，并勒见佃人主依例纳租，条理未尽处，委三司区分，仍遣刑部员外郎曹匪躬专任点检割属州县。"①

　　唐代也曾出现把官庄赐给官吏充作永业田的情况。《金石萃编》卷 13 收录了后晋天福年间的《广慈禅院庄地碑》，该文书记录了后晋时期官庄的管理、租佃、税收以及交割等方面的事情。为方便阅读，兹引录如下：

　　　　晋昌军节度使安审琦奏：臣近于庄宅营田务请射到万年县春明门陈知温庄一所，泾阳临泾教坊庄孙藏用庄、王思让庄三所营田，依例输纳夏秋省租，逐庄元不管蓝林桑枣树木牛具，只有沿庄旧管田土，一切见系庄宅司管属，欲割归县，久远承佃，供输两税，伏候指挥。

　　　　右件庄，可赐安审琦充为永业，宜令安审琦收管，依例供输差务，仍下三司指挥交割付安审琦，准此。天福六年八月二十五日

　　　　户部牒晋昌军节度使准

　　　　宣头晋昌军节度使安审琦奏，……牒具如前，已牒晋昌军庄宅务仰切详宣命指挥使交割与本道节度使讫，具逐庄所管荒熟顷亩数目交割月日分拆申上，所有未割日已前合纳课租，即仰务司据数管系征纳□绝讫申，其随庄合著系县正税，亦仰具状牒与本县管征，无令漏落，事须牒晋昌军节度使，亦请差人交割收管，充为永业，依例供输差税者。谨牒。

　　在现存的敦煌吐鲁番文书中，保存了许多国有土地出租给私人耕种的情况。如《周天授二年(691)西州高昌诸县堰头等申青苗亩数佃人牒》所记，就有这方面的材料，兹略引之如下：

　　　　□渠第一堰：(头脱?)康阿战
　　　　□□(都督)职田八亩半佃人焦昌智通种粟
　　　　都督职田拾壹亩半佃人宋居仁种粟
　　　　(下略)
　　　　县公廨柒亩壹百步佃人唐智宗种粟

---

① 《册府元龟》卷 495。

又如《周如意元年(692)西州高昌县诸堰头等申青苗亩数佃人牒》也记载了公田出租的情况。①

  县公廨佐史田拾亩佃人氾义感 东康多允 西康倚山
                    南渠 北渠
  县令田贰亩佃人奴集聚 东县公廨佐史田 西安交通
  南渠 北宋神□

隋唐五代时期，官田出租的情况毕竟只是个别现象，随着均田制的瓦解，私田的大量出现，土地租佃已成为不可避免。

唐代私有土地的租佃大致有三种情况。其一，是农民与农民之间所发生的租佃关系。这种租佃关系产生的原因复杂，从所见到的敦煌吐鲁番租佃契约文书分析，主要是由于受土地分散、零星、距离家庭过远或耕种困难有关。如在敦煌文书 S5927 号纸背所记录的《唐天复二年樊曹子、刘加兴租佃土地契》即属于这种情况。该文书内容如下：

  天复二年壬戌岁次十一月九日，慈惠乡百姓刘加兴城东□渠上口地四畦共十亩，缺乏人力，莫(佃)种不得，遂租与当乡百姓樊曹子莫(佃)种三年。断作三年价直：干货斛斗壹拾贰石，麦粟五石，布壹匹肆拾尺，又布三丈。布壹匹，至到五月末分付，又布三丈余到其上□并分付刘加兴。是日，一任租地人三年莫(佃)种不(卜)许刘加兴，三年除外并不珍(准)刘加兴论限。其地及物，当日交相分付，两共面对平章，一定与后，不许休悔，如有休悔者，罚王(?)六入不悔人。天复二年壬戌，岁次十一月九日，慈惠乡百姓樊曹子遂租当乡百姓刘加兴城东□渠上口地四畦共十亩。(以下空白)

还有是同一家族内部的租佃，这种租佃主要是本人外出或有其他特殊事情而让别人耕种。如在 P3257 号文书《甲午年(934)二月十九日索义成分付与兄怀义佃种凭》中，记录的是弟弟将土地租种给兄长的事情。内容如下：②

  甲午年二月十九日，索义成身着瓜州，所有父祖口分地叁拾贰亩，分付与兄索怀义佃种。比至义顺到沙州得来日，所着官司诸杂烽子官

---

① 转引自《北朝隋唐的均田制度》，上海人民出版社 1984 年 7 月版，第 236—238 页。
② 《敦煌社会经济文献真迹释录》第 2 辑，全国图书馆文献缩微复制中心出版，第 29 页。

柴草等大小税役，并总兄怀义应判，一任施功佃种。若收得麦粟，任自
兄收，颗粒亦不论说。义成若得沙州来者，却收本地。渠河口作税役，
不□□兄之事。两共面(对)平章，更不许休悔，罚牡羊壹口。恐人无
信，故立文凭，用为后验。

　　　　　种地人兄索怀义（押）
　　　　　种地人索富子（押）
　　　　　见人　索流住（押）
　　　　　见人书手判官张盈（押）

　　其二，是农民自己缺乏土地，为了维持生计，以高额的地租租种地主或
寺院的土地。这种租佃关系体现了农民和地主之间剥削和被剥削的关系，
而且这种租佃形式在唐五代时期占有多数。虽然形式上双方是剥削和被剥
削的关系，但在法律上双方还是平等的契约关系。其中出租土地一方称为
田主或地主，承租方称为租佃人或佃人，双方订立契约时完全出于自愿。在
敦煌吐鲁番出土的文书中，我们经常看到这类契约文书。如敦煌文书
S6063号文书即属于此。今引录如下：

　　　　乙亥年二月十六日，敦煌乡百姓索黑奴、程□子二人，伏缘欠缺田
　　地，遂于侄男索□护面上，于城东尤渠中界地柒亩遂租种瓜。其地断作
　　价直，每亩壹硕二斗，不谏(拣)诸杂色目，并总收纳。两共面对平章，立
　　契以后，更不许休悔。如若先悔者，罚麦两䭾，充入不悔人。恐人无信，
　　故立此契。

　　　　　租地人程□子
　　　　　租地人索黑奴
　　　　　见人汜海保

　　唐代也是寺院经济高度发达的时期。在这一时期中，许多寺院都占有
大量的土地。为了从土地上获得收入，寺院僧人把土地租种给附近的农民
耕种。在敦煌文书中，就保存了许多类似的文书。如法国国立图书馆所藏
文书P2858号《酉年(829?)二月索海朝租地帖》即属此类：[①]

　　　　索海朝租僧善惠城西阴安渠地两突，每年价麦捌汉硕，仰海朝八月
　　末已前依数填还了。如违不还，及有欠少不充，任将此帖掣夺家资，用

[①] 《敦煌契约文书辑校》，江苏古籍出版社1998年10月版，第319页。

充麦直。其每年地子,三分内二分,亦同分付。酉年二月十二日索海朝立帖。身或东西不在,仰保填还。

  见人及保弟晟子(押)
  见人？氏
  见人
  见人
  见人

  从上述我们所见到的契约文书来看,唐代租佃制已十分发达。租佃契约的内容也很齐备。大体说来,租佃契约的制定一般须具备如下要件:立契的时间、订立契约双方的姓名、租佃的原因、田地的四至和亩数、土地的种类、土地的租价和租种期限、违约者的责任及惩罚措施、担保人、见人等。

  安史之乱以后,随着均田制的瓦解,以一家一户小农家庭为主体的封建经济体系受到了大土地私有制经济的巨大冲击,庄园或庄田(或称为田庄)作为一种新型的租佃关系出现了。庄园或田庄并不是唐中叶以后才出现的,南北朝时期庄田已很多。但唐中叶以前的田庄主要靠人身依附关系很强的部曲、奴婢等耕种。随着均田制的瓦解,大土地私有制盛行,社会上出现了"富者兼地数万亩,贫者无容足之居"的状况。占有大量土地的地主不得不采用集中经营、设庄管理的方式。在庄园中的生产者,主要是佃耕的农民。这些农民称为寄庄户或寄住户,他们"庸力客作,以济糇粮"。

  庄园中的生产方式主要是耕佃制,由没有或有少量土地的佃客租种庄园地主的土地,劳动成果以地租的形式交纳,或交定额租,或实行分成制。庄园主与佃客之间完全是一种租佃契约关系,人身依附关系相对减轻。生产者租种地主的土地,主要是根据佃客具体的要求,包括租种的时间、亩数、租种土地的价格以及违约责任等。一旦双方订立的契约到期,两者的租佃关系立刻解除,佃客不会被束缚在土地上,可以自由支配自己的劳动时间。劳动者的地位较为自由,在社会上也不受到歧视,如果自己有条件购买土地,还可以重新成为政府的编户。据《唐会要》卷85记载了宝应二年的敕令:"客户若住经一年以上,自贴买得土地,有农桑者,无问于庄荫家住,及自造屋舍,敕一切编附百姓。"

  虽然唐末五代时期的租佃制佃客的身份相对自由,他们和地主在订立契约时地位平等,但并不意味他们不受地主的剥削。据元稹的《元氏长庆集》卷83记载,唐后期官庄的地租就很高,"比量正税,近于四倍加征",而佃种于私人地主土地的佃客其受的剥削程度更深。唐人陆贽曾说:"今京畿之内,每田一亩,官税五升,而私家收租,殆有亩至一石者,是二十倍于官也。降及中等,租犹半之,是十倍于官税也。"① 私人地租高出官税十倍或二十倍,,表明佃客所受剥削之重。还有些地方一些豪强地主竟然与佃客实行均分制。据《太平广记》卷 428 记载,泾州大将焦令谌,"取人田自占,给与农,约熟归其半。"像岭南的少数民族地区,佃农受的剥削仍然很重,"每岁中与人营田,人出田及种粮,耕地种植,谷熟则来,唤人平分。"由于佃客所受的剥削太重,致使许多佃客无法交清地租,只得悬欠,有时拖欠积五六年。

其三,在唐五代时期,也有一种特殊情况,即贫困的农民因生计所迫把自己土地出租给别人。在敦煌文书中,就有这方面的契约文书。英国伦敦博物馆所藏文书 S466 号《后周广顺三年龙章祐、祐定兄弟出典土地契》记载了田主因生活窘迫,被迫出租土地。该文书内容如下:

> 广顺三年岁次癸丑十月二十二日立契,莫高乡百姓龙章祐、弟祐定,伏缘家内窘缺,无物用度,今将父祖口分地两畦子共贰亩中半,只(质)典已莲畔人押衙罗思朝。断作地价:其日见过麦壹拾五硕。字(自)今以后,物无利头,地无雇价。其地雇种,限肆年内,不喜(许)地主收俗(赎)。若于年限满日,便仰地主辨(办)还本麦者,便仰地主收地。两共对面平章为定,更不喜(许)休悔。如若先悔者,罚青麦拾馱,充入不悔人,恐后无信,故勒次(此)契,用为后凭。
>
> 地主弟龙祐定(押)
> 地主兄龙章祐(押)
> 只(质)典地人押衙罗思朝
> 知见父押衙罗安进(押)
> 知见人法律福海(知)

从这分契约文书中可以看出,田主龙章祐、龙祐定兄弟虽属于土地的所有人,但由于家庭窘迫,被迫把自己的父祖口分地出租,这种出租与地主将自己剩余土地出租完全不同。龙氏兄弟出租土地完全是为了生计所迫,如果龙氏家庭的经济状况再无好转,下一目标恐怕就要出卖土地,而这种现象正是中国古代的农民从自耕农向佃农转变的特征。

再次,关于唐代土地继承的法律规定。

---

① 《陆宣公奏议集》卷 4。

第三章　律令制下的唐代经济

关于唐代的土地继承制度,传统的法律文献记载极为简单。根据现有文献分析,唐代的继承制度原则上实行嫡长子继承制。为了维护嫡长子的继承权,《唐律疏议·户婚律》中规定:"诸立嫡违法者,徒一年。即嫡妻年五十以上无子者,得立嫡以长,不以长者亦如之。"如无嫡子去世或有罪疾,则立嫡孙;无嫡孙,以次立嫡子同母弟;无同母弟,才立庶子。

唐代在爵位等方面实行嫡长子继承制,但在财产的分割上实行的却是遗嘱继承或诸子均分制。《唐律疏议》卷12"同居卑幼私辄用财"所引唐《户令》云:"应分田宅及财物者,兄弟均分。妻家所得之财,不在分限。兄弟亡者,子承父分。"唐令中的这条条文,为我们了解唐代的土地继承制度提供了最直接的证据,即兄弟之间土地实行均分,如兄弟之间有人先亡,可以子承父分,代位继承。

在现存的敦煌文书中,有些遗嘱文书直接就是采用了财产均分制的形式。在分配土地时,因受具体条件的限制,不可能全部采取平均分割的方式,但从分配的内容看,每份遗嘱都尽可能作到平等。如 P2685 号文书《沙州善护、遂恩兄弟分家契(年代不详,828 年?)》就是最好的例证:

(前缺)

城外□□□□□□□□□□□□□□□□畜乘安(鞍)马等两家□□□□□□取□□□□□壹领壹拾叁增,兄弟义让,□上大郎,不入分数。其两家和同,对亲诸(诸亲)立此文书。从今以后,不许争论。如有先是非者,决丈(杖)五拾。如有故违,山河为誓。

城外捨(舍):兄西分三口,弟东分三口;院落西头小牛舞(庑)舍合舍外空地,各取壹分;南园,于李子树已西大郎,已东弟;北园渠子已西大郎,已东弟;树各取半。

地水:渠北地三畦共壹拾壹亩半,大郎分;舍东三畦,舍西壹畦、渠北壹畦,共拾壹亩,弟分。向西地肆畦,共拾肆亩,大郎分;渠子西共三畦拾六亩,弟分。多农地向南仰大地壹畦五亩,大郎;又地两畦共五亩,弟。又向南地壹畦六亩,大郎;又向北仰地六亩,弟。寻渠九亩地,弟;西边八亩地,舍坑子壹□(亩),大郎。长地五亩,弟;舍边地两畦共壹亩,渠北南头寻渠地壹畦肆亩,计五亩,大郎。北仰大地并畔地壹畦贰亩,□(兄);寻渠南头长地子壹亩,弟。北头长地子两畦各壹亩:西边地子弟;东边兄。

大郎分:釜壹受九斗,壹斗五胜锅壹,胜半龙头铛子壹,铧壹孔,镰两张,鞍两具,镫壹具,被头壹,剪刀壹,钐壹,锹壹张,马钩壹,碧绢壹丈柒尺,黑自牛壹半对草马与大郎,钁壹具。

遂恩:铛壹口并主鏊子壹面,铜钵壹,龙头铛子壹,种金壹付,镰壹张,安(鞍)壹具,大斤壹,铜灌子壹,钁□壹具,绢壹丈柒尺,黑钁牛壹半。

(下略)

  兄善护
  弟遂恩
  诸亲兄程进进
  兄张贤贤
  兄索神神

  在敦煌文书中,还有很多类似的分家文书或遗嘱文书,如 S2174 号《天复九年(909)董加盈兄弟三人分家契》、P3410 号《沙州僧崇恩处分遗物凭据》等。值得注意的是,在敦煌文书 P3744 号《沙州僧张月光兄弟分书》中,已出家的僧人张月光竟然与俗家兄弟平分财产。这说明在唐代,即使出家人同样可以继承财产,并依据均分的原则进行平分。下面就让我们看一看这件文书:

(前缺)

在庶生,观其族望,百从无革。是故在城舍宅,兄弟三人停分为定。余之资产,前代分擘俱讫,更无再论。前录家宅,取其东分。东西三丈,南北,北至张老宅门道,南师兄厨舍南墙□□□□定,东至三家空地。其空地约旧墙外三□□□□□□内,取北分,缘东分舍,见无居置,依旧堂□□□□见在㯹木并檐,中分一间,依数与替。如无替,一任和子拆其材梁,以充修本。分舍枇篱,亦准上。其堂门替木壹合,于师兄日兴边领讫。……区分已定,世代依之。一一分析,兄弟无违。文历已记,如有违者,一□(则)犯其重罪,入狱无有出期;二乃于官受鞭一阡。若是师兄违逆,世世堕于六趣。恐后无凭,故立斯验。仰兄弟姻亲邻人为作证明。各各以将项(?)印押署为记。其和子准上。

(署名略)

平都渠庄园田地林木等,其年七月四日,就庄对邻人宋良升取平分割。故立斯文为记。兄僧月光取舍西分壹半居住,又取舍西园从门道直北至西园北墙,东至治谷场西墙直北已西为定。其场西分壹半。口分地取牛家道西三畦共贰拾亩,又取庙坑地壹畦拾亩,又取舍南地贰亩,又取东涧舍坑已东地三畦共柒亩,孟授□(地)陆畦共拾伍亩内各取壹半。又东涧头生荒地□□(各取)壹半。大门道及空地车敞并水井,两家合。其树各依地界为主。又缘少多不等,更于日兴地上,取白杨树两根。塞庭地及员佛图地,两家亭分。园后日兴地两亩,或被论将,即于师兄园南地内取壹半。弟日兴取舍东分壹半居住,并前空地,各取壹半,又取舍后园,于场西北角直北已东绕场东直南□□舍北墙治谷场壹半。……

从上述这两件契约文书看,唐代土地的继承大多是采用诸子均分的原则。无论结婚与否,或是出家的僧人,都与世俗兄弟享有同样的继承权。土地的继承者在继承土地和财物的过程中,为了维护自己的合法继承权,大多采用制定要式文书的形式,包括财产继承者的姓名、所继承财产的名称,如是房屋,须写明房屋的地点和间数;如是土地,须写明土地的亩数、土地的位置和土地的质量等。最后,契约文书中明确记载了违背分家文书所应承担的责任。如在 P3744 号文书中对于违约者"一则犯其重罪,入狱无有出期;二乃于官受鞭一阡"。在 P2685 号文书中对于违约者的惩罚是"如有先是非者,决杖五拾"。说明唐五代时期对于土地的继承也和其他财产继承一样,是受到国家法律保护的。

第二节　律令体制下的唐代的赋税立法

唐朝政府把土地分配给农民并不是最终目的,从农民身上征收更多的赋税才是唐朝政府推行均田制的根本目的。因此,若想进一步了解唐代的土地制度,还必须要了解这一时期的赋税立法。

1. 唐代的租调力役之法

唐朝的租庸调法是在借鉴隋朝的赋税制度而建立起来的。据《隋书·食货志》记载,隋代的租调力役法规定如下:隋依周制,役丁为十二番,匠六番。丁男一床,租粟三石。桑土调以绢绝,麻土以布。绢绝以匹,加棉三两;布以端,加麻三斤。单丁及仆隶各半之。未受地者皆不课。有品爵及孝子顺孙义夫节妇,并免课役。开皇初所颁布的这个赋役新令不久就予以改变,到了开皇三年(583 年),隋文帝入新宫,下令军、人以二十一成丁,力役由原来的十二番减为每岁二十日役。减调绢一匹为二丈,布减为二丈五尺。① 开皇十年(590年),隋文帝因天下无事,对徭役制度又进行了改革,规定"百姓年五十以上者,输庸停防。"② 隋文帝的这一规定是为了更好地照顾均田制下的府兵。自开皇十年隋文帝明令军人"垦田籍账,一与民同",从而也就完成了兵农合一,均田下的农民变成了国家的府兵。在这里"百姓年五十以上者,输庸停防",也就是说农民到了五十岁以后可以向政府交纳一定数量的财物,代替向官府服役。隋炀帝即位后,又再次减轻赋役,《隋书·食货志》云:"炀帝即位,是时户口益多,府库盈溢,乃除妇人及奴婢部曲之课。男子以二十二成丁。"农民的服役年龄进一步缩短,使农民有更多的时间从事农业生产。

及至唐朝,由于均田制发生了变化,随之而来的赋税制度也相应进行了调整。《唐六典·尚书户部》记载:"凡赋役之制有四:一曰租,二曰调,三曰役,四曰杂徭。课户每丁租粟二石。其调随乡土所产绫绢绝各二丈,布加五分之一(《唐律疏议·户婚律》、《通典·赋税下》都记载输布二丈五尺),输绫绢绝者锦三两,输布者麻三斤,皆书印焉。凡丁岁役二旬(闰年加二日),无事则收其庸,每日三尺。有事而加役者,旬有五日免其调,三旬则租调俱免。"唐代与隋代的赋税制度稍有不同,隋代五十岁以上可以输庸停防,而唐代规定人丁只要交纳绢布等财物,即可代替力役,不再受年龄的限制,并称之为庸。因此,唐代的赋役制度又称为租庸调法。需要指出的是,唐代江南地区赋税的征收与中原地区略有不同,名义上是按租庸调法征收,实际上是折征租布。这主要是由于在江南地区实行均田的效果差,农民分得土地少的缘故。

在唐代的租庸调法中,规定了下列几种情况下可以得到减免。首先是遭到自然灾害,《唐六典·尚书户部》说:"凡水旱虫霜为灾害,则有分数。十分损四以上免租,损六以上免租调,损七以上课役俱免。若桑麻损尽者,各免调。若已役已输者,听免其来年。"其二是对新附籍者和特殊身份的人可以享有减免特权。《唐六典·尚书户部》规定:"凡丁新附于籍账者,春附则课役并征,夏附则免课从役,秋附则课役俱免。凡丁户皆有优复蠲免之制(注云:诸皇宗籍属宗正者、及诸亲五品以上父祖兄弟子孙、及诸色杂有职掌人)。若孝子顺孙、义夫节妇、志行闻于乡闾者,州县申省奏闻,表其门闾,同

---

① 参见韩国磐:《北朝隋唐的均田制度》,上海人民出版社1984年版,第157页。
② 《隋书》卷24《食货志》。

籍悉免课役"。其三是对于迁居宽乡或陷没外蕃回来者,唐代的租庸调法也给予了减免。《通典·赋税中》说:"诸人居狭乡乐迁就宽乡者,去本居千里外,复三年;五百里外,复二年;三百里外,复一年。一迁之后,不复更移。诸没落外蕃得还者,一年以上复三年,二年以上复四年,三年以上复五年。外蕃之人投化者,复十年。诸部曲奴婢放附户贯,复三年。"

由于国家赋税与人丁紧密联系,为了维护国家税收,《唐律疏议·户婚律》开篇就对百姓脱户、逃避赋役的行为给予了规定:"诸脱户者,家长徒三年;无课役者,减二等;女户,又减三等。(注谓一户俱不附贯。若不由家长,罪其所由。即见在役任者,虽脱户及计口多者,各从漏口法。)脱口及增减年状,以免课役者,一口徒一年,二口加一等,罪止徒三年。其增减非免课役及漏无课役口者,四口为一口,罪止徒一年半;即不满四口,杖六十。"

地方政府是国家税收的具体执行机构,地方官吏是本地区、本部门的直接责任人,他们工作的认真与否关乎国家的财政收入。为了保证国家掌握户口的真实性,确保国家的赋税来源,唐律中又对脱户漏户的直接责任者即乡里、州县等基层官员的渎职行为给予了处罚。先看一下对乡里组织的规定:"诸里正不觉脱漏增减者,一口笞四十,三口加一等;过杖一百,十口加一等,罪止徒三年(注:不觉脱户者,听从漏口法。州县脱户亦准此)。若知情者,各同家长法。"对于乡里官员妄脱户籍、以增减赋税的行为,唐律的处罚要比不觉脱漏严厉得多:"诸里正及官司,妄脱漏增减以出入课役,一口徒一年,二口加一等。赃重入己者,以枉法论,至死者加役流;入官者坐赃论。"①

州县长官是中央政府向地方的派出机构,由于州县官员不直接控制民众,而是通过乡里等组织来进行管理,所以对于地方上脱户、漏户的处罚在量刑上较乡里系统的官员要轻,唐律规定:"诸州县不觉脱漏增减者,县内十口笞三十,三十口加一等;过杖一百,五十口加一等。州随所管县多少,通计为罪。(注:通计,谓管二县者,二十口,笞三十;管三县者,三十口笞三十之类。计加亦准此。若脱漏增减并在一县者,得以诸县通之。若止管一县者,减县罪一等。余条通计准此。)各罪止徒三年。知情者,各同里正法。(注:不觉脱漏增减,无文簿者,官长为首;有文簿者,主典为首。佐职以下节级连坐。)"②

从上述唐律中的规定我们可以看到:其一,唐代逃避赋税的主要手段是

---

① 《唐律疏议》卷12。
② 同上。

在户籍作文章,即增减和脱漏户口,因此准确地掌握户籍是保证赋税的关键所在。所谓脱户,即脱离户籍,成为无户的百姓,这类农民脱户的主要原因是国家实行的均田制受田不足,无力向国家交纳沉重的赋税,从而逃离国有土地,租种私人土地。漏户是漏报丁口,将应向国家服徭役和兵役的丁男不报,以逃避徭役和兵役。增减也是虚报户口的一种方式,所谓增,即夸大实际年龄,将丁男虚报成老男;所谓减,即将丁男虚报成儿童,以此来逃避赋役。

唐代税收有严格的法律规定,对于税收的各个环节都要按照法定程序执行,禁止弄虚作假和营私舞弊行为的发生。对于在税收中出现的违法行为,唐律中制定了多项罪名,给予惩罚,其主要罪名有:

(1) 应受复除而不给罪。所谓复除,即按法律规定应享受减免赋税的法定条件,《唐律疏议》卷 13 规定:"诸应受复除而不给,不应受而给者,徒二年。其小徭役者,笞五十。"唐代法律中规定应复除的情况很多,如唐令中规定的孝子、顺孙、义夫、节妇并免赋役;百姓从狭乡迁往宽乡,千里以外复役三年,五百里以外给复二年等。

(2) 差科赋役违法罪。《唐律疏议》卷 13 规定:"诸差科赋役违法及不均平,杖六十。若非法而擅赋敛,及以法赋敛而擅加益,赃重入官者,计所擅坐赃论;入私者,以枉法论,至死者加役流。"唐代《赋役令》对百姓每年应交纳的赋税有明确的规定,即"每丁,租二石;调绵、绢二丈,绵三两,布输二丈五尺,麻三斤;丁役二十日。"如果临时别差科者,依临时处分。凡不依此法而擅自增加赋税数额,或虽依令、格、式而擅加益,财物入官者,重杖六十;如财物入私,准枉法论,即枉法一尺杖一百,一匹加一等,十五匹绞。

(3) 纳税违期不交罪。《唐律疏议》卷 13 规定:"诸部内输课税之物,违期不充者,以十分论,一分笞四十,一分加一等。(注:州、县皆以长官为首,佐职以下节级连坐。)户主不充者,笞四十。"

(4) 丁夫差遣不平罪。《唐律疏议》卷 16 规定:"诸应差丁夫,而差遣不平及欠剩者,一人笞四十,五人加一等,罪止徒一年。即丁夫在役,日满不放者,一日笞四十,一日加一等,罪止杖一百。根据唐令的规定"诸差科,先富强,后贫弱;先多丁,后少丁"。[①] 这款规定主要是针对地方官吏徭役征发不合理而制定的惩罚措施,封建政府力争使徭役征发在公正合理的情况下来完成,避免地方官吏法外多征。

---

① 仁井田陞:《唐令拾遗》,栗劲等译,长春出版社 1989 年 11 月版,第 618 页。

(5) 丁夫杂匠稽留不赴罪。为了保证国家工程和治安防卫及时有效，《唐律疏议》卷 16 规定："诸被差充丁夫、杂匠，而稽留不赴者，一日笞三十，三日加一等，罪止杖一百；将领主司加一等。防人稽留者，各加三等。即由将领者，将领独坐。"

(6) 私使丁夫杂匠罪。唐代对于工匠、丁夫每年服徭役的期限有明确的规定，对每项工程所需的日期也事先有所计算，为了防止地方官府私役工匠和丁夫，唐律规定："诸丁夫、杂匠在役而监当官司私使，及主司于职掌之所私使兵防者，各计庸准盗论；即私使兵防出城镇者，加一等。"①

(7) 非法兴造罪。唐代律令对"非法兴造"没有统一的界定，所谓"非法兴造"即指修建池塘、亭榭、馆所之类。凡非时科唤工匠，驱使十庸以上，坐赃论。该项规定主要是为保护工匠、丁夫的利益不受损害，同时也避免地方官员大修楼堂馆所。

(8) 巧诈以避征役罪。唐代规定，凡均田制下的丁男都有为国家服兵役的义务，《唐律疏议》卷 16 规定："诸临军征讨，而巧诈以避征役，若有校试，以能为不能，以故有所稽乏者，以'乏军兴'论；未废事者，减一等。主司不加穷核而承诈者，减罪二等；知情者与同罪，至死者加役流。"

(9) 应输课役回避诈匿罪。《唐律疏议》卷 15 规定："诸应输课税及入官之物，而回避诈匿不输，或巧伪湿恶者，计所阙，准盗论。主司知情，与同罪；不知情，减四等。"长孙无忌等在疏议中对此解释道："应输课役"，谓租调、地税之类，及应入官之物，而回避诈匿，假作逗留，遂致废阙及巧伪湿恶，欺妄官司，皆总计所阙入官物数，准盗科罪，依法陪填。这句话的意思是，凡向国家交纳的税物，若诈匿不交，或将水分过重、质量较差的粮食来冲抵税收，除准盗科罪外，还要依法陪填。

(10) 应输课物而赍财货罪。《唐律疏议》卷 15 规定："诸应输课物，而辄赍财货，诣所输处市籴充者，杖一百。将领主司知情，与同罪。"长孙无忌等在疏议中解释曰：应输送课物皆须从出课物之所，运送到输纳之处，若用钱货在所输送之地易货充籴，杖一百。唐律中的这项规定，是为了避免官员在充籴的过程中有徇私舞弊的行为发生。

以上对唐代的租庸调制及相应的法律规定进行了探讨。前已述及，由于唐代实行的租庸调法与均田制紧密结合，随着唐玄宗开元天宝年间均田制的逐步瓦解，与之相适应的租庸调法也面临着变革。最终这一制度被后

---

① 《唐律疏议》卷 16。

来出现的两税法所取代。

2. 唐代的两税法

在隋唐时期实行租调法的同时,还存在这一种按土地征税的制度,这就是地税。地税是由隋朝开皇时的社仓发展而来。唐太宗贞观年间,采纳了尚书左丞戴胄的建议,正式定制。贞观二年(628年)四月三日,尚书左丞戴胄上书,他说,隋开皇订立此制,设立社仓,致使隋文帝一朝无饥馑。"今请自王公以下,爰及众庶,计所垦田稼穑顷亩,每至秋熟,准其见苗以理劝课,尽令出粟;稻麦之乡,亦同此税;各纳所在,立为义仓。"① 若年谷不登,百姓饥馑,当所州县,随便取给。则有无均平,常免匮竭。唐太宗听从了他的建议,命令户部尚书韩仲良制定具体的方案,最后规定"王公以下,垦田亩纳二升",以备荒年。从此,在唐代开启了按田亩征收赋税的先河。

唐玄宗开元天宝以后,由于天下户籍久不更造,加之丁口转死,田亩卖易,贫富升降不实,均田制下的府兵因负担过重而逃亡,使均田制遭到了破坏。均田制的破坏直接导致了租庸调法的瓦解。因此,在唐代宗大历四年(769年)时,开始改变了以前的征税制度,以亩定税,规定"十亩收其一",分夏、秋两次征收。如果说大历年间的分夏秋两季征税还是临时性的话,那么到了唐德宗建中元年(780年),为急需解决当时的财政危机,宰相杨炎向德宗建议,正式实行两税法。《旧唐书·杨炎传》记载了两税法的具体措施:"凡百役之费,一钱之敛,先度其数,而赋于人,量出以制入。户无主客,以见居为簿,人无丁中,以贫富为差。不居处而行商者,在所郡县,税三十之一(后来改为十分之一),度所取与居者均,使无侥利。居人之税,秋夏两征之,俗有不便者正之。其租庸杂徭悉省,而丁额不废,申报出入如旧式。其田亩之税,率以大历十四年垦田之数为准,而均征之。夏税无过六月,秋税无过十一月。……以尚书度支总统焉。"

关于两税法的名称,目前学术界有不同的意见,有的学者认为两税是指地税和户税,有的学者认为两税主要指分夏、秋两季征税,故云两税。笔者认为以夏税和秋税的收税时间来解释两税更为合理。因为在两税法施行后,还有许多其他杂税,如果仅将国家的赋税概括为两税——即户税和地税是不恰当的。

两税法的实行。改变了以往以丁作为纳税依据的做法,两税法的征税

---

① 《旧唐书》卷70《戴胄传》。

对象是"户无主客,以见居为簿",① 无论是主户、客户、行商的大贾,还是皇亲国戚、官僚贵族、孝子顺孙等,都要交税。这样一来,封建政府的纳税面扩大了,政府的财政收入也增加了。

两税法的征收不再以丁男作为税收的标准,而是以财产的多少为准,资产多者多征,资产少者少征,这也改变了过去丁少财多征税少,丁多财少征税多的局面,使唐代的税收政策更加趋于合理,因此两税法是中国赋税制度的重大变革。

唐德宗时期杨炎推行的两税法,总的原则是"量出制入",即根据下一年度的预算开支来分配来年的税收总额,改变了以往"量出为入"的策略,因而多少有点合理性。但是,这一税收政策很快也就出现了弊端,由于"定税之数,皆计缗钱;纳税之时,多配绫绢",② 实行的是钱、物两征制,这就为地方官吏征税赋税时提供了可乘之机。以前租庸调制,国家税收名目清楚,地方官员无机可乘,现在实行两税法,征收货币税,但实际征税时,又以实物居多,缗钱须通过折算,随着唐后期钱重货轻现象的出现,农民的负担也就越来越重。《新唐书》卷52《食货志》说:"自初定两税,货重钱轻,乃计钱而输绫绢。既而物价愈下,所纳愈多,绢匹为钱三千二百,其后为钱一千六百,输一者过二。虽赋不增旧,而民愈困矣。"开始时是将物折钱计算,如原应交绢一匹,按时价折成三千二百文,于是三千二百文成为定额的税额,交纳时的货物必须其价钱等于三千二百文。可是,由于钱价上涨,物价下降,本来一匹绢值三千二百文,后来仅值一千六百文,三千二百文的税收总额不变,农民的负担却增加了一倍。

唐德宗建中年间实行的两税法一改以往的征税制度,实行以土地和财产的多寡为征税标准,过去一直逃避征税的官僚地主这次也必须向国家交税,谁的土地多,谁就向国家多交税,这项政策不但扩大了国家的纳税面,也改变了因土地不均而赋税不平等的状况。尤其是在其实行之初,简化了赋税的种类,如初行时规定:"其比来征科色目,一切停罢","此外敛者,以枉法论",③ 这多少减轻了农民的负担。宋代的欧阳修在《新唐书·食货志二》中对此评价甚高,他说:"议者以租、庸、调,高祖太宗之法也,不可轻改。而德宗方信用炎,不疑也。旧户三百八十万五千,使者按比得主户三百八十万,

---

① 《旧唐书》卷118《杨炎传》。
② 《陆宣公集》卷22《均节赋税恤百姓》。
③ 《唐会要》卷83。

客户三十万。天下之民,不土断而地著,不更版籍而得其虚实。岁敛钱二千五十万缗,米四百万斛,以供外;钱九百五十余万缗,以供京师。"

但是,两税法并不能从根本上解决唐后期财政紧张的状况。没过多久,这项规定就被打破。一些地主为了逃避赋税,不惜采用诡名寄产,隐瞒土地数量等方式逃税,于是为了增加政府收入,各种杂税又先后出现,转嫁到农民的头上。唐代著名的文学家柳宗元在《捕蛇者说》中曾把唐后期封建政府繁重的赋税比喻为毒蛇猛兽,说明两税法不能从根本上解决贫富不均的问题,也不能解决农民的土地问题。到唐朝末年,终于爆发了一场以均平土地为口号的农民起义,即黄巢领导的唐末农民起义,最终推翻了唐朝政权。

第三节 律令体制下关于商品买卖的法律规定

自从人类进入文明社会以来,由于出现了不同的社会分工,也就产生了商品交换,购买他人的商品,满足自己及家庭的需要也就成了人们日常社会生活的重要内容。每个人在社会上都不是孤立的因子,需要借助别人的劳动成果,所以,商品交换也和国家、阶级一样,是人类社会发展的必然结果。中国古代的商业活动在很久以前就出现了,传说舜时曾"贩于顿丘",[①] 这是我们见到的最早的商业记载。

中国古代的商品买卖并不是杂乱无章的,除了延续长期以来形成的交易习惯外,许多朝代还制定了关于商品买卖的法规,以加强对商品交换的管理。但是,由于中国古代是一个以农耕为主的社会,历代政府皆把农业看做根本,把商业视为末业,从事商业活动被看成是低贱的职业,不受社会的重视。这种重农抑商的政策反映到法律制度中来,就是重视农业生产的立法,轻视商业方面的立法,尤其是关于商品买卖的法律规定,文献记载更是凌乱不堪。这种资料的匮乏为研究者带来了很多不便,同时也使人们很难窥视中国古代商品买卖的全貌。近年来,随着商品经济的发展,学术界对商业史的研究已取得了很大的成就。但从经济立法的角度来探讨中国古代商品买卖的规定,尤其是从商品买卖的法律文书入手来研究中国古代的商业立法,似乎做的还很不够。笔者试图从这点出发,对中国古代商品买卖的形式进行分析,不妥之处,祈求教正。

---

① 《艺文类聚》卷11《帝王部》引《帝王世纪》。

一、中国古代关于不动产商品买卖的法律文书

商品不同于一般的劳动产品,农民的劳动产品主要用于自己的消费,不拿到市场进行交换。而商品则是通过流通渠道使自己生产的产品为别人所消费,这中间需要经过产品加工、市场交换、交易之后双方制定契约等许多程序。中国古代商品的概念非常广泛,除了包括人们生产的劳动产品外,还包括土地、奴婢等特殊类型的商品。根据商品类型和使用特点的不同,人们通常将其划分为动产和不动产两大类。所谓不动产,即该产品具有不可移动的特征,通常所说的不动产主要是指房屋、土地等商品。中国古代的不动产交易与动产交易有所不同,由于土地和房屋是普通百姓家庭中的最重要的财产,所以其交易的程序相对复杂。

中国古代对不动产的买卖有严格的法律规定。从所见到的材料来看,自西周以来,规定不动产的交易都要制定契约文书,只不过因为各时期的具体情况不同,交易的形式也不尽相同。从总的发展趋势来看,越到后来,管理越严格,制定契约的程序越规范。

1. 关于不动产买卖契约的制定

我国古代不动产买卖契约究竟出现于何时,文献没有明文记载。在我们见到的材料中,关于土地等不动产商品的买卖制定契约至少在西周时期就已出现了。如西周中期的铭文《格伯簋》就是一件典型的土地买卖契约,铭文中记载了买卖双方的姓名、订立契约的时间和交易的内容。铭文记载的契约如下:"惟正月初吉癸巳,王在成周。格白(伯)受良马乘于倗生,厥贾(价)三十田,则析。"

西周以后,买卖契约盛行。凡不动产的买卖大都要制定契约,但买卖双方在制定契约时一定要出于合意,否则该契约属无效行为。汉朝初年,丞相萧何曾"贱强买民田宅数千万",[①] 由于该项买卖是萧何利用手中权利强行购买,不属于双方的合意,萧何虽贵为丞相,该契约亦属违法,最后不得不退还土地,其原因就是卖方出卖土地的意思不真实,属无效契约。

土地、房屋等买卖文书制作一般都刻写在保存时间较长的竹简、铅版、石碑、砖或纸张上。关于夏商时期不动产买卖文书的情况,因时间久远已不可知。但自西周中期以后,尤其是春秋战国时期以后,土地房屋的买卖已形成了较为固定的模式。在已发现的周厉王时期的青铜器《鬲丛盨》中,记载

---

① 《史记·萧相国世家》。

了两个贵族分别以八邑和五邑与鬲丛交换田地,并制作交换文书之事。另据《周礼·天官·小宰》记载,凡民间买卖,"听买卖以质剂",这里的质剂就是买卖契约。由于契约具有防伪的功能,在战国时期买卖双方订立契约已成为很普遍的现象。如《荀子·君道》说:"合符节、别契券者,所以为信也。"《韩非子·主道》亦云:"言已应则执其契,事已增则操其符。符、契之以合,赏罚之所生也。"都说明春秋战国时期土地、房屋等大宗商品的买卖要制定法律文书,若买卖双方发生纠纷,以制定的契约文书为凭。此时的契约文书是一式两份,质是长札,剂是短札,通常也称左券与右券。① 凡民间出现土地房屋买卖方面的纠纷,以契约文书作为主要证据。

及至汉魏六朝时期,土地、房屋的买卖文书制作已比较规范,大多使用铅版、砖刻等形式记载买卖交换的标的。书写的文字大都用红色或底色使用红色,文书的形状也各不相同。《贞松堂集古遗文》曾收录了一件建宁二年八月的土地买卖文书,并对该文书的形状作了叙述:"此券,广约建初尺四分,长一寸,如古简状,表里文字各一行,凡八十二言,文字极精,……平生见铅地券,真品不下六七品,而状如古简者,仅是一品耳。"

关于不动产买卖文书所书写的内容,在这一时期也没有统一的标准。现存最早的不动产买卖的文书是建元元年的铅版契约文书,建元元年(公元前140年)是汉武帝的年号。该文书的书写内容与后代的买卖文书略有不同,为方便阅读,兹引之如下:②

建元元年夏五月朔式二日乙巳,武阳太守大邑荥阳邑朱忠,有田在黑石滩二百町,卖于本邑王兴圭为有,众人李文信贾钱二万五千五百,其当日交平(毕),东比王忠交,西比朱文忠,北比王之祥,南比大道。亦后无各言,其田王兴圭业田,内有男死者为奴,有女死者为妣,其日同共人,沽酒各半。

从文书的内容看,除了记载文书成立的时间、土地的四至、亩数、价格买卖双方的姓名以外,还记载了土地的来源,为王兴圭"业田",即祖传的土地。其中"内有男死者为奴,有女死者为妣",令人费解。我们认为这可能土地出卖者对购买者的一种承诺,即出卖的土地是用于耕种的农地而非墓田,反映了当时人们对购买土地的一种禁忌,即不允许购买的土地内埋有死尸。在

---

① 参见栗劲:《秦律通论》,山东人民出版社1985年5月版,第493页。
② 参见仁井田陞:《汉魏六朝的土地买卖文书》,《东方学报》东京第8册,昭和13年1月。

第三章 律令制下的唐代经济

我们见到的另一件契约文书中也有这样的情况。下面是东汉光和元年(178年)十二月的一份土地买卖文书,内容如下:①

> 光和元年十二月丙午朔十五日,平阴都乡市南里曹仲成,从同县男子陈胡奴买长谷亭部马岭佰北冢田六亩千五百,并直九千钱,即日毕。田东比胡奴,北比胡奴(以上表),西比胡奴,南尽松道,四比之内,根生伏财一钱以上,皆属仲成。田中有伏尸,既□男当作奴,女当作婢,皆当为仲成给使,时旁人贾刘皆知券约,他如天地律令。

这份文书是一份绝卖文书,从文书内容看,陈胡奴不但把土地卖给了买主曹仲成,甚至土地上的附着物的所有权也归买主所有,即"根生伏财一钱以上皆属仲成"。为了证明土地上没有伏尸,卖主还作了保证,"既□男当作奴,女当作婢,皆当为仲成给使"。在文书后面,还记录了契约文书的知见人。值得注意的是,该文书还提到了双方违约后的法律责任问题,"如律令",即通过法律来解决双方的纠纷。这说明在汉代关于土地等不动产的买卖文书已相当规范。

魏晋南北朝时期,土地及房屋的买卖文书与汉代相比,略有变化,在文书中大多增加了解决纠纷的途径、对违约方的惩罚措施等项内容。如在东京大学东洋文化研究所保存的三国时期吴神凤元年三月土地买卖文书中就有这方面的规定:"会稽亭侯并领钱唐水军绥远将军从土公买冢城一丘,东南极凤凰山岭;西极湖北极山尽,直钱八百万,即日交毕,日月为证,四时为信,有私约者当律令。"这里的"有私约",当指违约行为,"当律令",应指通过法律途径来解决纠纷。在晋代的《太和元年郭孟买地券》中,也记载了不动产土地买卖的情况,该文书的内容如下:

> 太和元年(477年)二月十日鹑觚民郭(给)从从兄(?)宗□地三十五亩,要永为家业,与谷四十斛,要无寒盗□。若有人庶忍仰倍还本物,贾石五斗(宣)五十(斤),布四十尺。地南有大道,道南郭寄地;西有郭凤起地,地东右□(侯)郭秦地;北临堡南领。破券之后,各不得变。

在仁井田陞的《中国法制史研究·土地法、交易法》第一部第一章内,还收录了北魏正始四年九月的土地买卖文书,文书中明确地记载了对违约者

---

① 该文书现存于日本中村氏书道博物馆,本文转引自仁井田陞:《中国法制史研究·土地法·交易法》,东京大学出版会1981年版,第335页。

的追夺担保。该文书为：

> 正始四年九月十六日，北坊民张□洛从糸民路阿凫买墓田三亩，南齐王墓，北弘五十三步，东齐□墓，西□十二步，硕绢九匹。其地保无寒盗。若有人识者，抑伏亩数出凫好□□□，官有政民私无（?）。立券文后，各不得变悔，若先改者，出北绢五匹，画指为信，书券人潘□（原文以下别行）时人路善王、时人路荣孙。

从这几份契约内容来看，魏晋南北朝时期不动产买卖契约所涉及的内容主要有不动产买卖的时间、价格、地界四至、买卖双方姓名、见证人等。在这两份文书中，都突出强调了出卖一方对产权的所有，"其地保无寒盗"，否则"倍还本物"或另出好地偿给。另外，在后面的文书中还提到对违约者的惩罚措施，由以前的"如律令"刑事惩罚变成了单纯的财产罚，即"出北绢五匹"，这也使中国古代的民事交易向着更加科学的方向发展。

隋唐五代时期是不动产买卖契约发展的重要发展阶段。从已发现的这一时期的不动产买卖文书来看，文书的制作已非常完备，具备了买卖文书的所有要件，如文书制定的时间、买卖双方的姓名、标的物、价格、违约责任、保人、见证人等。唐代前期，政府对于土地的买卖限制严格，安史之乱以后，均田制度完全崩溃，关于不动产买卖质典的禁令自然也就取消了。① 如在《唐会要》卷45"功臣"条载："（元和）四年三月，上览贞观故事，嘉魏征谏诤非穷，诏令京兆尹，访其子孙及故居，则质卖更数姓，析为九家矣。"说明在唐代后期，土地及房屋的买卖已日渐成风。在伯希和所发现的敦煌文书中，有这样一件房屋买卖文书，内容如下：②

> 参年丙辰岁十一月□□日，兵马使张骨子缘无屋舍、遂买兵马使宋欺忠上件准尺数舍居住、断作舍价物计斛斗陆拾捌硕斯斗，内麦粟各半，其上件舍价物立契日，并舍两家各还契，并无升合欠少，亦无交加。其舍一买后，任张骨子永世便为主记居住。中间或有兄弟房从及至姻亲忏吝，称为主记者，一仰买主，宋欺忠及妻男邻近稳便买舍充替，更不许异语东西，中间或有恩赦，亦不在论限，人从私契。一买以后，更不许休翻悔。如先悔者，罚黄金叁两，充入官家。恐后无凭，故立此契，用为验耳。

---

① 参见加藤繁：《中国经济史考证》第一卷《唐代不动产的"质"》，商务印书馆1959年版。
② 参见仁井田陞：《伯希和探险队敦煌发现法律史料数种》，《国家学会杂志》第50卷10号。

第三章 律令制下的唐代经济

见人兵马使兼乡官李　　舍主兵马使宋

宋代是我国古代商品经济十分活跃的时期,除了沿用五代时期出台的不动产买卖的政策外,对不动产契约文书的制定更加重视,并把它作为所有权的象征。宋徽宗政和六年(1116年)颁布公田之法之后,使土地房屋买卖契约的制定更加规范化。在仁井田陞的《唐宋法律文书研究》第二编中收录了一件宋太平兴国九年(984年)十一月的土地文书,内容如下:

> 安喜县□□□□□园住人马隐,安琼男安嗣、男安化同立契。情愿卖自己地庄西南约□□道南菜园地,其地东西□二十□步,南北二十四步,其地马隐等情愿□石进□永充为坟地。石进及子孙为主,□有上坟□□□□□□有别人忏吝,并是卖地人马隐□□□自管知当,不□石□□□,准得价钱四贯五百,过契交领并足。官有政法,不取私约为定。太平兴国九年十一月四日情愿卖坟地人马隐、同卖地人安琼、同卖地人男安嗣、同卖地人衔推□尧。

元明清时期对于不动产的买卖大体上沿用了唐宋时期的制度。稍有变化的是在元代出现了不动产买卖的评议人,在《新编事文类聚启札青钱》卷10收录了一件元代买卖房屋的文契,房屋的价格不是由卖方提出,而是由评议人据实估价,文书内容如下:

> 某里某部住人姓某,有梯己承分房屋一所,总计几间几架,坐落某都,土名某处。西至某,南至某,北至某某,以上具出即目四至分明,系某人住坐。今来要得钱两□(用)度,情愿托得某人为评议,断得直价铜钱若干贯,其钱随立契日,交领十分足讫,更无别领。所卖其屋,的系某梯己物业,与内外亲房人等各无交加,及无重杂等事。如有此色目,某自用知当,不涉买主之事。从立契后,仰买主一任前去管业。……今恐无凭,故立契字,与买主为照者。谨契。
>
> 　年　月　日　　立契人　　某押　契
> 　　　　　　　　知契人　　某押
> 　　　　　　　　评议人　　某押

在清《善化馆志》卷上保存了清道光二十二年(1842年)九月长沙地方土地永代买卖的证书,从文书的形式和内容看,与唐宋时期的文书相比,规定的更加细致。现引文如下:

立契:倾心吐卖田塘山场屋宇园土竹木余坪隙地墙壕沟池井水车埠等项人易秀兴同男焕章等,今因弃业就业,父子商议,愿将关分已分及自置之业,坐落地名雾烟冲水田四石,……墓田一坵计一斗,……山内树木成林,……以上所载等项,概行出售,尽问房亲人等,俱称不受,再三请中人高琇亭等,说合京善馆承接为业,当日凭中,得受平价九五色钱平元银四百六十两正。易秀兴父子亲手领契,外不具领,其田塘山屋等项,比日扦踏明白,并无互混重典等情。凡已分雾烟冲之业,无论已载未载,寸土寸木,概行扫帚,毫无存留。自卖之后,听买主推粮过户更名输纳,一卖千休,永无续赎。倘有节外生枝,俱系出笔人理落,不与京善馆相干。今有欲凭,立此吐卖文契一纸,并老契、纸付馆收执为据。

道光二十二年九月初九日易秀兴同男焕章立

以上对中国古代买卖契约的情况作了简单的介绍。大体说来,不动产买卖契约的制定首先需要买卖双方的合意,然后商谈价格,制定买卖文书,文书内记载买卖双方的姓名、制定的时间、土地的亩数及四至、房屋的间数、附着物、违约责任以及担保人、证人等。有时还需要到官府去进行公证。如法国国立图书馆所藏敦煌文书 P3394 号《大中六年(852年)沙州僧张月光父子回博土地契》,该文书虽属土地交换的文书,但在文书的前面有经双方同意,各自收地"入官措案为定";末尾有"立契后有人忏吝园林舍宅田地等称为主记者,一仰僧张月光父子知当,并畔觅上好地充替,入官措案。"这里的"入官措案",很显然是指到官府进行公证的意思。这从另一方面也证明历代封建政府对于合法的不动产买卖是给予保护的。

2. 与不动产买卖契约文书相关的法律规定

不动产的交易虽在买主和卖主之间进行,但有时需要中介人等参加,如汉魏六朝时期称旁人、时人、时旁人,此后称保人、中人、中保人、引领人等。除买卖双方外,参加者还有中人,即起中介性质的介绍人;见证人,即在双方交易时见证人在场,对双方交易的内容、违约责任等起证人作用,如以后发生纠纷,由证人出来作证;量地人,为了保证买卖土地真实可靠,由中间人先把土地的实际亩数丈量好,然后再制定买卖文书。土地的勘合有时由中人来完成,在元朝时对土地的勘合是由当地的基层管理机构里正、主首负责,如在现存的元代地契中就有由里正、主首刘志观"呼集耆临陈九等从公勘当"之语。

第三章 律令制下的唐代经济

五代以后，卖主在出卖土地和房屋之前，还增加了新的程序，即须征求亲邻的意见。《五代会要》卷15后周广顺二年正月的敕文规定："所有货卖宅舍，仍先问见居人。若不买，次问四邻。不买，方许众人收买。其元随宅舍诸般物色，亦仰随本业货卖。其两京城内及草市屋宅店舍，不在此例。"这种制度在以后遂成为定制，宋元时期不动产的买卖大多承袭了这项规定。如在《宋刑统·户婚·典卖指当论竞物业门》规定："应典卖、倚当物业，先问房亲；房亲不要，次问近邻；四邻不要，他人并得交易"。这主要是考虑到不动产买卖涉及到邻接权的问题，为了避免纠纷，先征求邻居的意见，亲邻有优先购买权，并以法律的形式规定下来。此后不久，宋代又进一步详细规定了先问亲邻的顺序："凡典卖物业，先问房亲；不买，次问四邻。其邻以东、南为上，西、北次之，递问次邻。四邻俱不买，乃外召钱主。"①

元代继承了宋代的这一交易习惯，如在元成宗大德七年（1301年）五月，经中书省批准的户部呈文规定："诸私相贸易田宅，即与货卖无异，拟令给据，令房亲、邻人画字估价，立契成交"。②类似的规定在现存的《大元通制（节文）》中还可以看到，"诸典卖田宅，取问房亲、邻人"。这一规定在元代也被推广到了站户、军户等特殊身份上，凡"站户典卖田土，依例许亲、邻、典主成交"，"正军、贴户破卖田土，许相由问"。③为了保护卖方的利益不受侵害，元代还规定了亲邻批退的期限。据《元典章》卷19"典卖·典卖批问程限"条记载："今后军户诸色人户，凡典卖田宅，皆从尊长画字，给据立账，取问有服房亲，次及邻人、典主。不愿者限十一日批退，如违限不行批退者决一十七下；愿者限一十五日批价，依例立契成交，若违限不行酬价者，决二十七下。"1954年，在福建泉州晋江发现的丁氏家谱中，附有丁姓祖先在元代买卖山园、屋基、坟地的契约，其中有两件是卖主出立定约的。第一件是元顺帝至元（1336年）二年七月，麻合抹出卖祖上花园、山、亭、房屋及房基地的出立定约，要价是"今欲出卖□钱中统钞一百五十锭"，并有征询亲邻的意见："如有愿买者，就上批价前来商议；不愿买者，就上批退"。契约后有不愿买者的签名姑忽鲁舍、姑比比、姑阿弥答、叔忽撒马丁。第二件是元顺帝至正二十六年（1366年）八月蒲阿友出卖祖上土地。因蒲阿友没有房亲，文契内特写明"为无房亲，立账尽卖山邻"，其下仍有照例征询意见的"愿者酬价，不愿者

---

① 《宋会要·食货三十七之一》。
② 《大元通制条格》卷16《田令·典卖田产事例》。
③ 参见黄时鉴辑点：《元代法律资料辑存》，江苏古籍出版社1988年版，第70、71页。

批退"字样,契约后签名的有曾大、潘大"不愿买山邻"。①

明清两代对于不动产的买卖大体上继承了宋元时期的习惯。关于明代土地房屋的买卖程序,在下面的《田契》中有详细的描述:②

田　契

> 某都某人今为无银用度,情愿将己分官、民田几丘,计丈得几亩几分,坐落土名某处。东至某人田,西至某处,南至某处。今将四至明白,欲行出卖。除问亲房人等,不愿承买,凭中说合,出卖与某宅为业。三面商议,卖值时价纹银若干两,其银当日交足,其银即听银主管业,照田收租。至造册之时,除割收户当差,不得刁蹬勒贴赎回等情。其田的系己业,如有来路不明,卖主支当,不涉银主组织事。所买所卖,二家各无反悔。今恐无凭,立契存照。

在不动产买卖的交易过程中,还有一个不容忽视的环节就是要向官府交纳交易税。关于交易税起于何时,文献没有明确的记载。据《晋书·食货志》记载:"晋自过江,凡货卖奴婢马牛田宅有文券,率钱一万,输估四百入官,卖者三百买者一百,无文契者,随物所堪,亦百分收四,名为散估。历宋齐梁陈如此以为常,以此人竞商贩,不为田业。""历宋齐梁陈如此以为常",说明南朝时期政府一直对不动产的买卖征收交易税。

与之相对峙的北朝历朝政府是否也征收不动产的交易税,文献没有明确的记载。但从相关的记述看,某些朝代亦应有这项税收。如在十六国时,后秦姚兴以国用不足,"增关津之税,盐竹山木皆有赋焉"。③既然连盐竹山木都征税,南方实行的不动产税在后秦时有可能存在。北魏至隋唐时期,由于北方政权长期施行均田制,政府出于对国有土地的保护,对买卖土地严格控制,因而对不动产的交易征税的可能性不大。但从某些文献的记载看,这一时期不动产的交易仍然存在,政府仍对这一过程进行干预。在《唐律疏议·户婚律》中,曾多次出现"若盗贸买"、"将职分官田贸易私家"等字样,说明在均田制下仍存在私田买卖的情况。在唐前期出卖房屋的情况也很多,《太平广记》卷100"屈突仲任"条就记载了开元二十三年房主屈突仲任出卖房产的事例,为方便阅读,兹引文如下:"其人曰,吾姓屈突氏,名仲任,即仲

---

① 参见施一揆:《元代地契》,载《历史研究》1957年9期。
② 参见张传玺:《中国历代契约汇编考释》(下),北京大学出版社1995年版,第1008页。
③ 《晋书·姚兴载记下》。

将季将兄弟也。父亦典郡,庄在温。唯有仲任一子,怜其年少,恣其所为,性不好书,唯以樗蒲弋猎为事。父卒时,家童数十人,资数百万,庄第甚众。而仲任纵赏好色,荒饮博戏,卖易且尽,数年后,唯温县庄存焉。即货易田畴,拆卖屋宇,又以尽矣。"安史之乱以后,不动产的买卖交易更加频繁,但政府是否向买卖双方征税,还没有见到这方面的资料。从开元二十五年的田令中,我们还是看到了政府对土地买卖的干预,"诸买卖田,皆须经所部官司申牒,年终彼此除附,若无文牒辄买卖,财没不追,地还本主"。① 既然买卖双方要到官府申牒,那么官府收取一定数量的手续费用也是有可能的。

对于不动产买卖的征税从五代时期开始又重新出现,据《册府元龟·邦计部》后唐天成四年七月条云:"京城人买卖庄宅,官中印契,每贯抽税钱二十文"。后周时期沿用了这项制度,《五代会要》卷 26 就记载了这方面的内容。但作为一项制度在全国推广实行还是在宋代。据《文献通考》卷 19 记载:"牙契、税契始于东晋,历代相承,史文简略,不能尽考。宋太祖开宝二年(969 年),始收民印契钱,令民典卖田宅输钱印契,税契限两月"。宋代征收不动产的交易税,也并非一帆风顺,其中也有逃税或拒不交税的情况。针对这种现象,宋朝政府采取了严厉的惩罚措施,如建炎元年规定,"今日以前典卖田宅马牛之类,违限印契,合纳倍税者,限百日,许自陈蠲免。绍兴二十六年,户部言印契违日限者罪之,而没其产太重难行,徒长告奸,欲并依绍兴法,旧限六十日投税,再限六十日,斋钱请契,从之。"

元明清三代继承了宋代的政策,仍向交易者征税。如《元典章》卷 19 户部"典卖、买卖田宅告官推收"条记载了成宗元贞元年(1295 年)的规定:典卖田宅,"买主卖主一月(同?)随即具状赴将合该税石推收,与现买地主依上送纳"。明代对于土地房屋等商品买卖实行征税,在《大明令·户令》中也有明确记载:"凡买卖田宅、头匹,务赴投税,除正课外,每契本一纸,纳工本铜钱四十文,余外不许多取。"清代对于不动产买卖税收的管理更是严格,惩罚也严厉,如在乾隆五年(1740 年)的《大清律例》中规定:"凡典卖田宅,不税契者笞五十,仍追契内田宅价钱一半入官。"

最后,需要指出的是,在中国古代,不动产买卖契约的制定必须由家长来决定,家庭内的其他人员无权签订这方面的契约文书。如宋代的判文集《名公书判清明集·户婚门》中有这样的记述:"交易田宅,自有正条,母在则合令其母为契首,兄弟未分析,则合令兄弟同共成契。未有母在堂,兄弟五

---

① 仁井田陞:《唐令拾遗·田令第二十二》,栗劲等译,长春出版社 1989 年版,第 561 页。

人俱存,而一人自可典田者。魏竣母李氏尚存,有兄魏岘、魏峡、弟峤,若欲典卖田宅,合从其母立契,兄弟五人同时着押可也。"《新编群书类要·事林广记》壬集卷之一所收录的元代至元杂令中也有类似的规定:"诸有尊长,而卑幼不得典卖田宅人口……若卑幼背尊长,奴婢背主,官户监,不得作债,知而与者,债并不追;财主不知,保人代偿。"在明清时期的法典中也有类似的规定,因篇幅所限就不一一胪列了。总之,中国古代在封建礼教的束缚下,子女在家庭中没有财产的处分权,除非父母去世,否则就没有制定不动产买卖契约的权力。

二、关于中国古代动产交易的法律文书

所谓动产是指小件商品(如生活用品)、牲畜(如用于农业耕种的牛马等家畜)、人口(包括奴婢、妻妾、子女)等可以移动的商品。由于这些商品具有容易毁损和消亡等特征,所以对于这类商品的交易管理也就不同于不动产的交易。即使是不同的动产交易,又因商品的性能、使用方式不同,交易的程序也不同。如牛马、奴婢的交易与生活用品的买卖就有着明显的区别。

(一)关于奴婢、家畜的买卖文书

中国古代很早就有关于奴婢和家畜买卖的记载。在已发现的西周时期铭文《曶鼎铭》,就是一件典型的奴婢买卖契约,曶以"匹马束丝"交换五名奴隶,效父做中介人。在《周礼·地官·质人》篇还专门记载了民间买卖奴隶、牛马和兵器、珍异之物,要通过"质人"制定质、剂。质人是市场的管理人员,买卖奴隶、牛马须使用较长的契券,称作质,由官方制作。可见,从西周时起,政府对于奴隶、牛马等大宗动产的买卖就进行了控制,并且由官方制作买卖文书。

春秋战国时期是我国奴隶制生产关系开始解体,封建制生产关系出现萌芽的大变革时期。此时奴隶的买卖仍十分频繁,如春秋时虞国大夫百里溪为楚人所执,秦穆公用五张牡黑羊皮将其买回,就是一桩典型的奴隶买卖。这一时期的买卖契约"券",一般用竹木制成,买主执右券,卖主执左券。

秦汉时期,奴隶、牛马的买卖大多在市场进行交易。大的都市都设有牛马市和奴隶市。据《汉书·王莽传》记载:"秦为无道,厚为赋税以自供奉,……又置奴婢之市,与牛马同栏,制于臣民,颛断其命。奸虐之人,因缘为利。至略卖人妻子,逆天心悖人伦……。"说明秦代奴婢和牛马都是在市场进行交易的。汉代沿用秦代的交易形式,据《汉书·贾谊传》记载:"今民卖童者(如淳曰:童谓隶妾也)为之秀衣丝履偏诸缘,内之闲中(服虔曰:闲,卖奴

婢栏)。"汉代奴隶交易的活动十分频繁,这从私人占有大量奴隶上可见一斑。《史记·货殖列传》中有这样的记述:"马蹄躈千,牛千足,羊彘千双,童手指千……此亦比千乘之家","童手指千"应有百人。另据《史记·留侯世家》记载:"韩破,(张)良家童三百人,……悉以家财求客刺秦王,为韩报仇",张良家拥有奴婢三百人,数量还是不少的。关于买卖奴婢的形式和价格,宋代类书《太平御览》收录了西汉神爵三年(前59年)正月王褒的《僮约》,内容如下:

> 蜀郡王子渊,以事到湔,止寡妇杨惠舍。惠有夫时奴名便了,子渊倩奴行酤酒,便了拽大杖上夫冢巅曰:大夫买便了时,但要守冢,不要为他人男子酤酒。子渊大怒曰:奴宁欲卖耶?惠曰:奴大忤人,人无欲者。子渊即决买券云云。奴复曰:欲使皆上券,不上券,便了不能为也。子渊曰:诺。券文曰:神爵三年正月十五日,资中男子王子渊从成都志安里杨惠买夫时户下髯奴便了,决卖万五千,奴从百役使,不得有二言。……奴不听教,当笞一百。

这份《僮约》属于绝卖文书,该奴婢的身价是一万五千钱,价格很高,相当于125个成年人一年所征收的算赋。在这份契约文书中,我们还可以看到汉代奴婢买卖文书制定的格式,文书内须写明契约订立的时间、买卖双方的姓名、奴婢的名字、价格等要件。

魏晋南北朝时期,关于奴婢、牛马的买卖也和不动产的买卖一样,须制定契约。据《隋书·食货志》记载:"晋自过江,凡货卖奴婢、牛马、田宅,有文券,率钱一万,输估四百入官,卖者三百,买者一百。无文券者,随物所堪,亦百分收四,名为散估。历宋、齐、梁陈,如此以为常。"这一时期,奴婢、牛马的买卖仍非常活跃。《三国志·魏书》中有这样的记载:"昭先,名嘏,别传曰:嘏乐安博昌人,……遂遇荒乱,家贫卖鱼,会官税鱼,鱼贵数倍,嘏取直如常,又与人共买生口,各雇八匹,后生口家来,赎时价直六十匹,共买者,欲随时价赎,嘏取本价八匹,共买者惭,亦还本价。"《三国志·魏书·三少帝纪第四》记载了正始七年政府出卖官府年长奴婢的情况,曰:"属到市观见所斥卖官奴婢,年皆七十,或癃疾残病,所谓天民之穷者也。且官以其力竭而复鬻之,进退无谓,其悉遣为良民。"

接下来再看一看这一时期牲畜买卖的情况。《颜氏家训》卷上记载了北朝时期的一条谚语:"博士买驴,书券三纸,未有驴字,使汝以此为师,令人气塞"。这里的书券三纸,就是契约一式三份,一份由买主持有,一份由卖主持有，一份由当地管理商品交易的机构收藏。

隋唐时期是我国封建社会经济高度发达的历史时期。关于奴婢、牛马的买卖活动大都制定文书，但政府明令禁止买卖良人。唐贞观元年（627年），关中饥谨，至有鬻男女者，唐太宗遣御史大夫杜淹巡关内诸州，出御府金宝赎男女自卖者，还其父母。可见从唐朝初年政府就严禁对良人的买卖。在元和八年九月，宪宗又下诏："自岭南诸道，辄不得以良口饷遗贩易，及将诸处博易，又有求利之徒，以良口博马，并敕所在长吏，严加捉搦。如长吏不任勾当，委御史台访察闻奏。"① 唐大中年间，下诏禁止将岭南饥饿之良人货卖为奴婢。甚至到五代后唐天成元年（926年）十月三日所下的敕节文中，仍禁止"京城诸道，若不是正口，不得私书契券，辄卖良人。"但在实际生活中，也有因家贫而卖子女的情况。

在这一时期里，对于正当的奴婢买卖有明确的法律规定。《唐六典》卷二十有"凡卖买奴婢牛马，用本司本部公验，以立券"的规定。《唐律疏议》卷26"买奴婢牛马不立券"条更明确记载：

>诸买奴婢、马牛驼骡驴，已过价，不立市券，过三十日；卖者，减一等。立券之后，有旧病者三日内听悔，无病欺者市如法，违者笞四十。
>
>疏议曰：买奴婢、马牛驼骡驴等，依令并立市券。两和买卖，已过价讫，若不立券，过三日，买者笞三十，卖者减一等。若立券之后，有旧病，而买时不知，立券后始知者，三日内听悔。三日外无疾病，故相欺罔而欲悔者，市如法，违者笞四十；若有病欺，不受悔者，亦笞四十。令无私契之文，不准私券之限。

在《唐大诏令集》卷5《改元天复敕》中也记载了唐代买卖奴婢的程序，"旧格：买卖奴婢，皆须两市署出公券，仍经本县长吏，引验正身，谓之过贱。及问父母见在处分，明立文券，并关牒太府寺。"根据上述文献的记录，我们认为隋唐时期奴婢、牛马等商品的买卖文应具备如下几个要件：其一，奴婢、牛马的买卖须订立文书，且用当地本司本部的公验而非私券。其二，严禁买卖过程中的欺诈行为和毁约行为。其三，买卖双方须和买，经过卖方的主人同意，不许强迫对方。其四，买卖双方过价后三日内须到指定的部门订立市券，过三日买者笞三十，卖者减一等。

关于唐代牛马、奴婢买卖文书的形式，在英国伦敦博物馆收录了《未年

---

① 《唐会要》卷86。

(803年)尼明相卖牛契》文书,该文书由 S5820、S5826 拼合而成,其内容如下:①

> 黑牸牛一头,三岁,并无印记。未年润十月二十五日,尼无相为无粮食及有债负,今将前件牛出卖与张抱玉。准作汉斗麦壹拾贰硕、粟贰硕。其牛及麦,即日交相分付了。如后有人称是寒道(盗)识认者,一仰本主卖(买)上好牛充替。立契后有人先悔者,罚麦三石入不悔人。恐人无信,故立此契为记。
> 麦主
> 牛主尼僧明相年五十五
> 保人尼僧净情(?)年十八
> 保人僧寅照
> 保人王忠敬年二十八
> 见人尼明兼(?)

在敦煌文书中还保存了许多买卖牛、马牲畜等方面的文书,如 S1475 号 6V 寅年(822 年)《令狐宠宠卖牛契》、丁巳年(897 年)《唐清奴买牛契》等,因文书格式与前件大体相同,就不一一征引了。

在已发现的敦煌文书中,也有很多与国家法令相违背的私契买卖文书。S3877 号 5V 收录了唐末五代时期《阿吴卖儿契》即是一例。这是一件私人买卖人口的文书,由于卖方所出卖的人口是良人而非奴婢,属国家明令禁止的买卖,故本文书为私契。契约内容为:

> 赤心乡百姓王再盈妻阿吴,为缘夫主早亡,男女碎小,无人求(救)济供急(给)衣食,债负深圹(广),今将福(腹)生儿庆德七岁,时丙子年正月二十五日,立契出卖与洪润乡百姓令狐信通。断作时价干湿共叁拾石,当日交相分付讫,一无玄(悬)欠。其儿庆德自出卖与后,永世一任令狐进通家□□□□(世代为主),不许别人论理。其物所买儿斛斗,亦□□。或有恩救流行,亦不在论理之限。官有政法,人从私契。恐后无凭,故立此契,用为后验。

这是一件未经过公验的私契。从这份契约的内容看,虽经买卖双方和同,但买主担心购买庆德以后遇有恩赦被免为良人,在文书中特加上了"亦

---

① 参见《敦煌社会经济文献真迹释录》第 2 辑,全国图书馆文献缩微复制中心出版,第 33 页。

不在论理之限"和"人从私契"的字样。

宋代关于奴婢、牛马的买卖规定和唐代大体相同,政府严令禁止买卖良人。据《袁氏家范》卷下记载:"买婢妾,既已成契,不可不细询其所自来,恐有良人子女为人所诱略。果然则即告之官,不可以婢妾还与引来之人,虑残其性命也。"说明宋代法律严禁买卖良人,对于奴婢买卖文书的制定,宋代在形式上较以前更加规范。敦煌文书 S1946 号中保留了宋淳化二年(991 年)奴婢买卖的文书,内容是:

> 淳化二年辛卯岁十一月十二日立契,押衙韩愿定,伏缘家中用度所摅欠缺匹帛,今有家妮子名尬胜,年可贰拾捌岁,出卖与常住百姓朱愿松妻男等。断偿女人价生熟绢五匹,当日现还生绢叁匹,熟绢两匹限至来年五月尽填还。其人与价互相分付。自卖以后,任永朱家男女世代为主。中间有亲情眷表识认此人来者,一仰韩愿定及妻七娘子面上觅好人充替。或遇恩赦流行,亦不在再来论理之限。两共面对商议为定,准格不许翻悔。如有先悔者,罚楼绫一匹,仍罚大羖羊两口,充入不悔人。恐人无信,故勒此契,用为后凭。其人在患,比至十日之后不用休悔者(押)。

> 买(卖)身女人尬胜(押)
> 出卖女人娘主七娘子(押)
> 出卖女人郎主韩愿定(押)
> 同商量人袁富深(押)
> 知见报恩寺僧丑挞(押)
> 知见龙兴寺乐善安法律(押)

> 内熟绢一匹,断出褐陆段,白褐陆段,计拾二段,各丈(长)一丈二,比至五月尽还也(也)。

从这份契约文书的内容看,宋代奴婢、牛马的买卖契约具备了相当完备的要件,主要有:交易的时间、买卖双方的姓名、被卖奴婢及子女的名字、价格及付款方式、违约责任、卖身人签字、卖方及买方签字、知见人画押等。

元明时期奴婢、牛马的买卖契约与以前时期相比又有了新的变化。家畜的买卖委托中人牙人进行。牙人在唐宋时期即已出现,元代以后,牙人成为商品买卖中不可或缺的中介机构。如在《新编事文类要启札青钱》外集卷11《公私必用》有"买马契式"、"买牛契式",从中可以看到对于这类商品的买卖成立的要求:第一,应先说明买主、卖主、牙人议断的价格;第二,写清交接

第三章 律令制下的唐代经济

的过程;第三,卖主必须对动产的产权做出保证;第四,订立文契参与人也仅有卖主和牙人的姓名,没有了知见人等。元仁宗延祐五年(1318年),刑部议定:"诸人赴市货卖牛马驼骡驴只,须问来历明白。"为防止卖主盗卖,加强了对牙人的管理,"若有赃主(原主),认得实当",确认被盗卖属实,则由官给付原价下,并落经手牙人追还,杖断三十七下。① 在《老乞大谚解》中保存了一件元代买卖家畜的文书,该文书内容为:

> 辽东城里住人王某,今为要钱使用,遂将自己元买到赤色骗马一匹,年五岁,左腿上有印记,凭京城牙家,羊市角头街北住坐张三作中人,卖与山东济南府客人李五,永远为主,两言议定,时直价钱白银十二两。其银立契之日,一并交足,外没欠少。如马好歹,买主自见。如马来历不明,卖主一面承当。成交已后,各不许翻悔。如先悔的,罚官银五两,与不悔之人,使用无词。恐后无凭,故立此文契为用者。
>
> 某年月日　　　立契人　　王某　押
> 　　　　　　　牙人　　　张某　押

在这份契约中,只有卖方和牙人的签名,未有见证人、保人以及买主的签名,说明牙人在元代已成为专门的买卖中介人。牙人的职业化,也就把原来见证人、保人的民事责任转移给了中介机构。

在明代,奴婢和牲畜的买卖契约成立后,如有病欺,买主可以要求退回价款。明人张肯堂的《辔辞》中有这样一个案例,魏人李国栋同牙侩谷文明售病骡一头与李铎花,议价五千钱,先交一千,后铎花审骡有病,则追归文明,并告官司索要价款。② 明代买卖牛马的契约,形式和内容与元代相比没有太大的变化,其文书基本上采用如下方式:

> 厶处厶人,有家栏厶色牛一头,见年已(几)岁,今来要得银两用度,托得厶人为牙,将前项牛厶样,卖与厶人耕田,得时价银若干,其银当立契之日交足。所卖耕牛,的系自家栏所养生只。倘若来历不明,系厶自认知当,不涉买主之事。恐后无凭,立文为照。

清代对于奴婢等重要商品的买卖须经官府同意,双方须履行税契的法律程序,才具有法律效力。买方将契纸呈于官府,交纳契税,取得官府颁发

---

① 参见黄时鉴辑点:《元代法律资料辑存》,江苏古籍出版社1988年版,第197页。
② 张肯堂《辔辞》卷6。

的红契。但清代的契税制已由过去的买卖双方共同交纳变成了单方交纳。在清代的《户部则例》中对奴婢的买卖契约作了如下的解释:"民人契买奴仆,呈明地方官钤印契内,有犯验契究治。"之所以验契,是因为红契和白契所买奴婢在法律上的身份不一样。红契所买永为奴婢,而白契买者允许赎身。在《台湾私法附录参考书》卷2上收录了一件光绪年间出卖奴婢的文书,内容为:

> 立卖女婢人,茅港尾西保下营庄院宅,有明卖过颜宅女婢一口,年登九岁,因不合用,愿将此女婢转卖,……其女婢随即交付银主掌管为婢,任从改名使唤。若不合用,听其别卖,……口恐无凭,合立卖女婢字一纸,并上手字一纸,合共二纸,付执为炤。
>
>   为媒   人张氏
> 光绪十五年三月 日 立卖女婢字人陈宅
>   代笔人 曾允直

在中国封建社会中,奴婢一直作为商品一直作为商品买卖的主要对象。但是,人口的买卖并不局限在贱民阶层。由于天灾人祸和社会动荡,处于社会下层的民众有时为了求得生存,也不得不出卖自己的子女。甚至在被封建史家誉为盛世的汉唐时期亦不能幸免。唐代以后,买卖良人的现象更加频繁,如在敦煌文书中就保存了如丙子年(916年)《阿吴卖儿契》、壬午年(982年)《郭定成典身契》等即为买卖良人的文书。① 元代文献《朴通事谚解》收录了一件元代卖子文书,文书的内容和格式与奴婢的买卖文书大体相同,兹引之如下:②

> 大都某村住人钱小马,今将亲生孩儿小名唤神奴,年五岁无病,少人钱债缺少口粮,不能养活,深为不便,随问到本都在城某坊住某官人处卖与,两言议定,恩养财礼银五两,永远为主,养成驱使。如卖以后,神奴来历不明,远近亲戚杂人等,往来争竞,卖主一面承当不词,并不干买主之事。恐后无凭,故立此文字为用。
>
> 卖儿人钱小马

---

① 参见《敦煌社会经济文献真迹释录》第2辑,全国图书馆文献缩微复制中心复制,第47、53页。

② 转引自仁井田陞:《明清时代的人卖人质文书研究》,《史学杂志》第46编4、5、6号,昭和10年4、5、6月。

第三章 律令制下的唐代经济

　　　　同卖人妻何氏
　　　　见人　　某
　　　　引见人　某

　　到了清末,在关于良人的买卖文书中,有时附加了赎身的条款。如《道光三年周南观卖女文书》中就有这方面的内容。文书如下:①

　　　立卖女文书　周南观同妻唐氏,将亲生女乳名妹林,年十一岁,因衣食不周,情愿央中,卖与陈处为使女,凭中保议得,身价银三两正,契日收足,自卖之后,任凭家主改名使唤服役,议定至二十岁,备足身价赎身。倘有不测,皆由天命,自愿非逼。恐后无凭,立此卖女文书为照。
　　　道光三年七月　日　　　立卖女文书　　周南观
　　　　　　　　　　　　　　同妻　　　　　唐氏
　　　　　　　　　　　　　　中　　　　　　陈朱氏
　　　　　　　　　　　　　（下略）

　　总之,通过上述对古代动产中的牛马、人口买卖文书的分析,我们发现中国古代对奴婢、牛马等大宗动产的买卖同样需要制定法律文书。该文书除了具备了其他契约文书的要件外,还有一些新的条款,如出卖的原因、是否对被卖者回赎、对购买商品的使用方式及其对奴婢、牛马等商品来源的担保等内容。

　　(二) 关于其他动产商品的买卖文书
　　中国古代对于其他的商品买卖也有明确的规定。如《周礼·地官·质人》就有关于兵器、珍异之物的买卖必须制作契券"剂"的记载。在西周青铜器《卫盉铭》中,记录的就是一件买卖契约。出卖人是大工商奴隶主裘卫,买受人是矩伯,买卖的标的是朝觐用的玉器和贵重的皮衣等物。至于说其他生活用品是否制定文书,文献中没有明确记载。我们认为,在中国古代,对于一些重要商品的买卖要有契约文书,而普通的日用商品,尤其是价格低廉的商品是不需要制定买卖文书的。历代政府为了保护普通民众的利益,曾对商品的质量有严格的规定。
　　战国到秦代,国家对商品的买卖进行严格的管理,专门从事日用商品经营的商贾必须到官府登记,加入市籍,所出售的商品须符合质量标准,如在

---

① 该文书由仁井田陞保藏,本文引自《中国法制史研究·土地法交易法》,东京大学出版会1981年版,第379页。

湖北云梦睡虎地出土的秦代法律竹简中，有《工律》一篇，其中规定："为器同物者，其大小、短长、广亦必等。"① 官府手工业者生产的产品，"不同程者毋同其出"，不符合标准的产品禁止将其拿到市场上销售。秦代还把同类产品按不同的质量分为最、殿等不同类型，以便于人们在购买时有所选择。但在这一时期普通商品的买卖是否订立契约文书，还不得而知。

在近年来发现的汉简中，保存了许多普通日用商品买卖的契约文书。如在《散见简牍合辑》52 收录了就收录了一件汉代买卖契约，兹引之如下：

> 元平元年七月庚子，禽寇卒冯时卖橐络六枚杨卿所，约至八月十日与时小麦七石六斗，过月十五日，以日斗计，盖卿任。

在《居延汉简释文合校》26·1 中亦保存了这样一份契约：

> 建昭二年润月丙戌，甲渠令史董子芳买鄣卒□威一领，直七百五十，约至春钱毕已，旁人杜君隽。

在《居延汉简释文合校》262·29 中也有一件买卖契约：

> 七月十日，鄣卒张中功贳买皂布单衣一领，直三百五十，三堠史张君长所，钱约至十二月尽毕已，旁人临桐史解子房知券。

从这几份契约的内容来看，可以知道在汉代日常生活中，买卖契约的订立应是经常的、大量的。契约的形式也与房屋、土地、奴婢、牛马等商品的买卖契约一样，包括契约订立的时间、买卖双方、购买价格、付款方式、知见人等。

在汉代，政府对于普通商品的买卖要征收商业税。据《汉书·何武传》载："（何）武弟显家有市籍，租常不入，县数负其课。市啬夫求商捕辱显家"。在《史记·齐悼惠王世家》有"齐临淄十万户，室租千金，人众殷富，钜于长安。"司马贞在《索隐》中解释道："市租谓所卖之出物税。"既然政府把对商品买卖的税收作为一项重要收入，普通的日用商品买卖有时制定契约也就不足为奇了。

魏晋南北朝时期，普通的商品买卖有时也要制定契约。据《晋书·王浚传》记载："诸有市易，皆有伍任证左，明从券契，有违犯者，凡斩十三人，皆吴人所知也。"王浚在吴地驻军时，规定所有买卖关系的成立都要有文字契约，

---

① 《睡虎地秦墓竹简》，文物出版社 1978 年 11 月版，第 69 页。

否则犯者受刑。但这种情况只是在个别地区施行,情况特殊,而其他地区并非如此,主要是根据当事人的需要。《南史·庾仲文传》记载了庾仲文制定买卖契约的情形,"进数百口材,助营宅,恐人知作虚,买券"。从这段文字看,普通日用商品的买卖只是在当事人要求的情况下才制定要式契约。

隋唐时期是我国商品经济发达的时期,除了不动产和奴婢、牛马的买卖要制定契约外,许多重要的日用品的买卖有时也要制定契约。如在敦煌文书 P4638 号《阴贤子买车具契》就是一份日用品买卖的文书,其内容如下:

> 丁酉年正月十九日莫高乡百姓阴贤子,伏缘家中为无车乘,今遂于兵马使氾金钢面上(买)车脚一具并钏,见过捌岁騸耕牛一头,准绢(后缺)

宋代除了沿用唐代对家畜的买卖制定契约的规定外,对舟车等重要的日用品的买卖也要制定契约。如在《文献通考》卷14 中记载:"徽宗大观元年,凡典买牛畜舟车之类,未印契者,更期以百日,免倍税。"宋代由于商品经济的发达,有时普通日用商品的交易额很大,政府向这类交易征税也是可以理解的。在孟元老的《东京梦华录》卷2 中记载,都城汴梁的南通巷,"并是金银彩帛交易之所,屋子雄壮,门面广阔,望之森严。每一交易,动即千万。"对于这类"动即千万"大宗的商品买卖,我们推测很有可能制定契约。不过在现实生活中,对于普通的日用商品的交易,尤其是小额的商品买卖,为了方便买卖双方,减少手续,尽量不使用契约文书。如在集市上购买的日用商品既是如此。据陈元靓《岁时广记》卷21"送鼓扇"记载了宋代集市买卖的情况:"岁时杂记:鼓扇百索市,在潘楼下,丽景门外,阊阖门外,朱雀门内外,相国寺东廊外,睦亲广宅前,皆卖此物。自五月初一日,富贵之家多乘车,萃买以相馈遗。鼓皆小鼓,或悬于架,或置于座,或鼗鼓雷鼓,其制不一。又造小扇子,皆青黄赤白色,或绣或画,或镂金或合色,制亦不同。"对于这类商品的买卖当然是不会制定契约文书的。

在元代还有一种文契叫"判山木榜式",有的学者也将其划入动产买卖契约之中。① 山主未出卖山地产权,只将其中竹木"除杉木几根外,杂木尽底判卖。"这类契约一般写明"从其月为始,仰本人(买主)一任前去交点斫伐,限在某月终"的字样,我们说这类契约也属于大宗商品买卖的范畴。

明代的商品买卖契约形式主要有单契和合同契两种。单契在立契和转

---

① 参见张晋藩总主编:《中国法制通史》第六卷《元代》,法律出版社1999年版,第588 页。

移权利手续上比较简便,所以在明代单契成了契约的主要形式,像房屋、田土、头匹等商品的买卖都采取单契的形式。但市场上的即时交易则经常采取口头契约的方式。《大明律·户律·市廛》"器用布绢不如法"条对进入市场交易的商品质量有严格的规定:"凡造器用之物,不牢固真实,及绢布之属,纰薄短狭而卖者,各笞五十。其物入官。"所以小宗的商品买卖很少有瑕疵的货物。到了明末清初,随着资本主义萌芽的产生,商品的买卖日益活跃,交易的数额越来越大,对于商品交易的形式也日趋规范,关于这方面的契约也就日渐增多。明代颜俊彦的《盟水斋存牍》中就有多处记录当时买卖双方订立文书之事。不过这类契约的内容非常简单,主要是记载商品的数量和买方所付的价款,以便将来发生纠纷时作为凭证。如该书中曾记录这样一个案例:某一商人贩荔果于粤,当地众客纷纷购买其荔果。但本地无赖冯敬涯、冯禧父子伙同店主李湛然欺其为外地人,从中劫留货款,被卖者所讼。最后卖方出示收据,才使冯氏父子败诉。① 由此可见,普通的商品买卖所制定的文书实际上只是简单的收据而已,它的制定并不需要经过复杂的程序,因此这类文书也就不容易被保存下来。

以上对中国古代商品买卖的法律文书作了简单的探讨。通过上述对中国古代不动产、动产法律文书的分析,我们认为中国古代关于商品买卖的法律文书具有如下几个特点:其一,中国古代关于商品买卖的法律文书在二、三千年发展过程中并没有因王朝的更迭而中断,它始终朝着不断完善的方向发展。越到后来,立法越成熟,文书的制定就越合理。如宋代以后,关于不动产买卖文书的制定既维护了买卖双方的利益,又照顾到了房亲和邻人的权利,具有一定的合理性。其二,中国古代历朝政府对商品的买卖大都实行干涉主义的政策。如对买卖文书的制定有严格的规定,西周时期规定对牛马、奴婢的买卖要制定质,对于买卖兵器、珍异之物要制作剂;在《唐律疏议》卷 26 中规定"买奴婢、马牛驼骡驴等,依令并立市券";《大清律例》卷 9 "典卖田宅"条规定"卖产立有绝卖文契"等,都是政府的干涉行为。封建政府之所以对买卖契约的制定进行控制,除了为了维护正常的商品买卖之外,另一个重要的原因就是从中征收交易税。如《大明律》卷 5 "典买田宅"条规定:"凡典买田宅不税契者,笞五十",说明封建政府已将商品买卖作为一项重要的税收。其三,从中国古代法律文书的内容看,皆属要式文书,文书内容包括买卖的时间、买卖双方的姓名、标的物的属性和价格、违约所应承担

---

① 参见《盟水斋存牍·谳略四》,中国政法大学出版社 2001 年版,第 154 页。

的法律责任、中介人和双方的见证人、买卖双方是否出于合意等要件。在很多文书中，我们还看到了诸如瑕疵担保、追夺担保、恩赦担保等问题。此外，法律文书的制定买卖双方自始至终是在公正公平的前提下实现的，有时即使是官私交易，也要求作到公正公平，不许以官凌私。如西夏的法典《天盛改旧新定律令》卷17"急用不买门"中就有类似的条款："诸司有应派人买种种官之物、杂财产、树草炭等，及临时买畜、物等，诸家主双方情愿，可买卖，不许强以逼迫买取。"总之，中国古代关于商业的立法虽不像其他民事法律那么发达，但从立法思想和立法技术看还是很高明的，值得我们总结和借鉴。

第四章　律令制下的唐代民事法律

第一节　律令制下的唐代婚姻

中国古代的婚姻家庭法律制度经过漫长的发展，到隋唐时期终于成熟和完备，以唐律为核心，令、格、式并存的法律体系涵盖了唐代婚姻法的主要内容。以唐律为例，《唐律疏议》中的《户婚律》篇，其中很大一部分篇幅就是关于婚姻制度的规定。此外，在唐代的令、格、式以及《大唐开元礼》中，也有许多婚姻制度方面的内容。

学术界关于唐代婚姻制度的研究起步较早。1928年，章寿昌在《法学季刊》第3号上发表了《罗马婚姻法与唐明律之比较》，对古代东西方婚姻制度的异同进行了比较。自此之后，中外学者如陈顾远、董家遵、杨鸿烈、仁井田陞等曾专门对唐代婚姻制度进行了研究，① 取得了令人瞩目的成就。进入二十世纪八十年代以后，对唐代婚姻法的研究更为活跃，1983年，著名的唐代法制史专家杨廷福发表了《唐代妇女在法律上的地位》一文，指出唐律已明确规定必须有主婚人，必须经过六礼的仪式，并以法典的形式确定了婚书的法律效力。② 此外，胡旦武在《唐律"婚书"考》一文中，提出了唐代以婚书作为法律依据，替代了过去的习惯法。③ 1999年，杨际平教授发表了《敦煌出土的放妻书琐议》，以敦煌文书中的离婚书状对唐代的离婚制度进行了剖析，④ 最近，笔者也发表了《律令制下唐代妇女的法律地位》一文，对唐代妇女的婚姻权利进行了探讨。⑤ 所有这些研究成果，都直接推动了唐代婚姻法研究的深入展开。

---

① 参见陈顾远：《中国婚姻史》，商务印书馆1936年版；董家遵：《唐代婚姻研究》，后收入《中国古代婚姻史研究》，广东人民出版社1995年版；仁井田陞：《唐宋法律文书之研究》第二编第十一章《离婚状》，《日唐两令的婚姻法比较》，《日本诸学振兴委员会研究报告》14篇，1942年3月，后收入池田温主编：《唐令拾遗补》一书，东京大学出版会1997年版等。
② 《法律史论丛》，法律出版社1983年版。
③ 参见《法学研究》1982年第2期。
④ 《厦门大学学报》1999年第4期。
⑤ 《吉林师范大学学报》2004年第3期。

一、关于唐代结婚年龄的问题

在中国古代春秋战国时,曾出现过两种对立的主张,一种是崇尚礼经的儒家学派,从人伦道德和子女教育角度出发,禁止早婚;另一种观点是法家学派,从人口增长有利富国强兵的角度,来提倡早婚。如在儒家的著作《孔子家语》中说道:"夫礼言其极不是过也,男子二十而冠,有为人父之端,女子十五而许嫁,有适人之道,于此而往则自婚矣。"孔子从对妇女保护和子女教育的角度来讨论结婚年龄的观点无疑是正确的。另一部儒家经典《春秋谷梁传》"文公十二年"条亦云:"男二十而冠,冠而列丈夫,三十而娶;女子十五而许嫁,二十而嫁。"需要指出的是,西周时期"三十而娶;女子十五而许嫁,二十而嫁"是结婚的最高年龄,而非实际的婚龄,即男子三十以前须结婚,女子十五以前须订立婚约,二十以前必须结婚。北魏时王肃在《圣证论》对西周的婚姻制度作了解释:"《周官》云:'令男子三十而娶,女子二十而嫁',谓男女之限,嫁娶不得过此也,三十之男,二十之女,不待礼而行之,所奔不禁。"法家的代表人物韩非则主张早婚,据《韩非子·外储说右下》记载:"下令于民曰:丈夫二十而室,妇人十五而嫁。"与法家的观点相同,墨家也主张早婚,据《墨子·节用上》记载:"故孰为难倍,唯人为难倍,然人有可倍也。昔者圣王为法曰:丈夫年二十,毋敢不处家;女子年十五,毋敢不事人,此圣王之法也。圣王既没,于民次也,其欲蚤处家者,有所二十年处家;其欲晚处家者,有所四十年处家,以其蚤与晚相践。后圣王之法十年,若纯三年而字,子生可以二三人矣,此不惟使民蚤处家而可以倍与。"从上述《墨子》、《韩非子》的论述看,法、墨两家皆主张早婚制。

及至秦朝统一全国,继续推行法家的政治主张,对儒家思想实行严厉打击,在婚姻制度方面仍实行早婚制。"汉承秦制",秦代的婚姻制度直接影响了汉代的婚姻法,据《汉书》卷2《惠帝纪》载:"女子年十五以上,至三十不嫁,五算。"即增加五倍的人头税,可见汉代婚姻法也是提倡早婚的。自西汉中期,汉武帝采纳董仲舒的建议,"罢黜百家,独尊儒术",儒家正统的法律思想上升为治国的第一方略,儒家所提倡的晚婚制也影响到婚姻法的制定。到西晋时期,对汉代的结婚年龄作了修改,据《晋书·武帝纪》"泰始九年冬十月辛巳"条曰:"制:女年十七,父母不嫁者,使长吏配之。"把结婚的年龄从十五岁提高到十七岁。

南北朝时期,由于南北双方长期处于对峙状态,南北各朝的统治者为了快速增殖人口,试图通过提倡早婚的形式来改变人口稀少的局面。南朝刘宋政权时,曾专设了早娶的法令,对于超过十五岁而不出嫁女子竟刑罚其家长,据《宋书》卷82《周朗传》记载:"女子十五不嫁,家人坐之。"这种片面强调增长人口数量,而不注重人口质量的作法显然不利于提高人口的素质,同时也给普通百姓家庭带来了沉重的负担。一些家长为了减轻家庭负担,控制家庭人口,不得不采取溺杀新生子女的残酷方法。刘宋的这项政策,在当时就遭到了人们的批评:"(政府)虽有禁杀子之科,设蓄娶之令,然触刑罪,忍悼痛而为之,岂不有酷甚处耶。"①

与南朝相比,北朝的婚姻立法更为残酷,据《北史》卷8《后主纪》"武平七年二月辛酉"条:"括杂户女年二十已下,十四已上未嫁,悉集省。隐匿者,家长处死刑。"北齐政府对于隐匿子女而不嫁者,竟然处以死刑,开创了婚姻法史的特例。北周时,进一步降低结婚年龄,在周武帝建德三年(574年)规定:"自今以后,男年十五,女十三已上,爰及鳏寡,所在军民,以时嫁娶。"②

最后,我们看一下唐朝法律对结婚年龄的规定。唐朝初年,由于经过隋朝末年大的社会动荡,人口锐减,到唐高宗李治统治时期,经过了数十年的恢复,全国户口总数才达到三百八十万户,与隋朝兴盛时的八百九十万七千五百四十六户相比,还不到隋朝的一半。在这种"乱离甫尔,户口单弱"的形势下,为了迅速恢复经济,社会需要大批劳动力,唐朝政府必须立即制定增殖人口的政策。唐太宗即位不久,即于贞观元年(627年)下诏说:"昔周公治定制礼,垂裕后昆,命媒氏之职,每以仲春之月,顺时行令……其庶人男女无室家者,并仰州县官人,以礼聘娶,皆任其同类相求,不得抑取。男年二十,女年十五已上,及妻丧达制之后,孀居服纪已除,并须申以婚媾,另其好合。若贫窭之徒,将迎匮乏,仰于亲近乡里富有之家,衷多益寡,使得资送。其鳏夫年六十,寡妇年五十已上,及妇虽尚少,而有男女,及守志贞洁,并任其情,无劳抑以嫁娶。刺史县令以下官人,若能婚姻及时,鳏寡数少,量准户口增多,以进考第。如导劝乖方,失于配偶,准户减少附殿。"将唐朝初年的婚姻年龄定在男子年二十、女子年十五已上,必须婚媾。

唐玄宗开元二十二年(734年)二月,又对以前的结婚年龄进行了修改,规定:"男年十五,女十三以上,听婚嫁。"③将结婚的年龄又提前为男十五,

---

① 《宋书》卷82《周朗传》。
② 《周书·武帝纪》。
③ 参见《唐会要》卷83。仁井田陞《唐令拾遗·户令》认为该条是唐开元二十五年《户令》的条款,其实该项法令的实施应在开元二十二年。

女十三。

唐代实行的早婚制度,对于恢复经济,解决劳动力短缺等问题起到了重要作用。当然,由于过分提倡早婚,使人口增长过快,也带来了许多消极后果,其中最主要的就是破坏了国有土地均田制的分配政策。唐朝初年,由于人口稀少,政府控制着大量的无主荒地,均田制下的农民可以分得足够的土地。可到了唐玄宗天宝年间,全国的总户数已达八百九十余万户,是唐朝初年的四倍多。相反,国家控制的可耕种土地却没有明显增加,人口增长与土地分配的不协调性在武则天统治时期既已出现,从敦煌吐鲁番出土的法律文书看,自唐高宗、武则天时起,均田制下的农民就普遍授田不足,这其中一个重要的原因就是人口增长过快。到唐玄宗天宝以后,终于引发了一场总的社会危机,由于农民受田不足,又要承担全额的租庸调,致使农民不堪忍受残酷的剥削,被迫逃离土地。均田制下的农民同时是国家府兵制下的士兵,农民大量逃亡,又削减了军队的战斗力,致使唐政府在与安史叛军及藩镇割据势力的作战中屡屡受挫。这种连锁式反映都与唐朝初年人口政策的失误有着密切的关系。

二、唐代婚姻法的基本原则及禁止性规定

自西周以来,我国古代婚姻法一项最重要的原则就是父母包办子女的婚姻,子女无权决定自己的婚姻。据《诗经·齐风·南山》记载:"娶妻如之何,必告父母","娶妻如之何,匪媒不得"。在中国古代礼法难分的社会里,婚姻大事必须由父母主持,再加上媒人撮合,才算符合礼法。唐代婚姻法继续沿用以前的规定,父母对子女拥有完全的主婚权,凡尊长在,"子孙无所自专"。即使子孙长期出门在外,其婚姻权也受到严格的限制,据《唐律疏议》卷14"卑幼自娶妻"条规定:"诸卑幼在外,尊长后为定婚,而卑幼自娶妻,已成者,婚如法;未成者,从尊长。违者,杖一百。"长孙无忌等人在疏议中解释道:"卑幼",谓子、孙、弟、侄等;"在外",谓"公私行诣之处"。若卑幼在外娶妻,已形成事实婚姻者,"婚如法",得到国家法律的承认;若未成者没有形成事实婚姻,则听从家长的意志。如违反上述规定,杖一百。

在现实生活中,如果祖父母、父母去世,就要听从同居次尊长的意志;如没有同居次尊长,须听从兄弟的意志。在日本《令集解》卷10"嫁女"条引唐《法例》云:"法例:崔门州申牒称:郭当、苏卿皆娶阿庞为妇,郭当于庞叔静边而娶,苏卿又于庞弟戚处娶之,两家有交竞者。叔之与侄俱是期亲,依令:婚先由伯叔,伯叔若无,始及兄弟。州司据状判,妇还郭当。苏卿不服,请定何亲令为婚主。司刑判：嫁女节制，略载令文。叔若与姪同居，资产无别，须禀叔命，姪不合主婚；如其分析异财，虽弟得为婚主也。检《刑部式》，以弟为定，成婚已讫。"从这一案例中可以看到，同居亲属是子女或姐妹婚姻的包办人。

唐代婚姻法规定实行一夫一妻制，对构成重婚罪的行为给予严惩。中国古代自西周时起就严格实行一夫一妻制度，这种一夫一妻制的模式就在于法律只承认丈夫拥有一个合法妻子，而对于男子的娶妾，法律则没有限制，这样，所谓的一夫一妻制也只是相对女子而言，男子则可用娶妾的形式过着一妻多妾的生活。妻、妾在家庭中有嫡、庶之分，两者地位也十分悬殊。唐律中禁止以妻为妾和以婢为妻，规定："诸以妻为妾，以婢为妻者，徒二年。以妾及客女为妻，以婢为妾者，徒一年半。各还正之。"长孙无忌等在《唐律疏议》中对妻妾的地位作了明确的解释："妻者，齐也，秦晋为匹。妾通买卖，等数相悬。婢乃贱流，本非俦类。若以妻为妾，以婢为妻，违别议约，便亏夫妇之正道，黩人伦之彝则，颠倒冠履，紊乱礼经。"① 可见，妻和妾在家庭中是完全不同的，妻子只能有一个，而娶妾则不受限制。

唐律中对于有妻更娶的行为，给予了严厉的惩罚，据《唐律疏议》卷13"有妻更娶"条规定："诸有妻更娶者，徒一年；女家，减一等。若欺妄而娶者，徒一年半；女家不坐。各离之。"长孙无忌等在疏议中解释道："依礼，日见于甲，月见于庚，象夫妇之义。一与之齐，中馈斯重。故有妻而更娶者，合徒一年。女家减一等，为其知情，合杖一百。若欺妄而娶，谓有妻言无，以其矫诈之故，合徒一年半。女家既不知情，依法不坐。仍各离之。"从该条所规定的内容来看，主要是对已婚男子犯重婚罪的惩罚和对一夫一妻制原则的保护。

接下来我们再看一下唐代婚姻的禁止性规定。

唐代法律对婚姻的成立作了许多禁止性的规定，以保证婚姻关系不违背封建的礼教和妨害封建国家的统治秩序。唐代婚姻法规定，下列几种情况下禁止结婚：

1. 禁止同姓为婚及亲属为婚

同姓不婚的原则早在先秦时期既已出现，据《左传》"僖公二十三年"条记载："男女同姓，其生不蕃"，说明古人很早就已认识到近亲结婚不利于子女的生长。唐代的婚姻法沿袭了前代的规定，"诸同姓为婚者，各徒二年。缌麻以上，以奸论。若外姻有服亲属而尊卑共为婚姻，及娶同母异父姊妹，

---

① 《唐律疏议》卷13。

若妻前夫之女者(注:谓妾所生者,余条称前夫之女,准此),亦各以奸论。其父母之姑、舅、两姨姊妹及姨、若堂姨,母之姑、堂姑,己之堂姨及再从姨、堂外甥女,女婿姊妹,并不得为婚姻,违者各杖一百。并离之。"① 甚至对于袒免之亲,也不允许结婚。所谓袒免,指高祖亲兄弟,曾祖堂兄弟,祖再从兄弟,父三从兄弟,身四从兄弟、三从侄、再从侄孙,并缌麻绝服之外,对于这类亲属间的婚姻关系,唐律规定,也杖一百。

《册府元龟》卷616、《唐会要》卷83、《通典》卷60记载了这样一个案例:永徽元年(650年),郑州人郑道宣,先聘少府监主簿李玄义妹为妻,玄义妹即道宣堂姨。玄义虽先许其婚媾,后以法无此禁,判许成亲。此事在朝堂上展开了激烈的争论,以左卫大将军纪王慎等人提出:"父之姨及堂姨,母之姑姨,及堂姑姨,父母之姑舅姊妹、女婿姊妹,堂外甥服,请不为婚。诏从之,仍令著于律令。"后来长孙无忌人等在永徽律及疏议中的对该条的解释就是依据这次争论而作出的。对于日本学者冈野诚提出的该项规定未入永徽律的观点,笔者不敢苟同。②

唐律中将妾视为可以买卖的商品,对于娶妾而不知其姓者,长孙无忌等人在疏议中解释道:"买妾不知其姓,则卜之。取决著龟,本防同姓。同姓之人,即尝同祖,为妻为妾,论法不殊。"为防取妾同姓,唐《户令》规定:"娶妾仍立婚契",俱名为婚。凡违反规定,娶同姓为妻妾者,除强制离异外,还要追究双方的法律责任。

2. 禁监临官娶监临女为妻妾

唐代法律禁止主管官员与自己所辖的部属官吏、百姓互为婚姻,据《唐律疏议》卷14"监临娶所监临女"条规定:"诸监临之官,娶所监临女为妾者,杖一百;若为亲属娶者,亦如之。其在官非监临者,减一等。女家不坐。即枉法娶人妻妾及女者,以奸论加二等;为亲属者,亦同。行求者,各减二等。各离之。"所谓监临官,长孙无忌等人在疏议中解释为"职当临统案验者",凡此色之人,娶所部人女为妾者,杖一百。即使是为亲属所娶,亦杖一百。

唐律中没有言及是否禁止监临官娶监临女为妻的规定,但据唐《户令》记载:"诸州县官人在任之日,不得共部下百姓交婚,违者虽会赦,仍离之。其州上佐以上,及县令于所统属官,亦同。其定婚在前,任官居后,及三辅内

---

① 《唐律疏议》卷14。
② 参见冈野诚:《唐律中关于禁婚的范围》,日本法制史学会《法制史研究》第25辑,1975年版。

官、门阀相当情愿者,并不在禁限。"① 令是国家的行政法,从唐令的规定看,唐代法律禁止监临官在任期间与部下、百姓有婚姻往来,但已有婚约者除外。在白居易《甲乙判》中有这样一个案例:"得甲为郡守,部下渔色,御史将责之,辞云,未授官已前已纳采。判云:诸侯不下,用戒淫风,君子好逑,未乖婚义。甲既荣为郡,且念宜家,礼未及于结缡,责已加于执宪。求娶于本郡之内,虽处嫌疑,定婚于授官之前,未为纵欲。况礼先纳采,足明燕婉之求,聘则为妻,殊非强暴之政,宜听隼旟之诉,难科渔色之辜。"② 上述案件说明唐代法律对监临官与部下百姓的婚姻界定是十分严格的。

3. 禁止良贱为婚

唐代社会是一个等级森严的社会,按人们的不同身份地位,唐朝法律把境内的民众分为两大类,第一类是具有完全民事行为能力的人,即良人,唐律中称其为"凡人";另一类是不完全民事行为能力的人,唐律中称为贱民。良人是国家的主要民众,他们可以分配土地、为国家服徭役和兵役,可以订立契约,从事各种民事活动。贱民则不同,他们的活动要受到严格的限制。唐律中将贱民分为两类:一类是官贱,主要有官奴婢、官户、工乐户、杂户、太常音声人等,均隶属于官府。另一类是私贱,主要有奴婢和部曲(部曲妻、客女、随身同)。关于贱民的社会地位,唐律中说:"奴婢既同资财",主人可以将奴婢等同马牛牲畜一样带到市场上出卖,因此唐代的贱民阶层不可能像普通的民众那样享有完全的民事权利。在婚姻制度方面,唐律规定,禁止良贱之间通婚。

对于违犯唐律规定而出现的良贱通婚情况,唐律制定了严厉的惩罚措施。首先,我们看一下对奴婢与良人之间的婚禁。如主人"与奴娶良人为妻者,徒一年半;女家,减一等。离之。其奴自娶者,亦如之。主知情者,杖一百;因而上籍为婢者,流三千里。即妄以奴婢为良人,而与良人为夫妻者,徒二年。各正还之。"③ 该条的意思是:如果主人替奴婢娶良人女为妻,对主人处徒刑一年半;良人女家减一等处罚,并强制离异。如果奴婢自己娶良人女为妻,主人知情而不加制止,对主人也要杖一百。如果女方因与奴婢结婚而脱良为奴,改变户籍,对主人流三千里。主人擅将奴婢冒为良人,而与良人结为夫妻者,也要处以徒二年的刑罚。

---

① 仁井田陞:《唐令拾遗》,栗劲、霍存福等译,长春人民出版社 1989 年 11 月版,第 162 页。
② 《全唐文》卷 763。
③ 《唐律疏议》卷 14。

其次,再看一下唐律关于杂户、官户、工乐户与良人的婚禁。杂户是因前代犯罪而没官,散配诸司驱使的官奴,其地位高于官户和奴婢;官户是蕃户的总称,是前代配隶人户或本朝配没的人户,其地位高于奴婢而低于杂户。工乐户是隶属于少府和太常的贱民,其身份与官户相同。对于杂户与良人为婚的情况,唐律规定:"诸杂户不得与良人为婚,违者,杖一百。官户娶良人女者,亦如之。良人娶官户女者,加二等。"① 唐朝实行"当色为婚"的制度,法律不仅禁止良人与贱民阶层通婚,甚至不同色的贱民之间也禁止婚配。据《唐律疏议》卷14"杂户官户与良人为婚"条疏议曰:"其工、乐、杂户、官户,依令'当色为婚',若异色相娶者,律无罪名,并当'违令'。既乖本色,亦合正之。"这里所说的违令罪,据《唐律疏议》卷27"违令"条云:"诸违令者,笞五十;谓令有制禁而律无罪名者。"也就是说,凡异色婚娶,各笞五十。太常音声人是贱民阶层中地位最高者,唐律规定,只有该阶层可以与百姓通婚。

4. 禁止僧、道为婚

道士、女官、僧、尼等在唐代被称为出家人,属于特殊的阶层,依佛、道戒律,不合婚娶。唐代律令中没有关于禁止出家人结婚的规定,但是在唐代关于佛教、道教的法规性文件《道僧格》中,却有这方面的内容。格是唐代一种重要的法律形式,据《唐六典》卷6的记载,"格以禁违正邪",是国家的刑法典。关于佛、道的法规《道僧格》迄今已经佚失,《唐六典》卷4"祠部郎中"条保存了唐《道僧格》的部分条文内容,其中记载:"凡道士、女道士……若巡门教化、和合婚姻……皆苦使也。"若僧尼、道士等为人"和合婚姻",即从中撮合婚姻,就要处以苦使的处罚,如自行娶妻,则更属违背佛教戒律,应处以更加严厉的刑罚。据《新唐书·李叔明传》记载:"衣者蚕桑也,食者耕农也。男女者继祖之重也,而二教悉禁,国家著令,又从而助之……"从这条史料可以看出,唐代不但佛、道的戒律禁止出家人婚娶,国家的法典中似乎也有禁止性的规定。到了宋代,宋代的法典《庆元条法事类·道释门》中也规定:"道士不得蓄养妻孥。已有家者,遣出外居止。"元明清三代,都有禁止僧道为婚的禁令,如元朝规定:"诸僧道悖教娶妻者,杖六十七,离之。僧道还俗为民,聘财没官。"②

当然,唐朝后期,由于社会动荡,也有一些不法的佛、道之徒娶妻生子,

---

① 《唐律疏议》卷14。
② 《元史·刑法志》。

过着世俗的生活,据《旧唐书·李德裕传》载,成都"蜀先主祠旁,有鞣村民,皆剃发,若浮屠者,而畜妻子。"李德裕所说的这种现象主要是国家编户百姓为逃避繁重的赋役而假冒出家,并非真正的僧人。

5. 禁恐吓为婚

《唐律疏议·户婚律》卷14"违律为婚"条规定:"诸违律为婚,虽有媒聘,而恐吓娶者,加本罪一等;强娶者,又加一等。被强者,止依未成法。即应为婚,虽已纳聘,期要未至而强娶,及期要至而女家故违者,各杖一百。"长孙无忌等在疏议中对"强娶者"作了解释:所谓"强娶者","谓以威若力而强娶之",即男方强迫女方家长在违背自己意愿的情况下而强行娶妻、娶妾的行为,对于上述行为,唐律给予了严厉的处罚,对于强娶者,处徒一年半的刑罚,而对于被强娶者,则依未成法,归还其父母。

6. 禁止妄冒为婚

《唐律疏议》13"为婚妄冒"条规定:"诸为婚而女家妄冒者,徒一年。男家妄冒,加一等。未成者,依本约;已成者,离之。"长孙无忌等人在疏议中虽对此作了解释,但意思亦不甚明确,兹引之如下:"为婚之法,必有行媒,男女、嫡庶、长幼,当时理有契约,女家违约妄冒者,徒一年。男家妄冒者,加一等。'未成者依本约',谓依初许婚契约。已成者,离之。违约之中,理有多种,或以尊卑,或以大小之类皆是。"笔者认为,这里的"妄冒为婚",主要是指男方或女方故意隐瞒己方的真实情况,如向对方隐瞒己方的年龄、身份、身体状况;或者假冒顶替,以次充好。对于上述违法行为,如系女方过错,则对女方家长徒一年;如系男方过错,加一等处罚。已成婚者,强制离异;未成婚者,按原来婚约执行。在敦煌文书 P3813 号《文明判集残卷》和日本《养老令》的注释书《令集解·赋役令》17"孝子"条《古记》引唐代《判集》记载了一件唐代妄冒为婚的案例,内容为:"妇女刘早亡夫聟(婿),情求守志,愿事亡夫,数年遂生一子,款与亡夫梦,今即有娠,姑乃养以为孙,更无他虑。刘兄将以耻辱,遂即私适张卫,已付聘财,剋时成纳,其妹确乎守志,贞固不移,兄遂以女代姑,剋时成礼未知,合得以不?刘请为孝妇,其理如何?阿刘宿种澡爨,早丧所天,愿事舅姑,不移贞节,兄乃夺其永志,私适张卫,然刘固此一心,心无再醮,直买匹夫守志,松筠之契已深,复兹兄嫁不从,金石之情弥固,论情虽可嘉尚,语状颇有生疑,孀居遂诞一男,在俗谁不致疑惑!与亡夫梦合,梦合未可依凭;即执确有奸非,奸非又无的状。但罪难滥罚,狱贵深情,必须妙尽根源,不可轻为与夺。欲求孝道,理怒难从,其兄识情,庸愚未闲礼法。妹适张卫为妇,卫乃剋日成婚,参差以女代姑,因此便成伉俪。昔时兄党今作

第四章　律令制下的唐代民事法律

父公,旧日妹夫翻成女壻(婿),颠倒昭穆,改易尊卑,据法不可轻容,论情实难免怒。比是两和听改,据法自可无辜若也。因冒为婚科罪,仍须改正也。"

7. 禁止买卖婚姻

我国古代的婚姻制度从西周时期开始,即实行"六礼"的婚姻形式,先由男方家长向女方家赠送一定数量的聘财,表达男方家庭迎娶女方的诚意。此后,该项制度一直沿用下来。魏晋南北朝时期,由于北方少数民族进入中原,对中国古代原有的婚姻制度和道德观念进行了冲击,社会上出现了许多丑恶现象,如一些女方家长乘嫁女之机,向男方家里索要巨额聘财,这无疑加重了男方家庭的负担。针对这种情况,唐朝政府给予了严厉的禁止,唐太宗贞观十六年(642年)六月,亲自下诏书禁止卖婚,诏书云:"氏族之盛,实系于冠冕;婚姻之道,莫先于仁义。自有魏失御,齐氏云亡,市朝既迁,风俗陵替,燕赵右姓,多失衣冠之绪,齐韩旧俗,或乖德义之风,名虽著于州闾,身未免于贫贱。自号膏粱之胄,不敦匹敌之仪。问名惟在于窃货,结缡必归于富室。乃有新官之辈,丰财之家,慕其祖宗,竞结婚媾,多纳货贿,有如贩鬻。或贬其家门,受屈辱于姻娅;或矜其旧族,行无礼于舅姑,积习成俗,迄今未已。既紊人伦,实亏名教。朕夙夜兢惕,忧勤政道,往代蠹害,咸已惩革,惟此弊风,未能尽变。自今以后,明加告示,使识嫁娶之序,各合典礼,知朕意焉。其自今年六月,禁卖婚。"① 唐高宗时,为了进一步限制买卖婚姻,政府又于显庆四年(659年)十月十五日规定:"自今以后,天下嫁女受财,三品已上之家,不得过绢三百匹;四品、五品,不得过二百匹;六品、七品,不得过一百匹;八品以下,不得过五十匹,皆充所嫁女赀妆等用。其夫家不得受陪门之财。"② 从上述两条关于买卖婚姻的规定看,皆属于"禁违正邪"的内容,我们推测,有可能是唐代法律形式之一格的条文。

8. 娶逃亡妇女为妻妾

《唐律疏议》卷14"娶逃亡妇女条"规定:"诸娶逃亡妇女为妻妾,知情者与同罪,至死者减一等,离之。即无夫,会恩赦免罪者,不离。"长孙无忌等疏议对此解释云:"妇女犯罪逃亡,有人娶为妻妾,若知其逃亡而娶,流罪以下,并与同科;唯妇人本犯死罪而娶者,流三千里。仍离之。即逃亡妇女无夫,又会恩赦得免罪者,不合从离。其不知情而娶,准律无罪,若无夫,即听不离。"

---

① 《唐会要》卷83。
② 同上。

9. 禁和娶人妻

《唐律疏议》卷14"和娶人妻"条规定:"诸和娶人妻及嫁之者,各徒二年;妾,减二等。各离之。即夫自嫁者,亦同。仍两离之。"长孙无忌等人虽在疏议中对此作了解释,但对于何谓"和娶人妻"却没有说明。所谓和娶人妻,即丈夫与某男商议,撰写休书与妻子离婚,让妻子改嫁某男,从中收取一定数额的钱物。或者丈夫收受一定数量的聘财,将妻子另嫁他人。唐律规定,对此种行为,和娶双方各徒二年;如和娶为妾,减二等处罚。笔者在唐代的文献中未见有类似的事例,但在宋代的判例集《名公书判清明集》卷9《户婚门》中却保存了这样一个案例:"谨按:律曰:'诸和娶人妻,冀嫁之者,各徒二年;即夫自嫁者,亦同。仍两离之。'又曰:'诸妻擅去徒二年。'叶四有妻阿邵,不能供养,自写立休书、钱领、及画手摸,将阿邵嫁与吕元五,父子共交去官会三百贯,尚未尽会二百贯,寄留叶万六家。既已亲书交钱,又复经官陈理,若如此而可取妻,是妻可以戏卖也。吕元五贪图阿邵为妻,另斐千七夫妻与杨万乙啜诱叶四,虽已写约,尚未心服,而遽占留阿邵在家,若如此而可得妻,是妻以可力夺也。律有两离之法,正为此等。"上述叶四卖妻案正符合唐律"和娶人妻"条所规定的所有要件。

9. 禁止先奸后婚

唐律中对于强奸和通奸等行为制定了严厉的惩罚措施。但在现实中,也会出现男方先通过暴力手段强奸女方,待生米煮成熟饭,然后再迎娶女方;或者双方父母不同意,男女双方先通奸,后逼迫父母迎娶等情况。对于上述现象,唐令规定:"假令,先不由主婚,和合奸通,后由父母等立主婚已讫后,先奸通事发者,纵生子孙犹离之耳。常赦所不免,悉赦除者,不离。唐令犹离者非。"①

唐代婚姻法中的禁止性规定,有效地维护了封建的伦理道德体系和正常的社会秩序,对于家庭和社会的稳定起到了重要作用。

三、关于唐代结婚成立的要件

结婚是指男女双方按照国家法律所规定的条件和程序,确立夫妻关系的法律行为。我国古代的结婚的要件与现代社会有很大的不同,唐代婚姻法所规定的结婚要件有:

其一,父母之命,媒妁之言。前已述及,唐代婚姻法的一项重要原则是

---

① 《唐令拾遗·户令三十三》"先奸通后有主婚成婚者犹离之"条,长春出版社1989年11月版。

婚姻由父母包办，子女须秉承父母之命，无权决定自己的婚姻大事。除此之外，媒妁从中撮合介绍也是必不可少的条件。媒妁，按《说文解字》的解释："媒，谋也，谋合二姓者也。""妁，酌也，斟酌二姓者也。"媒妁的作用就在于把互无关系的青年男女撮合一起，《诗经·齐风·南山》说："娶妻如之何，匪媒不可"，一语道出了媒妁在整个结婚过程中的重要性。

唐律中把媒妁介绍作为婚姻成立的一个重要条件。据《唐律疏议》卷13"为婚妄冒"条疏议云："为婚之法，必有行媒"。在《唐律疏议·名例律》篇中，也有"嫁娶有媒"的规定，说明媒妁的介绍是唐代婚姻成立必不可少的条件。

唐律中有禁止同姓为婚及亲属为婚的规定，如对于出现类似的婚姻，媒妁须承担相应的法律责任。据《唐律疏议》卷14"嫁娶违律"条中疏议的规定："假有同姓为婚，合徒二年，未成，即杖八十，此是名减五等。其媒人犹徒一年，未成者杖六十，是名'各减首罪二等。'各准当条轻重，依律减之。略举同姓为例，余皆仿此。凡违律为婚，称'强'者，皆加本罪二等；称'以奸论'有强者，止加一等。媒人，各减奸罪一等。"

其二，制定婚书。所谓婚书，又称报婚书，是男女双方家庭制定的婚姻合同。《唐律疏议》卷13"许嫁女辄悔"条对报婚书作了解释："许嫁女已报婚书者，谓男家致书礼请，女氏答书许讫。"婚书一旦制定，对于男女双方家庭也就有了约束力，如许嫁女方家庭"辄悔者，杖六十"，而且"婚仍如约"，即婚约仍然有效。如男家自悔者，不坐，不追聘财。从唐律的规定看，婚书对男女双方的约束力显然是不一样的，男方家庭悔约只要不追聘财就能实现，而女方家庭如果悔约，家长被杖六十。

另外，唐律还规定，即使没有婚书，如接受男方家的聘财，亦等同婚书成立。聘财不限多少，即使是一尺以上，也等同制定婚书，具有法律效力，酒食不在聘财之列。如以财物为酒食者，亦同聘财。

唐律中还有一种特殊的婚书叫"有私约"。长孙无忌等在疏议中对有私约作了解释："约，谓先知夫身老、幼、疾、残、养、庶之类。老幼，谓违本约相校倍年者；残疾，谓状当三疾支体不完；养，谓非己所生；庶，谓非嫡子及庶、孽之类。以其色目非一，故云'之类'。皆谓宿相谙委，两情具惬，私有契约，或报婚书，如此之流，不得辄悔，悔者杖六十，婚仍如约。"

如果男女双方已有私约或报婚书，或女方家庭已接受男方家的聘财，而另许配给他人，唐律规定对女方尊长杖一百；如已成婚配者，徒一年半。如后娶之人知该女已许嫁而娶之，减女方罪一等，女归前夫。若前夫不娶，女方还聘财,后夫婚如法。从唐律中的该项规定可以看出,唐代法律积极地维护社会信用体系,对于婚书的法律效力给予保护,从而减少了婚姻方面的法律纠纷。

在现存的敦煌文书中,保存了唐代婚书的样文,为我们了解唐代婚书制度提供了方便,该婚书的格式为:①

  通婚书 某顿首顿首。阔叙既久,倾瞩良深(如未相识即云:久藉徽猷,未由展觌,倾慕之至,难以名言)。时候伏惟某位动止万福,原馆舍清休,即此某蒙稚免,展拜未由,但埤翘称重。谨奉状。不宣。某郡姓名 顿首顿首。(别纸)某自第几男年已成立,未有婚媾。承贤第某女,令淑有闻,四德兼备,愿法交援。谨同媒人某氏某乙,敢以礼请月正。若不遗,伫听嘉命。某自。

  答婚书 某顿首顿首,久仰德风,意阙批展(如先相识机云:求展既久,倾慕良深)忽如辱荣问,慰沃逾增。时候伏惟某动止万福。原馆舍清休,即此某蒙秩免。言叙未由,但增企除,谨奉状不宣。某郡姓名顿首顿首。(别纸)某自第儿女年尚初笄,未闲礼,则承贤第某男未有伉俪,顾存姻好,愿抚高援。请回媒人某氏,不敬,从某自。

从上述两件婚书的格式来看,唐代婚书一般分为两部分,即男方家里的通婚书和女方家里的答婚书,婚书由正纸和别纸组成,婚书的内容主要说明男女双方的姓名、年龄、是否有过婚史、媒人的姓名等。婚书一旦成立,对于男女双方都产生法律效力,违者将遭到法律的惩罚。

婚书制定后,如三年内男方家庭无故不娶,女方家可以解除婚约,亦不用返还聘财。据白居易判集所载判文云:"判得:景定婚姻讫,而女家改嫁,不还财礼,景诉之。女家云:无故三年不成。(判云)义敷好合,礼重亲迎,苟定婚而未成,虽改嫁而何罪。景谋将著代,礼及问名,二姓有行,已卜和鸿之兆,三年无故,竟愆燕婉之期,桃李恐失于当年,榛栗遂移于他族。既闻改适,乃诉纳征,掇情而嘉礼自亏,在法而聘财不返。"② 可见,唐代法律规定,婚书成立后若三年之内男方不迎娶者,女方可以自动解除婚约,另行嫁娶,并不归还聘财。唐代的这项制度也为宋代所继承,《明公书判清明集》卷9

---

① 参见敦煌文书 P3442 号、S6537 背 14 分号、P3637 号等,本文转引自叶孝信主编:《中国民法史》,上海人民出版社 1993 年版,第 290—291 页。

② 《全唐文》卷 673。

"诸定婚无故不成婚者听离"条也有类似的记载。

其三,实行六礼的婚姻程序。"六礼"是中国古代婚姻成立的必经程序,据《左传》"昭公元年"条记载,六礼依次是:"纳采、问名、纳吉、纳征、请期、亲迎。"唐代沿用了前代的规定,《唐律疏议》卷13"以妻为妾"条云:"妻者,传家事,承祭祀,既具六礼,取则二仪",说明六礼仍是唐代结婚的必经程序。六礼的第一个程序就是纳采,所谓纳采,就是男方将欲与女方和合婚姻,使媒人下通其言。根据陈顾远先生的解释,唐代纳采主要有:"合欢、嘉禾、河膠、九子蒲、宋苇、双石、石棉絮、长命缕、干漆九事,皆有词。膠漆取其固,棉絮取其调柔,蒲苇为心可屈可伸也,嘉禾分福也,双石意在两固也"。① 纳采之后第二个程序是纳吉,俗称过帖或换帖,唐代的纳吉主要是"报婚书"送达女家,女家答书许讫。纳征是六礼中最重要的程序,所谓纳征,又称纳币,即男方向女方家交纳聘财,唐高宗时曾规定不同官品,交纳聘财数量也不同,普通的庶人则依礼而行。请期是男家使人到女家商讨成婚日期,亲迎是男方亲到女方家迎娶。

唐代法律虽然保护婚书的效力,但唐律同样要求人们要遵守六礼的程序,对于违反规定强娶或不嫁的行为,同样也给予严厉的惩罚。据《唐律疏议》卷14"违律为婚"条规定:"即应为婚,虽已纳娉,期要未至而强娶,及期要至而女家故违者,各杖一百。"该条款的意思是,如果婚期未至,虽有婚约,男方已纳聘财,也不能强娶,否则杖一百;如婚期已至,而女方家不履行结婚程序,则对女方家长杖一百。

对于结婚过程中出现的违背六礼的行为,唐朝政府制定了许多规定,予以禁止。如唐睿宗太极元年(712年),左司郎中唐绍上表说:"士庶亲迎之礼,备诸六礼,所以承宗庙,事舅姑,当须婚以为期。诘朝谒见,往者,下里庸鄙,时有障车,邀其酒食,以为戏乐,近日此风转盛。上及王公,乃广奏音乐,多集徒侣,遮拥道路,留滞淹时,邀致财物,动辄万计,遂使障车礼贶,过于聘财,歌舞喧哗,殊非助感,既亏名教,又蠹风猷,违紊礼经,须加节制。望请敕令禁断。"同年十一月,睿宗采纳了唐绍的建议,敕令"王公已下嫁娶,比来时有障车,既亏名教,特宜禁断"。唐武宗会昌元年(841年),又下令:"婚娶家音乐、并公私局会花蜡,并宜禁断"。②

其四,关于主婚人的法律责任。主持婚姻之人可分为仪式上之主婚人

---

① 参见陈顾远:《中国婚姻史》,上海书店1984年第1版,第153页。
② 《唐会要》卷83。

和实质上主婚人,实质上主婚之人为婚姻当事人的父母或尊亲属,而仪式上主婚之人则不限于此。唐律中对于主婚人的规定主要是指仪式上的主婚,关于其法律责任,唐律规定:"诸嫁娶违律,祖父母、父母主婚者,独坐主婚。若期亲尊长主婚者,主婚为首,男女为从。余亲主婚者,事由主婚,主婚为首,男女为从;事由男女,男女为首,主婚为从。其男女被逼,若男年十八以下及在室之女,亦主婚独坐。"

在唐代的法典《唐律疏议》中,有许多关于"嫁娶违律"的规定。所谓嫁娶违律,就是指因婚嫁时机不当而出现的违法行为,虽然婚姻当事人有法定的婚约和结婚所具备的要件,但由于特殊的原因而不能结婚。嫁娶违律与违律为婚有很大的区别,违律为婚是指不具备结婚的要件或没有法定的婚约。

唐代嫁娶违律的主要罪名有居丧嫁娶、祖父母父母被囚禁嫁娶及居父母丧主婚三种罪名。① 唐律是中国古代法典编纂史上礼法结合的典范,也是忠孝思想发展的重要阶段。在《唐律疏议·户婚律》中,有3条是出于维护孝道的罪名。其一,居父母及夫丧而嫁娶罪。据《唐律疏议》卷13"居父母夫丧嫁娶"条:"诸居父母及夫丧而嫁娶者,徒三年;妾减三等。各离之。知而共为婚姻者,各减五等;不知者,不坐。"其二,父母被囚禁嫁娶罪。《唐律疏议》卷13"父母被囚禁嫁娶"条载:"诸祖父母、父母被囚禁而嫁娶者,死罪,徒一年半;流罪,减一等;徒罪,杖一百。祖父母、父母命者,勿论。"其三,居父母丧主婚罪。《唐律疏议》卷13"居父母丧主婚"条:"诸居父母丧,与应嫁娶人主婚者,杖一百。若与不应嫁娶人主婚,得罪重于杖一百。"

但在现实社会中,民间风俗往往与国家的法律相违背。如唐中宗时,在民间盛行冒丧成婚,借吉辟邪的说法,为此朝廷特下令禁止。唐德宗时,竟主动在婚丧期间嫁女,《旧唐书·蒋乂传》详细记载了此事:张孝忠子茂宗,尚义章公主,母亡,遗言乞成婚。德宗念张孝忠有功,任命为左卫将军,并许公主下嫁。朝中大臣蒋乂上疏反驳,认为皇帝此举"缪典礼,违人情,不可违法。"德宗回答:"卿所言古礼也,今俗借吉而婚不为少。"说明唐朝后期,违背婚礼的行为已很普遍。

四、唐代婚姻的法律效力

婚姻一旦成立,对于夫妻双方也就产生了法律效力,即在夫妻所在的家

---

① 参见拙文:《唐律中关于孝的规定》,日本《皇学馆论丛》第36卷第1号,平成15年2月版。

第四章　律令制下的唐代民事法律

庭内部形成了法律上的权利和义务关系,这种关系包括多个层次,主要有夫妻关系、父母子女关系、亲属关系、财产继承关系、法律责任连带关系等。

首先看一下唐代夫妻的法律地位。

中国古代的农耕文明造就了男尊女卑的社会现象。在自给自足的自然经济社会中,男子是家庭中的主要劳动者,女子主要从事一些农业辅助性活动和家务活动,这种劳动强度的不平等也造成了男女在社会及家庭中地位的不平等,丈夫在家庭中处于主导地位,妻子在家庭中处于服从的地位。

关于中国古代夫妻地位不平等的现象在很早就已出现。如西汉许慎在《说文》中云:"妇,服也",即臣服于男子之意。《礼记·郊特牲》说:"出乎大门,而先男帅女,女从男,夫妇之义由此始也。妇人,从人者也,幼从父兄,嫁从夫,夫死从子;夫也者,扶也,夫也者以知帅人者也。"这种社会地位的不平等体现在法律上就是极力维护男尊女卑的等级观念。

在唐代法典《唐律疏议》中,经常出现"夫为妇天,尚无再醮";"妇人从夫,无自专之道";"其妻虽非卑幼,义与期亲卑幼同"等字样。丈夫为了满足自己的私欲,可以随意娶妾,在敦煌吐鲁番出土的文书中,经常会看到男子娶妾的记载,在唐代的笔记小说《隋唐嘉话》卷中,也记述了唐太宗李世民赐妾给房玄龄的故事。对于妻子而言,只能从一而终。如果妻子与人通奸,一旦被发现,则处以徒二年半的重刑。

唐律对于夫妻双方之间的殴斗,所处的刑罚也不相同。《唐律疏议》卷22"殴伤妻妾"条云:"诸殴伤妻者,减凡人二等;死者,以凡人论。殴妾折伤以上,减妻二等。"相反,对于妻子殴打丈夫,唐律规定要加重处罚:"诸妻殴夫,徒一年;若殴伤重者,加凡斗伤三等;须夫告,乃坐。死者,斩"。① 从唐律中的该项规定可以看到,只要是妻子殴打丈夫,丈夫报告官府,就要对妻子处以徒一年的刑罚;而丈夫殴打妻子,只有在致妻子受伤的情况下才处以刑罚,还减凡人殴斗二等。

另外夫妻地位的不平等还表现在服丧制度上。如果妻子去世,丈夫只为妻子服丧期年便可。反之,如果丈夫去世,对妻子的要求十分严格,《唐律疏议》卷1"十恶"条中,将"闻夫丧匿不举哀,若作乐,释服从吉及改嫁"定为"十恶"罪中的不义罪,长孙无忌等人在疏议中解释道:"夫者,妻之天也。移父之服而服,为夫服斩衰,恩义既崇,闻丧即须号恸。而有匿哀不举,居丧作乐,释服从吉,改嫁忘忧,皆是背礼违义,故为俱十恶。"从唐律所规定的服制

---

① 《唐律疏议》卷22。

看,妻子为丈夫服丧与子女为父母服丧的等级相同,说明在家庭中妻子的地位与丈夫在家庭中的地位是不平等的。

唐代法律禁止买卖良口,唐贞观元年(627年),关中地区发生灾荒,百姓有鬻卖男女者,唐太宗亲自命人巡视关内各州,并从国库中拿钱为百姓子女赎身,还其父母。唐代法典《唐律疏议》卷19"略人略卖人"条规定:"诸略人、略卖人为奴婢者,绞;为部曲者,流三千里;为妻妾子孙者,徒三年。"但在现实生活中,唐代不仅有卖儿卖女的现象,甚至还有鬻卖妻子的情况。据《资治通鉴》卷252"唐僖宗乾符元年(874年)"条云:"州县以有上供及三司钱,督趣甚急,动加捶挞。虽拆屋伐木,雇妻鬻子,止可供所由酒食费。"另据唐朝后期僖宗中和年间成书的《玉泉子真录》记载,令狐陶父楚,镇东平,……时方久旱,陶因问民间疾苦。父老答曰:"赋税征道,贩妻鬻子不给,继以桑柘。"从这条史料我们看到,在唐朝后期,由于社会动荡,经济萧条,妻子甚至也可以成为商品被典卖。

妻子在家庭中地位低下,妾和媵的地位更为可怜。根据唐令的规定:"五品以上有媵,庶人以上有妾"。① 唐律中把妾、婢等视同商品,"妾通买卖","婢乃贱流"都证明了这一点。根据唐律的规定,家庭内的女性群体中,以妻的地位最高,媵次之,妾再次之,婢的地位最低。如果妻殴伤杀妾,与夫殴伤杀妻同。殴者,减凡人二等;死者,以凡人论。若媵及妾犯夫者,各加妻犯夫一等;殴重伤者,加凡斗伤四等。甚至媵及妾詈夫者,也要杖八十。如妾犯妻者,与夫同,即也杖八十下。

婢属贱民,没有身份和人身自由,主人可以随意剥削和玩弄,其地位比妾的地位还惨。据唐律规定,假如婢为主人所幸,因而有子;即虽无子,经放为良者,听为妾。如无子或不放免为良则仍属贱民阶层,在家庭中没有一点地位。

其次,再探讨一下夫妻双方的财产关系。

中国古代提倡同财共居,同一家族内的财产由家长支配,子女和家庭内的其他成员无权支配本家庭的财产,妻子也不例外。如系夫妻双方共同创造的财产,丈夫死后,妻子可代位继承丈夫的份额。《宋刑统》卷12"卑幼私用财"条引唐开元年间的《户令》云:"诸应分田宅及财物,兄弟均分。其父祖亡后,各自同居,又不同爨,经三载已上;逃亡经六载已上。若无父祖亡后,旧田宅、邸店、碾硙、部曲、奴婢见在可分者,不得辄更论分。妻家所得之财,

---

① 《唐律疏议》卷22"妻殴詈夫"条疏议曰所引唐令。

不在分限。妻虽亡没,所有资财及奴婢,妻家不得追理。兄弟亡者,子承父分。继绝亦同。兄弟俱亡,则诸子均分。……其未娶妻者,别与聘财。姑姊妹在室者,减男聘财之半。寡妻妾无男者,承夫分;若夫兄弟皆亡,同一子之分。有男者,不得别分,谓在夫家守志者。若改适,其见在部曲、奴婢、田宅不得费用,皆应分人均分。"

从上述这则规定我们可以看到夫妻双方在家庭中的财产权利:其一,若作为配偶的丈夫为财产所有人,当其去世,而寡妻妾又无子,则妻妾可以继承丈夫全部的财产;如死去的丈夫作为遗产继承人时,则寡妻妾可以代位继承丈夫应得的份额,同一子之分,即与丈夫的其他兄弟实行"诸子均分"。如果寡妻妾有子,则由其子代位继承其父的财产,妻子"不得别分"。其二,如在同一大的家族内,妻子从娘家带来的嫁妆及其他财物,原则上不在分割之限,应归妻子所在的家庭所有;如妻子死亡,其所带来的嫁妆及财物,娘家不得追索,即由丈夫全部继承。其三,如果妻子改嫁,则现在家庭中的所有财物包括奴婢、部曲、田宅都不能使用和带走,由丈夫的子女和亲属(即应分人)均分,妻子不能分得任何财物。

女儿出嫁之后,基本上也就丧失了对娘家财产的继承权,只有在特定的条件下才有权继承娘家的财产。如唐《丧葬令》中规定:"诸身丧户绝者,所有部曲、客女、奴婢、店宅、资财,并令近亲(亲依本服,不以出降)转易货卖,将营葬事及量功德之外,余财并与女(户虽同,资财先别者,亦准此);无女,均入以次近亲;无亲戚者,官为检校。若亡人存日,自有遗嘱处分,证验分明者,不用此令。"① 这说明出嫁女在父母户绝时有权优先继承娘家的财产,但父母另有遗嘱除外。

再次,我们看一下夫妻双方的法律连带关系。

夫妻有罪相隐是中国古代一项重要的法律原则,它最早源于孔子的主张,西汉时期成为定罪量刑的一项重要原则。如汉宣帝地节四年规定:"自今自首匿父母,妻匿夫,孙匿大父母,皆勿坐。其父母匿子,夫匿妻,大父母匿孙,罪殊死,皆上请廷尉以闻。"② 唐律沿用了汉律的这一定罪量刑的原则,据《唐律疏议》卷6"同居相为隐"条规定,同居夫妻一方有罪,另一方可以为其容隐,但谋反、谋大逆、谋叛三罪不用此律。

中国古代官僚制的一个重要特征就是夫贵妻荣。如果丈夫加官晋爵,

---

① 《唐令拾遗·丧葬令第三十二》,长春出版社1989年11月版。
② 《汉书·宣帝纪》。

妻子也会享受许多司法特权。据《唐律疏议·名例律》规定,如七品以上官之妻子犯流罪以下,依例减一等处罚;九品以上官之妻子犯流罪以下,可以纳铜收赎。甚至五品以上妾,"犯非十恶者,流罪以下,听以赎论"。①

谋反、谋大逆、谋叛是中国古代最严重的犯罪,唐律将其列为十恶之首。凡犯有上述罪行者,妻子首当其冲受到牵连。据《唐律疏议·贼盗律》中规定,凡丈夫犯有谋反、谋大逆等重罪,除父子年十五以上皆绞,妻妾也要被没为官府的奴婢。对于丈夫谋叛,身处斩罪,妻子也受到牵连,流二千里。

五、唐代离婚的法律程序

经过魏晋南北朝时期的民族大融合,到隋唐时期,人们的婚姻观念已发生了重大的变化,离婚和再嫁已逐渐为社会所接受,在唐太宗贞观元年颁布的诏令中,也有鼓励地方官吏为孀居的妇女寻求佳偶的内容。在唐代的文献中,关于妇女离婚和再嫁的记载更是史不绝书,可见当时贞节观念之淡漠。

在离婚和再嫁的群体中,唐代众多的公主们无疑是这场社会风气变革的先锋。根据《新唐书·公主传》的记载,唐前期公主改嫁者有24人,其中三嫁者竟多达5人。在民间,改嫁的风气也很普遍,如《新唐书·列女传》记载,董直言坐贬岭南,"以妻少,乃诀曰:生死不可期,吾去,可亟嫁,无须也。"唐初名相房玄龄在其病危时,对其妻子说:"君年少,不可寡居,善事后人。"甚至一直以恪守礼法的老牌山东士族也有许多女子再嫁,据《旧唐书·列女传》记载,山东士族卢氏,嫁与崔绘为妻,绘英年早逝,卢年少,家中兄弟希望其改嫁,卢氏称病固辞。卢氏亡姊之夫李思冲为工部侍郎,又求续亲,"诸兄不之拒"。说明离婚和再嫁已成为很普遍的现象。

法律是现实社会的反映,在现存的唐代法典中,有许多关于离婚方面的规定;在现存的敦煌文书中,保存了许多唐代的离婚文书,所有这些资料为人们全面了解唐代的婚姻法提供了方便条件。

1. 唐代离婚的要件

中国古代在婚姻的解除上,丈夫拥有完全的权利,妻子没有任何权利可言,离婚权完全操纵在丈夫的手中。妻子自从与丈夫结婚那天起,就把自己的命运牢牢地寄托在丈夫身上。如公婆和丈夫对妻子稍不如意,或妻子有过错,就会被休弃。休妻最充分的理由是所谓的七出。据《仪礼·丧服》"出

---

① 《唐律疏议》卷2。

妻之子为母"引贾公彦对"七出"的注疏："无子,一也;淫佚,二也;不事舅姑,三也;口舌,四也;盗窃,五也;妒忌,六也;恶疾,七也。"妻子犯七出中的任何一款,夫家都足以作为借口把妻子赶出家门。在《唐律疏议》卷14"妻无七出而出之"条对七出实施的细则又作了解释:"问曰:'妻无子者,听出。未知几年无子,即合出之?'答曰:'律云:妻年五十以上无子,听立庶以长。即是四十九以下无子,未合出之'。"这也就是说妻子如在五十岁之前未能为丈夫生子,丈夫就可以名正言顺地休掉妻子。

从上述七条休妻的理由来看,属于妻子主观过错的有五条,属于妻子身体或生理缺陷的有两条,"七出"的离婚要件就是要用封建礼法把妻子牢牢地束缚在家庭内部,令其恪守妇道,严禁超越礼教的界限。

当然,为了限制夫家滥用休弃之权,法律也对出妻作了一定的限制,这也就是通常所说的"三不去"。据《大戴礼记·本命》云:"妇有三不去:有所娶,无所归,不去;与更三年丧,不去;前贫贱,后富贵,不去。"《唐律疏议》卷14"妻无七出而出之"条疏议曰:"虽犯七出,有三不去。三不去者,谓:一,经持舅姑之丧;二,娶时贱后贵;三,有所受无所归。而出之者,杖一百。并追还合。"但唐律又规定:"若犯恶疾及奸者,不用此律。"所谓恶疾,即患有顽固之病症,难以治愈;奸,是指妻子与丈夫以外的其他男性通奸的行为,对于这两种情况,唐律规定,"虽有三不去,亦在出限。"

义绝是唐代离婚的另一法定要件。所谓义绝,是指夫妻双方恩义已绝,夫妻关系已没有继续存在的必要,如不离婚,对于夫妻双方家庭会带来更大的灾难,在这种情况下,国家通过强制手段强迫夫妻离异。法律规定,对不离异者,将给予严厉的制裁。

关于义绝制度的产生,史书没有明确记载。据汉代的《白虎通义·嫁娶》中云:"悖逆人伦,杀妻父母,废绝纲纪,乱之大者也,义绝,乃得去也。"说明至少在汉代已出现了义绝离婚的制度。唐律在继承前代婚姻法的基础上,对义绝制度作了更为详尽的规定。唐律中对于义绝的要件作了明确的解释,概括起来有八种情况:一,夫殴打妻之祖父母、父母;二,夫杀妻之外祖父母、伯叔父母、兄弟、姑、姊、妹;三,夫妻双方的祖父母、父母、外祖父母、伯叔父母、兄弟、姑、姊、妹相杀;四,妻殴詈夫之祖父母、父母;五,妻杀伤夫之外祖父母、伯叔父母、兄弟、姑、姊、妹;六,妻与夫缌麻以上亲通奸;七,夫与妻母奸;八,妻欲谋害丈夫。凡属上述行为,虽会赦,犹为义绝,强制离异;"妻虽未入门,即虽已订婚,尚未成婚,亦从此令。"①

《唐律疏议》卷14"义绝离之"条对违反此规定的行为给予了相应的罚则:"诸犯义绝者离之,违者,徒一年。"长孙无忌等在疏议中对此作了解释:"夫妻义合,义绝则离。违而不离,合得一年徒罪。离者,既无'各'字,得罪止在一人,皆坐不肯离者;若两不愿离,即以造意为首,随从为从。皆谓官司判为义绝者,方得此坐,若未经官司断处,不合此科。"

在唐代,最普通的离婚形式是和离。唐律中规定"若夫妻不相安谐而和离者,不坐。"从上述的解释看,所谓和离,就是夫妻双方生活不协调,没有感情基础而自愿离婚。和离与义绝、七出相比,离婚的形式较为平和,对于夫妻双方都愿意接受,对双方家庭也未造成伤害,因而这种离婚形式也较为文明。

唐代夫妻离婚必须经过丈夫的同意,当然也有妻子主动提出离婚,向丈夫索要离婚文书的情况。据唐人范摅的《云溪友议》记载,颜真卿任临川内史时,当地有一书生名叫杨志坚,"嗜学居贫",其妻因不堪忍受困苦生活,"索书求离",坚无奈赋诗一首,内含允许再婚之意,"其妻持诗诣州,请公牒以求他适"。颜真卿怒其"侮辱乡间,伤败风教",将其笞二十,但仍"任其自嫁。"

在唐律中,有"妻妾擅去"的规定。所谓擅去,就是未经过丈夫允许而擅自离开夫家的行为。按《唐律疏议》卷14"义绝离之"条的解释:"妇人从夫,无自专之道,虽见兄弟,送迎尚不踰阈。若有心乖唱和,意在分离,背夫擅行,有怀他志,妻妾合徒二年。因擅去而即改嫁者,徒三年。"但夫妻之间因争吵而离走者,不同此律,即不适用此项规定。

2. 唐代的离婚书

唐律规定,娶妻须制作婚约,唐《户令》云:"娶妾仍立婚契"。与娶妻、妾制作婚书一样,唐代夫妻离婚同样要制作离婚文书。如妻子再嫁,许持前夫书写的休书到官府请求公牒,然后再嫁。关于唐代离婚书的格式,在英藏敦煌文献S5578号和S6537号1V保存了两件唐代敦煌地区的离婚文书,为方便阅读,兹引之如下:②

---

① 《唐律疏议》卷14。
② 《敦煌社会经济文献真迹释录》第2辑,全国图书馆文献缩微复制中心出版,第177—178页。

放妻书(样式)　　斯六五三七号1V

盖闻夫妇之礼,是宿世之因,累劫共修,今得缘会。一从结契,要尽百年。如水如鱼,同欢终日。生男满十,并受公卿。生女柔容温和,内外六亲欢美。远近似父子之恩,九族邕怡,四时如不增(曾)更改。奉上有谦恭之道,临下无僥无偏。家饶不尽之财,妯娌称长延之乐。何乃结为夫妇,不悦鼓□(瑟)。六亲聚而咸怨,邻里见而含恨。苏乳之合,尚恐异流。猫鼠同窠,安能得久。二人违隔,大少不安。更若流连,家业破散,颠铛损却,至见宿活不残。擎鏊筑瓮,便招困弊之苦。男饥耕种,衣结百穿,女寒绩麻,怨心在内。夫若举口,妇便生嗔。妇欲发言,夫则拾棒。相曾(憎)终日,甚时得见。饭饱衣全,意隔累年,五亲何得囵会。乾沙握合,永无此期。羊虎同心,一向陈话美词。心不合和,当头取办。夫觅上对,千世同欢。妇娉毫宋,鸳鸯为伴。所要活业,任意分将。奴婢驱驰,几□不勒。两共听稳,各自分离。更无□期,一言致定。今请两家父母,六亲眷属,故勒手书,千万永别。忽有不照验约,倚巷曲街,点眼弄眉,思寻旧事,便招解脱之罪。为留后凭,谨立。

另一件离婚书的样式S5578号与此件内容大体相同,但稍有残缺,兹就不再赘列了。从上述这件离婚书的样式我们可以看到当时离婚的状况:由于夫妻感情不和,致使邻里不安,六亲不宁。最后,当事人召集夫妻双方的父母和六亲眷属,当众书写离婚文书,作为凭证。如有再"思寻旧事,便招解脱之罪",这是古代敦煌地区盟誓的一种形式,假有反悔者,便死后轮入地狱。

关于离婚书的名称,从敦煌出土契约文书看,有多种说法。从春秋战国以后,如果是官府强令离异,多用"离异"、"离绝"等字样;如果是男方主动提出与女方离婚,常用"出""去"、"遣",宋元以后多称"休"、"休离"等。① 而敦煌地区的离婚书与此有所不同,如S0343号文书篇首题"某专甲谨立放妻书";S5578号、S6573号(1V)无题名;S6537号(6V)首尾皆题"放妻书";P3212(11V)号首题"夫妻相别书";P4525(7)号、P3730号皆曰"放妻书"。有的学者将"放妻书"与敦煌文书的将奴婢放良的"放良书"相比较,认为妻的地位低下,故云"放",但杨际平先生认为"放妻书之'放',乃放归本宗之意",此说颇有见地。

---

① 参见杨际平:《敦煌出土的放妻书琐议》,《厦门大学学报》1999年第4期。

从上述 7 件离婚文书的内容来分析,离婚的理由通常是感情破裂所致,如 S5578 号文书中曰:"男饥耕种,衣结百穿;女寒续麻,怨心在内。夫若举口,妇便生嗔;妇欲发言,夫则抢棒。相憎终日,甚时得见。"在 S6537 号离婚书中所陈述的离婚理由也是因感情不和所致,文书说:"(前略)今已不和,想是前世怨家;反目生嫌,作为后代增嫉。缘业不遂,见此分离;聚会二亲,以俱一别。"

法国国立图书馆所藏敦煌文书 P3212 号背(11)号"夫妻相别书"所叙述的离婚理由与上述几件有所不同,从文书的内容看,似乎是因妻子不孝敬公婆而离异。兹引之如下:①

<blockquote>
夫妻相别书一道　伯三二一二号背(11)

夫妻相别书一道。盖闻人生一世,夫妻语让为先,世代修因,见存眷属。夫取妻意,妻取夫言。□夜□事奉郎姑叔伯,新妇便得孝名,日日即见快欢。今则夫妇无良,便作互逆之意。不敬翁嫁,不敬夫主,不事六亲,眷属侮辱,臬门连累。兄弟父母,前世修因不全,弟互(?)各不和目。今议相便分离。不别,日日溅见贫穷,便见卖男牵女。今对两家六亲眷属,因坐亭腾商量,当便相别分离。②
</blockquote>

前面所引的离婚文书皆为离婚的样式文书。现存的敦煌文书 P4525 号(7),则是一件正式的离婚书草稿。从离婚的原因来看,虽言双方感情不和,但生活贫窘似乎是更主要的原因。为方便阅读,兹引之如下:

<blockquote>
盖闻夫天妇地,结因于三世之中。男阴女阳(恐"男阳女阴"之误),纳婚于六礼之下。理贵恩义深极,贪爱因浓。生前相守报白头,死后便同于黄土。何期二情称怨,互角增多,无秦晋之同欢,有参辰之别恨,偿了赤索非系,树阴莫同。宿世怨家,今相遇会。□□□□□只是妻□敲不肯聚遂,家资须却少多,家活渐渐存活不得。今亲姻村巷等与妻阿孟对众平论,判分离别,遣夫主富盈讫,自后夫则任委贤央,同牢延不死之龙;妻则再嫁,……贤圣证之,但于万劫千生常处□□之趣。恐后无信,勒此文凭,昭迹示□用为验约。
</blockquote>

该离婚书中所记述的离婚双方当事人是丈夫富盈与妻子阿孟,由于妻

---

① 《敦煌社会经济文献真迹释录》第 2 辑,全国图书馆文献缩微复制中心出版,第 195 页。
② 参见唐耕耦、陆宏基编:《敦煌社会经济文献真迹释录》第 2 辑,全国图书馆文献缩微复制中心 1990 年出版,第 195 页。

子阿孟拒绝来到现场,丈夫富盈遂邀村巷亲邻当众评判,最后制定离婚文书。

离婚书对于夫妻双方都是必不可少的证明文书。关于离婚文书的用途,首先是注销户口。我国从春秋战国时期起就有严格的户籍管理制度,据《商君书》卷5《境内》云:"四境之内,丈夫女子皆有名于上,生者著,死者削。"在敦煌吐鲁番出土的文书中,也有女子因婚嫁而除附的记载,如在唐开元四年(716年)敦煌县慈惠乡的户籍记录:"女杨王年壹拾捌岁,中女,开元三年账后出嫁,入里内户主余善意孙男伏保为妻"即是例证。对于离婚不办手续,或妇女未经离婚而再嫁,唐律都有相应的罚则。

离婚书的另一用途就是作为再嫁时的结婚凭证。如前引《云溪友议》中的案例:杨志坚妻向坚索要休书后,即到官府申请公牒,以便再嫁。如果没有离婚书,就不能向官府申请公牒;没有官府发放的公牒,也就不能改嫁。

3. 离婚后的法律关系

妻子从丈夫手中取得离婚书,再到官府更改户籍,夫妻关系也就归于消灭,《唐律疏议》卷14"尝为袒免妻而嫁娶"条疏议云:"其被放出,或改适他人,即于前夫服义并绝。"离婚之后夫妻双方需要解决的问题有两个:其一是夫妻双方的财产划分。据《礼记·杂记下》郑玄注引"律:弃妻畀所赍",即归还其从娘家带来的嫁妆。唐代沿用了汉代的规定,据日本《令集解》卷10"七出"条云:"凡弃妻,先由祖父母父母,若无祖父母父母,夫得自由。皆还其所赍见在之财;若将婢有子亦还之。"即离婚后归还妻子从娘家带来的财产。日本的《养老令·户令》系仿唐令而作,所以我们认为日本令该条的规定大体上反映了唐代离婚的法律规定。离婚之后,妻子除了带走娘家陪嫁的妆奁外,不能再分得任何其他财物。

其二,是离婚后的子女归属问题。依照中国古代的婚姻习惯,夫妻离婚后,子女原则上归丈夫抚养,但如丈夫去世,则允许妻子携子女改嫁。离婚后妻子与所生子女的法律关系不变。据《仪礼·丧服》记载:"出妻之子为母期",也就是说,如父母离异被出,母亲去世,则子女须为母服期年之丧。如父母离异后母亲犯罪,也可用子之官阴请求减免罪责。白居易的判集记述了这样一个案例:"甲去妻后,妻犯罪,请用子荫赎罪,甲怒不许。判云:'二姓好合,义有时绝,三年生育,恩不可遗。凤虽阻于和鸣,乌岂忘于反哺,旋观怨偶,遽抵明刑。王吉去妻,断弦位续,孔氏出母疏网将加,诚鞠育之可思,何患难之不救'."① 说明母子关系并未因夫妻的离婚而改变。

4. 关于唐代妇女的改嫁问题

唐朝礼教鼓励妇女孝敬舅姑和善事丈夫,在丈夫死后,政府鼓励寡妇守节,并在赋税等方面给予照顾,如《唐令拾遗·赋役令第二十三》规定:"诸孝子顺孙、义夫节妇、志行闻于乡闾者,州县申尚书省奏闻,表其门闾,同籍悉免课役。"凡守节妇女可以获得免除赋役的特权。但是,唐代律、令并不禁止寡妇改嫁和妇女离婚再嫁,如唐太宗贞观初年颁布的诏令中即鼓励寡妻妾在服丧过后再嫁,并将鳏夫、寡妻妾数额的多少作为考核地方官政绩的一个重要标准。此后,唐朝政府一方面在政策上宣扬妇女恪守妇道,另一方面又为妇女改嫁大开方便之门。据《唐律疏议》卷14"夫丧守志而强嫁"条规定:"诸夫丧服除而欲守志,非女之祖父母、父母而强嫁之者,徒一年;期亲嫁者,减二等。各离之。"该条似乎是在保护寡妇守志的行为,实际上却是为寡妇再嫁提供了口实,如果妇女之祖父母、父母强迫其改嫁,则不在处罚之列。这样,一些丧夫的妇女,在父母、祖父母的"强迫"之下有走向了再婚的道路。以唐朝公主为例,唐朝公主再嫁者有23人,其中高祖女4人,太宗女6人,中宗女2人,睿宗女2人,玄宗女8人,肃宗女1人,这样如此高的再婚率,说明唐代婚姻制度所受封建礼教的束缚并不像宋元明清时代那样显著。

第二节 律令制下的唐代家庭财产继承制度

中国封建法律经过先秦两汉魏晋南北朝千余年的发展,到隋唐时期日臻完善。以律、令、格、式为中心的法律体系涵盖了唐代国家所有的法律内容,从刑事、行政、经济、民事等各方面都有明确的立法。立法的完善有效地保障了唐代社会的正常运转,唐代政治、经济、文化等方面的繁荣与唐代法律制度有着密切的关系。

家庭是社会最小的细胞,家庭秩序的好坏直接影响社会的稳定与进步。因此我国从西周时期起封建统治者就重视对婚姻家庭方面的立法,及至唐代,对婚姻家庭方面的立法更加完善,翻开唐代的法典《唐律疏议》,我们会看到有很多这方面的法律规范。以家庭财产继承法为例,唐代的家庭财产继承制度除了沿用两汉以来的"诸子均分"的原则外,还有许多新的规定。关于这个问题,国外已有很多学者发表了相关的论述。如早在二十世纪上

---

① 《全唐文》卷672。

半叶,日本学者中田薰即发表了《唐宋时代的家族共产制》,① 此后日本著名的法制史学家仁井田陞先生撰写了《唐宋时期的家产分割文书》,②《敦煌发现的唐宋家族法关系文书》③ 等一系列论文,从而使这一问题的研究更加深入。遗憾的是,由于受传统的"重刑轻民"思想影响,国内学术界对于这些问题尚未给予重视,近年来,虽然有些学者发表了一些相关的论文,如邢铁的《唐代的遗嘱继产问题》,④ 魏道明《中国古代遗嘱继承制度质疑》等,⑤ 但对于对于古代家庭财产继承制度的研究仍很不够,还有进一步探究的必要。基于此,本文试图对唐代的家庭财产继承制度作简单的探讨,不妥之处祈求教正。

一、中国古代家庭财产继承制的演变

中国古代自西周时起在家庭内部提倡实行"家族共财"或"同居共财"制度。如《仪礼·丧服》记载:"父子一体也,夫妇一体也,昆弟一体也。……故有东宫,有西宫,有南宫,有北宫,异居而同财,有余则归之宗,不足则资之宗。"家族的财产由家长支配,子女不能拥有私人财产,"无私货,无私畜,无私器,不敢私假,不敢私与"。⑥ 及至汉代,同居共财的现象仍很普遍,据《汉书·惠帝纪》云:"今吏六百石以上,父母妻子与同居,及故吏尝佩将军都尉印……,唯给军赋,他有所与。(唐)师古曰:同居,谓父母妻子之外,若兄弟及兄弟之子等,见与同居业者,今言同籍及同财也。"东汉时,封建统治者提倡"仁孝治国",选拔官吏实行察举制,"同居共财"已成为文人士大夫"齐家"的基本要求,也是察举人才的一个重要标准。在这种思想的指导下,社会上出现了许多"同居共财"的事例,最有名的有樊宏父子兄弟的"三世共财",蔡邕"叔父从弟三世不分财"。魏晋南北朝时期,同居共财之风不仅没有因为战乱而衰落,反而越演越烈,以至于出现了氾稚春"七世共财"和邵荣兴、文献叔"八世同居(同财)"的现象。据《通典》卷 94 记载:"曹魏嘉平元魏郡太守钟毓为父后,以出母无主后迎还,辄自制服,郡丞武申奏云……吴商答曰:出

---

① 参见中田薰:《唐宋时代的家族共产制》(一),《国家学会杂志》第 40 卷 7 号。
② 参见《唐宋法律文书研究》,第十三章《家产分割文书》,东方文化学院东京研究所刊,昭和 12 年 3 月。
③ 参见《中国法制史研究·奴隶农奴法和家族村落法》,东京大学出版会 1981 年版。
④ 《人文杂志》1994 年第 5 期。
⑤ 《历史研究》2000 年第 6 期。
⑥ 《礼记·内则》。

母无服。此由尊父之命。嫁母父不命时,何得同出母乎?为继父服者,为其父没,年幼随母再适,已无大功之亲,与继父同财共居,为筑宫庙,四时继嗣其先。"可见南北朝时期,与继父同财共居的情况也很多。

隋唐时期,同居共财的家庭仍有很多。据《旧唐书·杜暹传》记载,杜暹家族"自暹高祖至暹,五代同居。"唐德宗时,范阳有位高霞寓,父祖皆以孝闻,"凡五代同爨"。① 类似的事例在唐代的正史、笔记小说中屡见不鲜。宋元时期,同居共财的现象也有很多,如北宋太宗太平兴国五年(980),襄阳县民张巨源"五世同居,内无疑爨"。② 元朝时,"三世同居者,比比皆是",以至于政府将旌表的范围缩小到五世同居。明清时期,同财共居的事例也有很多,在此就不一一列举了。

我们说上述"同财共居"的情况在中世纪的中国毕竟是少数,不是普遍现象,绝大多数家庭在经历了由小到大的发展过程后都会走向分户析家的道路。因为随着家庭成员的扩大,家庭内部的凝聚力和亲缘特征逐渐削弱,当某一权威的家长去世而又无法产生新的令人信服的家长时,该家族也就面临着分家析财的命运。

中国古代最早提倡析家分居的朝代是秦朝。秦在商鞅变法时曾制定了《分户令》,规定"民有二男以上不分异者,倍其赋",后又颁布禁令,"令民父子兄弟同室内息者为禁。"③ 从此,析财分籍也就成为十分普遍的现象。遗憾的是秦代的法律对家庭的财产分割是如何规定的,因年代久远已不可知。及至汉代,已明确了诸子均分的财产继承制度。据《史记·陆贾列传》记载:"(贾)以好畤田地善,可以家焉。有五男,迺出所使越得橐中装,卖千金,分其子,子二百金,令为生产。"此外,在汉代还确立了遗嘱分割财产的形式。如《太平御览》卷836引应劭《风俗通》记载了沛中富豪临死前"呼族人为遗令,云悉以财属女"的事情,在江苏仪征胥浦101号西汉墓出土的《平帝元始五年(5年)先令券书》也记载了元始五年壬辰朔辛丑亥,高都里朱凌,"卢(庐)居新安里。甚接其死。故请县、乡三老、都乡有秩、左里师(师)、田谭等,为先令券书",分割财产。说明在汉代已出现了使用遗嘱分割家庭财产的情况。魏晋南北朝时期沿用了汉代的财产继承制度

隋唐时期仍实行诸子均分的原则。宋代继承了唐代的财产继承制度,

---

① 《旧唐书》卷162《高霞寓传》。
② 《宋史·孝友传》。
③ 《史记·商君列传》。

并有所发展和变化。如南宋时期对于女子的财产继承就与唐、北宋有所不同,日本学者仁井田陞先生在《宋代家庭财产法中女子的地位》一文中曾对此进行了探讨,① 总体来说,宋代财产继承仍是诸子均分,只不过财产分割时增加了政府的行为,即"官中从中",当地官府起到了公证的作用。在《袁氏世范》卷1《分给财务均平》曾有:"父祖年高,息于营干,多将财产均给子孙"的记述。值得注意的是,在该书卷3"析产宜早印阄书"条中还记载了当地行政部门对于财产分割的管理,这是唐以前从未有过的。为方便阅读,兹引之如下:

>县道贪污,遇有析户印阄,则厚有所需。人户惮于所费,皆匿而不印,私自割析。经年既深,贫富不同,恩义顿疏,或至争讼,一以为已分,失去阄书,一以为财分未尽,未立阄书。官中从中,文则碍文。故多久而不决之患。凡析户之家,宜早印阄书,以杜后患。

明清时期的财产继承分割也大都沿用前代的习惯。但在一些细微之处有所变化。如明代洪武七年福建福州郭氏支谱(同治十三年刊,隆庆六年序)所记载的分家文书就是很好的例证:②

>母亲杨氏嫁事郭四公,生下二男一女,长曰贵卿,次曰子贵,女曰每小,各已婚嫁。夫在日,常往建宁府经商,辛卯年间,与本府管下水吉村吴佛小,生一男曰建郎。后佛小身故,癸卯年再往建宁,乃取建郎回家恩养。夫先时并无祖业,田产系长男贵卿将伊媳妇妆奁,变为财本,与夫外商置立家产。贵卿备历险阻,多受劳苦。夫治命每欲优待,及拨还家妇原本,不幸癸卯年外亡莫遂厥志。今请宗眷相议,从公品派,将所置田园,共计贰拾伍石肆斗种地内,拨出叁石伍斗,还贵卿原入资本,余作三分均分,肥饶不等,种数长短,陪匀平等,编立字号,开写地段种数,令各男于家先后拈阄,然后照依所得字号,填写阄书,前去掌官,所有税银户役,各自承当。房屋一座,东边一半分与贵卿,西边一半分与子贵,一同居住。西边一座与建郎另居,仍于贵卿名下。取出原收夫遗下花银肆拾两,将贰拾两与子贵,贰拾两与建郎。分析之后,各宜思念创业

---

① 参见《中国法制史研究·奴隶农奴法和家族村落法》第三章,东京大学出版会1981年版,第365—392页。

② 转引自仁井田陞:《明清族谱中所见的家产和租佃关系文书》,《中国法制史研究·奴隶农奴法和家族村落法》,第五章,东京大学出版会1981年版,第507页。

艰难，毋得非理破浪，亦不得迭行反悔，互异紊乱。如违准不孝忤逆情罪。遂立福禄寿三字号阄书，各收执为照者。

洪武七年六月　　书在见弟五郎

从这份分家文书中我们可以看出：(一)明代仍实行诸子均分的家庭财产分割制度；(二)对于非婚生子女，允许其与婚生子女一样继承相等的份额，如上述非婚生子郭建郎即属于此，他与其他婚生子一样继承了家庭的财产；(三)又因以长男贵卿之妻的妆奁经商而使家庭财产增殖，在家庭财产分割时也考虑了这种特殊因素，先拨出叁石伍斗与贵卿；(四)婚生的出嫁女却没有权利继承家庭的财产，如女儿每小即没有分到任何财产；(五)财产分割后，向官府交纳的税银、承担的户役也相应被分割，应"前去掌管"，一一交割。而"所有税银户役，各自承当"，说明中国古代的财产继承制度也是随着各代经济制度的变化而不断变化的。

二、唐代财产继承的法律规定

唐代的继承制度分为两类：一为身份地位的继承，这类继承主要是祭祀、爵位以及实封等方面的继承，关于这方面的规定，实行嫡长子继承制。一为家庭财产的继承。我们讨论的内容主要是唐代家庭的财产继承。

按照现代民法学的概念，财产继承是指遗产继承，即被继承人死亡之后，继承人分割其财产的行为。中国古代的财产继承比现代财产继承要复杂得多，这主要是因为古代家庭成分复杂，如有些家庭有妻生子、妾生子以及非婚生子等现象，加之大多数家庭实行同财共居的制度，所以在分割财产时较为困难。

前已述及，受儒家思想的影响，唐代提倡同财共居，并对分割家庭财产作了许多限制。首先，反对父母、祖父母在世而子孙分割财产的行为，在国家的法典中明令禁止。《唐律疏议》卷12"子孙别籍异议财"条规定：

> 诸祖父母、父母在，而子孙别籍、异财者，徒三年。疏议曰：称祖父母、父母在，则曾、高在亦同。若子孙别生户籍，财产不同者，子孙各徒三年。注云"别籍、异财不相须"，或籍别财同，或户同财异者，各徒三年，故云"不相须"。

其次，父母去世后，子女为父母服丧期间也不许分割家庭财物。如唐律规定:"诸居父母丧,生子及兄弟别籍、异财者,徒一年。"①

唐律虽然有严格的规定,但现实生活中还是有很多人违反规定。如唐玄宗在天宝年元年(742)的敕文中指出"如闻百姓之内,有户高丁多,苟为规避,父母见在,乃别籍异居,宜令州县勘会。一家之中有十丁以上者,放两丁;征行赋役五丁以上者,放一丁,即令同籍共居,以敦风教。其侍丁老者,假免差科。"唐宪宗元和六年(807)二月,针对自两税法实行以来,"刺史以户口增减为其殿最,故有析户以张虚数,或分产以系户名"的情况,曾命观察使"严加访察",②仍没有收到多大的效果,尤其是在西南地区更为显著。北宋初,宋太祖在开宝二年(969年)颁布严格的禁令:"令川陕诸州,察民有父母在而别籍异财者,其罪死。"③

上面唐代法律规定的只是禁止子孙别籍异财,对于父母、祖父母提出别籍异财的行为,唐律规定:"若祖父母、父母处分,令子孙别籍及以子孙妄继人后者,得徒二年,子孙不坐。但云别籍,不云令其异财;令异财者,明其无罪。"④另据《大元通制条格》卷3《户令》"亲在分居"条记载:"至元八年六月,尚书省御史台呈:监察御史体究得随处诸色人等,往往父母在堂,子孙分另别籍异财,实伤风俗,送户部讲究得旧例,祖父母、父母不得令子孙别籍,其支析财产者听。"可见,唐代对于父母、祖父母亦不准令子孙别籍,但允许在生前支析财产。如唐开元年间著名宰相姚崇即有此举,据《旧唐书·姚崇传》记载:"崇先分其田园,令诸子侄各守其分,仍为遗令,以戒子孙。"说明法律对于父母、祖父母先提出支析财产的行为是允许的。

唐代如何分割家庭财产,其分割的原则是什么?《宋刑统》卷12"卑幼私用财"条引唐开元年间《户令》云:"诸应分田宅者及财物,兄弟均分。其父祖亡后,各自同居,又不同爨,经三载已上;逃亡经六载已上。若无父祖旧田宅、邸店、碾硙、部曲、奴婢见在可分者,不得辄更论分。妻家所得之财,不在分限。妻虽亡没,所有资财及奴婢,妻家并不得追理。兄弟亡者,子承父分。继绝亦同。兄弟俱亡,则诸子均分。其父祖永业田及赐田,亦均分;口分田,即准丁、中、老、小法。若田少者,亦依此法为法。其未娶妻者,别与聘财。姑姊妹在室者,减男聘财之半。寡妻妾无男者,承夫分;若夫兄弟皆亡,同一

---

① 《唐律疏议》卷12。
② 《唐会要》卷84。
③ 《续资治通鉴长编》卷10。
④ 《唐律疏议》卷12。

子之分。有男者,不别得分,谓在夫家守志者。若改适,其见在部曲、奴婢、田宅不得费用,皆应分人均分。"

从上述这则规定中我们可以看出唐代财产继承的几个特点:其一,在父、祖父死亡后,经三年以后分割财产,实行诸子均分。其二,均分的财产主要是父祖遗留下来的田宅、邸店、碾硙、部曲、奴婢等可分割的财物。其三,妻原来从娘家带来的财产,不在分割之列,归妻所在的家庭所有。妻死亡后,娘家不得追还带走的妆奁;其四,若兄弟之间有先亡者,允许儿子代位继承其父应分的份额。若寡妻妾无男而守志者,可以继承其丈夫应分得的份额;其五,家庭中有未娶妻的男子,另为其保留一定数额的聘财。如有姑姊妹未出嫁者,亦另为其留有妆奁,数额相当于家庭中未娶妻男子聘财的一半。

在现实生活中,也有很多特殊情况。如对于收养的养子、无子的出嫁女如何继承家庭财产,唐代法律没有明确的规定。我们先看一下对养子的规定。唐律中禁止收养异姓之子,无子者,"听养同宗于昭穆相当者"。对于收养异姓子,《唐律疏议》卷12"养子舍去"条记载:"异姓之男,本非族类,违法收养,故徒一年;违法与者,得笞五十。养女者不坐。其小儿年三岁以下,本生父母遗弃,若不听收养,即性命将绝,故虽异姓,仍听收养,即从其姓。"对于养子如何继承财产,笔者在唐代的法律文献中未见到相关的规定,有的学者认为养子与亲子享有同等继承财产的权利。① 不过在宋人的记述中我们可以看到其在继承家庭财产时还是不平等的。如在《名公书判清明集·户婚门》有这样的判语:"徐氏,乃陈师言之继妾,元乞养一子曰绍祖,又亲生二子,曰绍高、绍先,乃女曰真娘。师言死,徐氏自将夫业分作五分,乞养子一分而已,与亲生三子,自占四分。"另外,唐大和八年(834)八月二十三日颁布的敕节文对于外商、蕃客的财产继承已剥夺了养子的继承权,其中规定:"自今以后没,诸州、郡应有波斯及诸蕃人身死,若无父母、嫡妻、男及亲兄弟元相随,其钱物等便勘责官收。如是商客及外界人是身死,如无上件亲族相随,即量事破钱物狸瘗,明立碑记,便牒本贯追访。如有父母、嫡妻、男及在室女,即任收收认。如是兄弟、亲侄男不同居者,并已出嫁女,兼乞养男女,并不在给还限。"② 既然宋代养子继承遗产没有明确的规定,我们认为唐代养子继承家庭财产也会有受到歧视的现象。

---

① 参见张晋藩总主编:《中国法制通史》第四卷,法律出版社1999年版,第609页。
② 《宋刑统》卷12。

第四章 律令制下的唐代民事法律

对于女儿财产的继承权,唐《丧葬令》中规定:"诸身丧户绝者,所有部曲、客女、奴婢、店宅、资财,并令近亲(亲依本服,不以出降)转易货卖,将营葬事及量营功德之外,余财并与女(户虽同,资财先别者,亦准此);无女,均入以次近亲;无亲戚者,官为检校。若亡人存日,自有遗嘱处分,证验分明者,不用此令。"这说明出嫁女在父母户绝时有权优先继承娘家的财产,但父母另有遗嘱除外。对于孝道不全的女儿,唐文宗开成年间作了限制:"自今后,如百姓及诸色人死绝,无男空有女,已出嫁者,《令》文合得资产。其间如有心怀觊望,孝道不全,与夫合谋,有所侵夺者,委所在长吏,严加纠察。如有此色,不在给与之限。"①

在唐代,对于非婚生子、奸生子的财产继承权,唐代亦有明确的规定。《宋刑统》卷12引唐天宝六载五月二十四日敕节文云:"百官、百姓身亡殁后,称是别宅异居男女及妻妾等,府县多有前件诉讼。身在纵不同居,亦合收编本籍,既别居无籍,即明非子息。及加推案,皆有端由。或其母先因奸私,或素是出妻弃妾,苟祈侥幸,利彼资财,遂使真伪难分,官吏惑听。其百官、百姓身亡之后,称是在外别生男女及妻妾,先不入户籍者,一切禁断。辄经府县陈诉,不须为理,仍量事科决,勒还本居。"从唐玄宗时的这项规定可以看到,唐代对于非婚生子、奸生子,如未被收入本籍,未得到本家庭承认者,不允许继承家庭的财产。

另外,在唐代中后期,随着商品经济的发展,出现了一些专门从事商品经营的商旅。这些商人每年大部分时间行走于全国,很少能和家人团聚。唐代法律对于远行在外的商人财产也给予了保护。如《宋刑统》卷12"死商钱物"条引唐《主客式》:"诸商旅身死,勘问无家人亲属者,所有财物,随便纳官,仍具状申省。在后有认识勘当,灼然是其父兄子弟等,依数却酬还。"对于如何认领死商的财物,唐文宗大和五年(831)的敕令规定:"死商钱物等,其死商有父母、嫡妻及男,或亲兄弟、在室姊妹、在室女、亲侄男,见相随者便任收管财物。如死商父母、妻儿等不相随,如后亲属将本贯文牒来收认,委专知官切加根寻,实是至亲,责保讫,任分付领取,状入案申省。"② 在此我们看到,凡商旅死于外地,如有亲属相随,则由相随者收管;如无人相随,死商家属在认领财物时,须有本贯文牒以证明其身份,当地官府委专知官认真核对。如实是至亲无疑,责令书写保讫,才允许领取,最后还要将有关的文状

---

① 《宋刑统》卷12。
② 同上。

记载入案,申报尚书省。

关于哪些人有资格继承死商的财产,在唐大和八年(834)八月二十三日的敕节文规定:"死商客及外界人身死,应有资财货物等,检勘从前敕旨。内有父母、嫡妻、男、亲侄男、在室女,并合给付。如有在室姊妹,三分内给一分。如无上件亲族,所有钱物等,并合官收。"① 在这份法律文件中,剥夺了出嫁女继承财产的全部权利以及在室女的部分权利,遗产的继承顺序依次是:父母、嫡妻、子、侄、在室女(享有部分财产继承权)。

在唐代的法律中,对于外国的商人如波斯商、蕃客等人的资财货物也给予了保护。唐代法律规定:"死商波斯及诸蕃人资财货物等,伏请依诸商客例,如有父母、嫡妻、男女、亲女、亲兄弟元相随,并请给还。如无上件至亲,所有钱物等并请官收,更不牒本贯追勘亲族。"② 另外,在该条敕文中,也对波斯商人、蕃客死后财产的继承权作了限制。如规定死者的亲兄弟、亲侄男不同居,并女已出嫁,兼乞养男女,并不在给还限。从上面这些规定中可以看出,唐代法律对于出嫁女、养子还是有歧视倾向。

三、从敦煌文书看唐代的财产继承

唐代的财产继承有遗嘱继承和法定继承两种形式,无论是遗嘱继承还是法定继承,都要制定文书。文书一旦生效,所有子女都要无条件遵守,否则要受到精神和物质上的惩罚。

遗嘱继承是唐代财产继承的一种重要形式。在《唐令拾遗·丧葬令第三十二》"身丧户绝"条曾记载了户绝者支配自己遗产的遗嘱法律效力,令文说:"诸身丧户绝者,所有部曲、客女、奴婢、店宅、资财,并令近亲转易货卖,将营葬事及量营功德之外,余财并与女;无女,均入以次近亲;无亲戚者,官为检校。若亡人存日,自有遗嘱处分,证验分明者,不用此令。"在这里,当户绝者没有第一顺序继承人时,遗产所有人可以单立遗嘱,经证验明确,遗嘱的法律效力高于令文的规定。

在现存的唐代文献中,仍可以见到唐人所立遗嘱的情况。据《旧唐书》卷58《刘弘基传》记载:"弘基……永徽元年加实封通前一千一百户。其年卒,年六十九。高宗为之举哀,废朝三日。……弘基遗令给诸子奴婢各十五人,良田五顷。谓所亲曰:若贤固不藉多财,不贤守此可以免饥冻。余财悉

---

① 《宋刑统》卷12。
② 同上。

第四章　律令制下的唐代民事法律

以散施。"在敦煌吐鲁番文书中,也保存了财产所有人生前订立遗嘱的样式。英国伦敦博物馆 S0343 号保存了《析产遗嘱(样式)》,兹引之如下:①

　　吾今桑榆已逼,钟漏将穷,疾病缠身,暮年不差,日日承忘瘥损,月月渐复更加。想吾四体不安,吾则似当不免,吾与汝儿子孙侄家眷等,宿缘之会,今为骨肉之深,未得安排,遂有死奔之道,虽则辜负男女,逝命天不肯容。所是城外庄田,城内屋舍家活产业等,畜牧什物,恐后或有不亭(停)争论、偏并,或有无智满说异端,遂令亲眷相憎,骨肉相毁,便是吾不了事。今吾惺(醒)悟之时,所有家产、田庄畜牧什物等,已上并已分配。当自脚下,谨录如后。右件分配,并已周讫,以后更不许论偏说剩。如有违吾语者,吾作死鬼,擘汝门镗,来共汝语,一毁地下,白骨万劫,是其怨家;二不取吾之语,生生莫见佛面。谨立遗书,限吾嘱矣。

另外,在敦煌文书 S65372V3V 号《遗书(样式)》、S6537 号 3V《分书(样式)》、S6537 号 5V6V《慈父遗书(样式)》也都记载了唐代遗嘱制定的格式,主要有订立遗嘱的原因、遗嘱的内容、违背遗嘱的后果以及遗嘱制定的时间等。在敦煌文书 S2199 号《唐咸通六年(865)尼灵惠唯书》中,保存了唐人遗嘱的原样,现将该文书引之如下:

尼灵惠唯书

　　咸通六年十月二十三日,尼灵惠忽染疾病,日日渐加,恐身无常,遂告诸亲,一一分析,不是昏沉之语,并是醒苏之言。灵惠只有家生婢子一名威娘,留与侄女潘娘,更无房资。灵惠迁变之日,一仰潘娘葬送营办,以后更不许诸亲吝护。恐后无凭,并对诸亲,遂作唯书,押署为验。

　　　弟　金刚
　　索家小娘子
　　外甥尼灵皈
　　外甥十二娘
　　侄男康毛　外甥索计计
　　侄男福晟
　　侄男胜贤

---

① 《敦煌社会经济文献真迹释录》第 2 辑,全国图书馆文献缩微复制中心 1990 年出版,第 159 页。

　　　　索郎水官
　　　　左都督成真（下残）

　　从这份遗嘱我们可以看出，尼灵惠并没有以其弟金刚、侄康毛等为财产继承人，剥夺了他们先于侄女潘娘继承财产的权利，而是将自己仅有的财产奴婢威娘留与侄女潘娘，并委托其办理自己的丧事，得到了认可，这说明在一定条件下唐代的遗嘱继承优先于法定继承。

　　综合以上所述，我们可以看出唐代的遗嘱文书具有如下几个特征：

　　其一，遗嘱的制定者大多是家庭中的长者，订立遗嘱的原因皆为遗嘱人身体衰竭，"死时忽就，无路避逃"，恐死后子女间有"不停争论"，故立遗嘱。

　　其二，遗嘱的中对于财产的分割，保留了未成年女儿的份额。如在S6537号5V、6V《慈父遗书一道（样式）》中就有这样的条款："某女，右通前当自己内分配指领已讫，后时更不得啾唧。"

　　其三，财产的分割实行诸子均分的原则，如在S6537号3V《分书（样式）》中写道："今则兄厶乙，弟厶甲，今对枝亲村邻，针量分割。城外庄田，城内屋舍，家资什物及牛羊畜牧等，分为厶分为凭。右件分割以后，一一各自支配。"①

　　其四，违反遗嘱规定的惩罚方式。从已发现的唐代遗嘱文书看，对于违反遗嘱分割的子女的惩罚方式有两种，一种是精神上的惩罚，如S5647号文书有："盖闻人之情义，山岳为期。兄弟之恩，劫石不替。……一依分书为凭，个为居产。更若偏波，便受五逆之罪，世代莫逢善事。"S6537号5V6V《慈父遗书（样式）》有："吾若死后，不许相诤。如若不听母言教，愿三十三天贤圣不与善道，眷属不合，当恶壤憎，百劫他生，莫见佛面，长在地狱，兼受畜生。若不听知，于此为报。"②另一种是经济上的惩罚。处罚的物品或充入官府，或充作军粮。如S66537号3V《分书（样式）》记载："后有不于此契争论者，罚绫一匹，用□（入）官中；仍麦五十硕，用充军粮。故勒斯契，用为后凭。"而S5647号《分书》记载的罚则是："兼有不存礼计，去就乖违，大者罚绫锦，少者决肉至骨。分析为定，更无休毁。如若更生毁伍，说少道多，罚锦一匹，充助官门。恐后子孙不省，故勒分书，用为后凭。"

　　其五，遗嘱的制定都是在行为人神志清醒的情况下制定的，制定时大都

---

① 《敦煌社会经济文献真迹释录》第2辑，全国图书馆文献缩微复制中心1990年出版，第180、182页。
② 同上。

第四章　律令制下的唐代民事法律

有亲属证人在场,以确保遗嘱的证据力。如在 S6537 号 3V《分书(样式)》中即有"今对枝亲村邻,针量分割"之语,在 S6537 号 2V3V《遗书(样式)》也有:"今醒素(苏)之时,对兄弟子侄诸亲等遗嘱,房资产业庄园宅舍,一一各支分数,例名如下。"

在唐代,遗嘱继承只是财产继承的一种形式,有很多情况下是财产继承人在父母、祖父母死后按法定继承来分割的。前已提及,唐代家庭内部的财产分割实行诸子均分。但至于说如何均分,又均分到何种程度,史书未有明确记载。敦煌文书 P2685 号《沙州善护、遂恩兄弟分家契》向我们提供了当时的真实情况。兹现引之如下:①

（前缺）

城外□□□□□□□□□□□□□□□□□□畜乘安(鞍)马等两家□□□□□取□□□□□壹领壹拾叁增,兄弟义让,□上大郎,不入分数。其两家和同,对亲诸(诸亲)立此文书。从今以后,不许争论。如有先是非者,决丈(杖)五拾。如有故违,山河为誓。

城外捨(舍):兄西分三口,弟东分三口;院落西头小牛舞(庑)舍合舍外空地,各取壹分;南园,于李子树已西大郎,已东弟;北园渠子已西大郎,已东弟;树各取半。

地水:渠北地三畦共壹拾壹亩半,大郎分;舍东三畦,舍西壹畦、渠北壹畦,共拾壹亩,弟分。向西地肆畦,共拾肆亩,大郎分;渠子西共三畦拾六亩,弟分。多农地向南仰大地壹畦五亩,大郎;又地两畦共五亩,弟。又向南地壹畦六亩,大郎;又向北仰地六亩,弟。寻渠九亩地,弟;西边八亩地,舍坑子壹□(亩),大郎。长地五亩,弟;舍边地两畦共壹亩,渠北南头寻渠地壹畦肆亩,计五亩,大郎。北仰大地并畔地壹畦贰亩,□(兄);寻渠南头长地子壹亩,弟。北头长地子两畦各壹亩:西边地子弟;东边兄。

大郎分:釜壹受九斗,壹斗五胜锅壹,胜半龙头铛子壹,铧壹孔,镰两张,鞍两具,镫壹具,被头壹,剪刀壹,𫓧壹,锹壹张,马钩壹,碧绢壹丈柒尺,黑自牛壹半对草马与大郎,钁壹具。

遂恩:铛壹口并主鏊子壹面,铜钵壹,龙头铛子壹,种金壹付,镰壹张,安(鞍)壹具,大斤壹,铜灌子壹,钁□壹具,绢壹丈柒尺,黑㸬牛壹

---

① 《敦煌社会经济文献真迹释录》第 2 辑,全国图书馆文献缩微复制中心 1990 年出版,第 142—143 页。

半。

(下略)

   兄善护

   弟遂恩

   诸亲兄程进进

   兄张贤贤

   兄索神神(藏文署名)

在英国伦敦博物馆也藏有 S2174 号《天复九年(909)董加盈兄弟三人分家契》,文书的内容是:①

  天复九年己岁八月十二日,神沙乡百姓赛田渠地,加和出买(卖)以人,怀子加和三人不关。佛堂门亭支。董加盈、弟怀子、怀盈兄弟三人,伏缘小失父母,无主作活,家受贫寒,诸道客作,兄弟三人,久久不溢。今对亲姻行巷,所有些些贫资,田水家业,各自别居,分割如后。兄加盈兼分进例,与堂壹口,椽梁具全,并门。城外地,取索底渠地叁畦,共陆亩半。园舍三人亭支。葱同渠地,取景家园边地,壹畦共肆亩。又玖岁樱特(牛)壹头,共弟怀子合。

  又葱同上口渠地贰亩半,加盈、加和出卖与集集,断作直(?)麦粟拾硕,布一匹,羊一口,领物人董加和、董加盈、白留子。弟怀子,取索底渠地大地壹半肆亩半,葱同渠地中心长地两畦五亩。城内舍,堂南边舍壹口,并院落地壹条,共弟怀盈二(人)亭分,除却兄加盈门道,园舍三人亭支。又玖岁樱特(牛)壹头,共兄加盈合。白杨树一、李子树一,怀子、怀盈二人为主,不关加盈、加和之助。

  弟怀盈取索底渠大地一半肆亩半。葱同渠地东头方地兼下头共两畦五亩,园舍三人亭支。城内舍,堂南边舍壹口并院落壹条,除却兄门道,共兄怀子二人亭分。又叁岁黄草驴(?)壹头。

  右件家业,苦无什物,今对诸亲,一一具实分割,更不得争论。如若无大没小,决杖十五下,罚黄金壹两,充官入用,便要后检(验)。

  润八月十二日,立分书

  (当事人、见人签名略)

---

① 《敦煌契约文书辑校》,江苏古籍出版社 1998 年 10 月出版,第 441—443 页。

第四章　律令制下的唐代民事法律

从上面这两份分家文书中可以看到,唐代家庭财产分割非常细致,首先召集亲属到堂,然后一一分割财产。分割的财物大到土地、房屋、牛马、树木等大宗物品,小到镰、剪刀等家常日用品,实行均分,这说明现实生活中的家庭财产分割与唐代国家法律的规定并不相背,而是一致的。

以上对唐代家庭的财产分割进行了简单的分析。在现实社会中,也有一些在唐代法典中没有明确规定的特殊情况,所幸的是敦煌遗书为我们提供了这方面的珍贵资料。

其一,是财产所有人生前所欠的债务如何偿还的问题。敦煌文书 S654 号纸背《丙午年(946)前后沙州敦煌县慈惠乡百姓王盈子兄弟四人状》为我们提供了重要的线索:①

> 慈惠乡百姓王盈子、王盈君、王盈进、王通儿,右以盈子等兄弟四人,是同胎共气兄弟,父母亡没去后,各生无议(义)之心,所有父母居产田庄屋舍四人各支分,弟盈(进)共兄盈君一处同活,不经年载,其弟盈进身得患累,经数月险治不可(?),昨者至□更兼盈进今岁次着重役,街□无人替当便作流户,役价未可填还,更缘盈进病亡时弟债油面债将甚繁多,无人招当,并在兄盈君上□其亡弟盈进分了城外有地七亩,有舍壹,城内有舍□□□□ 况与兄盈君□□□取填还债负如后。

(以下模糊不清)

从上面的文书看,敦煌县慈惠乡百姓王盈子、王盈君、王盈进、王通儿兄弟四人在父母死后分割家产,每人一份,弟盈进与兄盈君一起居住。盈进因病不能去服役,欠下役价及若干债务,"无人招当"。盈进留有城外七亩土地及屋舍一处,归其兄盈君管理,故其他兄弟向官府提出要求盈君从遗产中追偿支付。由遗产继承人从继承的遗产中支付财产所有人生前所欠的债负,这也是唐代一项重要的继承原则。

其二,是发生遗产纠纷时的解决途径。在唐代,如果发生遗产继承方面的纠纷,主要通过向官府提出诉讼来解决争端。敦煌文书 S6417 号《(年代不详)孔员信三子为遗产纠纷上司徒状(稿)》是一件因遗嘱纠纷而向官府递呈的诉状。原告的诉讼内容为:财产所有人孔员信生前三子年少,"不识东西",临终前将财产阿姨(姊?)三娘子代管。后三子长大成人,三娘子仍占有

---

① 《敦煌社会经济文献真迹释录》第2辑,全国图书馆文献缩微复制中心1990年出版,第300页。

财产不予归还。在这种情况下三子将遗产代管人三娘子告上了法庭,要求归还其应继承的份额。① 对于这份诉状的内容我们暂且不论,仅从孔员信三子通过向官府提起诉讼来解决遗产纠纷,我们说在唐代,通过提起诉讼来维护自己财产的继承权已成为一条重要的途径。

第三节 律令制下的唐代债权保障制度

人类是一个群居的整体,现实社会中的每个人都要与周围的人发生经济关系。人们之间的商品买卖、借贷、租赁、雇佣等民事行为,都是产生债的重要原因。因此,债是商品流通的产物,是商品交换的法律形式,是发展商品经济关系的有效的法律工具。马克思指出:"债权人和债务人的身份……是从简单商品流通中产生的。"② 更从本质上揭示了债的起源问题。

债也是民事法律关系中一项重要内容,它是按照契约(现代民法称为合同)的约定或法律的规定,在当事人之间产生的特定的权利和义务关系。在这一法律关系中,享有权利者称为债权人,负有义务者称为债务人。债权人享有请求他方(债务人)为一定行为或不为一定行为的权利即债权,债务人负有为他方(债权人)请求而为一定行为或不为一定行为的义务即债务。债权和债务是一个相对立的概念,存在于同一个法律关系之中。

众所周知,中国古代的民事法律不很发达,保存至今关于债的法律规定的很少。透过这些零散的资料,我们仍可看到历代统治者为了维护的正常的经济秩序,保障正常的经济往来,在债权保障方面有许多较为成熟的立法。譬如在秦代,为了保障国有财产不至于流失,对国有债权给予了明确的保障,规定:"有罪以赀赎及有责(债)于公,以其令日问之,其弗能入及赏(偿),以令日居之,日居八钱;公食者,日居六钱。"③ 这句话的意思是,凡欠官府债务,如无力偿还,以劳役抵偿债务,每劳作一天抵偿八钱;由官府给予饭食的,每天抵偿六钱。这种以劳役折抵债务的办法对后世的债权保障制度产生了重要影响。

隋唐时期是中国封建法律制度高度完善的时期,以唐律为中心,律、令、格、式四种形式并存的法律体系,涵盖了刑事、民事、经济等各方面的立法。

---

① 《敦煌契约文书辑校》,江苏古籍出版社1998年10月出版,第517—518页。
② 《马克思恩格斯全集》第23卷,第156页。
③ 《睡虎地秦墓竹简》,文物出版社1978年版,第84页。

以《唐律疏议》为例,其不仅刑事立法较为完善,在民事立法上也有许多独到之处,其中关于债权制度的法律规定在今天看来仍值得借鉴。对于唐代债权制度的研究,早在二十世纪初,日本学者加藤繁就发表了《唐代不动产的"质"》,[1] 对唐代不动产的质权作了论述。此后,日本著名法律史学家仁井田陞在《中国买卖法的沿革》、《唐宋时期的债权担保》等论著中也对唐代的债权制度进行了分析。[2] 而在我国法史学界,由于受传统思想的影响,认为债是为统治阶级用来剥削广大民众的法律工具,忽视了其在调整社会经济活动中的功能,因而对于该问题不可能给予公正的评价。近年来,一些学者对此已有所重视,在最近出版的一些教材和专著中都用了很大篇幅对此进行了论述,[3] 也有一些学者发表了相关的论文,如何勤华《〈唐律〉债法初探》等,[4] 直接推动了对于该问题研究的深入展开。

一、唐代法典中所见的债权保障规定

在现存的唐代法典《唐律疏议》中,有许多关于债权保障的内容。1933年,日本学者仁井田陞先生经过仔细的搜集和整理,出版了《唐令拾遗》,从该书中我们看到唐令中也有许多关于债权保障方面的条款。近年来,随着敦煌学研究的深入,在敦煌吐鲁番文书中发现了大量的关于债权保障方面的契约文书,法国学者童丕据此撰写了《敦煌的借贷——中国中古时代的物质生活与社会》一书,[5] 为我们系统地了解唐代债权制度提供了第一手的资料。概括起来,唐代法典中所见的债权保障措施包括如下几方面内容:

1. 关于负债不偿的刑事惩罚。《唐律疏议》卷26"负债违契不偿"条规定:"诸负债违契不偿,一疋以上,违二十日笞二十,二十日加一等,罪止杖六十;三十疋,加二等;百疋,又加三等。更令备偿。疏议曰:负债者,谓非出举之物,依令合理者,或欠负公私财物,乃违约乖期不偿者,一疋以上,违二十日笞二十,二十日加一等,罪止杖六十。'三十疋加二等',谓负三十疋物,违二十日,笞四十;百日不偿,合杖八十。'百疋又加三等',谓负百疋之物,违

---

[1] 《东洋学报》12期第1分册,大正11(1922年)年3月,又见《中国经济史考证》第一卷,吴杰译,商务印书馆1959年版。
[2] 参见《中国法制史研究·土地法、交易法》,东京大学出版会1981年版。
[3] 参见乔伟:《唐律研究》,山东人民出版社1985年版,第389页;张晋藩总主编:《中国法制通史》第四卷第十章第四节《关于债的法律》,法律出版社1999年版。
[4] 《江海学刊》1984年第6期。
[5] 该书1995年在巴黎出版,由余欣、陈建伟翻译成中文,2003年2月中华书局出版。

契满二十日,杖七十;百日不偿,合徒一年。各令备偿。若更延日,及经恩不偿者,皆依判断及恩后之日,科罪如初。"通过这则史料我们看到,在唐代,债务人所欠的债务数额越大,违约期限越长,遭到的处罚越重;处罚之后并不免除债务人所欠的债负,债务人仍要备偿所欠的债务。唐代文献中有关负债不偿的刑事惩罚记录极少,据《旧唐书·许孟容传》记载:"神策吏李昱假贷长安富人钱八千贯,满三岁不偿。孟容遣吏收捕机系,剋日命还之。曰:'不及期当死。'"这则史料反映的是安史之乱后国家法律遭到严重破坏的情况,但即使如此,地方官吏还是极力维护债权人利益的。

2. 关于债务诉讼时效的规定。唐律中对于债务诉讼的时效没有明确规定。但《宋刑统》卷26引唐穆宗长庆四年三月的制节文规定:"契不分明,争端斯起,况年岁浸远,案验无由,莫能变明,祇取烦弊。百姓所经台、府、州、县论理远年债负,事在三十年以前,而主保经逃亡无证据,空有契书者,一切不须为理。"这条法律条文的内容是,若债务人逃亡,经过三十年以后,官府将不承认原契约的法律效力,这也就是说债权人将失去对债务人的追偿权。该项规定在唐代虽未形成定制,但我们认为,宋代典当契约三十年收赎的年限极有可能是受此影响而制定的。

3. 对于强牵财物的规定。《唐律疏议》卷26"负债强牵财物"条规定:"诸负债不告官司,而强牵财物,过本契者,坐赃论。疏议曰:谓公私债负,违契不偿,应牵掣者,皆告官司听断。若不告官司而强牵掣财物,若奴婢、畜产,过本契者,坐赃论。若监临官共所部交关,强牵过本契者,计过剩之物,准'于所部强市有剩利'之法。"按照律文的精神,为了防止不必要的债务纠纷,法律禁止债权人通过不正当的手段向债务人追缴财物,债权人若想实现自己的债权,在债务人"违契不偿"的情况下,应通过诉讼形式来解决,而不应通过私下强牵掣债务人财物的方式来实现自己的债权。如债权人掣夺债务人财物超过本契的约定,还要以坐赃论处罚。该法条不仅维护了国家法律的严肃性,更避免了双方当事人之间不必要的财物纠纷,维护了双方当事人正当的财产权利。

另外,现存的唐令条文也对《唐律疏议》卷26"负债强牵财物"条作了补充规定。根据唐令的记述,债权人牵掣债务人财物必须以契约所规定者为限,若契约内没有规定,则债权人不得强牵掣夺债务人的财物。

4. 对于家资尽者,役身折酬的规定。据《唐令拾遗·杂令十七》记载:"诸公私以财物出举者,任从私契,官不为理。每月取利,不得过六分。积日虽多,不得过一倍。若官物及公廨,本利停讫,每计过五十日不送尽者,余本生利如初,不得更过一倍。家资尽者,役身折酬。役通取户内男口,又不得回利为本(其放财物为麦粟者,亦不得回利为本及过一倍)。若违法积利、契外掣夺及非出息之债者,官为理。收质者,非对物主不得辄卖。若计利过本不赎,听告市司对卖,有剩还。如负债者逃,保人代偿。"唐令中关于役身折酬的规定,首先它规定了役身折酬的前提条件是债务人"家资尽者",无资产偿还;役身折酬者必须是家庭中的男口;债权人不得回利为本,即以利息充当本金。

二、唐代债的不同类型及相关的法律规定

根据现代民法学的观点,债的产生是多种多样的,依据其性质和特点的不同,可分为合同之债、不当得利之债、无因管理之债、侵权行为之债等。而在中国古代,由于社会经济形态不同,债的类型及形成的原因也不同。从现存的唐代文献来看,唐代债的类型主要有以下几种:

1. 契约之债

为了保护债权人的权利,现实生活中通过制定契约的方式来保护双方当事人的利益。唐代官方及民间对不动产、重要动产的交易大多要制定法律文书,称为契约,由契约纠纷产生的债称为契约之债。根据唐代现存文献及出土的法律文书,唐代的契约主要有买卖契约、借贷契约、租赁契约、雇佣契约、寄存契约、承揽契约等几种形式。

首先,对买卖契约的规定。凡大宗的商品买卖,都要制定买卖契约,是长期以来古代民间交易中形成的习惯,也是对债权最重要的保障方式。按照商品的不同性能和是否可移动性,人们通常把商品分为动产和不动产,两者制定契约的形式略有不同。关于动产的买卖,尤其是大宗动产的买卖,唐律明确规定要订立市券,制定买卖契约文书。据《唐律疏议》卷26"买奴婢牛马不立券"条规定:"诸买奴婢、牛马驼骡驴,已过价,不立市券,过三日笞三十;卖者,减一等。立券之后,有旧病者,三日内听悔,无病欺者市如法,违者笞四十。"对于普通的商品买卖,在唐律中规定的更加细致,如买卖的标的必须合乎标准,"诸造器用之物,及绢布之属,有行滥、短狭而卖者,各杖六十;得利计赃重者,计利准窃盗论。贩卖者,亦如之。"[①] 对于商品的质量,《唐六典》卷20"两京诸市署条"规定:"其造弓矢、长刀,官为立样,仍题工人姓名,然后听鬻之。诸器物亦如之。"

---

① 《唐律疏议》卷26。

对于土地、房屋、邸店等不动产的买卖,唐代也有严格的规定。土地是最重要的生产和生活资料,唐代实行均田制,对于国有土地中的口分田,严禁买卖。《唐律疏议》卷12"卖口分田"条规定:"诸卖口分田者,一亩笞十,二十亩加一等,罪止杖一百;地还本主,财没不追。即应合卖者,不用此律。"对于出卖其他私有土地,也必须向官府申请文牒,《通典·食货二·田制下》引开元二十五年《田令》云:"凡卖买(田地)皆须经所部官司申牒,年终彼此除附。若无文牒辄卖买者,财没不追,地还本主。"

及至唐末五代,不动产的交易又增加了先问亲邻、交纳税契等程序。如后唐天成四年(929年)规定:"京城人买卖庄宅,官中印契,每贯抽税契钱二十文。"①

其次,对借贷契约的规定。唐代法典对于借贷之债的保护条款除了前面所述的刑事惩罚外,主要依靠社会习惯来调整。中国古代有句俗语,"杀人偿命,欠债还钱",人们把偿还债务看成是天经地义的事。唐代借贷之债分为两大类,一是无息借贷,二是有息借贷。对于有息借贷,主要由双方当事人约定,官府很少干预,如《宋刑统》卷26"受寄财物辄费用门"引唐《杂令》云:"诸公私以财物出举者,任依私契,官不为理。""诸以粟麦出举,还为粟麦者,任依私契,官不为理。"但为了维护债务人的利益,又规定"每月取利,不得过六分。积利虽多,不得过一倍。若官物及公廨,本利停讫,每计过五十日不送尽者,余本生利如初,不得更过一倍。"唐朝后期,户部格敕又规定:"天下私举质,宜四分收利,官本无分收利",进一步减少借贷的利息。

再次,对租赁契约的规定。唐代的租赁有土地租赁,房屋租赁,牲畜租赁、碾硙及邸店租赁等,其中最常见的就是土地租赁。唐代法律对于土地的租赁规定不多,从现存的史料看,国有土地不允许私人租赁,私人土地则不受限制。如唐令规定:"诸田不得贴赁及质,违者财没不追,地还本主。若从远役、外任,无人守业者,听贴赁及质。其官人永业田及赐田,欲卖及贴赁者,皆不在禁限。"② 在敦煌文书中,保留了大量的土地、房屋租赁文书,为人们了解唐代的租赁制度提供了真实的资料。

《唐律疏议》卷4"以赃入罪"条对于官府牲畜的租赁作了解释:"庸,谓私役使所监临及车马之类,计庸一日为绢三尺。"由此可知,唐律是将人力及畜力的租赁统称为庸。对于私人牲畜的租赁,唐律没有明确的规定。

---

① 《册府元龟》卷613《刑法部·定律令五》。
② 《唐令拾遗·田令二十》。

第四章　律令制下的唐代民事法律

复次,对寄存契约的规定。《唐律疏议》卷 26"受寄物辄费用"条规定:"诸受寄财物,而辄费用者,坐赃论减一等。诈言死失者,以诈欺取财物论减一等。疏议曰:受人寄付财物,而辄私费用者,坐赃论减一等,一尺笞十,一疋加一等,十疋杖一百,罪止徒二年半。'诈言死失者',谓六畜、财物之类,私费用而诈言死及失者。'以诈欺取财物论减一等',谓一尺笞五十,一疋加一等;五疋杖一百,五疋加一等。问曰:受人寄付财物,实死、失,合偿以否?又,监临受寄,诈言死、失,合得何罪?答曰:下条云,亡失官私器物,各备偿。被强盗者,不偿。即失非强盗,仍合备之。以理死者,不合备偿;非理死者,准《厩牧令》,合偿减价。若监临主司受寄,诈言死、失者,以'诈欺取财物'减一等科之。"这则史料对于寄存财物给予了明确的规定,凡受人寄付财物而私自使用者,以坐赃罪减一等处罚;诈言财物死(指牲畜之类)或丢失者,以诈欺取财论罪;若实死、失者,则按原物赔偿;如被强盗,不在偿还之列;非保管者责任而死亡或丢失者,亦不在偿还之列。

2. 损害赔偿之债

唐代法律沿用了前代的传统,对于人身及国家、私人财物、给予了严格的保护,凡对他人人身及财产造成伤害的,要追究行为人的刑事或民事责任。

首先,看一下对侵害人身的赔偿。侵害人身在中国古代被视为严重的犯罪,一般给予刑事惩罚。但唐代法律中对于伤害人主观上并无恶意的人身伤害,还是作了特殊的规定,即可以用铜收赎。如《唐律疏议》卷 26"无故于城内街巷走车马"条规定:"诸于城内街巷及众人中,无故走车马者,笞五十;以故杀伤人者,减斗杀伤一等。若有公私要速者,不坐;以故杀伤人者,以过失论。其因惊骇,不可禁止,而杀伤人者,减过失二等。疏议曰:公私要速者,公谓公事要速及乘邮驿,并奉敕使之辈。私谓吉、凶、疾病之类,须求医药,并急追人。而走车马者,不坐。虽有公私要急而走车马,因有杀伤人者,并依过失收赎之法。其因惊骇,力不能制,而杀伤人者,减过失两等,听赎,其铜各入被伤杀家。"又如在《唐律疏议》卷 27"在市人众中惊动扰乱"条规定:"诸在市及人众中,故相惊动,令扰乱者,杖八十;以故杀伤人者,减故杀伤一等;因失财物者,坐赃论。其误惊杀伤人者,从过失法。"长孙无忌等疏议对"其误惊杀伤人者,从过失法"的解释是:"其有误惊,因而杀伤人者,从'过失'法收赎,铜入被杀伤之家"。此外,在唐《狱官令》中也有类似的规定:"诸伤损于人及诬告得罪,其人应合赎者,铜入被告及伤损之家。即两人相犯俱得罪及同居相犯者,铜入官。"① 上述这三则法律规定类似现代法中刑事损害附带民事赔偿的制度,由于人身伤害产生了民事赔偿,相应也就出现了损害赔偿之债。

值得注意的是,唐代法律对于牲畜伤人的情况也作出了明确的规定。如牲畜所有人并无过错,责任在牲畜,则牲畜所有人将不承担责任,而由伤害物承担。具体的惩罚方式是,《唐令拾遗·杂令第三十三》"畜产抵人"条规定:"诸畜产抵人者,截两角,踏人者拌足,啮人者,截两耳"。如果牲畜所有人"以不施标帜羁绊及狂犬不杀之故,致杀伤人者,以过失论。过失者,各依其罪从赎法。"② 即由于牲畜所有人的过失而导致牲畜伤人,则各依其罪,以铜收赎。

其次,对侵害他人财产的赔偿。唐代法典对于损害他人财产的行为,规定了追偿制度。在《唐律疏议》卷27"水火损败征偿"条规定:"诸水火有所损败,故犯者,征偿;误失者,不偿。疏议曰:'水火有所损败',谓上诸条称水火损败得罪之处。'故犯者,征偿',若'故决堤防'、'通水入人家',若'故烧官府、廨舍及私家宅舍、财物',有所损败之类,各征偿。"在《唐律疏议》卷4"以赃入罪"条规定:"诸以赃入罪,正赃见在者,还官、主;转易得他物,及生产蕃息,皆为见在。疏议曰:在律,'正赃'唯有六色……但以此赃而入罪者,正赃见在未费用者,官物还官,私物还主。"对于"转易得他物者,谓本赃是驴,回易得马之类。及生产蕃息者,谓婢产子、马生驹之类",如何处理? 疏议解释道:"假有盗得他人财物,即将兴易及出举,别有息利,其赃本是人、畜,辗转经历数家,皆用后人之功,本无财主之力,既非孳生之物,不同蕃息之限,所得利物,合入后人。""假有知是赃婢,本来不合交关,违法故买,意在奸伪。赃婢所产,不合从良,止是生产蕃息,依律随母还主。"

3. 不当得利和无因管理之债

不当得利是指没有法律上或合同上的根据而取得利益,使他人受到损失的事实。在发生不当得利的事实时,当事人之间便发生债权、债务关系,受损失的一方有权要求对方返还所得的利益,不当得利一方有义务偿还其不当得利。因不当得利而发生的债,称为不当得利之债。依据唐代文献的记载,我们看到唐代不当得利大致有如下几种情况:

其一,对于遗失物的规定。唐代的遗失物称阑遗物,《唐律疏议》卷27

---

① 参见《唐令拾遗·狱官令四十》,长春出版社1989年版,第726页。
② 《唐律疏议》卷15。

"得阑遗物不送官"条规定："诸得阑遗物，满五日不送官者，各以亡失论；赃重者，坐赃论。私物，坐赃论减二等。疏议曰：得阑遗之物者，谓得宝、印、符、节及杂物之类，即须送官，满五日不送者，各得亡失之罪。'赃重者'，谓计赃重于亡失者，坐赃论，罪止徒三年。'私物，坐赃论减二等'，罪止徒二年。其物各还官、主。"如拾得人隐瞒不报官，则构成不当得利。

其二，对于宿藏物的规定。唐律中将埋藏地下之物称为"宿藏物"，对在他人地内发现的宿藏物，唐律规定："凡于他人地内得宿藏物者，依令合与地主中分。若有隐而不送，计应合还主之分，'坐赃论减三等'，罪止徒一年半。"如果是官田宅，私家借种，令人佃耕；或私人田宅，有人借种，亦令人佃种，耕种者于地内得宿藏物，如何分割？长孙无忌等在疏议中解释道："藏在地中，非可预见，其借得官田宅者，以见住、见佃人为主，若作人及耕犁人得者，合与佃、住之主中分。其私田宅，各有本主，借者不施功力，而作人得者，合与本主中分。借得之人，既非本主，又不施功，不合得分。"① 如作人不与本主中分而全部据为己有，或佃借之人从中获利，都属于不当得利。

其三，对于漂流物的规定。《宋刑统》卷27"地内得宿藏物"门引唐《杂令》规定："诸公私竹木为暴水漂失，有能接得者，并积于岸上，明立标榜，于随近官司申牒，有主识认者，江河，五分赏二分；余水，五分赏一分。限三十日，无主认者，入所得人。"在这里，唐令考虑到捞取漂流物要冒很大的风险，因而也照顾到了捞取人的利益，可以获得一定的报酬。若捞取人未到附近官司申牒，将其全部占为己有，则构成不当得利。

上述三项对不当得利的规定，表明唐代法律坚决维护财产所有人对属于自己财产的追偿权利，不当得利者有义务将不属于自己的财产返还给财产所有人，否则构成不当得利之债。唐代法律在维护财产所有人权利的同时，也照顾到了施功人的利益，说明在立法技巧上唐代已达到了很高超的境地。

无因管理是指没有法定或约定的义务，为避免他人利益受损失而进行管理或服务的行为。发生无因管理后，管理人与受益人之间就产生一种债的法律关系，即无因管理之债。关于无因管理之债，唐代法律没有作专门的规定，这主要是受传统儒家"重义轻利"思想的影响。至于唐代现实社会中是如何对无因管理进行规定的，还需要对史料作进一步的发掘。

---

① 《唐律疏议》卷27。

三、唐代债权保障的具体措施——担保制度

债的担保是为了保障债务履行而设立的民事制度,是由法律规定或当事人约定而确保合同履行,保障债权人利益实现的法律措施。它随着债权的产生而产生,伴随着债的履行而消灭。根据中国古代民法理论及古罗马法的一般原理,债的担保具有以下特征:其一,债的担保具有从属性。即担保之债与被担保之债形成主从关系,担保之债是主债,被担保之债是从债,担保之债是对主债的补充和加强;其二,担保的自愿性。在通常情况下,担保是由当事人通过合同自愿设立的,完全由当事人商定。其三,债的担保具有明确的目的性。无论设立何种担保,设立担保的目的都是十分明确的,即保障债权人的债权得以实现。

从已发现的敦煌吐鲁番文书看,唐代的债权担保形式主要有保证、抵押、质、掣夺等形式。

1. 唐代的保证制度

关于唐代的保证制度,日本学者加藤繁、仁井田陞等人曾对此进行过探讨。[①] 唐代的保证又称为保人,也是最常见的保障制度。在《唐律疏议》卷4"略和诱人赦后故蔽匿"条有这样的民间俗语"嫁娶有媒,买卖有保"。唐人白行简的小说《李娃传》中也有"乃邀立符契,署以担保"之语,说明保证制度已广泛适用于商品买卖之中。

《宋刑统》卷26引唐开元二十五年《杂令》明确规定了保人的保证责任,即"如负债者逃,保人代偿。"唐代保人究竟承担多大的风险,唐文宗太和八年颁布的《疾愈德音》记载了保人的风险责任:"在京诸司诸使,食利钱,其元举人,已纳利,计数五倍以上,本利并放。其有人户逃亡死,摊征保人。其保人纳利,计两倍以上者,其本利并放免。"[②] 从上述这则史料可以看到,如债务人死亡或逃跑,保人不但要替债务人偿还到期的本债,甚至还要偿还债务人所欠的挈息,这种巨大的风险无疑加重了担保人的负担。

对于没有担保能力而为别人担保,欺骗债主的行为,在唐元和五年十一月六日的敕节文中明确规定了具体的惩罚措施:"应诸色人中,身是卑幼不告家长,私举公私钱物等,多有此色子弟,凶恶徒党因之交结,便与作保,举

---

① 参见加藤繁:《唐宋时代的债权担保》,《史学杂志》第42卷第10号;仁井田陞:《唐宋时代的保证和质证制度》,《中国法制史研究·土地法、交易法》,东京大学出版会1981年版。
② 《文苑英华》卷441。

诸司及形要家钱物,同为非道破用,家有尊长,都不知委。及征收本利,举者便东西保人等,即称举钱主见有家宅,庄业请便收纳,喧诉相次,实扰府、县。今后有此色举钱,无尊者同署文契,推问得实,其举钱者主在与不在,其保人等并请先决二十,其本利仍令均摊填纳,冀绝奸计。"①

2. 唐代的质

所谓质,是指债务人将其动产移交债权人占有,作为债的担保,当债务人不履行债务时,债权人有权将该动产折价或者拍卖、变卖该动产的价款优先受偿的权利。

质在中国古代是一种十分普遍的担保方式,其有多种称呼,经常称为贴、贴赁、贴典、质卖、典贴等,也就是人们通常所说的"以物质钱"之意。质在我国很早就已出现,如《宋书》卷64《何承天传》记载:"何承天,……请为南蛮长史。时有尹嘉者,家贫,母能自以身贴钱,为嘉偿责,坐不孝当死。"这是我们见到的以人作质的情况。另据《通典·食货典·田制下》引《关东风俗传》载:"露田虽复不听卖买,卖买亦无重责。贫户因王课不济,率多货卖田业。……比来频有还人之格,欲以招慰逃散,假使蝥还,即卖所得之地,地尽还走,虽有还名,终不肯住,正由县听其贴卖田园故也。"说明在南北朝时以不动产为质的情况颇为盛行。

唐代的质分为不动产质、动产质和人质三种形式。先看一下不动产的质。安史之乱以前,由于实行按人口平均分配土地的均田制度,唐朝政府是严禁将国有田地质押的,但私有田地不受限制。《通典·食货典·田制下》引开元二十五年《田令》中规定:"诸田,不得贴赁及质。违者财没不追,地还本主。若从远役外任,无人守业者,听贴赁及质。其官人永业田及赐田,欲卖及贴赁者,不在此限。"唐宪宗元和八年十二月,又颁布诏书,对于"应赐王公、公主、百官等庄宅、碾硙、店铺、车坊、园林,一任贴典货卖",② 公开承认典贴活动的合法性。由于贴赁田地及房屋属于家庭内部重大的经济活动,唐令规定其决策权只能由家长行使,其他家庭成员如将家庭内的田宅等物贴赁给别人,则属无效的法律行为,唐令规定:"诸家长在,……而子孙弟侄等,不得辄以奴婢、六畜、田宅及余财物私自质举及卖。田宅……其有质卖者,皆得本司文牒,然后听之。若不相本问,违而辄与及买者,物即还主,钱

---

① 《宋刑统》卷26。
② 《旧唐书》卷15《宪宗本纪下》。

没不追。"①

唐代典贴田宅的情况很多,初唐名臣魏征的后代在唐后期因家庭窘迫,被迫将田宅典卖与他人。据白居易《论魏征旧宅状》云:"今缘子孙穷钱,旧宅典卖与人,师道请出私财收赎,却还其后嗣。事关激励,合出朝廷……伏望明敕有司,特以官钱收赎,便还后嗣。"② 另据唐代笔记小说《长安志》卷7"崇义坊"条记载,大中十年,李唐政府曾出钱三千四百七十五贯,收赎了已质典的故太尉段秀实的旧宅。可见,贴典、回赎土地和房屋在唐后期已是司空见惯的事了。需要指出的是,唐代典赁田宅并不像宋代那样有明确的回赎期限。像魏征旧宅,虽出典很长时间,也可以把它收回,③ 说明唐代关于不动产的质还没有严格的收赎年限。

关于唐代动产的质,《宋刑统》卷26引唐《杂令》有"以奴婢、六畜、田宅及余财物,私自举质"之语,说明唐代动产的质的种类很多,奴婢、六畜及其他物品均可抵押为质。宋代笔记小说《老学庵笔记》卷6记载了梁甄彬以动产束苎到长沙寺库质钱的情况:"今僧寺辄作库,质钱取利,谓之长生库,至为鄙恶。予案:梁甄彬尝以束苎就长沙寺库质钱,后赎苎还,于苎束中,得金五两,送还之。"也表明任何有价值的物品均可为质。英国人斯坦因二十世纪初在中国新疆和田发现了唐大历年间的借钱文书,就是一件典型的以物抵押的借钱契约。为方便阅读,兹引之如下④:

  大历 □□□□□ 许十四,为急要钱用,□ 无得处,遂 □□□□□ 梳一共典钱五百□(文),每月头□□□□□钱,许十四自□□□□□将本利钱赎,如违限不赎,其□□□□并没,一任将卖。恐人无信,故立私契,两共平章,□□□□(画指为记)。
    钱主
    举人女许十四年二十六
    同取人男进金年八岁
    见人

从这份文书的内容看,举钱人许十四因急需用钱,向钱主典钱五百文,

---

① 《宋刑统》卷26。
② 《白氏长庆集》卷41。
③ 参见加藤繁:《唐代不动产的"质"》,收录于《中国经济史考证》第1卷,商务印书馆1959年版。
④ Aurel Stein Ancient Khotan Plate CXVI MSS.

并将自己的物品梳若干作为质。如债务人到期不能将本利偿还,任债权人处置抵押物品清偿。

唐代法律规定债权人不能随便处分债务人的抵押物,《宋刑统》卷26引《杂令》载:"收质者,非对物主,不得辄卖。若计利过本不赎,听告市司对卖,有剩还之。"这条法律条文规定,债权人处分债务人的抵押物,必须是债务人到场,听告市司对卖方可。如有剩余,还必须将剩余钱款归还给债务人。

最后,我们再探讨一下唐代以人为质的情况。与现代民事法律稍有不同,在中国古代的民事法律关系中,经常出现以人为质的情况。唐、宋法典严禁以良人为质。如《宋刑统》卷26"受寄财物辄费门用"引唐代的法律规定云:"诸妄以良人为奴婢,用质债者,各减自相卖罪三等。知情而取者,又减一等,仍计庸以当债值。"宋代法规汇编《庆元条法事类》卷80"杂门杂敕"规定了对以人为质的惩罚措施:"诸以债负质当人口,杖一百,人放逐"。说明唐宋时期的法律是严禁以良人为质的。

不过在唐代现实社会中,以人为质的情况还是时有发生。唐朝后期,袁州地区民贫,"以男女为质,久不得赎,尽没为隶。"① 韩愈到了袁州任刺史后,"检责州界内,得七百三十一,并是良人男女,准律,计庸折直,一时放免。"现存的敦煌文书也发现了许多以人为质的事例,如法国国立图书馆所藏文书P3150号《癸卯年(943年)吴庆顺典身契》就是一件典型的以身为质的契约,该文书内容如下:②

  癸卯年十月二十八日,慈惠乡百姓吴庆顺兄弟三人商拟(议),为缘家中贫乏,欠负广深,今将庆顺己身典在龙兴寺索僧政家。见取麦壹拾硕,黄麻壹硕陆斗准麦叁硕贰斗。又取粟玖硕,更无交加。自取物后,人无佣价,物无利头,便任索家驱驰。比至还得物日,不许左右。或若到家被恶人构卷,盗窃他人牛羊园菜麦粟,一仰庆顺祗当,不干主人之事。或若兄弟相争,延引抛功,便同雇人逐日加物叁斗。如若主人不在,所有农具遗失,亦仰庆顺填倍(陪)。或若痓出病死,其物本在,仰二弟填还。两共面对,商量为定。恐人无信,故立此契,用为后凭。

  又麦壹硕,粟贰斗。恐人不信,押字为凭。

    叔吴佛婢(押)

---

① 《韩昌黎集》卷32《柳州罗地庙碑》。
② 参见唐耕耦、陆宏基主编:《敦煌社会经济文献真迹释录》第2辑,全国图书馆文献缩微复制中心出版,第51页。

　　　　只(质)典兄吴庆顺(押)
　　　　同取物口承弟吴万升(押)
　　　　同取物口承吴庆信(押)
　　　　口承见人房叔吴佛婢(押)
　　　　见人安寺主(押)

　　通过该文书我们看到,唐代典身多因家庭贫困所致。被典者一旦被出典,便任债权人驱使。若到期不能清偿债务,则没为私人的奴婢,其境遇非常悲惨。

　　四、敦煌契约中所见的唐代债权保障措施

　　二十世纪,在中国西北的敦煌、吐鲁番等地发现了大批古代契约文书。这些文书的发现为学术界研究中古时期的宗教、政治、经济、法律及社会生活提供了珍贵的资料。最早利用这些资料进行全面研究中国古代法律史的首推日本学者仁井田陞。二十世纪三十年代,仁井田陞利用这些资料撰写了巨著《唐宋法律文书研究》,[①] 对中古时期的买卖、借贷、租赁、雇佣、婚姻家庭、户籍、告身等问题进行了系统地探讨,取得了令人瞩目的成就。近年来,我国法史学界也有很多学者注意利用这些资料来研究北朝隋唐时期的法律制度。

　　契约,现代民法中称为合同,是当事人设立、变更、终止民事法律关系的协议,也是保障债权有效的措施之一。合同成立后,在当事人之间确立了一种民事法律关系即债权债务关系,这种债也和其他民事法律关系一样,受到法律的保护。在敦煌吐鲁番文书中,保存了大量的唐代契约,其主要形式有买卖契约、借贷契约、租赁契约、雇佣契约、财产分割契约等,这些契约的制定反映了当时社会民众已注重用法律的手段来调整社会关系,维护自己的合法权益。一旦有人违约,就会在当事人之间形成债权债务的关系,契约也就成为债权人实现自己债权最直接的证据。

　　现存的敦煌契约中大都有保障债权人利益的条款,保障的措施主要体现在三个方面:

　　1. 支付违约金

　　为了保障契约的顺利实现,在敦煌文书中,我们经常看到买卖契约、借

[①] 《唐宋法律文书研究》,东方文化学院东京研究所刊,昭和12年3月版。

第四章 律令制下的唐代民事法律

贷契约和雇佣契约内附有对违约者处以罚金的条款。如果双方当事人一方违约,则在两者之间形成债的关系,对违约一方处以罚金,罚金的数额由双方当事人约定。英国伦敦博物馆所藏敦煌文书 S3877 号 3V4V《唐乾宁四年(897年)张义全卖宅舍地基契》即有支付违约金的条款,该文书内容是:①

  永宁坊巷东壁上舍东房子壹口并屋木,东西壹丈叁尺五寸基,南北贰丈贰尺五寸并基,又门外院落地并檐楣柱,东西四尺,南北壹丈壹尺叁寸,又门道地南北二丈,东西三丈陆尺五寸。其大门道三家合出入。从乾宁四年丁巳岁正月十二日,平康乡百姓张义全,为缘缺下小(少)粮用,遂将上件祖父舍兼屋木出卖与洪润乡百姓令狐信通兄弟,都断作价直五十硕,内斛斗干货(湿)各半。其上件舍价,立契当日交相分付讫,壹无玄(悬)欠。其舍一卖以后,中间若有姻亲兄弟兼及别人称为□□(主己)者,一仰旧舍主张义全及□□□(男粉子)祗当还替,不干买舍人之事。或有恩敕赦书行下,亦不在论理之限。一定以后,不许休悔。如先悔者,罚麦二十硕,充入不悔人。恐人无信,两共对面平章,故勒此契。各个亲自押署用为后凭。

  从这份契约中,可以看到当时的契约为了保障买卖双方当事人的权利,契约中对于违约者的处罚很重,罚金的数额高达该标的物价值的五分之二。

  在法国国立图书馆藏有一件唐末五代时期的雇工契约,该文书被编为 P3094 号,文书中亦有要求违约者的支付违约金的条款:"(前缺)面上雇男愿千,从正月至九月末,每月雇价麦粟壹驮,春衣汗㡆裆一对,皮鞋壹两。自雇入作已后,便任勤功造作……两共对面平章为定,不许休悔。如有先悔者,罚青麦壹驮,充入不悔人。"② 该文书中违约金的数额是一个月的雇价。

  在我们见到的敦煌契约中,对借贷人到期不能清偿债务的,文书内几乎都有支付违约金的条款,违约金的数额通常是原价的一倍。在英国斯坦因所盗敦煌文书 S1475 号 12V13V《阿骨萨部落百姓赵卿卿便麦契》中,记载了百姓赵卿卿向使奉仙借麦两硕,限八月内还足。如违约,"其麦请陪(倍)为肆硕",即加倍偿还。又如日本大谷探险队所盗敦煌文书 8047 号《大历十六年(781年)杨三娘举钱契》规定:"大历十六年三月二十日,杨三娘

---

① 《敦煌社会经济文献真迹释录》第 2 辑,全国图书馆文献缩微复制中心 1990 年出版,第 6 页。

② 唐耕耦、陆宏基主编:《敦煌社会文献真迹释录》第 2 辑,全国图书馆文献缩微复制中心出版,第 73 页。

□□(为要)钱用,遂于药方邑举钱壹千文,□(每)月纳贰百文,计六个月本利并纳足。……如违,其钱请倍。"① 罚金也是原价的一倍。

2. 掣夺家资

掣夺债务人财产即唐律中的牵掣财物。唐代法典严禁私自掣夺债务人家资,凡掣夺债务人财产,应告官司听断。敦煌契约中关于掣夺债务人家资的内容很多,当债务人没有能力偿还债权人财物时,掣夺债务人财物也就成为债权人行使债权的首选措施。掣夺的财物包括房屋、土地、牲畜、家庭生活用品等。债权人掣夺债务人财物多出现在借贷契约文书中,如法国国立图书馆所藏文书 P2964 号《巳年二月十日令狐善奴便割麦价契稿》便是一件借贷文书,契约内容是:"巳年二月十日,康悉朸家令狐善奴为粮用,今于龙□□□□□□处便割价麦壹硕陆斗,限至秋七月内割麦壹拾亩。如主人麦熟吉报,依时请收割,如法策缛了,其所将斛斗请陪罚叁硕贰斗,当日便须佃(填)纳。如违,一任掣夺家资杂物牛畜等,用充麦直。"②

敦煌文书 S1475 号《某年(公元 823 年前后)僧神寂便麦契》与现存的多数借贷契约有所不同,其中的掣夺条款违背唐令的规定。如该文书规定:"□年三月六日,僧神寂为负债,今于当寺佛账物内□(便)麦两硕陆斗,并汉斗。其麦限至秋八月内送纳□寺足。无违……牵掣房资什物,用充麦直,有剩不在论限。"在这里,"有剩不在论限",是指债权人掣夺债务人财物可以不通过而官府而私自牵掣;如掣夺债务人财物超过了所欠的债负,债权人也不退还余下的数额。这一条款与前述唐令中的"有剩还"的规定显然是相违背的。

3. 保人代偿

担保是中国古代保障债权人利益的一项重要措施。在债务人到期不能偿还债务时,由担保人负责清偿。在现存的敦煌契约中,凡契约内记有担保人姓名的,大多附带如债务人"东西逃避,一仰保人等代偿"的条款。

下面让我们看一下敦煌契约中对于担保人责任的规定。唐代的买卖契约,由于买卖双方交易标的物完全是出于双方的合意,很少有向保人追偿的条款。但借贷契约就有所不同,对于担保人责任的要求非常严格。在敦煌文书 S4192 号《未年(803 年?)四月五日张国清便麦契约》中,明确规定了保

---

① 唐耕耦、陆宏基主编:《敦煌社会文献真迹释录》第 2 辑,全国图书馆文献缩微复制中心出版,第 137 页。

② 同上书,第 94 页。

人的连带责任：①

> 未年四月五日,张国清于某处便麦叁蕃䭂。其麦并限至秋八月末还。如违不还,其麦请陪(倍)。……如中间身不在,一仰保人代还。恐人不信,故立私契。两共平章,画指为记。
>
> 麦主
> 便麦人　张国清　年四十三
> 保人　　罗抱玉　年五十五
> 见人　　李胜
> 见人　　高子丰
> 见人　　画允振

在伯希和所藏文书 P2686 号《巳年二月六日普光寺任户李和和便麦契》中,也有保人代偿的条款:"巳年二月六日普光寺人户李和和为种子及粮用,遂于灵图寺常住便麦肆汉硕、粟捌汉硕,典贰斗铛壹口。其麦粟并限至秋八月内纳足。……如身不在,一仰□(保)人代还。恐人无信,故立此契"。②

另外,从现存的敦煌文书来看,唐代契约对担保人的数量没有明确的限制,可以是一、二人,也可以由多人共同担保。敦煌文书 S1475 号《某年(823年?)僧神宝便麦契》中的保人仅任柒柒一人,P4053 号《唐天宝十三载龙兴观道士杨某便麦契稿》中的担保人则是三人,通常情况下都是由一人或二人出任担保。由于担保具有很大的风险性,所以担保人大多是当事人的亲属或朋友。契约文书对于担保人的年龄没有明确的要求,像 P3422 号《卯年正月十九日曷骨萨部落百姓武光儿便麦契》中的保人为债务人的两个儿子五娘年十三、张三年八岁;《唐天宝十三载(?)道士杨神岳便麦契》中的保人辅朝年龄也才十五岁。上述这些保人的年龄虽然不大,但由于是债务人的直系亲属,因而丝毫没有影响该契约的保证力。如债务人到期不能清偿债务,保人要承担连带责任。

综上所述,以唐律为核心,以令、格、式为补充的唐代法典系统不仅构筑了完善的刑事法律体系,也使唐代的民事、经济法律规范详备。以债权法为例,唐代民事法律从保护债权人的利益出发,制定了支付违约金、掣夺债务

---

① 唐耕耦、陆宏基主编:《敦煌社会经济文献真迹释录》第 2 辑,全国图书馆文献缩微复制中心出版,第 79 页。
② 《敦煌契约文书辑校》,江苏古籍出版社 1998 年 10 月出版,第 141 页。

人财物、对保人实行追夺担保、要求债务人役身折酬清偿债务等多种方式维护了债权人的合法权利，说明唐代的民事立法技巧已达到了很高的水准。而债权法的完善同时又有效地保障了正常的社会经济秩序。当人们在探究唐代商品经济发达，买卖、租佃、借贷、雇佣等经济活动颇为活跃的原因时，唐代民事法律体系健全、债权保障机制的完善不能不说是一个重要的因素。

第五章　律令制下的唐代涉外法律

　　唐代是中国封建社会的鼎盛阶段,政治、经济和文化的繁荣为对外交往提供了便利的条件。唐代是我国封建社会对外交往最为活跃的时期,唐朝人习惯上把外国称为"蕃国",据《唐六典》卷 4《尚书礼部》记载:"凡四蕃之国经朝贡以后自相诛绝及有罪见灭者,盖三百余国。今所在者,有七十余蕃。"这七十余个蕃国,包括东面的日本、高丽、百济、新罗,西面的大食、波斯、拂菻,北面的坚昆、室韦,南面的真腊、天竺、狮子国、南际尸利佛誓等国。在这一时期里,唐朝对外交往之频繁、外交范围之广阔、外交气氛之融洽,都是空前的。宋代的史学家欧阳修等在《新唐书》中写道:"唐之德大矣! 际天所覆,悉臣而属之,薄海内外,无不州县。"[①] 大体上反映了当时的盛况。

　　唐朝作为七至九世纪东亚乃至世界政治、经济、文化的中心,每年都有大量的外国人来唐朝境内学习、生活、经商和游览,在唐代的长安、洛阳、广州、扬州等地,更是常年生活着许多外国的商人,如何维护国家的主权,处理好与外国人的关系,保护这些外国人在唐的正当权益,是唐代立法的一件大事,也是解决好唐朝与周边国家外交关系的需要。从李唐政府二百八十九年的对外交往来看,唐政府与周边国家能和睦相处,完善的对外立法发挥了重要的作用。

　　学术界对于唐代涉外法律的研究起步较早。早在二十世纪上半叶,日本学者中田薰发表了《唐代法律中外国人的地位》一文,[②] 对唐代来华外国人的法律地位进行了探讨。此后,仁井田陞在《中华思想与属人法主义、属地法主义》一文中,对唐代解决涉外法律冲突的准据法属人法兼属地法主义进行了分析,[③] 推动了对这一问题的深入展开。我国学者在已出版的学术著作中对此也有所论述,如老一代史学家向达在《唐代长安与西域文明》一书中,对流寓到长安的中亚、西亚商人在唐的经商活动、宗教信仰等作了详

[①]　《新唐书》卷 219《北狄传》。
[②]　参见中田薰著:《法制史论集》第 3 卷下,岩波书店 1985 年 12 月版。
[③]　该文发表于日本法制史学会编:《法制史研究》1952 年 3 期,后收入仁井田陞:《中国法制史研究·刑法》,东京大学出版会 1959 年版,1980 年 2 版。

细的论述,①戴炎辉在《唐律通论》、乔伟在《唐律研究》等著作中也对这一问题或多或少有所涉猎。② 1978年,高树异在《唐宋时期外国人在中国的法律地位》一文中,较为全面地论述了唐代外国人的法律地位。③ 1996年苏钦在《唐明律"化外人"条辨析》,对唐律中的"化外人"给予明确的定义,对目前学术界所流行的"化外人即外国人"的观点进行了批驳。④ 2003年,笔者发表了《唐代涉外民事法律初探》一文,⑤ 对唐代涉外的民事法律进行了分析。但许多问题仍值得深究,下面就略陈己见,不妥之处祈求教正。

第一节 关于唐代的涉外法律体系

《唐律疏议》卷30"断罪不具引律令格式"条云:"诸断罪皆须具引律、令、格、式正文,违者笞三十。""诸制敕断罪,临时处分,不为永格者,不得引为后比。若辄引,致罪有出入者,以故失论。"⑥ 这说明唐代的法律形式有律、令、格、式四种,也是法官定罪量刑的直接依据,此外任何其他法律形式(诸如皇帝诏令、上级指示等)都不能成为法官审判的依据。关于律、令、格、式的内涵,《新唐书·刑法志》解释道:"令者,尊卑贵贱之等数,国家之制度也;格者,百官有司之所常行之事也;式者,其所常守之法也。凡邦国之政,必从事于此三者,其有所违,及人之为恶而入于罪戾者,一断以律。"《唐六典》卷6的解释更为明确:"凡律以正刑定罪,令以设范立制,格以禁违正邪,式以轨物程式。"在唐代这四种法律形式中,都有涉外法律的内容。

1. 首先看一下唐律的规定。律是定罪量刑的刑法典,唐律中有关涉外的法律规定内容很少,主要分布在《名例律》卷4"平赃及平功庸"条,《名例律》卷6"化外人相犯"条,《卫禁律》卷8"越度缘边关塞"条中,涉及的法律内容有三项:其一,解决涉外法律冲突的准则;其二,在境外犯赃,在国内如何处罚;其三,涉外交易及婚姻的规定。

《唐律疏议·名例律》卷6"化外人相犯"条规定:"诸化外人,同类自相犯

---

① 向达:《唐代长安与西域文明》,生活·读书·新知三联书店1957年1版,1979年2版。
② 参见戴炎辉著:《唐律通论》,台湾中正书局1965年版,1971年3版;乔伟著:《唐律研究》,山东人民出版社1985年4月版等。
③ 《吉林大学学报》1978年第5、6期。
④ 《法学研究》1997年第5期。
⑤ 《北京科技大学学报》2003年第3期。
⑥ 《唐律疏议》卷30。

者,各依本俗法;异类相犯者,以法律论。"长孙无忌等人在为唐律作疏议时解释道:"'化外人',谓蕃夷之国,别立君长者,各有风俗,制法不同。其有同类自相犯者,须问本国之制,依其俗法断之。异类相犯者,若高丽之与百济相犯之类,皆以国家法律,论定罪名。"唐代这种属人法兼属地法原则既维护了本国的司法主权,同时又照顾到了邻近周边各国的风俗习惯,对解决不同国家之间的法律冲突有着重要的调解作用。相比之下,无论是古希腊、罗马还是中世纪的欧洲日耳曼诸国,对于周边各国的非本国民众大都采取歧视的政策。如古罗马法把非本国的外国人称为 Hostis,即"敌人"之意,对外国人不给予任何权利,将 Hostis 视为无主物,谁捕获就归谁所有,直到近代以后,西方各国才废除了上述的规定。①

《唐律疏议》卷4"平赃及平功庸"条"疏议曰"有这样的问答:"在蕃犯罪,断在中华;或边州犯赃,当处无估:平赃定罪,从何取中?"该条虽非专项涉外条款,但有涉外犯赃的规定,疏议作了解释:"外蕃既是殊俗,不可喋彼评估,唯于近蕃州县,准估量用合宜。无估之所而有犯者,于州府详定作价。"对于在境外犯罪,境内审判的犯赃案件,因外蕃与国内习俗不同,又不能让外蕃对其受赃的数目估价,所以只能参考近蕃州县,酌情评估。

《唐律疏议·卫禁律》"越度缘边关塞"条虽是关于禁止私自越度边境哨卡的法律,但也记录了涉外交易、赠与和婚姻的法律原则。其中规定:"共化外人私相交易,若取与者,一尺徒二年半,三匹加一等,十五匹加役流;私与禁兵器者,绞;共为婚姻者,流二千里。未入、未成者,各减三等。即因使私有交易者,准盗论。"所谓越度,凡非公使而出入国境者称"越度",越度者徒二年,是对偷越国境的惩罚。对于"化外人"越度国境,与唐朝境内的民众私下交易,或唐朝境内的民众越过边境与境外的"化外人"私自交易,一尺徒二年半,三匹加一等,十五匹加役流。私自将国家禁止的兵器运往境外,处以绞刑。私自和化外人结成婚姻者,流二千里。交易未成、或禁兵器未入国外,减三等处罚。甚至连唐朝公使出使国外,外国公使入唐,私下进行交易,也各计所赃,按偷盗罪论处。

2. 唐令中关于涉外的法律规定。令是关于国家制度的规定,即国家行政法。唐令至今已经佚失,根据日本学者仁井田陞复原的唐令,我们看到唐令中有许多涉外的条款,分布于《户令》、《赋役令》、《关市令》、《公式令》等各

---

① 参见仁井田陞:《中华思想与属人法主义、属地法主义》,后收入《中国法制史研究·刑法》,东京大学出版会1980年2版。

篇之中。

据《唐令拾遗·户令十九》"没落外蕃人化外人附贯安置"条记载:"诸没落外蕃得还,及化外人归朝者,所在州镇给衣食,具状送省奏闻。化外人于宽乡附贯安置,落蕃人依旧贯;无旧贯,任于近亲附贯。"该条除了规定没落到境外的唐人归国的待遇,由所在州镇发给衣食;对于境外的外国人归顺唐朝,该条文也作了说明,即先具状向尚书省奏报,由当地州镇发给衣食,然后于宽乡著籍安置,分配土地。

对于境外奴婢投奔唐朝政府的情况,现存的唐代文献没有明确记述,据日本《养老令》规定:"凡化外奴婢,自来投国者,悉放为良,即附籍贯。本主虽先来投国,亦不得认。若是境外之人,先于化内充贱,其二等以上亲,后来投化者,听赎为良。"① 由于日本《养老令·户令》是充分借鉴唐代《户令》而制定的民事法律,该规定与唐令的规定大体相同。从上述条款可以看到,唐代政府为了鼓励外蕃人口投奔唐朝,凡化外奴婢来投者,将其悉免为良人,免除贱民的身份。

在赋役方面,唐《赋役令》中对于归附的外蕃人也给予了优待,"诸蕃胡内附者,亦定为九等,四等已上为上户,七等已上为次户,八等已下为下户。上户丁税钱十文,次户五文,下户免之。附经二年者,上户丁输羊二口,次户一口,下三户共一口(无羊之处,准白羊估折纳轻货。若有征行,令自备鞍马,过三十日已上者,免当年输羊)。"唐朝前期,赋税制度实行两套体制,对于均田制下的农民实行按丁征税,而对于边境地区的少数民族以及归附的化外人口实行按户征税,如"诸岭南诸州税米,上户一石二斗,次户八斗,下户六斗。若夷獠之户,皆从半输。诸州高丽、百济应差征镇者,并令免课役。"② 很明显,境外归附者的赋税比境内民众的赋税要轻得多。

《关市令》是关于关津及市场管理的法令,唐《关市令》中也有关于涉外交易的法律规定。据《唐律疏议》卷8"赍禁物私度关"条引唐《关市令》云:"锦、绫、罗、縠、䌷、绵、丝、布、犀牛尾、珍珠、金、银、铁,并不得度西边、北边诸关及至缘边诸州兴易。"开元二十五年(737年)的《关市令》还规定,对于政府允许的对外交易,也实行严格的管理,"诸外蕃与缘边互市,皆令互官司检校,其市四面穿堑及立篱院,遣人守门。市易之日卯后,各将货物畜产,俱

---

① 参见黑板胜美主编国史大系《令义解》卷2,"化外奴婢"条,平成8年4月版,第105—106页。

② 《唐令拾遗·赋役令》"岭南诸州税米"条,长春出版社1989年11月版,第601页。

赴市所,官司先与蕃人对定物价,然后交易。"这种由官府包办,商人只须将物品拿到市场的买卖交易实际上剥夺了商人对外交易的自由,同时也限制了唐代对外贸易的发展。

3. 唐代格敕中有关涉外的法律规定。格是"禁违正邪"的法律,在唐前期,格作为一种重要的法律形式,对律的内容进行扩展和补充。据《唐六典》卷6记载,唐代"凡格二十有四篇,皆以尚书省二十四司为篇名。"前已述及,唐代中央尚书省管理对外事务的机构是礼部主客司,因此,《礼部格》中的《主客格》是重要的涉外法律文件。除此之外,在《户部格》中也有许多涉外法律的内容。唐朝后期,编敕成为唐后期重要的立法活动,因此唐后期皇帝颁布的许多敕文也是重要的法律形式。在现存的唐代文献之中,保存了许多格敕的条文,其中有些内容是关于涉外的条款。

现存于英国大英图书馆的敦煌文书S1344号《开元户部格残卷》收录了3条涉外法律条文,兹将其抄录如下:

① 垂拱元年八月廿八日敕:"诸蕃商胡若有驰逐,任于内地兴易,不得入蕃。仍令边州关津镇戍严加捉搦。其贯属西、庭、伊等州府者,验有公文,听于本贯已东来往。"

② 垂拱元年九月十五日敕:"诸蕃部落见在诸州者,宜取州司进止。首领等如有灼然要事须奏者,委州司录状奏闻。非有别敕追入朝,不得辄发遣。"

③ 长安元年十二月廿日敕:"化外人及贼须招慰者,并委当州及所管都督府审勘当奏闻,不得辄即招慰及擅发文牒,所在官司亦不得辄相承受。如因此浪用官物者,并依监主自盗法。若别敕令招慰得降附者,挟名奏听处分。"

礼部主客司是唐代对外的行政管理机构,按唐代格的分类,唐代《礼部格》应有关于这方面的条款。据《唐律疏议》卷8"越度缘边关塞"条引唐格云:"诸蕃使人所娶得汉妇女为妾者,并不得将还蕃",明确记述了该条为唐格的内容,《唐会要》卷100引"贞观二年六月十六日敕"的记述与此相同,说明该条格形成于贞观时期。

在宋人王溥所撰的《唐会要》中,也收录了一些涉外格敕的条文。如《唐会要》卷33记载:"自汉武帝,幻伎始入中国,其后或有或亡,至国初通西域复有之。高宗恶其惊俗,敕西域关津不令入中国。"该条极有可能是唐代格的条款。《唐会要》卷86"市"云:"金铁之物,亦不得将度西北诸关",这是禁止战略物资出关的禁令。《唐会要》卷100引大历十四年七月诏令曰:"回纥诸蕃住京师者,各服其国之服,不得与汉相参",是关于服饰方面"禁违正邪"的规定。

《唐大诏令集》是由北宋的宋授、宋敏求父子收录的唐代皇帝诏令集,由于唐代皇帝颁布的诏令、制敕是唐格的直接来源,所以《唐大诏令集》也就成为研究唐格最重要的参考资料。如开元三年十二月二十二日《令蕃客国子监观礼教敕》云:"夫国学者,立教之本,故观天文可以知道,人文可以成化。庠序爰作,皆分泽于神灵;车书是同,乃范国于天下。今远方纳款,相率归朝,慕我华风,孰先儒礼……自今以后,蕃客入朝,并引向国子监,令观礼教。"①

《册府元龟·外臣部》也收录了唐代格敕的条文,如唐德宗贞元三年十二月,"初禁商贾以口马器械与党项贸易",②应是关于禁违正邪的条款。此外,在《新唐书》、《旧唐书》以及清人集录的《全唐文》等其他文献中,也保存了许多格敕的条文,在此就不一一列举了。

《宋刑统》卷12"死商钱物"条之后,收录了两条唐文宗时期的敕节文,这是唐代关于涉外财产继承方面重要的法律规定,为方便阅读,兹引之如下:

> 唐大和八年八月二十二日敕节文:当司应州、郡死商,及波斯、蕃客资财货物等,谨具条流如后:
>
> 一、死商及外界人身死,应有资财货物等,检勘从前敕旨。内有父母、嫡妻、男、亲侄男、在室女,并合给付。如有在室姊妹,三分内给一分。如无上件亲族,所有钱物等,并合官收。
>
> 二、死波斯及诸蕃人资财货物等,伏请依诸商客例,如有父母、嫡妻、男女、亲女、亲兄弟元相随,并请给还。如无上件至亲,所有钱物等并请官收,更不牒本贯追勘亲族。
>
> 右户部奏请:自今以后,诸州、郡应有波斯及诸蕃人身死,若无父母、嫡妻、男及亲兄弟元相随,其钱物等便请勘责官收。如是商客及外界人身死,如无上件亲族相随,即量事破钱物理瘗,明立碑记,便牒本贯追访。如有父母、嫡妻、男及在室女,即任收认。如是亲兄弟、亲侄男不同居,并女已出嫁,兼乞养男女,并不在给还限。在室亲姊妹,亦请依前例,三分内给一分。如死客有妻、无男女者,亦请三分给一分。敕旨宜依。

---

① 《唐大诏令集》卷128。
② 《册府元龟》卷999《互市》。

4. 唐式中关于涉外的法律规定。式是唐代一种重要的法律形式,是百司所常行之法,类似于现在中央各部门的办事细则。据《唐六典》卷 6 记载:"凡式有三十有三篇。亦以尚书省列曹及秘书、太常、司农、光禄、太仆、少府及监门、宿卫、计账为其篇目,凡三十三篇,为二十卷。"唐式自高祖武德以后到开元年间,屡次修订,其篇目记载也不相同。日本学者仁井田陞从现存的古代文献,推断出唐代《开元式》部分篇名,主要有:吏部式、考功式、户部式、礼部式、祠部式、主客式、兵部式、职方式、驾部式、库部式、刑部式、司门式、水部式、秘书式、太仆式、少府式、监门式。① 唐代涉外式的内容主要收录在《主客式》中,《主客式》也是唐代涉外管理的部门法。

在现存的古代文献中,《唐律疏议》卷 8、《宋刑统》卷 8、12、18 共收录了 3 条唐《主客式》的条文,它们是:

① 《唐律疏议》卷 8 "越度缘边关塞"条引唐《主客式》曰:"蕃客入朝,于在路不得与客交杂,亦不得令客与人言语。州、县官人若无事,亦不得与客相见。"

② 《宋刑统》卷 12 "死商钱物"条引唐《主客式》云:"诸商旅身死,勘问无家人亲属者,所有财物,随便纳官,仍具状申省。在后有识认勘当,灼然是其父兄子弟等,依数却酬还。"

③ 《宋刑统》卷 18 "残害死尸"条引唐《主客式》云:"诸蕃客及使蕃人宿卫子弟,欲依乡法烧葬者,听。缘葬所须,亦官给。"

白居易的《白氏六帖事类集》卷 21、22,《白孔六帖》卷 77、79 也收录了 2 条唐《主客式》的条文,其中关于如何酬答外国使者礼物,《白孔六帖》卷 79 "蛮夷贡赋"条引唐《主客式》规定:"诸蕃夷进献答,诸色无估价物,鸿胪寺量之酬答也。"

在《唐会要》等文献中,也保存了唐代式的内容,如在证圣元年九月五日的敕文中规定:"蕃国使入朝,其粮料各分等第给,南天竺、北天竺、波斯、大食等国使,宜给六个月粮;尸利佛誓、真腊、诃陵等国使,给五个月粮;林邑国使,给三个月粮。"②《新唐书·百官志一》规定:"蕃客往来,阅其装重,入一关者,余关不讥",即蕃客入关时须检查随身携带之物,但入关之后其余关卡不再复查,笔者认为该条有可能是唐式的条款。

---

① 《中国法制史研究·法和道德、法和习惯》,东京大学出版会 1981 年 1 月第 2 版,第 332—333 页。

② 《唐会要》卷 100。

以上对唐代律令格式四种法律形式中的涉外条款进行了简单的分析。从上述四种形式看,律中涉外的条款内容最少,令次之,格、式最多。由于唐代格、式这两种法律形式已经佚失,我们仅能从复原的部分条款中略有了解,这不能不说是一件憾事。

第二节　唐代的涉外行政管理法

中国古代的行政法体系经过汉魏南北朝数百年的长足发展,到隋唐时期日臻完善。对外行政管理法是唐代行政法的一部分,就现存的资料看,唐代不仅建立了一整套的涉外管理机构,而且制定了相应的法律法规,来加强涉外事务的管理。

我们首先看一下唐代的涉外行政管理体系。为了进一步适应对外交往管理的需要,唐代建立了专职的对外管理机构。在中央,设有属于九卿系统的鸿胪寺和隶属于尚书省系统的礼部主客司这两大职能部门,来负责对外交往事务。两个机构职权分工明确,合作密切,避免了具体工作的推诿现象,大大地提高了工作效率。在地方,唐代前期实行州、县二级行政体制,安史之乱后,道成为地方上最高一级的行政机构,道的长官称为节度使或观察使,凌驾于州县之上。唐代在缘边境地区设立五十余个"边州",由于这些"边州"是对外交往的重要通道,所以这些州县在对外交往中也发挥着重要的作用。

鸿胪寺是唐代对外交往的最重要的行政机构,其最高长官鸿胪寺卿,官职从三品,负责本寺的全面工作;下设少卿二人,为副职,协助鸿胪寺卿处理日常事务。关于鸿胪寺的具体职责,《唐六典》卷18记载:"凡四方夷狄君长朝见者,辨其等位,以宾待之。凡二王之后及夷狄君长之子袭官爵者,皆辨其嫡庶,详其可否,以上尚书。若诸蕃大酋有封建礼命,则受册而往其国。"鸿胪寺下设典客署和司仪署,典客署负责蕃客的接待和迎送等事务,司仪署负责丧葬礼仪等工作。鸿胪寺的编制规模很大,据《旧唐书·职官志三》记载:除了前述的鸿胪寺正副长官外,典客署置令一人,丞二人,掌客十五人外,还有流外吏职人员:典客十三人,府四人,史八人,宾仆十八人,掌固二人;司仪署置令一人,丞一人,流外吏职人员有司仪六人,府二人,史二人,掌设十八人,斋郎三十三人,掌固四人,幕士六十人。鸿胪寺的属官除上述二署外,还有礼宾院,据《唐会要》卷66"鸿胪寺"条记载:"(天宝)十三年二月二十七日,礼宾院自今以后,宜令鸿胪勾当检校。应缘供拟,一物已上,并令鸿胪勾当。"可能礼宾院在设立之初并不归鸿胪寺管辖,天宝十三载以后才隶属于鸿胪,负责蕃客接待和迎送事务,成为唐后期重要的外事机构。

关于唐代鸿胪寺的职责,《唐六典》作了明确的记述,概而言之,包括如下几项:其一,迎送外国蕃客。唐人习惯把外国、外族称为"蕃",来唐朝见的使节称为"蕃客"。唐代的"蕃国"原有三百余国,到开元时期有七十余国,鸿胪寺下辖的典客署其重要的任务就是负责蕃客的迎送,据《旧唐书》卷44记载:凡蕃客之"送迎皆预焉"。典客署在迎送外国蕃客都要做那些工作呢?主要是检验入国凭证,《唐会要》卷100"杂录"记载:"故事:西蕃诸国通唐使处,悉置铜鱼。雄雌相合,各十二只,皆铭其国名,第一至十二,雄者留在内,雌者付本国。如国使正月来者,赍第一鱼,余月准此,闰月赍本月而已,校其雌雄合,乃依常礼待之。差谬,则推案闻奏。"其二,辨别等位。蕃客进入长安后,按照何种礼仪接待,授予何种官爵,需要事先对其身份进行确认,否则会引起外交上的争执,而这项重要工作也由鸿胪寺负责。《旧唐书》卷44云:"凡四方夷狄君长朝见者,辨其等位,以宾待之,……及夷狄君长之子袭官爵者,皆辨其嫡庶,详其可否。"可见及时准确确认蕃客身份是鸿胪寺一项艰巨的工作。其三,转接呈奏文书、接受贡物、负责具体的接待工作。蕃客进京后,由典客署先安排到客馆休息,"凡酋渠首领朝见者,则馆而以礼待之。"① 然后鸿胪寺将蕃客携带的外交文书及贡献物品奏呈中央,据《新唐书》卷48《百官志三》载:"蕃客所献之物,先上其数于鸿胪"。其四,及时了解和掌握国外的信息。每当外国蕃客入京,便命鸿胪"讯其人本国山川风土为图,以奏焉,副上于省。"② 唐朝派往国外的使节回国后,也须将异国的见闻及国外馈赠的物品报告给主客司,"使绝域者还,上闻见及风俗之宜、供馈赠之数。"③ 另外,鸿胪寺还负责搜集外国的政治、经济和军事情报,据《新唐书》卷46《百官志一》记载:"诸蕃首领死,则主客、鸿胪月报"。这样,唐朝对周边国家的一举一动都能了如指掌。其五,受理及审问涉外的诉讼案件。据《唐大和尚东征传》记载,天宝二载(743年),日本僧人荣叡、普照邀请扬州大明寺高僧鉴真前往日本弘法,临行前,因僧人"如海等少学",拒绝了他赴日的请求。如海一怒之下到官府诬告随行僧人道航造舟入海,与海贼勾

---

① 《唐六典》卷18。
② 仁井田陞:《唐令拾遗·补遗》"外夷每有蕃客到京"条,栗劲等译,长春出版社1989年11月版,第798页。
③ 《新唐书》卷46《百官志一》。

结作乱。当时淮南道采访使班景倩信以为真,推问此案,并令人到大明寺捕捉日本僧普照和开元寺僧玄朗、玄法等人。最后经过调查,纯属诬告,对于僧如海,诬告反坐,决杖六十,还俗,送还本贯。"其日本僧四人,扬州上奏;至京,鸿胪寺检案问本配寺,寺众报曰:'其僧随驾去,更不见来。'鸿胪寺依寺报而奏,便敕下扬州曰:'僧荣叡等,既是蕃僧,入朝学习,每年赐绢廿五匹,四季给时服;兼予随驾,非是伪滥。今欲还国,随意放还,宜〔委〕扬州,〔依〕例送遣'。"① 此外,鸿胪寺还设有翻译二十人,负责蕃客的翻译工作。

礼部主客司是唐代另外一个重要的对外行政管理部门,是负责外交政令的专职机构。② 主客司在隋代称司蕃,唐初改为主客。据《唐六典》卷4记载:"主客郎中一人,从五品上,员外郎一人,从六品上,主事二人,从九品上。主客郎中、员外郎掌二王后及诸蕃朝聘之事。"这里的"诸蕃朝聘之事",指对外交往之事。礼部主客司与鸿胪寺的对外事务有哪些不同呢?《新唐书》、《旧唐书》以及《唐六典》等文献记载对此记载十分模糊。唐代诗人刘禹锡在《授主客郎中制》中说:"统彼行人之家,绥其外臣之务。朝聘则定位,宴会则辨仪。穆我四门,深于九译。用委藁街之政,克资粉署之贤。"③ 从刘禹锡所罗列的主客司的职能看,似乎无所不包。礼部主客司负责的具体工作有:其一,对蕃客入朝的审核。据《新唐书》卷46《百官一》记载:"殊俗入朝者,始至之州给牒,覆其人数,谓之边牒。"这是规定来使入境时的审批,由主客司负责给予具体的指示。其二,负责蕃客在唐期间的食物供应管理。《新唐书》卷46《百官志一》云:"供客食料,以四时输鸿胪,季终句会之。"说明蕃客来唐所需要的物品由主客司作出预算,然后下发给鸿胪寺,再由鸿胪寺按标准供给蕃客使用。

除了上述两大对外管理系统外,中央三省中的尚书省是无所不揽的政务机构,除前述的礼部主客司外,其他部门也掌管许多涉外事务。如一切有关外交方面的文书皆由尚书省下发,据《唐六典》卷1"尚书都省"条载:"若诸方使人欲还,亦令所由司先报尚书省,所有符、牒,并令受送。"尚书省下辖的吏、户、礼、兵、刑、工六部也都设有专门的对外行政机构。如刑部的司门司负责蕃客的过所发放,《唐六典》卷6"司门郎中员外郎"条云:"凡度关者,先经本部本司请过所。在京则省给之,在外则州给之。虽非所部,有来文

---

① 参见汪向荣校注:《唐大和尚东征传》,中华书局2000年4月版,第45—46页。
② 黎虎著:《汉唐外交史》,兰州大学出版社1998年版,第347页。
③ 《全唐文》卷599。

第五章 律令制下的唐代涉外法律

者,所在给之。"现今日本奈良国立博物馆仍保留着学问僧圆珍从唐带回的司门司颁发的过所原件。① 中书省负责外交文书的起草工作,据《唐会要》卷54记载,圣历三年(700年)四月三日敕云:"应赐外国物者,宜令中书具录赐物色目,附入敕函内。"说明中书省除了起草诏令外,还要罗列赏赐给外国物品的目录。此外,唐代九卿中的光禄寺负责宴请蕃客的饮食,国子监负责外国留学生的管理,少府监负责对外交易之事等。

唐朝安史之乱以后,对外管理机构逐渐发生了变化,使职差遣和宦官在对外交往中发挥着重要的作用。据《唐会要》卷99"牂牁蛮"条记载,安史之乱后,"凡外夷使将至,遣中使郊驿迎劳。既至,恩礼甚厚。将归亦送之,以怀远人。"中使成为唐后期重要的对外接待机构。

接下来再探讨一下唐代的地方对外管理机构。靠近边境的州县和内地州、县是外国使节和商客往来的必经之地,也是外商在唐朝内地从事生活、进行贸易的重要场所,因此,唐代地方州县组织也是重要的对外行政管理机构。唐代地方州县的职责是:其一,对来往的外国蕃客出入境进行检查和向中央奏报。外商或来使到达边境后,当地政府要负责对其进行询问和核检。据《续日本纪》卷3"文武天皇庆云元年(704年)七月"条记载:粟田真人率遣唐使由日本来唐,"初至唐时,有人来问曰:何处使人?答曰:日本国使。我使反问曰:此是何州界?答曰:是大周楚州盐城县界也。"地方官员除了查询之外,还要检查证件和随行物品,据《大日本史》卷242《诸蕃十一·唐》"桓武天皇延历二十三年"条记载:"又建中(780—783年)以往,使船直着扬苏,州县诸司,慰劳殷勤,左右任使,不检船物;今则事与昔异。"地方官员检查完毕,然后将使臣和商客的情况上报给中央,据《新唐书》卷222《南蛮传下》记载:"罗越者,北距海五千里,西南哥谷罗,商贾往来所凑集,俗与堕罗钵底同。岁乘舶至广州,州必以闻。"可见,外商或使臣到达唐朝境内后,首先由地方官府进行入境检查,然后上报给上级主管部门。其二,负责接待外宾。据《入唐求法巡礼行记》卷1记载,日本僧人圆仁一行在开成三年(838年)七月九日到达海陵,"海陵镇大使刘勉来慰问使等,赠酒饼等,兼设音声。相从官健亲事八人。其刘勉着紫服,当村押官亦同着紫衣。巡检事毕,却归县家"。② 圆仁一行后到达扬州,扬州节度使府派"勾当日本国使"王友真专门负责接待日本使团,说明唐朝许多地方州县都设有接待外宾的专职人员。

---

① 参见砺波护:《入唐僧带来的公验和过所》,武汉大学《魏晋南北朝隋唐史资料》第13辑。
② 参见白化文等校注:《入唐求法巡礼行记校注》,花山文艺出版社1992年9月版,第11页。

其三,向外商、僧侣或旅行人员颁发通行的证件和核实蕃客所携带的物品。唐代的通行证称为过所,类似于现代的路条。唐代政府负责过所、公验的管理和发放,也包括外蕃人员的过所和公验的发放。据当时阿拉伯商人的叙述:"如果到中国去旅游,要有两个证明:一个是城市王爷的,另一个是太监的。城市王爷的证明是在道路上使用的,上面写明旅行者以及陪同人员的姓名、年龄,和他所属的宗族,因为所有在中国的人,无论是中国人、阿拉伯人还是其他外国人,都必要使其家谱与某一氏族联系起来,并取该氏族的姓氏。而太监的证明上则注明旅行者随身所携带的白银与货物,在路上,有关哨所要检查这两种证明。"① 有了这两种证明,外国商人、游客在唐朝境内也就畅通无阻了。其四,受理涉外的诉讼案件。《册府元龟》卷999《外臣部·互市》所引太和五年(831年)六月诏书云:"如闻顷来京城内衣冠子弟,及诸军使,并商人百姓等,多有举诸蕃客本钱,岁月稍深,征索不得,致蕃客停滞,市易不获……自今以后,应诸色人,宜除准敕互市外,并不得辄与蕃客钱物交关,委御史台及京兆府,切加捉搦,仍即作条件闻奏。其今日已前所欠负,委府县,速与征理处分。"可见,凡蕃客与唐人发生的诉讼纠纷,先由地方州县审理。其五,进行边境贸易管理。唐代对外贸易分为路上对外贸易和海上对外贸易两大类,陆路贸易又称为互市,互市地点多设于边境地区,由当地政府负责管理。据《旧唐书·柳公权传》记载,太和四年(830年),柳公权为河东节度观察使,"是岁,北虏遣梅禄将军李畅以马万匹来市,托云入贡。所经州府,守帅假之礼分,严其兵备,留馆则戒卒于外……及至,辟牙门,令译引谒,宴以常礼。及市马而还,不敢侵犯。"唐代的海外贸易在集中在东南沿海地区,广州、扬州、交州、泉州等港口是唐代海外贸易的中心,尤其是广州,"地际南海,每岁有昆仑乘舶以珍物与中国交市。"② 当蕃船到达后,先由地方长官进行检阅,一些地方官员乘检阅货物之机敲诈勒索,以至于"凡为南海者,靡不捆载而还。"③ 像王锷为岭南节度使时,除以两税税钱上供时进及供奉外,余皆入自。"西南大海中诸国舶至,则尽没其利,由是锷家财富于公藏。"④ 当然也有像李勉这样廉洁的官员,《旧唐书·李勉传》记载,大历四年(769年),李勉为岭南节度观察使,当时"西域舶泛海至者岁才四五,勉性

---

① 穆来根等译:《中国印度见闻录》,中华书局1983年8月版,第18页。
② 《旧唐书》卷89《王方庆传》。
③ 《旧唐书》卷177《卢钧传》。
④ 《旧唐书》卷151《王锷传》。

廉洁,舶来都不检阅,故末年至者四十余。"不过像李勉这样的官员毕竟少数,很多沿海地方官员利用职务之便,中饱私囊,乘机剥削外商,影响了唐朝对外贸易的形象。其六,培养通晓外国语言的人才。据《册府元龟》卷996《外臣部》记载:"(唐)文宗开成元年五月敕:应边州今置译语学官,掌令教习,以达异意。"

第三节 律令制下的唐代涉外民事法律

中国古代没有独立的民法典,但从现存的古代法典来看,却有很多关于民事方面的规范或准则。唐代是我国古代封建立法最为成熟的时期,其涉外民事法律也相对完善。唐太宗是中国古代开明的皇帝,他十分重视发展与周边各国的关系,在立法上很少有歧视外国人的现象。唐太宗本人曾说过:"自古皆贵中华,贱夷狄,朕独爱之如一。"正是在这种思想的指导下,唐朝与许多周边国家都保持着良好的关系,当时"四夷大小君长,争遣使入献见,道路不绝。"①

唐朝政府与周边国家的友好关系也为外国商旅民众来中国学习、生活、经商等活动提供了可能。在唐代的都城长安、洛阳、广州、扬州以及全国各地,都有外国人的身影。日本、朝鲜是中国东面的近邻,有唐一代,日本、高丽、百济、新罗等国频繁地向唐朝派出使节来学习唐朝先进的文化。从唐太宗贞观五年(631年)到唐昭宗乾宁元年(894年),日本政府共向唐派出19批遣唐使,最多的一次人数多达651人。唐代长安的国子监公开招收外国留学生,其中以日本和新罗两国最多,"太学诸生三千员,新罗、日本诸国,皆遣子弟入朝学习",② 仅开成五年(840年)一次从长安回国的朝鲜留学生就有105人。

公元七至九世纪,由于丝绸之路的畅通,唐朝与中亚、西亚、非洲、欧洲各国的往来日益频繁。地处中亚粟特族的康、安、曹、石、何、史、米、火寻、戊地九国都是以经商擅长的民族,据史书称其"善商贾,好利,丈夫年二十,去旁国,利所在,无不至。"③ 在唐都长安,更有许多外国商人开设的店铺,他们

---

① 《资治通鉴》卷198。
② 《唐语林》卷5。
③ 《新唐书·西域传》。

"殖赀产,开第舍,市肆美利皆归之"。① 唐代中亚商人的足迹遍布全国各地,在近年来的考古发掘中,许多地方都发现了中亚商人的墓志,说明了中亚商人的活跃,弥补了正史文献的不足。

随着海外贸易的发展,西亚波斯、大食以及地处地中海沿岸的拂菻(东罗马)等国的使节、商客、民间艺人也先后来到唐朝内地。据阿拉伯商人苏莱曼在其游记中写道:"中国商埠为阿拉伯人麇集者曰康府。其处有伊斯兰掌教一人,教堂一所。……各地伊斯兰教商贾多居康府,中国皇帝因任命伊斯兰教判官一人,依伊斯兰教风俗治理穆斯林。"② 在唐代的笔记小说中,也记述了波斯、大食商旅的事迹,如《太平广记》卷420载:"近世有波斯胡人,至扶风逆旅,见方石在主人门外,……因以钱二千求买。主人得钱甚悦,以石与之。胡载石出村外,剖得径寸珠一枚。"拂菻(古罗马)虽与唐朝有万里之遥,但还是有不少拂菻商旅不远万里经过丝绸之路来到唐朝境内经商,大量的唐代的丝织品运往欧洲,拂菻"常利得中国缣素",国王贵族及百姓都喜欢中国的丝织用品。大秦人擅长杂技艺术,"能额上为炎烬,手中作江湖,举足而珠玉自堕,开口则旛麾乱出"。③ 这些民间艺人大多行走在唐朝内地,为丰富唐人生活作出了贡献。

唐朝时期,中国与南亚、东南亚各过的往来也颇为频繁。林邑、真腊、骠国(今缅甸)、天竺等国皆与唐朝建立通好关系。如在贞观二年(628年),林邑、真腊一起遣使来唐,唐太宗赠送了许多礼物。林邑学者姜公辅在唐还考中了进士。唐德宗时,骠国国王派遣其弟悉利移率领由35名乐工组成的乐团来唐,在都城长安进行了精彩的表演,当时的大诗人白居易作《骠国乐》中赞美:"骠国乐,骠国乐,出自大海西南角。"说明唐朝时缅甸的音乐在内地很流行。

大量的外国人在唐朝内地生活、经商,涉外的民事法律也就应运而生。人身权和财产权是最重要的民事权利,唐朝法律对外国人在唐境内人身权、财产权是如何规定的,唐代的涉外婚姻、财产继承制度如何,这都是必须研究的课题。

1. 首先看一下唐代法律对在唐外国人民事权利和义务的规定

自李唐建国以来,唐朝政府对于在唐的外国人与唐朝境内的民众以相

---

① 《资治通鉴》卷225《代宗纪》。
② 苏莱曼:《中印游记》,转引张星烺《中西交通史料汇编》第2册,第201页。
③ 《通典》卷193《边防九》"大秦"条。

第五章 律令制下的唐代涉外法律

等的权利,外国民众和商贾在唐有居住迁徙、内地游览、经商、信仰本民族宗教等各种权利。

外国人在唐取得居住权是最基本的民事权利。唐朝政府为了外国人在唐境内能很好地安住和生活,在政策方面给予了照顾。如在外国人居住稠密的地区设立蕃坊,令其居住。随着在唐长安、广州、扬州、泉州各通商口岸的穆斯林商人日益增加,他们聚居一处,称为"蕃坊"。关于蕃坊产生的时间,文献没有明确的记载,据顾炎武《天下郡国利病书》卷120云:"唐始置市舶使,……设市区,令蛮夷来贡者为市,稍收利入官。"明确记述蕃坊出现于唐。唐开元天宝年间,对外贸易出现了繁荣景象,南亚、东南亚、及西亚各国商人纷至沓来,据《唐大和尚东征传》记载,当时广州"江中有婆罗门、波斯、昆仑等舶,不知其数;并载香药、珍宝,积载如山。""师子国、大石国、骨唐国、白蛮、赤蛮等往来居住,种类极多。"另据《宋高僧传·不空传》记载:"初至南海,采访使刘巨邻恳请灌顶……及将登舟,采访使召诫番禺界蕃客大首领伊习宾等曰:'今三藏往南天竺师子国,宜约束船主,……无令疏失'。"根据上述记载,有的学者认为蕃坊大约出现于唐玄宗开元年间以后。① 蕃坊是唐代外国人居住的场所,在蕃坊内部,蕃人有自己的住宅,可以按照本民族的生活习惯生活,可以自由信奉本民族的宗教。蕃坊中的外国民众推选出"最有德望"的一二人作都蕃长,,凡本民族的人在蕃坊内发生争议,由蕃长主持解决。

唐代这种类似于特区性质的蕃坊不仅出现在东南沿海地区,在北方的许多地方也有蕃坊。据圆仁《入唐求法巡礼行记》一书的记述,唐后期的登州、莱州、密州、青州、泗州、海州、楚州、扬州及长安等地,有不少新罗侨民居住区,即新罗坊,坊内的新罗侨民有一定的自治权。②

在唐代,外国商旅在唐朝境内的活动也很少受到限制。他们可以在唐朝内地买田置屋,开设店铺,娶妻生子,行商往来,自由生活。据唐沈既济《任氏传》云:"郑子早行,因门扃未发,门旁有胡人鬻饼之舍,方张灯炽炉,郑子息其帘下。"另据《太平广记》卷420载:"大安国寺,……王尝施一宝珠,令镇常住库,云直亿万,僧纳之柜中,殊不为贵也。……月余,有西域胡人,阅寺求宝,见珠大喜。问僧胡从何而来,胡人曰:吾大食国人也。"也就是说,在唐的外国人只要领取官府发放的过所,就可以到处从事正常的商旅活动了。

---

① 参见范邦瑾:《唐代蕃坊考略》,《历史研究》1990年4期。
② 参见陈尚胜:《唐代的新罗侨民社区》,《历史研究》1996年1期。

为了鼓励外国人定居内地,唐朝政府在经济上也给予了的照顾,如唐令中规定:"化外人归附者,所在州镇给衣食"。① 在税收方面,唐政府对外国人的税收也较本国百姓略轻,据《通典》卷6《食货六·赋税下》记载:"外蕃人投化者复十年",也就说对于归附唐朝的外国人免除十年的赋税。所有这些措施促使很多外国人留居唐境,乐不思蜀。据《资治通鉴》卷232记载:"胡客留居长安久者或四十余年,皆有妻子,买田宅,举质取利,安居不欲归"。

唐朝政府也注意保障在唐外国人的人身安全,如开元二十二年(734年),日本遣唐使从苏州乘船返国,不幸遇到风暴,其中判官平郡广成等人漂至林邑国,唐玄宗闻听此事,立即命安南都护与林邑国联系并进行交涉,要求林邑若发现日本使者将其送还唐朝。

唐朝政府对于在唐的外国人的宗教信仰也给予了积极的保护。如在广州、扬州、长安、洛阳等地有许多阿拉伯人朝拜的清真寺。在明天启五年,陕西农民在当地发现了建于唐德宗建中二年的《大秦景教流行中国碑》,详细记述了基督教传入中国的情况。② 另外,1908年法国人伯希和(Paul Pelliot)在敦煌文书中发现了聂思脱里派徒祈祷时所用的《圣歌》一篇,题名《景教三威蒙度赞》。"威蒙度"原音 Emad,叙利亚文洗礼之义。因此,有的学者推断在唐代有可能由景教徒将《圣经》翻译成了中文。基督教在唐朝境内的流传也说明唐朝政府对外国人宗教信仰的给予承认和保护。

唐代法律赋予在唐的外国人以各种权利,与此相适应,在唐的外国侨民也要尽相应的义务,其中最主要的义务就是要向国家交纳财产税。唐朝初年,将天下户分为三等,按不同的等级征税,后来又改为九等。唐代宗大历九年(769年),明确规定了九等户所须交纳的税额。唐代对在唐的外国商人也要征收财产税,据公元九世纪来唐的阿拉伯商人回忆:"在中国的阿拉伯人或其他外国人,要按其动产交纳一定数量的税收,以便能保全自己的财产。"③ 至于唐朝政府对在唐的外国人动产如何征税,文献没有明确的记载,还需要作进一步的探讨。

2. 再看一下唐朝法律对外国人财产权的维护

唐朝法律不仅维护本国民众的财产权,对于在唐外国人的财产权也给予保护,概而言之,主要体现在如下几方面:

---

① 《唐令拾遗·户令第九》"没落外蕃人化外人附贯安置"条。
② 参见《中西交通史料汇编》第1册,中华书局2003年6月版,第215—219页。
③ 《中国印度见闻录》卷1,穆来根等译,中华书局1983年8月版,第17页。

第五章　律令制下的唐代涉外法律

其一,对外国人遗失物的保护。唐律中严禁将遗失物据为己有,规定:"诸得阑遗物,满五日不送官者,各以亡失罪论;赃重者,坐赃论。私物,坐赃论减二等",且"其物各还官、主"。① 剥夺了拾得人对拾遗物的占有权。那么,对于外国人在唐遗失物品又是如何规定的呢? 唐律中没有明确的记述,我们认为与唐朝境内的规定相同。关于这一点,可从当时的阿拉伯商人的游记中得到证实,据《中国印度见闻录》记述:"为了不使白银或其他任何物品丢失,某人来到中国,到达时就要写明:'某某,某某之子,来自某某宗族,于某年某月某日,随身携带某某数目的白银和物品。'这样,如果出现丢失,或在中国去世,人们知道物品是如何丢失的,并把物品找到交还他,如果他去世,便交还给其继承人。"②

其二,对在唐外国人债权的保护。在现存的唐代法典中,有许多保障债权的措施,笔者对此已有论述,③ 如《唐律疏议》卷26"负债违契不偿"条规定:"诸负债违契不偿,一匹以上,违二十日笞二十,二十日加一等,罪止杖六十;三十匹,加二等;百匹,又加三等。"而且各令备偿。为保障债权人的利益,唐代还规定借贷双方要制定契约,凡违约者遭到严惩。由于在唐的外国商人"珍货辐辏,瑰宝山积",手中握有大量的财物,因此外国商人出举取利的现象十分普遍。据《资治通鉴》卷232记载,许多外国人长期在唐生活,"买田宅,举质取利",获得了巨大的利益。唐朝民众在商业交易和债务上都很讲公道,据在唐的阿拉伯商人的回忆:"放债是这样进行的:放债人起草一张票据,写明放债的数字,借贷人也同样写好一张票据,写明借债的数字,把中指和食指合拢在署名处按上手印。然后,两张票据叠在一起,在连接处再写上几个字,然后把两张票据分开,把放债人起草的又经借债人同意的那一张票据交给借债人。如果其中任何一方不守信用,就会让他拿出票据来。如果借债人假装说没有票据,或者自己另写一张并签了字,即使放债人的那一张票据失掉了,人们也会告诉借债人说:出一张字据,声明从未签署这一债务。但是如果放债人拿出证据,证明确有你所抵赖的那笔债务,那么你就要挨二十背杖,并罚款铜钱一千法库……我从未见过有人接受这种方法,放债人和借债人之间总是可以得到公平合理的解决。"阿拉伯商人所描绘的这种现象,大体上反映了债法在唐代的具体执行情况。但是,安史之乱以后,

---

① 《唐律疏议》卷27。
② 《中国印度见闻录》卷1,穆来根等译,中华书局1983年8月版,第18页。
③ 参见拙文:《唐代债权保障制度研究》,《西北师大学报》2003年1期。

随着政治的松弛和法律的衰败，涉外债权纠纷也不断出现，以至于唐朝皇帝不得不下达禁止向外国人进行借贷的诏令，《册府元龟》卷 999《外臣部》详细记录了此事："（大和）五年六月，贬右龙武大将军李甚为宣州别驾。甚子贷回纥钱一万一千四百贯不偿，为回纥所诉，故贬甚。因下诏曰：如闻顷来京城内衣冠子弟及诸军使并商人百姓等多有举诸蕃客本钱，岁月稍深，征索不得，致蕃客停滞市易，不获及时，方务抚安，须除旧弊，免令受屈，要与改更。自今以后，应诸色人宜除准敕：互市外并不得辄与蕃客钱物交关，委御史台及京兆府切加捉搦，仍即作条件闻奏。其今日已前所欠负，委府县速与征理处分。"

其三，由官府对在唐死亡的外商财物进行代管，待确认继承者身份后移交给财产继承人。由于外商常年旅居在外，居无定所，若死亡在外，对于遗留财产如何处理，唐大和八年八月二十三日的敕节文明确规定："自今以后，诸州、郡应有波斯及诸蕃人身死，若无父母、嫡妻、男女、亲女、亲兄弟元相随，其钱物等便请勘责官收。如是商客及外界人身死，如无上件亲族相随，即量事破钱物狸瘗，明立碑记，便牒本贯追访。如有父母、嫡妻、男及在室女，即任收认。"① 在唐人的笔记小说中，也可看到对死亡外商财产的处理情况，据韦绚《刘宾客嘉话》记载："李约尝江行，与一商胡舟楫相次，商胡病，因邀与约相见，以二女托之，皆异色也。又遗一大珠……及胡商死，财宝数万，约皆籍送官，而以二女求配。"李约将胡商的财物登记送官，最后由官府确认其家属身份，继承遗产，这也是唐代对死亡外商财产继承的法定程序。

3. 唐代的涉外婚姻、家庭财产继承方面的法律

唐朝时期，各国的婚姻习俗不同，如地处西亚的波斯国婚俗是："事火神、天神。婚合不择尊卑，于诸夷之中最为丑秽"。② 而东亚的日本其婚俗则是"女多男少，婚嫁不娶同姓，男女相悦者即为婚。妇入夫家，必先跨犬，乃与夫见。"③《唐律疏议·户婚律》中没有专列涉外婚姻的法律条文，依照唐律总则的规定："诸化外人，同类自相犯者，各依本俗法；异类相犯者，以法律论。"④ 我们推断，唐律中这种属人法兼属地法主义的原则同样适合婚姻制

---

① 《宋刑统》卷 12。
② 参见《通典》卷 193《边防九》。
③ 《隋书》卷 81《倭国传》。
④ 《唐律疏议》卷 6。

第五章 律令制下的唐代涉外法律

度,即在唐的外国人,凡属同一民族的民众结婚,按本国婚姻习俗;凡属不同民族的民众结婚,按照唐朝的婚姻习俗。

据《唐会要》卷100、《唐律疏议》卷8"越度缘边关塞"条所引唐贞观二年六月十六日格云:"诸蕃人所娶得汉妇女为妻妾,并不得将还蕃内。"这是我们现在见到最早的唐代涉外婚姻条款。从该条文推断,"似乎有唐一代对于汉女之适异族,律并无禁,只不得将还蕃国耳"。① 那么唐朝为何会制定这项法令呢?宋《庆元条法事类》卷78《蛮夷门》为我们提供了线索:"诸蕃商,娶中国人为妻,及雇为人力女使,将入蕃者徒一年,将国中所生子孙入蕃者减一等。"唐、宋两代之所以制定这项法令,主要是防止境内人口外流,提高人口的增长率。

从现存的唐代文献看,外国男子娶唐女为妻、妾的现象很多,据《资治通鉴》卷232记载:"胡客留长安久者或四十余年,皆有妻子,买田宅"。说明很多外国人长期定居唐朝内地,娶汉族女子为妻妾。另据上海藏敦煌文书《唐定兴等户残卷》的记述,在唐敦煌地区,胡汉通婚的现象非常普遍,12户中通婚者竟有13对之多,其中外蕃男子娶汉族女子有4对。② 在洛阳出土的《安延墓志》所记的延夫人刘氏,大唐故酋长康国大首领、因使入朝检校折冲都尉康公故夫人汝南上蔡郡翟氏等,都属于外国男子娶汉族女子的涉外婚姻。

当然,也有许多汉族男子娶异族女子为妻、妾之事。如前述的《刘宾客嘉话》中李约,外商临终前,"以二女托之",说明汉族男子娶异族女子并不受到限制。在吐鲁番出土文书《唐西州高沙弥等户家口籍》中也有汉人娶中亚粟特人女子为妻的情况:"户主高沙弥年卅七,□(妻)米年□(廿)二"。③ 高沙弥之妻米氏,就是中亚粟特人或其后裔。

有唐一代,涉外的婚姻还是受到很多条件限制,据《册府元龟》卷999《外臣部》"互市"云:"开成元年六月……又准令式:中国人不合私与外国人交通买卖,婚娶来往,又举取蕃客钱,以奴婢为质者重请禁之"。这里的不合私与外国人"婚娶来往",并不是完全禁止涉外婚姻,而是要在官府的允许或批准后才能完婚。唐朝后期,由于唐朝政府没有制定统一的婚姻法律,也有一些地方政府出台了禁止外国商客与汉人通婚的规定。据《新唐书》卷182

---

① 向达:《唐代长安与西域文明》,三联书店1957年4月版,第6页。
② 陆庆夫:《唐宋间敦煌粟特人之汉化》,《历史研究》1996年6期。
③ 《吐鲁番出土文书》第4册,文物出版社1983年版,第12页。

《卢钧传》记载,钧任岭南节度使,"始至异时帅府争先往贱售其珍,钧一不取,时称洁廉,专以清静治理。蕃獠与华人错居,相婚嫁,多占田营第舍,吏或扰之,则相挺为乱。钧下令蕃华不通婚,禁名田产,阖部肃一无敢犯。"唐代地方官员为了减少涉外纠纷,下令禁止蕃华通婚,虽取得一时之效,但却阻碍了彼此间的交流。北宋哲宗时,仍有人主张禁止蕃汉通婚,据《续资治通鉴长编》卷466记载:"(元祐六年九月辛亥)勘契:蕃户不得与汉人通婚,条禁之设,良有深意。既迁徙内地,则岁久之后,冒禁必多,种裔渐繁,大失法意。在昔有乱华之祸,在圣朝当为万世之计,不可不禁,亦防微杜渐之一也。"宋朝统治者恐外蕃人与汉人通婚,人口繁殖,造成祸乱,不利于自身的统治,故而特设了禁止蕃汉通婚的条款。

接下来再分析一下唐代涉外家庭财产继承的规定。众所熟知,唐代分割家庭财产的原则是实行"诸子均分"。关于唐代家庭财产继承的法律规定,笔者已专文进行了论述。① 据《宋刑统》卷12"卑幼私用财"条引唐开元年间《户令》对唐代家庭分割财产的具体办法进行了论述:"诸应分田宅者及财物,兄弟均分。其父祖亡后,各自同居,又不同爨,经三载已上;逃亡经六载已上。若无父祖旧田宅、邸店、碾硙、部曲、奴婢见在可分者,不得辄更论分。妻家所得之财,不在分限。妻虽亡没,所有资财及奴婢,妻家并不得追理。兄弟亡者,子承父分。继绝亦同。兄弟俱亡,则诸子均分。……其未娶妻者,别与聘财。姑姊妹在室者,减男聘财之半。寡妻妾无男者,承夫分;若夫兄弟皆亡,同一子之分。有男者,不别得分,谓在夫家守志者。若改适,其见在部曲、奴婢、田宅不得费用,皆应分人均分。"唐代法律关于外国人财产继承是如何规定的呢?由于文献记载比较匮乏,很难窥其全貌。唐大和八年八月二十三日颁布的敕令中规定:如"死波斯及诸蕃人资财货物等,伏请依诸商客例,如有父母、嫡妻、男女、亲兄弟元相随,并请给还。"这里的"依诸商客例",即按照唐代商客死亡后的规定来继承分割遗产,具体办法是:"父母、嫡妻、男、亲侄男、在室女,并合给付。如有在室姊妹,三分内给一分。如无上件亲族,所有钱物,并合官收。"如"波斯及诸蕃人身死,若无父母、嫡妻、男及亲兄弟相随,其钱物等便请勘责官收。"如外商客死在外地,又无近亲属相随,先从遗产中拿出部分财物对外商进行埋瘗,然后剩余财物由当地官府代管,并"牒本贯追访"其近亲属。如有父母、嫡妻、男及在室女,即任收认;如是亲兄弟、亲侄男不同居,及女已出嫁,兼乞养男女,并不在给还之限;在

---

① 参见拙文:《唐代家庭财产继承制度初探》,《中国文化研究》2002年第3期。

室亲姊妹,亦依前例,三分内给一分;如死客有妻、无男者,亦三分内给一分。① 这样,唐代的涉外继承法就剥夺了出嫁女、不同居兄弟的全部继承权,剥夺了同居姊妹、无子女之妻的部分继承权,与唐代国内的继承制度稍有不同。

第四节 律令制下的唐代涉外经济法律

唐代的涉外经济立法为对外经济贸易发展提供了广阔的空间。唐代的对外贸易十分活跃,对外贸易的种类也多种多样。有些外商常年在唐朝境内居住着,或开行设铺,进行经营;或行走于街头市井,即时兴贩。还有些商人则专门进行跨国贸易,他们从本国携带着珍奇异货,或驱赶着驼队穿越丝绸之路,到唐朝内地贩卖;或乘船渡海,到东南沿海的港口进行市舶贸易。然后再从唐朝购买丝绸、瓷器、茶叶、纸张等物品贩运回国,从中牟利。巨大的商业利润不但为外商带来了滚滚财源,同时也直接刺激了对外经济贸易的发展。

从现存的史料来看,唐代法律允许外国商人在中国内地开设店铺,直接从事商业活动。如在唐代的都城长安,就有许多外国商人开设的店铺,外商开设的店铺大都集中在长安城西的西市内,据《太平广记》卷16"杜子春"引《续玄怪录》云:"明日午时,候子于西市波斯邸",这里的"波斯邸"就是波斯人开设的店铺。另据《太平广记》卷420载:"有举人在京城,邻居有鬻饼胡,无妻。数年,胡忽然病,生存问之,遗以汤药,既而不愈。临死告曰:某在本国时大富,因乱遂逃至此,本与一乡人约来相取,故久于此不能别。"从他的话中,可以断定他原是阿拉伯富商,后因国内动荡,来到唐都长安,经营一家胡饼店,最后客死异乡。在唐代诗人的诗文中,也是经常提到外蕃商人的酒铺,据李白的《少年行》曰:"五陵年少金市东,银鞍白马度春风;落花踏尽游何处,笑入胡姬酒肆中。"② 上述资料表明,外国商人在唐朝内地开设商铺并不受到限制,只要手续合法,就会受到唐朝法律的保护。

另外,外商在唐只要取得政府发放的通行证(过所)后,便可毫无限制地出入中国内地,进行买卖。从唐人的笔记小说中,我们看到外商的足迹遍布天下。据《太平广记》卷420"径寸珠"条载:"近世有波斯胡人,至扶风逆旅,

---

① 《宋刑统》卷12。
② 《李太白集》卷6。

见方石在主人门外,……因以钱二千求买。主人得钱甚悦,以石与之。胡载石出村外,剖得径寸珠一枚,……便还本国。"上述故事虽属笔记小说,可信性很小,但文学是现实社会的反映,外商在唐朝境内自由贸易还是得到法律的认可。

对于贩卖人口等非法交易的行为,唐朝政府则给予了严厉的打击。唐朝后期,一些海贼干起了贩卖外国人口的勾当。长庆元年(821年),平卢节度使薛平奏有海贼掠夺新罗良口,贩卖到登州、莱州之事,唐穆宗听后,亲自作出指示:"伏以新罗国虽是外夷,常禀正朔,朝贡不绝,与内地无殊。其百姓良口,常被海贼略卖,于理实难。先有制敕禁断,缘当管久陷贼中,承前不守法度。自收复已来,道路无阻,递相贩鬻,其弊尤深。伏乞特降明敕,起今已后,缘海诸道,应有上件贼诳卖新罗国良人等,一切禁断,请所在观察使严加捉搦,如有违犯,便准法断。"①

概而言之,唐代的涉外交易主要以对外贸易为主。对于唐代的对外贸易,已有许多学者进行过探讨,在此不多加赘述。② 唐朝的对外贸易分海上贸易和陆上贸易两部分,陆路贸易主要是与西北少数民族和周边政权进行的互市;海上贸易主要是在东南沿海港口城市与东南亚各国所进行的贸易往来。对于这两类贸易形式,唐朝政府都曾制定了专门的法律文件,对涉外贸易进行管理。

1. 首先看一下唐代的陆路贸易

唐朝前期的对外贸易主要以陆路贸易为主,从长安出发,经河西走廊、塔里木盆地一直到达中亚、西亚及地中海沿岸的"丝绸之路"是唐代陆路贸易的纽带。安史之乱以后,这条通道经常被西北少数民族政权所阻断,致使海外贸易日趋活跃。

唐朝的陆路贸易通常在西北边境地区进行,称为互市。而这些地区地处唐朝边陲,属于军事重镇,唐朝出于国防及经济的需要,制定了许多法律法规,对陆路贸易进行限制,具体的措施有:

其一,在边境地区实行官方贸易,由政府统一互市,严禁与化外人私下进行交易,违者科以重罪。据《唐律疏议》卷8记载:"共化外人私相交易,若

---

① 《唐会要》卷86"奴婢"条。
② 宁志新:《试论唐代市舶使的职能及其任职特点》,《中国社会经济史研究》1996年第1期;黎虎:《唐代的市舶使与市舶管理》,《历史研究》1998年3期;刘玉峰:《试论唐代海外贸易的管理》,《山东大学学报》2000年6期等。

取与者,一尺徒二年半,三匹加一等,十五匹加役流。"甚至唐朝使臣出使外蕃,外国使臣出使唐朝,也不允许私下交易,凡"私有交易者,谓市买博易,各计赃,准盗论,罪止流三千里。"自汉代以来,边境的对外交易一直由地方政府负责管理,《唐六典》卷22"诸市互监"条云:"汉、魏已降,缘边郡国皆有互市,与夷狄交易,致其物产也。并郡县主之,而不别置官吏。"隋朝建立后,于缘边州设交市监,各隶所管州府,属于中央的派出机构。唐朝沿用了隋代的制度,继续设立互市监来管理陆路贸易,"诸互市监监各一人,从六品下;丞一人,正八品下。诸互市监各掌诸蕃交易之事。"关于互市的具体办法,唐《关市令》作了详细的记载:"诸外蕃与缘边互市,皆令互官司检校,其市四面穿堑及立篱院,遣人守门。市易之日卯后,各将货物畜产,俱赴市所,官司先与蕃人对定物价,然后交易。"① 从《关市令》的记述中可以看到,唐政府对边境贸易的管理是非常严格的,对于互市的场所实行封闭式的管理,并有专人负责把守。互市的时间在该日卯时以后。互市前先由互市官员与蕃人商定物价,然后进行交易,其他人无权与外商直接谈判。

关于互市的性质,我们说主要是唐代官府和各周边政权所进行的官方贸易,贸易所购得的商品也由政府统一管理,《唐六典》卷22"诸互市监"条云:"凡互市所得马、驼、驴、牛等,各别其色,具齿岁、肤第,以言于所隶州、府,州、府为申闻。太仆差官吏相与受领,印记。上马送京师,余量其众寡,并遣使送之,任其在路放牧焉。每马十匹,牛十头,驼、骡、驴六头,羊七十口,各给一牧人。"唐朝政府通过互市的渠道,解决了军用及农用牲畜不足的问题,大大地提高了国家的对外防御能力。

其二,为了维护唐西北边境的安全,严格限制商品出口的范围。由于唐朝在西北地区经常受到少数民族政权及外国势力的威胁,限制战略物资出关是唐朝制定对外贸易法令的重要原因。据《唐律疏议》卷8"赍禁物度关"条规定:"诸赍禁物私度关者,坐赃论;赃轻者,从私造、私有法。"唐《关市令》对禁止出关的物品作了罗列,依《关市令》:"锦、绫、罗、縠、紬、绵、绢、丝、布、犀牛尾、珍珠、金、银、铁,并不得度西边、北边诸关,计赃减坐赃罪三等。"对于将禁兵器贩卖到境外的行为,唐律规定:"越度缘边关塞,将禁兵器私与化外人者,绞"。② 处罚之严厉,于此可见。

唐朝政府虽然制定了许多法令对于陆路贸易进行限制,但有唐一代,陆

---

① 《白氏六帖事类集》卷24《市》。
② 《唐律疏议》卷8。

路贸易仍然十分活跃,尤其是中亚、西亚和欧洲的许多商人,仍通过丝绸之路来到唐朝内地进行交易。在近年来新疆阿斯塔那出土的文书中就有许多这方面的内容。阿斯塔那 29 墓出土的《唐垂拱元年(685 年)康尾义罗施等请过所案卷》是研究唐代中西贸易的重要史料,程喜霖教授曾对该残卷进行了整理和研究。① 该案卷共 58 行,约千余字,虽内容已有残缺,但对于了解唐代丝绸之路上兴胡商队的情况、规模还是具有重要的参考价值。从文书的内容看,其一,康尾义罗施商队等五人携子二人、作人五人、奴三人、婢四人;又马一、驼二、驴二十六,是一支有相当规模的商队,自安西欲往京师进行贸易。其二,商队请唐朝境内的康阿了等五位作保人,保证上述人等不是"压良、假代等色。若后不囗(还),求受依法罪"。其三,上述昭武九姓的胡商籍居西域,或寓居长安,或两地都有家宅,常年往来于内地至西域的丝路上。

唐朝政府非常重视对西北边境商税的征收,据《新唐书·西域传》记载:"开元盛时,税西域商胡以供四镇,出北道者纳赋轮台。""诏焉耆、龟兹、疏勒、于阗征西域商贾,各食其征,由北道者轮台征之。"说明唐对西域商贾的征税已成为解决边镇开支的重要手段,据《72TAM230(1)、(2)仪凤度支式残卷》云:"拟报诸蕃等物,并依色数送囗。其交州都督府报蕃物,于当府折囗囗囗用,所有破除、见在,每年申度囗(支)、囗(户)部。"②

唐朝政府虽允许外商到唐朝内地进行贸易,但对于唐朝境内的商人到国外贸易还是给予了严格的限制,尤其是禁止西北边境的商贾越过边境与外蕃贸易,敦煌文书 S1344 号《唐户部格残卷》就有这方面的规定:"诸蕃商胡,若有驰逐,任于内地兴易,不得入蕃,仍令边州关津镇戍,严加捉搦,其贯属西、庭、伊等州府者,验有公文,听于本贯已东来往。"明确限定了外商及西北商贩的经商范围。

2. 关于唐代海外贸易的立法情况

唐朝在开辟陆路贸易的同时,也注重发展海外贸易。尤其是随着唐政权在西域军事的失利,陆路贸易受阻,自唐中期以后,海上贸易得到了迅速的发展。在东南沿海地区,出现了许多对外贸易的港口,如广州、交州、泉州、扬州等,其中以广州的对外贸易最为活跃,开元天宝时期的广州繁华无

---

① 参见《〈唐垂拱元年(685)康尾义罗施等诸过所案卷〉考释》,刊于武汉大学《魏晋南北朝隋唐史资料》第 10 辑;《唐代过所与胡汉商人贸易》,《西域研究》1995 年 1 期。

② 刘俊文:《敦煌吐鲁番唐代法制文书考释》,中华书局 1989 年 3 月版,第 311 页。

比,"江中有婆罗门、波斯、昆仑等舶,不知其数;并载香药、珍宝,积载如山。其舶深六、七丈。师子国、大石国、骨唐国、白蛮、赤蛮等往来居住,种类极多。"① 海外贸易的繁荣为唐朝政府带来了巨大的利益,开元时期著名的政治家张九龄就曾说过:"海外诸国,日以通商,齿革羽毛之殷,鱼盐唇蛤之利,上足以备府库之用,下足以赡江淮之求。"②

当地政府是对外贸易最重要的管理机构,与市舶使两者共同管理海外贸易。主要的管理权还是操纵在地方长官手中。如岭南节度使就大多以"押蕃舶使"的身份全面负责对外贸易管理。市舶使是唐代海外交易的另一重要管理机构。唐代市舶使的担当者,大体经历了由朝官而宦官、监军的发展过程。市舶使的职责起初只是为皇室采购珍异货物,但后来也参与对外交易的管理,据李肇《唐史国补》卷下云:"市舶使籍其名物,纳舶脚,禁珍异,蕃商有以欺诈入牢狱者。"说明此时的市舶使除了为中央采购珍异货物外,还对蕃客的欺诈行为有惩罚权。为了照顾侨居在唐的外国人生活习惯和商业上的便利,唐朝政府在外国人居住聚集的地区设立蕃坊,蕃坊内设蕃长,并非唐正式官职,可能是当时众蕃推举产生,但须经唐政府正式任命。关于蕃长的职责,北宋的《萍州可谈》卷 2 云:"广州蕃坊,海外诸国人聚居,置蕃长一人,管勾蕃坊公事,专切招邀蕃商。"蕃长的职责主要是对本蕃内的治安、外商纳税等事务进行管理。但唐朝政府对蕃坊拥有完整的主权。

市舶使作为唐代海外贸易重要的管理机构,最初由朝官担任,后由宦官负责。关于唐朝市舶使设立的时间,目前学术界还有分歧。③ 虽然朝廷向沿海港口派遣市舶使负责有关市舶事务,但当地政府却始终掌握着市舶管理,唐代的广州都督、岭南节度使等实际上操纵着市舶贸易的大权。对进口商品进行检阅,是主权国家行使对外贸易管理的正当方式,唐代对出入东南沿海各港口的商品检查由地方政府负责。据《旧唐书·李勉传》记载,大历四年(769 年)李勉为岭南节度使以前,"前后西域舶泛海至者岁才四、五,勉性廉洁,舶来都不检阅,故末年至者四十余。"李勉之所以不检阅,主要针对以前节度使借检阅之机盘剥外商的行为而作出的,检阅外国商船入港、出港是唐

---

① 《唐大和尚东征传》,汪向荣等校注,中华书局 2000 年 4 月版,第 74 页。
② 《全唐文》卷 291《开大庾岭路记》。
③ 明末清初的顾炎武在《天下郡国利病书》卷 120《海外诸蕃》中认为市舶使始置于贞观十七年(643 年);李庆新等人认为市舶使始设于唐高宗显庆六年(661 年),参见李庆新:《论唐代广州的对外贸易》,《中国史研究》1992 年 4 期;而黎虎等人则认为唐代市舶使产生于开元初年,参见黎虎:《唐代的市舶使与市舶管理》,《历史研究》1998 年 3 期。

代维护国家主权的必要手段。

另外,唐代海外贸易的法规也大多由当地官府制定。据《旧唐书·卢钧传》记载:"南海有蛮舶之利,珍货辐辏,旧帅作法兴利以致富。"可见唐后期地方节度使可以自己"作法",制定市舶贸易的法规。《新唐书·卢奂传》亦载其在岭南任职时,"中人之市舶者亦不敢干其法"。唐朝末年,孔戣任岭南节度使时,对外商遗产继承的制度进行了改革,"旧制:海商死者,官籍其赀,满三月无妻子诣府,则没入。"① 孔戣对此作了修改,他说:"海道以年计往复,何月之拘?苟有验者,悉推与之,无算远近。"扩大了对外商遗产的追诉时效。

概而言之,唐代的海外贸易法主要有三方面的内容:

其一,涉外税法。即对商船征收舶脚税。有些学者认为,唐太宗贞观十七年(643 年),下诏对外国商船贩至中国的龙香、沉香、丁香、白豆蔻四种货物由政府抽取百分之十的实物税,是中国历史上第一项外贸征税法令。② 但地方政府为了增加税收,常常提高税率,据《全唐文》卷 75 唐文宗《太和八年疾愈德音》载:"南海舶船,本以慕化而来,固在接以恩仁,使其感悦。如闻比年长吏,多务征求,怨嗟之声,达于殊俗……其岭南、福建及扬州蕃客,宜委节度观察使常加存问,除舶脚、收市、进奉外,任其来往流通,自为交易,不得重加税率。"这表明唐代政府对外国商船入港所征收的入口税税率是很固定的,只不过地方官员为了中饱私囊,额外增加税额,才引起了外商的不满。

其二,收市。即规定政府有对外国商船所携货物的优先购买权。唐高宗显庆六年(661 年)二月十六日,制定了《定夷舶市物例》,规定:"南中有诸国船,宜令所司,每年四月以前,预支应须市物。委本道长史,舶到十日内,依数交付价值。市了,任百姓交易。其官市物,送少府监简择进内。"③ 这一敕令表明,在外国商船来唐后的十日内先由政府收购物品,待官方收市后才向百姓开放交易。到唐后期,官方收购的方式又有所变化,根据阿拉伯商人的回忆:"海员从海上来到他们的国土,中国人便把商品存入货栈,保管六个月,直到最后一船海商到达时为止。他们提取十分之三的货物,把其余的十分之七交还给商人。这是政府所需的物品,用最高的价格现钱购买,这一点是没有差错的。"④

---

① 《新唐书》卷 163《孔戣传》。
② 参见叶孝信主编:《中国法制史》,北京大学出版社 1996 年 10 月版,第 213 页。
③ 《唐令拾遗》卷 1。
④ 《中国印度见闻录》,穆来根等译,中华书局 1983 年版,第 15 页。

其三,进奉。即外商向皇帝进贡珍奇物品。据王虔休《进岭南王馆市舶使院图表》说:"除供进备物之外,并任蕃商列肆而市。"徐申为岭南节度使时,"蕃国岁来互市,奇珠玳瑁异香文犀,皆浮海以来,常贡是供,不敢有加,舶人安焉,商贾以饶。"① 这里的"常贡"就是指进奉。

3. 唐代涉外经济纠纷的解决途径

唐代的契约制度十分完善,凡发生商品买卖或借贷等民事经济行为大多要制定契约,合同双方要履行契约中所规定的内容,对于违约者则给予严厉的刑事或经济惩罚。契约制度的发达对双方当事人来说都是很好的约束。如果有轻微的民事经济纠纷,通常"有仲裁人来排难解纷,而无需惊动政府官员。"②

凡调解不能解决的法律纠纷,大多通过诉讼途径来解决。唐代涉外法律冲突采取属人法兼属地法主义的原则,《唐律疏议》卷6规定:"诸化外人,同类自相犯者,各依本俗法;异类相犯者,以法律论。"这句话的意思是:如某位外国人与本国人在唐朝境内发生法律冲突时,依据该国法律论断;如某位外国人与非本国的唐人或其他国家的外国人发生冲突时,则依据唐朝的法律论断。唐律中的这项原则既维护了本国的司法主权,同时又照顾到了各国风俗习惯,是我国古代解决涉外法律冲突中重要的准据法。

我们先看一下唐代的属人法主义。唐代在外国人聚集的地区设立蕃坊,蕃坊内设立蕃长,"管勾蕃坊公事,专切招邀蕃商人贡用"。唐代的广州居住着许多西亚、欧洲等地的商人,他们信奉伊斯兰教、基督教等不同的宗教,风俗习惯也各不相同,实行蕃坊制度,由蕃长按本民族的风俗习惯排解纠纷,有利于稳定当地的社会秩序。蕃长又称判官,据阿拉伯人苏莱曼记述:"中国皇帝因任命伊斯兰教判官一人,依伊斯兰教风俗,治理穆斯林。每星期必有数日专与回民共同祈祷,朗读先圣戒训。终讲时,辄与祈祷者共为回教苏丹祝福。判官为人正直,听讼公平,一切皆能依《可兰经》、圣训及回教习惯行事。"③ 当蕃坊内发生刑事案件时,处罚的方式不一。据宋代的《萍州可谈》卷2记载:"蕃人有罪,诣广州鞫实,送蕃坊行遣,缚之木梯上以藤杖挞之,自踵至顶,每藤杖三下折大杖一下,盖蕃人不衣裈绔,喜地坐,以

---

① 《全唐文》卷639《徐公行状》。
② 《中国印度见闻录》,穆根等,中华书局1983年版,第23页。
③ 苏莱曼:《中印游记》,转引自张星烺:《中西交通史料汇编》第2册,中华书局2003年6月版,第201页。

杖臀为苦，反不畏杖脊。徒以上罪，则广州决断。"上述这则史料说明，即使在唐的外国人在本蕃内犯罪，蕃长也要先把犯罪嫌疑人送到当地官府，由官府审问，审问结束后，再交还蕃坊惩处。若犯罪者犯徒罪以上，则由当地官府定罪量刑。

接下来再看一下唐代的属地法主义。所谓属地法主义，即唐律中所说的"异类相犯者，依法律论"，按照唐朝的法律论处。在现存的唐代文献中，保存了许多因经济财产纠纷所出现的诉讼。唐文宗大和五年(831年)右龙武大将军李甚之子贷回纥钱一万一千四百贯，后依仗父亲权势拒不偿还，为回纥商人所诉。官司最后打到文宗皇帝堂前，为了维护商人的正当权益，唐文宗不但命李甚子偿还债务，还把纵子为恶的李甚贬为宣州别驾。①

从现存的文献来看，唐朝的沿边地区都督府及内地州县为初级的涉外审判机构。据《唐大和尚东征传》记载，天宝二年(743年)，日僧荣叡邀请鉴真等人东渡传法，当万事俱备之际，为当地僧人如海诬告与海盗勾结，淮南采访使班景倩随即命人推问此案，并差官人捉拿日本僧人。"荣叡师走入池水中仰卧，不良久，见水动，入水得荣叡师，并送县推问。"②从天宝二年日本僧人荣叡一案可以看到，当地县衙和淮南采访使都有权审理涉外的案件。另据《资治通鉴》卷203"则天后光宅元年"条记载：路元睿为广州都督，"有商船至，僚属侵渔不已，商胡诉于元睿，元睿索枷，欲系治之，群胡怒，有昆仑袖剑直登厅事，杀元睿及左右十余人而去。"广州都督府下面的属吏侵剥外商，为外商所诉，广州都督府是涉外的重要诉讼管理机构。但由于广州远离唐代的政治中心，天高皇帝远，致使一些地方官员为所欲为，肆意盘剥外商，结果引起了外商的愤怒，最后竟然杀死了当地的长官。唐朝后期，类似的事例还有很多，说明唐代的涉外经济、法律管理体制还很不健全。

唐代的涉外案件经地方官府审理后，还要上报给中央的鸿胪寺进行核准。如前述的日本僧人荣叡一案，经扬州府审理后，便上奏至京，"鸿胪寺检案问本配寺，寺众报曰：'其僧随驾去，更不见来。'鸿胪寺依寺报而奏，便敕下扬州，令其放还荣叡一行。"

在唐代出现的涉外案件中，还多次出现封建政权的最高统治者皇帝亲自干预或审理涉外案件的情况。在阿拉伯商人游记《中国印度见闻录》一书中，记载了这样一件事情：有一个原籍是呼罗珊(Khurasan)的人，来伊拉克

---

① 《册府元龟》卷999《外臣部》。
② 汪向荣校注：《唐大和尚东征传》，中华书局2000年4月1版，第44页。

采购了大批货物,运到唐朝去卖。当他来到广州之后,因在象牙和另外一些货品的交易上,与前来选购舶来品的宦官发生了争执,外商拒不出卖货物,宦官依仗自己深得皇帝的宠幸,竟采取强制手段,把外商带来的好货全拿走了。最后,这个外商竟然来到都城告御状。在皇宫,通过翻译唐朝皇帝向他询问案情,他就把同宦官怎样发生争执,宦官又怎样强行夺走他货物的事情一一报告了。皇帝当即派人调查此事,证明外商所述属实。于是皇帝召回了这个宦官,并对他说到:"你简直该当死罪。你教我落到召见一个商人的地步。他从我国边境的呼罗珊,到阿拉伯,然后从那里经过印度各国,来到中国。他是来我国寻求恩惠的。可是,你却希望他回去的时候,向各地的人说:'我在中国遭到无情的虐待,财产也给强占去了。'"① 最后,唐朝皇帝为了维护大唐帝国的声誉,下令没收了宦官的财产,并将其发配到皇陵作看守。从上述案件中我们看到,唐朝政府为了维护国家的声誉,对于外国商人正当的利益还是给予了积极的维护。

综上所述,在唐代的律、令、格、式四种法律形式中,都有涉外法律的内容。其中在唐代《礼部格》中的《主客格》中,收录的是关于禁违正邪的规定;在唐代的《主客式》中,更是记载了唐代涉外行政管理系统的办事细则,可惜的是由于这两部法律文献已经佚失,我们只能从现存的文献中窥知一二。唐代的涉外行政管理系统复杂多样,行政立法也周密细致,概而言之,中央有鸿胪寺和主客司两大机构,在地方上,缘边都督和内地州县长官都有权管理涉外事务,对于涉外案件也有权审理,最后由中央鸿胪寺复核。唐代的涉外民事法律也较为完善,对在唐的外国人的权利义务都有明确的规定。尤其是对于涉外婚姻、家庭财产继承法等采取属人法兼属地法主义的原则,既维护了本国的司法主权,同时又照顾到各国的风俗习惯。在涉外经济立法方面,唐代在不损害国家安全的前提下,有限制地发展陆路贸易,着重发展海外贸易。无论是陆路贸易还是海上贸易,唐政府都注重维护外商的合法权益,对于侵害外商财物、走私和非法交易等行为给予严厉打击,维护了正常的经济往来。所有这些涉外法律内容,说明唐代的涉外法律正逐渐走向成熟。如北宋元丰三年(1080年),就是在借鉴唐代海外贸易法的基础上制定了《广州市舶条法》。因此,我们认为唐代的涉外法律对后世产生了巨大的影响。

---

① 参见穆来根等译:《中国印度见闻录》卷 2,中华书局 1983 年 8 月版,第 115—117 页。

第六章 律令制下的唐代佛教

第一节 关于唐代佛教僧尼的法律规定

唐代是我国封建社会法律制度十分完备的历史时期。李唐统治者为了加强自身的统治,不仅在政治、经济、文化等方面建立了一整套的法律制度,甚至对唐代佛教寺院僧尼的管理也设立了相应的法令法规,这反映了唐代法令制度的严密性与完整性。

关于唐代僧尼法律规定的资料十分广泛,其材料来源也很庞杂。除了《唐律疏议》、《唐六典》、《唐会要》等文献外,还散见于《新唐书》、《旧唐书》、《唐大诏令集》、《全唐文》、《册府元龟》以及佛教典籍《佛祖统记》、《大宋僧史略》、《宋高僧传》等文献之中。概而言之,关于唐代僧尼法规的材料可以归纳为如下几方面内容:

一、关于唐代佛教的经济法规

唐朝政府针对以前历朝僧尼占有大量土地和财物,隐匿农业劳动人口的现象,制定了许多经济法规,来限制寺院经济的发展,这些资料来源广泛,具体分为如下几个方面:

1. 关于限制寺院僧尼兼并土地的法规

唐朝立国后,继续推行北魏以来实行的均田制,但在授田对象上已有所变化,新增加了对僧尼、道士等人的授田。其具体办法是,据《唐六典》卷3记载:"凡道士给田三十亩,女冠二十亩;僧、尼亦如之。"此外,在唐代文献《法苑珠林》卷69、《白氏六帖事类集》卷26等文献中,也都记载了唐代对僧尼授田的法令。

寺院僧尼的受田,也与均田制上的农民一样,有"退田"之说。《唐会要》卷59中就记载"其寺观常住山,听以僧尼道士女冠退田充。"这说明在唐代前期政府对僧尼的授田、退田有一套完整的法规,绝不是李唐统治者们一时心血来潮才制定的。

那么唐朝政府为何会制定僧尼受田的法令呢?我们认为,唐政府之所以授田给僧尼,其直接目的就是为了更好地限制寺院僧人大量占有耕地,以

第六章　律令制下的唐代佛教

保障封建国家的经济利益。这从后来政府颁布的寺院僧人占田法中即可窥视一斑。据《唐会要》卷59云:"敕祠部:天下寺观田宜准法据,僧尼道士合给数外,一切管收,给贫下欠田丁。其寺观常住田,听以僧尼道士女冠退田充。一百人以上,不得过十五顷;五十人以上,不得过七顷;五十人以下,不得过五顷。"开元二十一年(733),唐玄宗即根据上述规定,"检括天下寺观田,以少林寺系先朝所赐田碾,不令官收。"①

2. 关于严禁僧尼私度,防止劳动力流失的法规。

为了防止世俗百姓私度出家和寺院隐匿农业人口,唐代僧人也和世俗百姓一样,有固定的户籍。据《唐六典》卷4记载:"凡道士、女道士、僧、尼之簿籍亦三年一造。其籍一本送祠部,一本送鸿胪,一本留于州、县。"《唐会要》卷49也记述了"每三岁,州县为籍"的僧尼户籍管理制度。到唐玄宗天宝八年(749),曾一度实行十年一造僧尼籍账,唐文宗太和四年(830),将之定为常式。据《全唐文》卷966《请申禁僧尼奏》云:"准天宝八年十一月十八日敕:诸州府僧尼籍账等,每十年一造,永为常式者,其诸州府近日因循,都不申报,省司无凭,收造籍账。"

关于勘造僧籍的程序,宋人赞宁在其所著的《大宋僧史略》卷中"僧籍驰张"条说:"勘造僧账,体度不同,或逐寺总知,或随州别录,或单名转数,或纳牒改添,故不同也。"僧尼籍账上记载的内容,主要有所居州、县及寺院的名称,僧尼的俗姓、法名、乡贯、户头、年龄、所习经业以及寺院的常住人数等。凡在僧籍上注册的僧尼,必须有国家发放的度牒,否则就不能入籍。

唐代僧尼取得度牒必须经过政府认定的法律程序。其中最重要的途径就是试经度僧。如唐玄宗开元十二年(724年),规定:"敕有司试天下僧尼,年六十以下者限诵二百纸经,每年一限诵七十三纸,三年一试,落者还俗。"②唐代宗大历时,"敕天下童行策试经、论、律三科,给牒放度。"③

唐政府对试经制度十分重视,如在西京长安、东都洛阳度僧,由"御史一人涖之。"④ 若僧尼不能通经者,不仅得不到由祠部发放的度牒,更不能得到政府的授田。只有"僧通经业,准上给田"。⑤

皇帝下诏度僧是僧尼取得度牒的另一种途径。唐代许多皇帝都曾下诏

---

① 《金石萃编》卷77。
② 《唐会要》卷49。
③ 《唐会要》卷49。
④ 《新唐书·百官志》。
⑤ 《大宋僧史略》卷中。

度僧。如唐太宗就曾在贞观三年、贞观五年、贞观二十二年多次下诏度僧。由于是得到了皇帝的恩准,出家者很容易就获取度牒。

在唐肃宗时期,由于"安史之乱"爆发,国家财政紧张,为充军费,肃宗听从宰相裴冕的奏请,开始出卖僧、道度牒,凡纳钱百缗者,即可请牒剃度。卖牒制度是一种临时性的措施,唐政府在平定"安史之乱"后不久,即废除此制。

僧尼出家取得度牒后,被政府指派到本州或他州的寺院内居住。凡未取得度牒而出家者,统称为伪滥僧。唐政府对伪滥僧的处罚极为严厉。唐太宗贞观元年(627),曾下令:"有私度者处以极刑。"① 唐玄宗天宝五年(746),京兆尹萧炅上奏处罚私度出家者,"自今已后有犯,诸委臣府司,男夫一房家口,移隶碛西。"② 唐代法律文献《唐律疏议》卷12也有专门的规定:"诸私入道及度之者,杖一百;已除贯者,徒一年。本贯主司及观、寺三纲知情者,与同罪。若犯法合出现寺,经断不还俗者,从私度法。即监临之官,私辄度人者,一人杖一百,二人加一等。"由上述法律条文可以看到,私度出家不但本人受到严惩,即使作为私度者家长、寺院三纲,主持剃度的高僧以及所属州县官吏都要受到牵连。

3. 关于限制僧尼经济来源的法律规定

针对南北朝以来寺院僧人占有大量财物的现象,唐朝统治者也出台了许多措施,来限制寺院僧人的经济收入。唐代僧人的经济收入主要有两种渠道:一种为世俗百姓捐赠;另一种为替世俗百姓讲经说法的收入所得。

在唐前期,长安化度寺和福先寺的僧人创立无尽藏,每年正月四日,天下士女施钱,称为救济贫弱之用。然而捐赠的财物多为僧人挥霍。到唐玄宗时,颁布了《禁士女施钱佛寺诏》,将长安及各地无尽藏禁断,钱付御史台。此后凡将田庄等财物捐赠寺院者,都要上报官府。《通典》卷11郑叔清至德二年的奏文中也明确提到僧尼"准法不合畜奴婢田宅私财"的记载。可见唐代政府是禁止僧尼接受世俗百姓的捐赠的。

对于一些僧尼借讲经说法之名,向百姓收敛财物的现象,唐政府也曾下令予以禁止。《全唐文》卷30就曾收录了唐玄宗颁布的《禁僧徒敛财诏》。诏文中说:"(世俗百姓)深迷至理,尽躯命以求缘,竭资财而作福。未来之胜因莫效,见在之家业已空。事等系风,犹无所悔,愚人寡识,屡陷刑科,近日

---

① 《佛祖统记》卷54。
② 《唐会要》卷49。

僧徒,此风尤甚。"若再有僧尼借机敛财,为害百姓者,"先断还俗,仍依法科罪。所在州县,不能捉搦,并官吏辄与往还,各量事科贬。"不过,到了唐后期,僧尼为百姓讲经说法敛财的现象已司空见惯,唐前期制定的许多限制僧尼经济收入的法令条文逐渐变成了一纸空文。

总之,有唐一代,关于唐代僧尼的经济法规很多,其中有些同于世俗法律。如法令禁止寺院僧人买卖土地,禁止寺院僧人高息贷钱,寺院与世俗百姓发生经济纠纷按世俗法律惩处等,这些现象在许多唐代典籍中都出现过,笔者在此就不一一列举了。

二、关于限制僧尼社会活动的法规

李唐政权对于僧尼阶层不利于自己统治的社会活动,制定许多法令予以限制。

1. 关于限制僧尼出行的法律规定

早在唐高祖武德时期,就明确下令,如僧尼无事,须安居寺院,诵读经文,不许随意离开寺院。到唐太宗贞观时期,规定僧尼外出,需有公验为凭,否则不予放行。其中最典型的事例即玄奘取经西行至凉州,因无公验,当地守官不予放行。开元天宝之际,对僧尼户籍管理严格,凡配籍到某寺,无事不许离开寺院。对于那些"志行坚精,愿寻师访道"的僧人,"但有本州公验即任远近游行,所在关防,切宜觉察,不至真伪相杂,藏庇好人。"①

唐玄宗开元十九年(731),针对僧尼"或出入州县,假托威权;或巡历村乡,恣行教化。因其聚会,便有宿宵"的情况,唐玄宗下令,僧尼除讲律之外,一切禁断。"六时礼忏,须依律议,午夜不行,宜守俗制。"② 后在京城长安、洛阳等地,两街功德使制定条约,"不许僧尼午后行游"。③ 只是到了唐文宗大和年间,才许僧尼午后出行。

在现存的敦煌文书中,也发现许多地方上的僧官告诫各寺院对本寺僧人的出行居止严加管理的行帖,类似于现今的文件布告。如在法国国立图书馆所藏敦煌文书 P3100 号《夏安居帖》中写道:

释门帖诸寺纲管
奉　都僧统帖令僧政法律告报

---

① 《唐会要》卷 48。
② 《唐大诏令集》卷 113。
③ 《唐大诏令集》卷 113。

应管僧尼沙弥尼,并令安居住寺,依止从师,进业修习,三时礼忏……勒上座寺主,亲自押署,齐整僧徒……

在英国伦敦博物馆所藏文书 S1604 号《归义军节度使·都僧统帖》中,也有"僧尼每夜不得欠少一人,仰判官等,每夜巡检。判官若怠慢公事,亦招科罚"的记载。可见,唐代对僧尼出主的管理是非常严格的。

2. 关于限制僧尼社会交往的法规

针对南北朝时期一些不法僧人假借传教为名,秘密组织力量发动反叛的情况,唐朝政府制定了许多法令,对僧尼的社会交往进行限制。

开元二年(714),唐玄宗闻听百官之家多以僧尼为门徒往还,妻子等无所避忌的现象,下令:"自今以后,百官家不得辄容僧尼等至家,缘吉凶要须设斋者,皆于州县陈牒寺观,然后依数听去。"① 开元十三年(725),玄宗又命"天下诸寺三阶院除去隔障,使与大院相通,让众僧错居,不得别住,所行集录,悉禁断毁除。"② 对于一些僧尼虚挂名籍,或侍养私门,或云游在外,避其所管,以成奸诈的情况,唐玄宗颁布了《禁僧道掩匿诏》,宣布"自今以后,更不得于州县权隶侍养,师主父母,此色者,并宜括还本寺观"。③

唐代宗宝应元年(762)八月,代宗皇帝进一步申明了严禁世俗百姓与僧尼"非时聚会"的规定。他说:"如闻州县公私,多借寺观居止,因兹亵渎,切宜禁断,务令肃整。其寺观除三纲并老病不能支待者,余并俾每日二时行道礼拜,如有驰张,并量加科罚。又崇敬清静,礼避嫌疑,其僧尼道士,非本师教主及斋会礼谒,不得妄托事故,辄有往来,非时聚会。并委所由长官勾当,所有犯者,准法处分,亦不得因滋搅扰。分明告示,咸使知悉。"④ 后不久,唐代宗又颁布了《禁天下寺观停客制》,针对许多寺院被官吏,诸客及军士居止,致使"缁、黄屏窜",僧俗不分的情况,唐代宗下令,自诏书颁布之日起,"切宜禁断"。

为了断绝僧俗交往,唐代法律规定,凡僧尼外出求法讲经,应居住当地的寺庙之内,不许以借宿之名居止百姓之家。如日本僧人圆仁到唐朝求法时,一路上从山东到京城长安,大都居住在寺院。李唐统治者严禁僧俗交往的目的,就是为了把僧人束缚在寺院内部,防止僧尼利用传教为名煽动百姓

---

① 《唐会要》卷 49。
② 《开元释教录》卷 18。
③ 《全唐文》卷 28。
④ 《唐大诏令集》卷 113。

反抗其统治。

3. 关于限制僧尼妖讹惑众、为人疗疫卜相的法规

唐律中对那些妖言惑众、妄说灾祥吉凶、危害国家统治、扰乱民心的行为十分恐慌，对此处罚也颇为严厉。据《唐律疏议》卷 18 规定："凡诈为鬼神之语，妄说他人及己身有休徵，妄言国家有咎恶，观天画地，诡说灾样，妄陈吉凶，并涉于不顺者，绞。若僧尼犯罪，亦同此律。"

早在贞观十三年(639)，唐太宗即颁布诏令："比闻多有僧溺于流俗。或假托鬼神，妄传妖怪，或谬称医巫，左道求利；或灼钻肤体，骇俗警愚，或造诣官曹，嘱至赃贿。凡此等类，大亏圣教。朕情在护持，必无宽贷。"① 唐玄宗开元三年(715)，又发布《禁断妖讹等敕》，对那些"白衣长发，假托弥勒下生，因为妖讹，广集徒侣，称解禅观，妄说灾样。或别作小经，诈云佛说，或辄蓄弟子，号为和尚"的不法僧人，命按察使采访，严加捉搦。"如州县不能觉察，所由长官并量状贬降。"② 唐敬宗宝历二年(826)，亳州妖僧诳惑百姓，妄言出圣水，饮之者疾愈，江南之人，奔走塞路。李德裕上奏中央，请求对妖僧严惩。及至会昌年间，唐武宗下诏"天下所有僧尼解烧练咒术禁气，背军、身上杖痕鸟文、杂工巧"等不守法律和戒律者，强迫还俗，并给予严厉打击。③ 对于公然违抗政府法令的僧人，决不姑息手软。如僧人怀照，因散布谣言，"信无凭据"，将其流放播州，"到彼勿许东西"。④

唐代法律还规定，寺院僧尼不得为世俗百姓卜相、医疗疾病，违者将处以科条。唐高宗永徽四年(653)，皇帝颁布敕令，"道士女冠僧尼等，不得为人疗疾及卜相。"⑤ 唐文宗大和时期，又再次重申了上述法令。据《唐大诏令集》卷 113《禁僧道卜筮制》记载："敕：左道疑众，王制无赦；妖言蠹时，国朝尤禁。且缁、黄之教，本以少思寡欲也；阴阳者流，所以教授人时也。而有学非而辨，性狎于邪，辄窥天道之远，妄验国家之事。仍又托于卜筮，假托灾祥，岂直闾阎之内，恣其狂惑，兼亦衣冠之家，多有厌胜。将恐寝成其俗，以生祸乱之萌。时艰以采，禁网疏阔，致令此辈，尚有矫诬，害政之深，莫过于此！将归正道，必绝奸源。宜令所司，举旧条处分。"可见，唐朝后期，许多僧尼借卜筮、医疗病人之机狂惑百姓，以生祸乱，才使唐代统治者又重新颁布

---

① 《佛祖历代通载》卷 11。
② 《唐大诏令集》卷 113。
③ 《入唐求法巡礼行记》卷 3。
④ 《全唐文》卷 34。
⑤ 《唐会要》卷 50。

诏令,予以禁断。由此我们也可以看出,唐朝政府对僧尼社会活动的规定是何等的细致和严明。

三、有关唐代僧尼违背礼教的法规

唐代是一个以礼治国的社会。唐代法学家长孙无忌在其《唐律疏议序》中开宗明义地指出:"德礼为政教之本,刑罚为政教之用,犹昏晓阳秋相须而成者也。"德主刑辅,礼律融合成为唐代立法的指导思想。有唐一代,凡违背礼教的行为皆属违法行为。

唐律中关于世俗百姓违背礼教而处以刑罚的规定十分详备,对此已有学者论述。唐代对僧尼违背礼教的行为,法律也有规定,但迄今尚无学者研究整理。在现存的唐代律、令、格、式中,有关唐代僧尼违背礼教的法律规定很多,概括起来可分为如下几个方面:

1. 关于僧尼致拜君亲的法规

自东晋以来,在佛教徒中间就出现了"沙门不敬王者论"的思想。佛教僧侣试图把教权凌驾于君权和父权之上。但由于当时社会动荡,国内处于分裂割据的局面,加之皇权弱小,无暇顾及此事。及至唐朝统一全国,建立了强大的中央政权,教权与皇权的冲突也就日益明显。

僧尼不致拜君亲的做法,不受世俗社会的制约,首先受到了儒家和道教的攻击。唐高祖武德初,大臣傅奕即指出:"佛在西域,言妖路远,汉译胡书,恣其假托。故使不忠不孝,削发而揖君亲;游手游食,易服以逃租赋,……遂使愚迷妄求功德,不惮科禁,轻犯宪章。共有造作恶逆,身坠刑网,方乃狱中礼佛;口诵佛经,昼夜忘疲,规免其罪。且生死寿夭,由于自然;刑德威福,关人之主。"① 傅奕的这些言论,是站在儒家的立场上论说的。

佛教僧尼不致拜君亲的做法,当然也会遭到李唐统治者的反对。李唐统治者标榜以礼治国,礼治的核心内容就是尊尊和亲亲。僧尼不致拜君亲,公然与李唐政权的统治思想相违背,必然会引起李唐统治者的不满。唐高祖武德四年(621),李渊就对僧尼不致拜君亲的做法予以批评。他说:"弃父母之须发,去君臣之章服,利在何门之中,益在何情之外?"② 贞观时期,唐太宗正式下诏令僧尼、道士致拜父母。《贞观政要》卷7载:"佛道设教,本行善事,岂遣僧尼、道士等妄自尊崇,从受父母之拜,损害风俗,悖乱礼经,宜即禁

---

① 《旧唐书·傅奕传》。
② 《集会今佛道论衡》卷丙。

断,仍令致拜父母。"

唐高宗是个典型的佛教谜。在其统治时期,曾出现了对于僧尼是否致拜君亲的讨论。尽管持僧尼不拜君亲观点的人数占优,但唐高宗从维护封建伦理道德和等级观念的角度出发,还是听从了那种"若乃君臣父子之义,尊卑贵贱之序,与夫儒教,分路同趋,但缁服黄冠,未通正法,真言清戒,莫能坚受"① 的意见,先后颁布《令僧道致拜父母诏》、《僧尼不得受父母及尊者礼拜诏》,从儒家的正统思想出发,阐述了佛教徒与儒家的"父子君臣之际,长幼仁义之序;与夫周公孔子之教,异辙同归,弃礼悖德,深所不取。"到唐玄宗时,又于开元二年(714)、开元二十一年(733),两次颁布诏令,命"自今以后,僧尼一依道士女冠例,兼拜其父母。"②

总之,经过唐初皇权与僧侣几个回合的较量,李唐统治者利用儒家思想为武器,把教权纳于君权和父权之下。

2. 关于僧尼政治地位的法律规定

李唐统治者为抬高自己的社会地位,宣称自己是道家始祖老子的后代,唐太宗本人就曾说:"朕之本系,出自柱下。"于是在唐初围绕着道士僧尼政治地位的高低展开了讨论。事情的起因是佛教高僧法琳的《辩正论》。在这篇著作中,法琳对李唐皇室的出身公然污蔑,被道士秦世英揭发。法琳说:"窃以拓跋元魏,北代神君,达阇达系,阴山贵种。经云,以金易鍮石,以绢易缕褐,如舍宝女与婢交通,陛下即其人也。弃北代而认陇西,陛下即其事也。"③ 唐太宗览后大怒,欲处之死刑。后法琳对太宗皇帝赞誉有加,才卒免一死。贞观十一年(637),唐太宗正式颁布《道士女冠在僧尼之上诏》,确定了僧尼的政治地位。

唐初统治者之所以抬高道教,压低佛教,无非是想借助道教的势力来抬高自己的政治地位,压制佛教势力。及至唐睿宗景云二年(711),当佛教僧侣的势力完全臣附于君权之下时,唐睿宗颁布了《僧道齐行并进敕》,规定僧尼道士处于平等的法律地位。

我们认为,唐初政权对僧尼社会地位的规定反映了唐代君权与教权的礼仪之争。通过对僧尼政治地位的规定,佛教臣属于君权之下,李唐皇帝成为佛教僧侣阶层的教主,僧尼则成为君权的工具。如法琳称唐太宗为菩萨

---

① 《全唐文》卷72。
② 《唐大诏令集》卷113。
③ 《法琳别传》卷中。

天子,武则天时,沙门怀义等人称则天是弥勒下生,当作阎浮提主等,都是僧尼阶层承认李唐君权至尊无上地位的体现。

3. 关于僧尼违背礼仪行为的法规

唐代法律文献中对僧尼违背礼教行为的规定也颇为详细。如在寺院内部,率先确定了严格的等级制度。据《唐律疏议》卷6载:"议曰:师,谓于观寺之内,亲承经教,合为师主者。若有所犯,同伯叔父母之罪。依《斗讼律》,詈伯叔父母者,徒一年。若詈师主,亦徒一年。余条犯师主,悉同伯叔父母。"若师主因嗔竟殴杀弟子,仅"徒三年"。可见,对于寺院僧尼的法律规定,在很大程度上是参考俗人家庭中子女詈骂伯叔父母和伯叔父母殴杀兄弟之子的法规。这也是唐代法律条款中对僧尼阶层"一准乎礼"的具体体现。

武则天圣历元年(698),针对僧、道之间互相攻击訾毁的现象,制定了禁止诽谤佛道的法令。令文中说:"佛道二教,同归于善,无为究竟,皆是一宗。比有浅识之徒,竟于物我,或因忿怨,各出丑言。僧即排斥老君,道士乃诽谤佛法,更相訾毁,务在加诸。人而无良,一至于此!且出家之人,须崇业行,非犯圣义,岂是法门?自今佛及道士敢毁谤佛道者,先决杖,即令还俗。"①

在《唐六典》卷4、《唐律疏议》卷3、卷19等文献中,凡僧尼听着木兰、青碧、皂、黄、缁坏等色服,若僧尼道士等穿着俗服,并须还俗。僧尼穿绫罗,乘大马,醉酒后与人斗打,招引宾客。以三宝物饷馈官僚,勾合朋党者,皆须还俗。若僧尼巡门教化、和合婚姻,饮酒食肉、设食五辛,作音乐博戏、毁骂三纲、凌突长役者,皆罚作苦役。凡僧不得辄入尼寺,尼不得辄入僧寺,其有觐省师主及死病看问、斋戒、听学者听去,若僧房停妇女,尼房停男客,经一宿以上,罚作苦役,一宿十日苦役,五日三十日苦役,十日以上百日苦役。唐律还规定,凡僧尼不得无故盗毁佛像。若僧尼盗毁佛像,加役流;若盗毁菩萨像者,减一等,若盗而供养者,杖一百。此外,唐律中还规定,凡僧尼于道路中遇三位以上者隐,五位以上敛马相揖而过,若步者隐。僧尼无故不得焚身舍身,若违及所由者,依律科罚。凡此种种条款,都说明唐代对僧尼违背礼教的行为处罚是十分严厉的。

四、有关唐代僧尼违犯刑律的法律规定

唐代僧尼的活动受到两种行为的约束,一种来自佛教内部的僧律,一种

---

① 《唐大诏令集》卷113。

是来自世俗的国家法律。

所谓僧律，即佛教寺院内部为僧尼制定的清规戒律。据《释氏稽古略》卷3记载："僧尼时有过失，内律佛制不许俗看。"唐太宗贞观十三年(639)，命有司把佛教内律《遗教经》分抄付与京官和御史，"若见僧尼业行与经不同者，公私劝勉必使遵行。"①

当然，仅凭寺院内部的清规戒律远远不能约束僧尼的行为，还必须制定相关的法律条文来对僧尼进行管理。唐高祖武德武德九年(626)，曾下诏问皇太子曰："比年沙门，乃多有愆过，违条犯章，干烦正术，未能益国利化，翻乃左道是修。佛戒虽有科严，违者都无惧犯。以此详之，似非诚谛。"② 于是，自高祖时起，唐朝许多皇帝都曾制定法令，对僧尼违犯刑律的行为予以严惩。

对于唐朝政府以国法治僧的统治方式，曾引起僧尼的不满。如贞观中，沙门玄琬在遗表中对唐太宗说："圣帝明王，恭敬三宝，沙门或者犯法，不应与民同科。付所属以僧律治之。"③ 唐高宗时，也一度实行"天下僧尼有犯国法者，以僧律治之，不得与民同科。"④ 但此后由于僧尼触犯国法刑律的现象增加，又下令"道士僧等犯罪，情难知者，可同俗法推勘"。⑤ 尤其是到了"安史之乱"以后，僧尼犯罪的情况增加，对僧尼违犯刑律的处罚也更加详备。

1. 关于对僧尼谋反、谋叛的规定

谋反、谋叛是直接危害封建统治的最为严重的犯罪，《唐律疏议》卷1中将其列为"十恶"之名。凡犯十恶者，都将受到极为严厉的惩罚。

在现存的唐代文献中，未曾见到有关僧尼谋反、谋叛的专项法律条文。然而，有唐一代，僧尼谋反、谋叛的事件却屡有发生，对僧尼犯罪的量刑标准也大体上同于俗人之法。

武则天长寿三年(694)，益州长史下属新都丞朱侍辟罪当死，与之交往甚厚的沙门浮屠理中谋杀长史姚寿，妄图占据剑南，反叛中央政府。后事发，被逮捕株连者达数千人。⑥ 唐德宗建中四年(783年)，发生了"泾原之

---

① 《佛祖统记》卷39。
② 《法琳别传》卷上。
③ 《释氏稽古略》卷3。
④ 《释氏稽古略》卷3。
⑤ 《大慈恩寺三藏法师别传》卷9。
⑥ 《新唐书·姚思廉传附传》。

变",唐德宗出逃奉天。叛将朱泚率兵攻城,长安西明寺僧法坚为泚造攻城器具,毁佛寺以为梯冲,唐将浑瑊等击败叛军,杀沙门法坚等"。① 贞元三年(787),资敬寺沙门李广弘自云当为人主,与殿前射生将韩钦绪、神策将魏修、越州参军刘昉、市人董昌等同谋作乱,自钦绪以下皆有署置,以尼智因为后,谋发,连坐死者百余人。② 唐宪宗元和十年(815),中岳寺僧园净年八十余,尝为史思明将,与淄青节度使李师道相结,谋于东都举事,烧宫殿肆行剽掠,事发尽擒其党。园净临刑叹曰:"误我事不得使洛城流血",党与死者凡数千人。③ 从以上几例可以看出,唐律中对官吏百姓谋反、谋叛的极为严厉惩罚同样适用于僧尼阶层。

2. 关于僧尼犯奸、盗的法规

根据《唐律疏议》卷6、卷19的记载,唐律中对僧尼犯奸盗的处罚要重于俗人。

关于僧、尼犯奸,处罚最重。即使所犯之人为该寺部曲、奴婢,处罚亦同凡人。这与唐律其他条款中良贱同罪异罚的思想截然不同。作为寺院的寺主、上座、都维那,为寺院的管理者,其犯奸与寺院僧众无别。

唐律中对僧、尼犯奸的处罚是:凡僧、尼犯奸,加凡奸罪二等。按:《唐律疏议》卷26云:"诸奸者,徒一年半;有夫者,徒二年。"也就是说,僧奸无夫妇女,徒二年半;奸有夫妇女,徒三年。尼、女官犯奸,同于僧、道。

对于僧、尼盗窃财物的处罚,也重于俗人。唐律中规定:若寺院三纲以下僧尼犯盗,即使所盗财物为部曲、奴婢,"一准凡人得罪。"弟子若盗师主物及师主盗弟子物等,亦同凡盗之法,"即不得财者笞五十;一尺杖六十,一疋加一等;五疋徒一年,五疋加一等,五十疋加役流。"④ 若是共有同财,弟子私取用者,即同"同居卑幼私辄用财者,十疋笞十,十疋加一等,罪止杖一百。"若不满十疋者,不坐。

唐律中还规定,凡僧尼盗毁佛像、菩萨像者,各得徒、流之坐;若盗毁其他像者,虽"不应为从重",有赃入己者,即依凡盗法。如果有道士等盗毁佛像及菩萨像,僧尼盗毁天尊及真人像,各依凡人之法论罪。⑤

在唐后期,随着寺院经济的发展,寺院内部僧尼的盗窃行为也不断出

---

① 《资治通鉴》卷228。
② 《旧唐书·德宗本纪》。
③ 《旧唐书·宪宗本纪》。
④ 《唐律疏议》卷19。
⑤ 同上。

现。如唐后期政治家李德裕在浙江任职时,有甘露寺主事僧到官府诉状,告交待得常住财物时,被前任主事僧隐匿常住金若干两,后经追察,将盗者一一揪出惩治。

3. 关于其他危害封建统治秩序的法规

在现存的唐代文献中,也有许多关于僧尼妖言乱政、毁坏纲纪、杀人放火、私造兵器等危害封建统治秩序的行为,对此皆处以重罚。

唐代许多皇帝、皇室贵族及朝中大臣大多信奉佛教,这也就为一些不法僧尼妖言乱政提供了可乘之机。唐律中对僧尼妖言乱政的科罚是极为严厉的。如贞观三年(629),沙门法雅坐妖言诛,大臣裴寂因有牵连被免官。① 唐玄宗先天二年(713),僧慧范参与太平公主及仆射窦怀贞等人谋反的活动,事发被诛,其财产数十万缗亦尽数没官。开元十二年(724),玄宗皇后兄王守一为皇后求僧明悟作厌胜事,事觉,王皇后被废为庶人,守一及僧明悟皆伏诛。② 唐宪宗元和时期,有僧大通虚妄奸邪,宠信于宪宗,乱国误政,及穆宗继位,命京兆尹将其处死。类似的事例还有很多,在此就不一一枚举了。

还有一些僧人与朝中宦官、权臣互相勾结,毁坏纲纪,作奸犯科,干扰朝政,一经发觉,即严加惩处。如前述僧人慧范在唐睿宗时,恃太平公主权势,逼夺百姓店肆,就被御史大夫薛谦光、监察御史慕容珣弹奏。元和八年(813),沙门鉴虚倚中人权势招怀赂遗,曾为高宗文纳贿四万五千贯于宰相杜黄裳,事发下狱,御史中丞薛存诚案问得奸赃数十万,中外权臣多为保救,宪宗亦宣令释放。但存诚据法不奉诏命,仍杖杀鉴虚。③

关于唐代僧尼打架斗殴、杀人以及其他扰乱社会秩序的犯罪行为,唐代文献记载极为简略。仅在《唐律疏议》卷6中有"若师主因嗔竞殴杀弟子,徒三年;如有规求故杀者,合当绞坐。""其当观寺部曲、奴婢,于三纲有犯,与俗人期亲部曲、奴婢同。依《斗讼律》,主殴杀部曲,徒一年。又条,奴婢有犯,其主不请官司而杀者,杖一百。"由于上述条款在很大程度上是参考了俗人的法律,因此我们推断,唐代僧尼所犯杀人、斗殴、诬告等危害社会秩序的犯罪,对其处罚有同凡人之法。

此外,在唐代文献中还提到僧尼隐藏罪犯、习读兵书、伪造谶言、合构朋

---

① 《旧唐书·裴寂传》。
② 《新唐书·王皇后传》。
③ 《旧唐书·薛存诚传》。

党等犯罪行为。因材料过于简略，在此就不一一胪列了。

综上所述，唐代法律对于僧尼犯罪的规定极为详备。只不过因为史籍记载过于零乱或语焉不详，使人们很难窥其全貌。但透过这些记载，我们仍可看出唐代有关僧尼的法律规定自始至终充斥着维护封建统治秩序和维护封建礼教的色彩，这与唐律中有关世俗的法律思想是相一致的。唐代法律对僧尼的规定充分地证明了唐律的连续性、严密性和完整性，充分地体现了唐律的博大和精深。

第二节　唐代律令体制对佛教寺院经济的制约

佛教自东汉时期传入中国以后，因受佛教戒律的制约，僧尼蓄财的现象并未出现。及至南北朝时期，由于王朝更迭频繁，社会动荡不安，许多官僚贵族为寻求精神解脱，便将田产、财物大量施舍给佛教寺院；一些无依无靠的贫民也纷纷归依寺院，靠耕种寺院的土地为生。寺院僧侣拥有了土地、劳动力和财产等，寺院经济便在中国这块土地上迅速发展起来。到了北魏、北周统治时期，由于佛教寺院广占土地、隐匿人口，聚敛财物，已严重影响了封建政府的财政收入，引发了寺院与国家在经济利益上的冲突，最终导致了两次大规模的毁佛运动。但终整个南北朝时期，封建政府并没有制定严格的法律制度来对寺院经济进行限制。

李唐政权建立之后，鉴于以往的经验教训，从立国开始即制定了许多法令、法规，来加强对寺院经济的限制。尤其是在唐前期，由于国家安定，封建统治者比较开明，各项法令制度贯彻执行得比较好，使寺院经济按照封建统治者的政治需要缓慢地发展。"安史之乱"以后，唐前期制定的有关寺院经济的法律制度大都遭到了破坏，寺院经济在无拘无束的环境下迅速发展，最终导致了寺院经济与封建国家经济上的冲突，出现了会昌毁佛运动。因此，我们认为，唐代寺院经济的发展在很大程度上受到唐代法律制度的制约。

一、唐前期颁布授田法令，对寺院僧侣占田进行限制

在封建社会中，历代统治者为使自己政权稳固，都试图把广大的民众束缚在土地上从事劳作，以期从农民身上榨取更多的财富。所以，每个封建政权都十分重视国家对土地的控制，自南北朝以来，由于社会动荡和王朝更迭频繁，士族地主和普通民众信奉佛教的人数猛增，佛教势力发展迅速，寺院

僧侣占有土地、隐匿人口的现象十分普遍。一些僧侣"驱策田产,聚积货物",① 与国家争夺土地和劳动人手,直接影响了封建政府土地政策的实施。

唐朝建国后,针对社会上出现大量无主荒芜土地的情况,颁布均田法令,把土地分给农民,实行均田制度。李唐政府在颁布授予农民土地法令的同时,也颁布了僧尼授田的法令,这是唐以前历代所没有过的现象。

关于唐代僧尼受田的时间,目前学术界有三种说法:即武德说、开元说和不可考说。我们认为。唐代僧尼受田应在唐建国后不久。据生活在太宗、高宗时期的僧人道世记载:"若是国家大寺,如似长安西明、慈恩等寺,除口分地外,别有敕赐田庄",② 似乎此时已实施过寺院僧人受田制。另据贞观二十年(646年)朝廷田令官的奏说:"如佛教依内律僧尼受戒,得荫田人各三十亩。今道士、女道士皆依三皇经,受其上清、下清,昔僧尼戒处,亦合荫三十亩。此经既伪废除,道士女道士既无戒法,即不合受田,请同经废。"③ 从这两则史料中可以看出,国家对僧尼、道士的授田在贞观中已经实施过。

对于唐朝政府授给僧尼、道士土地的动机,有些学者认为是唐政府对北朝以来寺观广占田地既成事实现象的正式承认,④ 是僧尼社会地位逐渐提高的表现。而我们认为,唐代中央政府通过授田给僧尼、道士,正是李唐政府试图在经济上控制寺院经济发展的表现。在唐以前的北魏、北齐、北周和隋代,僧尼虽无授田之名,但他们却可以通过兼并土地、国家赏赐财物、私人捐赠土地等形式,使之合法化。因此,在北朝历代,僧尼占有土地的现象司空见惯,北魏、北齐、隋朝从而也就成为佛教寺院经济迅速发展的时期,李唐政权正是吸收了以前各朝的经验教训后才提出对僧尼进行授田的。

关于唐代僧尼受田的数量,据《唐六典》卷3"尚书户部"条记载:"凡田分为二等,一曰永业,一曰口分。丁之田二为永业,八为口分。凡道士给田三十亩,女冠二十亩,僧尼亦如之"。此外,在现存的唐代碑文如《阿育王常住田碑》以及《法苑珠林》卷69、卷77中也都有僧尼受田的记载,可见唐代僧尼受田的确实行过。

---

① 《旧唐书·高祖本纪》。
② 《法苑珠林》卷77。
③ 《法苑珠林》卷69。
④ 参见韩国磐:《北朝隋唐的均田制度》,上海人民出版社1984年7月版,第147页。

寺院僧尼的受田，也与均田制上的农民一样，有"退田"之说。当僧尼身亡，亦由政府收回或转授其他僧人。《唐会要》卷59就有"其寺观常住田所以僧尼道士女冠退田充"的记载。在"安史之乱"以后，随着均田制的瓦解，僧尼受田的制度也就不了了之。

李唐政府通过颁布法令的形式对僧尼阶层进行授田，解决了僧尼的基本生活问题，避免了僧侣滥占土地和直接向信仰群众索取财物的现象，保证了国家均田制的实施。由于有了政府授田给僧尼这一前提，封建国家也就有足够的理由颁布法令来对寺院僧尼占田的数量及规模进行限制。如在唐朝前期，政府就多次对寺院的田产进行检括。开元二十一年（733年）唐玄宗命"检括天下寺观田"，少林寺田碾因系先朝所赐，"不令官收"。① 此外，《通典》卷11卷郑叔清在至德二年（757年）的奏文中也说："准法不合蓄奴婢、田宅私财"，说明寺院除受田以外（除皇帝或皇帝批准的官僚赐田）占有土地的非法性。

对于寺院僧人占田过量的情况，唐政府颁布法令明确予以限制。如《唐会要》卷59载："敕祠部：天下寺观田，宜准法据僧尼道士合给数外，一切管收，给贫下欠田丁，其寺观常住田听以僧尼道士女冠退田充。一百人以上不得过十顷，五十人以上不得过七顷，五十人以下不得过五顷。"唐政府通过上述一系列措施，试图限制僧尼的占田数量，进而达到从经济上控制佛教势力发展的目的，而唐政府限制僧尼占田过量的前提就是对其授田。

但是，在唐前期，由于许多皇帝和贵族官僚信奉佛教，他们置国家的法令于不顾，把土地大量地赏赐给寺院，使寺院僧人广占土地的现象仍很严重。早在武则天时期，就有"所在公私田宅，多为僧有"的记载。② 唐中宗时，寺院不但广占土地，而且还侵夺百姓之田。如《全唐文》卷19《申劝礼俗敕》中说："寺院广占田地及水碾硙，侵夺百姓"。睿宗时，在雍州竟出现了寺僧与太平公主为争夺碾硙而打官司的情况。不过，僧侣占有大量土地在唐前期毕竟只是少数人，这些寺院僧人也都是与皇室官僚贵族有密切关系之人。像中宗时，慧范因与太平公主私通而被任命为圣善寺主，占田无数。尽管如此，这些僧人占田过量仍属违法行为，其他绝大多数寺院僧侣还是依靠政府的授田来维持生活。所以说唐前期政府通过授田方式来限制寺院经济的发展还是收到一定的效果。

---

① 《金石萃编》卷77。
② 《资治通鉴》卷205。

行了清算。当时中书令姚崇曾上书奏天下僧尼伪滥、妄自出家,应给予沙汰,唐玄宗采纳了他的意见,命有司精加铨择,"天下僧尼伪滥还俗者,多达三万余人"。① 时过不久,唐玄宗又下《检括僧尼诏》,对非籍僧尼进行检括惩处。他说:"僧尼数多,逾滥不少,选经磨勘,欲令真伪区分,仍虑犹有非违,都遣括检闻奏。凭此造籍,以为准绳。如闻所由条例非惬,致奸妄转更滋生,因即举推,罪者斯众,宜依开元十六年旧籍为之,更不须造写。"②

此外,政府对寺院的数量也严格控制,严禁私自营造寺宇。《唐六典》是唐代前期修纂的官制政书,在卷4"祠部郎中"条记载:"凡天下寺应有定数,诸州寺总五千三百五十八,三千二百四十五所僧,二千一百一十三所尼。"每所寺院都要在当地的州县注册僧尼人数,以便国家统一掌握。以敦煌地区为例,在发现的许多敦煌文书中,都明确地记载着每个寺院的僧尼人数。法国学者谢和耐先生曾对敦煌几个大的寺院僧尼人数做了详细地统计,其列表如下:③

寺名	僧人数	沙弥人数	寺院总人数
龙兴寺	40(或记41)名	20名	60名
开元寺	24名	14名	38名
乾元寺	26名	16名	42名
永安寺	24名	14名	38名
金兴明寺	39名	23名	62名

由此可见,政府通过对寺院数量的限制,进而控制僧尼出家的人数,把僧尼的人口牢牢地掌握在国家手中。

2. 李唐政府对僧尼出家进行限制,避免农业人口流入寺院

大量劳动人口以出家为名,逃避国家赋役,成为寺院的依附人口,是唐以前历朝社会中所出现的通病,这也是北朝以来寺院经济得以迅速发展的重要原因之一。在唐代前期,李唐统治者颁布了一系列法令,对僧尼出家进行限制,以此来避免大量劳动人口流入寺院,并进而达到限制寺院经济发展的目的。

若想控制国家均田制下的农民逃离土地流入寺院,就必须对僧人出家

---

① 《唐会要》卷47。
② 《全唐文》卷30。
③ 参见谢和耐:《中国五—十世纪的寺院经济》,汉译本,甘肃人民出版社1987年版,第23页。

第六章　律令制下的唐代佛教

严格限制，唐政权建立后，对僧尼出家给予了严格的规定。僧尼出家必须取得政府发放的度牒，否则便视为非法。度牒的发放是由祠部来执行的。凡未取得度牒者，皆非正度。

那么是不是僧尼只要想出家就能获得政府的度牒呢？事实并非如此。唐代僧尼出家有复杂的程序。唐代前期，僧尼取得度牒的途径有如下几种：一是试经度僧，即通过经文考试而取得度牒；二是赐牒出家，即每逢国家举行重大活动或皇帝及皇室成员生辰寿诞等节日由皇帝赐牒出家；三是唐后期私人出钱买牒。

首先看一下试经度僧制度。关于试经度人，最早始见于唐中宗神龙元年（705年），"诏天下试经度人"，① 唐玄宗时该项制度普遍推行。如开元十二年（724年）六月，玄宗敕有司试天下僧尼年六十以下者，限二百纸经，每年一限诵七十三纸，三年一试，落者还俗。李唐政府对试经之事颇为重视，如西京长安、东都洛阳度僧尼，由"御史一人涖之"。僧尼、道士如不能通经，不但不能得到度牒，也得不到政府的授田。只有"僧通经业，准上给田"。②

唐代前期皇帝下诏度僧的现象也很普遍，唐前期几乎每位皇帝都曾下诏度人。唐太宗下诏度僧的次数尤多，《全唐文》卷5记载有《度僧于天下诏》、《为战阵处立寺诏》，卷9有《诸州寺度僧诏》等。《释氏稽古略》、《佛祖统记》等文献也记述了唐太宗在贞观三年、五年、九年、二十二年等多次度僧之事。此外，唐高宗咸亨中，曾为皇后武则天母荣国夫人度僧，唐睿宗景云元年（710年），一次度僧3万余人。

在唐前期，还出现过贵族官僚请度的现象。如武则天时，著名学者陈子昂曾为人作表请求出家剃度。他说："请以当家子弟三两人，奉为高宗大帝出家归道，而孤茕在疚，遗嘱未申，奏以哀号，实贯心髓"。③ 唐前期著名的佛学家玄奘也向高宗请求让窥基出家，得到应允。

凡未经政府许可而出家的僧尼，即伪滥僧，国家法律对此处理极严。对于私度之人，按唐律规定："诸私入道及度之者杖一百，若由家长，家长当罪，已除贯者徒一年。"对于私度僧监临之官，私度僧人者，"一人杖一百，二人加一等，罪止流三千里"。④ 从上面的法律条文来看，不但私度者本人要受到严

---

① 《佛祖统记》卷40。
② 《大宋僧史略》卷中。
③ 《全唐文》卷210。
④ 《唐律疏议》卷12。

惩,即使作为私度者父母,所住寺院三纲、所属州县的官吏都要受到牵连。

尽管唐政府对于私度出家者处罚极严。但唐前期违背国家法令而出家的伪滥僧仍大有人在。在唐高祖时,即出现过"有猥贱之侣,规自尊高,浮堕之人,苟避徭役,妄为剃落,托号出家,嗜欲无灰,营求不息,出入闾里,周旋圜圚,驱策畜产,聚积货财,耕织为生,估贩成业,事同编户,迹等齐人"的现象。① 贞观元年(627年),唐太宗李世民命治书侍御史杜正伦检校佛法,清肃非滥,"沙门明导至陈州遇敕简僧,唯留三十……"。②

总而言之,在唐前期,国家通过制定一系列的法令法规限制僧尼出家和禁止普通百姓依附于寺院,还是收到了一定的效果。从唐代前后期寺院僧人及其奴婢的数量对比来看,李唐政府的这种政策还是颇有成效。兹根据有关文献的论述,将唐代前后期僧尼的人数列表如下:

年代	僧尼人数	寺院数量
624 年	约 50000	
648 年		3716
650—683 年	60000	4000
713—755 年	126100	5358
830 年	700000	
842—845 年	360000	4600

从这份表格中可以看出,唐代前期寺院的僧尼人数较少,寺院的劳动人口也不多。唐前期寺院经济受此制约,其发展是比较缓慢的。

三、唐代前期政府颁布了许多法令,对寺院经济的来源进行限制

唐代寺院的收入来源有两种渠道,一种为国家或私人捐赠的财产,另一种为寺院僧人的经济创收。

唐前期社会对寺院的捐赠可分为国家捐赠和贵族官僚、普通百姓个人捐赠两大类。唐代前期,李唐统治者经常以政府或皇帝个人名义对许多著名的寺院或高僧赠送财产,这当然不受法令条文的限制。李唐统治者对寺院的捐赠很多,其捐赠财产的方式主要有土地、奴婢和钱物等。

我们先看一下唐代前期政府或皇帝对寺院土地的赏赐。唐高祖武德八

---

① 《广弘明集》卷 18。
② 《佛祖统记》卷 54。

年(625年),因嵩山少林寺僧人助唐平王世充有功,赐田40顷。唐高宗时,长安西明寺也得到政府田园百顷的赏赐。景云元年(710年),唐睿宗命在东都扩建圣善寺,"更开拓五十余步以广僧房,计破百姓数十家",虽监察御史宋务光上疏极谏,谓"唯失百姓之心,不可解也",但疏奏不纳。①

唐前期的皇帝对寺院也多次赏赐奴婢。贞观三年(629年),唐太宗令于"行阵之所立佛寺,官司给匠石,亲送奴隶"。② 唐高宗时,又赏西明寺净人百房。有些寺院因政府多次赏赐奴婢,无所适用,竟用其来取乐。如僧人慧胄所在的寺院因净人"无可役者,乃选取二十头,令学鼓舞,每至节日,设乐像前,四远同观,以为欣庆"。③

唐代皇帝赏赐给僧人的财物更是不计其数。贞观元年(627年),沙门玄琬入宫为皇后授戒,授纳法财,日逾填委。④ 高宗时,赐玄奘法师袈裟一领,剃刀一口。⑤ 一些与李唐皇室保持密切关系的僧人在死后也受到优待,被赐予财物。贞观九年(635年),智首律师卒,敕令百司供给费用,宰相房玄龄等人亲往吊祭。先天元年(712年),法藏卒于西京大荐福寺,睿宗赐绢1200匹。开元二十八年(740年),沙门道氤卒,玄宗为之恻怛,遣中使将绢50匹就院吊赠。⑥

在唐前期,除了李唐统治者对寺院僧人的捐赠外,还有许多官僚贵族向寺院捐赠财产。不过,官僚贵族向寺院捐赠土地和财物,需要上报给李唐皇帝,在征得同意后方可捐赠,否则便属违法行为,政府会随时没收贵族官僚捐赠的田产。如唐睿宗时,就曾下令:"依令式以外官人百姓将田宅舍布施者,在京并令司农即收,外州给下课户。"⑦ 唐玄宗时,又下敕"王公以下,不得辄奏请将庄宅置寺观"。⑧ 可见政府对私人将土地捐赠给寺院的行为是严格限制的。

在唐代文献中,记载了许多贵族将田宅施舍给寺院时上奏中央的情况。如唐玄宗时,金仙长公主在将范阳县东南50里上坡村赵襄子淀中麦田、庄并果园一所及环山林麓,"东接房南岭,南通他山,西止白带山口,北限大山

---

① 《新唐书·宋务光传》。
② 《续高僧传·明瞻传》。
③ 《续高僧传·慧胄传》。
④ 《续高僧传·玄琬传》。
⑤ 《全唐文》卷906。
⑥ 《宋高僧传·道氤传》。
⑦ 《全唐文》卷19。
⑧ 《唐会要》卷50。

分山界"的田地捐赐给寺院前,就上奏玄宗,得到允许。①

另外,唐代官僚贵族向寺院捐赠财物时,也要受到法令制度的制约。如唐玄宗时,就颁布《禁士女施钱佛寺诏》,禁止官僚百姓随意向寺院捐赠钱物。诏文中说:"内典幽微,惟宗一相;大乘妙理,宁启二门。闻化度寺及福先寺三阶僧,创无尽藏。每年正月四日,天下士女施钱,名为护法,称注贫弱,多肆奸欺,事非真正。即宜禁断其藏,钱付御史台,京兆河南府,勾会知数,明为文簿,待后处分。"② 不过在唐前期,政府对官僚百姓捐赠钱物给寺院僧人的限制并不是很严格。

唐代寺院僧人的经济创收主要通过如下几种渠道:

其一为世俗百姓讲经说法所得。唐代僧侣在为世俗百姓讲经说法时,大多收取一定数额的报酬。据《纪闻·长乐村圣僧》条记载,开元年间,长乐村有一户人家素敬佛教,常给僧食。后设斋供僧,斋毕僧散,忽有一僧扣门请餐,并请施钱。主人曰:"吾家贫,率办此斋,施钱少,故众僧皆三十,佛与众僧各半之。"可见,僧人为世俗百姓作道场收取财物已是很普遍的现象。

针对僧人借俗讲之名收敛财物的情况,唐玄宗时曾颁布法令明确禁止。他说,世俗百姓,"深迷至理,尽躯命以求缘,竭资财而作福。未来之胜因莫效,见在之家业已空。事等系风,犹无所悔。愚人寡识,屡陷刑科,近日僧徒,此风尤甚。因缘讲说,眩惑州闾,欲壑无厌,唯财是敛,津梁自坏,其教安施?"唐玄宗最后规定:"自今已后,僧尼除讲律之外,一切禁断。"如有犯者,"先断还俗,仍依法科罪;所在州县,不能捉搦,并官吏辄与往还,各量事科贬。"③ 僧尼敛财不但本人要断还俗治罪,地方官吏要不严加惩治也要受到科贬,这说明唐前期政府是不允许僧尼借讲经说法之名敛财的。

其二为寺院僧人自己经营获得的财产。唐代前期许多寺院都有经营活动。其经营的方式很多,有将寺院土地出租给普通百姓,寺院从中收取地租的,据《宋高僧传·道标传》记述,道标"置田亩,岁收万斛"。有将寺院房舍出租从中收取利息的,如福田寺僧常俨"造立铺并收质钱舍屋,计出缗镪十万贯"。④ 还有寺院经营碾硙,从事寺院手工业经营的,如在敦煌文书中就多次提到附近农户向寺院交纳"碾课"的情况,法国学者谢和耐曾说:"敦煌大

---

① 《金石萃编》卷83。
② 《全唐文》卷28。
③ 《全唐文》卷30。
④ 《山右石刻丛编》卷9。

寺院的主要收入之一是由碾课提供的。"① 还有一些僧人把寺院的钱借贷给世俗百姓从中收息。不过在唐前期寺院僧人贷钱给世俗百姓的事例在唐代文献中记载极少，大都以无息借贷为主。唐后期寺院僧人取息贷钱的现象很多，如在斯坦因所盗敦煌文书 S5867 号即记述了丹丹乌里克地区护国寺僧虔英向健儿马令癋贷钱之事。

对于唐代寺院的经营活动，政府并未有专门的法律进行干涉。其中有些法令条文与世俗百姓一样。如规定寺院不准买卖土地，永业田、口分田"不许买卖典贴"，寺院出贷钱物收取利息，"收子不得逾五分出息"，这些在《唐律疏议》、《唐六典》等法律文献中都有明确的记载。

四、从唐前期有关的法律规定看佛教寺院经济的变化

应该说中古时期的寺院经济是中国封建社会中一种特殊的经济形式，也是与佛教戒律和封建国家经济利益相冲突的经济形式。在佛教的许多经文中，都提倡寺院僧人不得积蓄财物。如《资持记》卷 32《行事抄》中就讲僧尼"制不听蓄如田园、奴婢、畜生、金宝、谷米、船乘等"。在《佛祖统计》卷 4 中也列举了下列 8 种物品（包括劳动）为不净之物："一田园、二种植、三谷帛、四畜人仆、五养禽兽、六钱宝、七褥釜、八象金饰床及诸重物。"凡僧尼积蓄财物，便认为是"妨道中最，不许自营"，否则"准判入重"。在《释氏要览》卷下"僧物"条中，也仅将寺院的财物列入四种：一是寺院僧舍及田园等常住之物，二为僧人饮食的用具，三为前代僧人遗留之物，四为以前寺院僧人未带走的物产。这些财产大都为寺院的生活用品，还构不成寺院经济。另外，由于佛教戒律中说寺院僧众常住之物"非己可得私用"，② 否则死后要受到因果报应，因此寺院僧人经营的积极性也不高。只有当大量的"富户强丁"借出家为名逃避赋役时，寺院经济才会迅速发展起来。

寺院经济的发展也与封建国家的经济利益发生了严重的冲突。中国封建社会中的"三武一宗"毁佛运动其原因主要是寺院占有大量土地，与国家争夺劳动人口和赋税收入所致。因此，许多明智的统治者大都对寺院经济采取抑制的政策，如唐前期高祖李渊、太宗李世民和唐玄宗李隆基等人即是如此。他们制定法令和法规，禁止寺院僧人侵占土地和隐匿人口，使佛教寺

---

① 参见谢和耐:《中国五—十世纪的寺院经济》，汉译本，甘肃人民出版社 1987 年版，第 175 页。

② 《佛祖统记》卷 39。

院完全按照统治者的意愿缓慢地发展。

相反,在唐前期也有一些皇帝不管是自己佞佛或是出于利用的目的,对寺院僧侣给予了积极的扶持,寺院经济发展便十分迅速。如唐中宗时,"贵戚多奏请度人为僧尼,亦有出私财造寺者,富户强丁皆经营避役,远近充满"。① 于是有人指出:"当今出财依势者,尽度为沙门,避役奸讹者,尽度为沙门。其所未度,惟贫穷与善人!"② 由于国家对寺院僧人的管理混乱,僧尼不守法律和戒律的现象就非常突出,寺院积敛财富的现象也就非常严重。如在武则天时,"所在公私田宅,多为僧有",③ 这都是由于政府对某些法令制度实施不力所造成的后果。法令制度的松弛,使"天下十分之财,而佛有七八",④ 寺院经济迅速发展也是很自然的事情。

综上所述,我们认为,唐代前期寺院经济的发展在很大程度上要受到国家法令制度的制约。如在唐代政治比较清明,国家法令制度制定和执行比较完善的贞观、开元时期,对寺院经济限制严格,其发展也就十分缓慢。当封建最高统治者利用、扶持佛教,各项法令制度松弛的武则天、唐中宗等人统治时期,寺院经济发展就很迅速。由此我们也可以看出,寺院经济是与封建社会国家经济和法律制度相矛盾的一种经济形式,其在历史上的地位和作用值得深入探讨。

第三节 唐代佛教寺院土地买卖的法律规定

佛教自汉代传入中国后,经过两晋南北朝时期的长足发展,到唐代出现了繁荣的景象。唐代佛教的迅猛发展,不仅表现在佛教思想、建筑、文化艺术等领域,而且还体现在寺院经济的繁荣上。关于唐代的寺院经济,自二十世纪以来,国内外老一代学者如何兹全、谢和耐、道端良秀等都对这一问题进行了探讨,⑤ 发表了许多精彩的见解。进入二十世纪八十年代以后,一些青年学者对此也颇感兴趣,发表了一系列高质量的论文,如张弓《唐代的寺庄》、谢重光《略论唐代寺院僧尼私有财产的规定》、白文固《唐代僧尼道士受

---

① 《旧唐书·姚崇传》。
② 《旧唐书·辛替否传》。
③ 《资治通鉴》卷205。
④ 《资治通鉴》卷208。
⑤ 参见何兹全:《中古时代之中国佛教寺院》,《中国经济》1934年9月;道端良秀:《唐代佛教史研究》第五章第三节《寺田僧田和僧尼的私有财产》,法藏馆昭和32年版。

田问题辨析》等,把这一问题进一步推向了深入。但是,到目前为止,有些问题仍值得深究。

土地是人类社会最基本的生产资料。人类为了生存,必须利用土地进行耕作以获得劳动产品,这对于以农耕为主的华夏社会更是如此。自中国进入阶级社会以来,中国古代历朝政府都非常重视对土地的使用和管理。为了合理有效地使用土地,许多朝代制定了有关土地分配、买卖和租赁的法规,以保障社会的正常运转。唐代是我国封建社会商品经济十分发达的历史时期,虽然实行国有土地的分配制度均田制,但自高宗、武则天以后,随着均田制的瓦解,私有土地不断发展,与之相适应的土地买卖、租赁也日益活跃,正是在这种情况下,国家相继出台了一系列的法律法规,以保障私人的土地所有权。关于唐代土地买卖的文书,由于年代久远,许多原来的文书大多佚失,使我们很难窥视当时的原貌。

寺院土地是唐代土地的一个组成部分,也是唐代寺院经济的重要内容。近年来,随着敦煌吐鲁番文书的出土,为人们提供了许多土地买卖的文书,这些珍贵的材料不但有助于我们了解唐代土地买卖的真实情况,也为我们了解唐代寺院内部的经济运作提供了第一手资料。

一、唐代寺院土地的来源及相关的法律规定

自北朝以来,佛教寺院就一直占有大量的土地,及至唐代,这种情况仍没有得到改变。关于寺院广占土地的现象,《金石萃编》卷113《重修大象寺记》记载了会昌元年(841年)大象寺占有土地的情况,"管庄大小共柒所,都管地总五拾叁顷五拾陆亩叁角,荒熟并柴浪等,捌顷叁拾捌亩半"。《续高僧传·道英传》也对蒲州普济寺的土地情况作了如下记载,该寺"置庄三所,麻、麦、粟田,皆在夏县东山深隐之所,不与俗争"。日本僧人圆仁在《入唐求法巡礼行记》卷2记述了其经过登州文登县赤山法华院,该院"有田庄,以充粥饭,其庄田一年得五百石米",说明赤山法华院同样拥有许多土地。

那么,唐代寺院的土地是通过什么途径获得的?概而言之,有如下几种途径。

(一)依均田法分配所得

唐朝建国后,针对社会上出现大量无主荒芜土地的情况,政府颁布均田令,把土地分配给农民。李唐政府在颁布授予农民土地的法令时,也颁布了僧尼受田的法令。关于唐代僧尼受田的时间,目前学术界流行三种说法,即武德说(以日本学者仁井田陞为代表)、开元说(以日本学者森庆来为代表)

和不可考说(如大陆学者胡如雷等即持此说)。近年来,中国学者白文固先生提出关于唐代僧尼授田,最迟在武德九年就已经实行了。① 据《法苑珠林》卷 69 记载,唐田令官在贞观二十年(646 年)奏:"依内律,僧尼受戒,得荫田,人各三十亩"。对于这则史料,学者们认为是唐《贞观令》的佚文,所论颇允。

关于唐代僧尼受田的数量,《唐六典》卷 3 "尚书户部"条记载:"凡田分为二等,一曰永业,一曰口分。丁之田二为永业,八为口分。凡道士给田三十亩,女冠二十亩,僧尼亦如之。"那么,寺院僧尼的受田是授田还是限田呢?《法苑珠林》卷 77《祭祠篇·献佛部》明确回答了这一问题,据记载,在唐高宗时,长安大的寺院如慈恩、西明等寺,"除口分地外,别有敕赐田庄",这说明在唐前期寺院僧人由政府授田是毫无疑问的。但在已发现的敦煌吐鲁番出土文书中,我们并未见到僧人受田的事例。于是一些学者认为,唐政府授田的对象并不是给僧尼本人,而应是给当时的佛教寺院。② 另外,唐代寺院僧尼受田也与均田制上的农民一样,有退田之说。当僧尼去世时,由政府收回或转授其他僧人。《唐会要》卷 59 就有"其寺观常住田,听以僧尼道士女冠退田充"的记载。

为了限制寺院经济的过分膨胀,唐政府也曾明确颁布法令对寺院占有土地的数量进行限制。开元十年,唐玄宗下令祠部:"天下寺观田,宜准法据僧尼道士合给数外,一切管收,给贫下欠田丁。其寺观常住田,听以僧尼道士女冠退田充。一百人以上,不得过十顷,五十人以上,不得过七顷,五十人以下,不得过五顷。"③ 但到了安史之乱以后,由于均田制遭到破坏,这项法令很快变成了一纸空文,寺院僧尼受田恐怕也就不了了之了。

(二) 封建朝廷及私人赠与的土地

唐朝许多皇帝和官僚贵族大都信奉佛教,他们经常向寺院赠送土地。早在武德八年(625 年),唐高祖即以嵩山少林寺僧助平王世充有功,赐田四十顷,此事见于《金石萃编》卷 41《少林寺赐田碑》。唐高宗时,又赏西明寺田园百顷。④ 中宗景龙四年(710 年),制令东都所造圣善寺开拓五十余步以广僧房,拆毁百姓房屋数十家。唐昭宗时,命重修五台山寿宁寺(王子寺),

---

① 白文固:《唐代僧尼道士受田问题辨析》,《社会科学》(甘肃)1982 年 3 期。
② 参见杨际平著:《均田制新探》,厦门大学出版社 1991 年版,第 245 页。
③ 《唐会要》卷 59。
④ 《全唐文》卷 257。

拨州田百顷,充常住。①

唐代官僚贵族私人向寺院捐赠的土地数量也很多。唐玄宗时,金仙长公主曾将范阳县东南五十里上坡村赵襄子淀麦田、庄并果园一所及环山林麓,"东接房南岭,南通他山,西止白带山口,北限大山分山界的土地捐赐给寺院"。② 唐后期,私人向寺院捐赠土地的情况更多。肃宗乾元二年(759年),王维就将辋川别墅捐给佛寺。

不过,在唐前期,官僚贵族向寺院捐赠土地和财物,需要上报给当地政府,在征得同意后方可捐赠,否则便属违法行为,政府会随时没收贵族官僚捐赠的田产。如在唐睿宗时,就曾下令:"依令式以外官人百姓将田宅舍布施者,在京并令司农即收,外州给下课户。"唐玄宗时,又"敕王公以下,不得辄奏请将庄宅置寺观。"③ 可见,唐前期政府对私人将土地捐赠给寺院的行为是采取限制的政策。安史之乱后,政府无力顾及此事,私人捐赠土地的现象才屡有发生。如敦煌文书P3478号中,就记载了福严向寺院赠送南沙地十五亩的情况。

(三) 以前寺院遗留、僧人自己开垦及继承的土地

佛教寺院经济在中古时期是一个连续发展的过程。一些大的寺院都是经过几十年甚至数百年的发展才形成庞大的规模。如山西的五台山自北朝以来就是著名的佛教圣地,及至唐朝,经过太宗、高宗、武后、中宗、睿宗、玄宗、肃宗、代宗、德宗、宪宗、穆宗、文宗、宣宗等李唐诸帝的大力扶持,到唐后期五台山已是寺庙林立,名僧众多,"百辟归崇,殊邦赍贡,不可悉记"。④ 寺院所拥有的土地当然也不少。据《古清凉传》云,大孚灵鹫寺南"有花园,可二三顷。沃壤繁茂,百品千名。光彩显耀,状同舒锦"。其他唐代大的寺院如慈恩寺、白马寺、西明寺、荐福寺、法门寺、少林寺、阿育王寺等亦数百年基业不堕,长期拥有大量的土地。

中古时期的寺院常常是建在那些高低不平的山地、河谷或山麓,远离农业种植区,这也为寺院开辟土地提供了方便条件。唐代中期以后,随着均田制的瓦解,寺院僧人更加注重自食其力地劳动。尤其是禅宗洪州系的百丈怀海大师,号召僧众"一日不作,一日不食",他的农禅理论对于南方僧徒开

---

① 《古今图书集成》卷118。
② 《金石萃编》卷83。
③ 《唐会要》卷50。
④ 《清凉山志》卷5。

发江南地区的荒山起到了推动作用。关于唐后期僧人自己开垦土地的事例很多,如马祖道一的弟子南池普愿,自唐德宗贞元十一年(795年)驻锡安徽池阳泉山后,"斫山畲田,种食以饶。"① 又如唐敬宗至唐懿宗时僧人义中到福建平和县三平山开荒建寺,驱除虎狼,使其地成为著名的寺院。唐僖宗乾符末年,有位名叫匡仁的禅师率徒开辟了庐陵郡(今江西吉州市)的严田山,后又在临川郡的疎山丛中开辟荒地,不避艰险,把昔日的荒山野岭变成了良田。②

在唐代,个别地方也有寺院僧人继承家族土地的情况。在法国国立图书馆所藏文书P3744号文书中的月光,就继承了世俗家庭中的遗产。为方便读者,兹引文如下:

(前缺)
1. 在庶生观其望族,百从无革。是故在城舍
2. 宅兄弟三人,停(平)分为定,余赀产前代分拣
3. 俱讫,更无在论。前录家宅,取其东分,东西三丈,
4. 南北,北至张老老门道,南师兄厨舍南墙,□□□□
5. 定,东至叄家空地,……

(后略)
17. 故立斯验。兄弟姻亲邻人为作证明。
18. 各各以将项印押署为记。其和子准上。
19. 兄僧月光(押) 弟日兴(押)   侄沙弥道哲
20. 弟和子(押)   姊什二娘   妹师胜贤
21. 妹八戒瞻娘   表侄郭日荣(押)

(后略)
30. 平都渠庄园田林木等,其年七月四日,就庄
31. 对邻人宋良升取平分割。故立斯文为记。
32. 兄僧月光取舍西分壹半居住,又取西园,
33. 从门直北西园北墙,东至治谷场西墙,直
34. 北已西为定。其场西分壹半。口分地取半,家道
35. 西叄畦共贰拾亩。又取庙坑地壹畦拾亩。又取舍南
36. 地贰亩。又取东涧舍坑东地叄畦共柒亩。孟授地

---

① 《宋高僧传》卷11《普愿传》。
② 参见《全唐文》卷920。

37. 陆畦共拾亩,内各取壹半。又东涧头生荒地各取
38. 壹半。大门道及空地车敞并井水两家合。其树
39. 各地界为主。又缘少多不等更于日兴地上,取白杨
40. 树两根。塞庭地及员佛图地,两家亭(平)分。园后日兴
41. 地贰亩,或被论将,即于师兄园南地内取壹半。
42. 弟日兴取舍东分壹半居住,并前件空地,各取壹半。

(后略)

对于此件文书,经郝春文先生研究,该文书的书写年代在823—852年之间。从文书的内容来看,僧月光在分家前是和两个弟弟住在一起,他们家在城内外均有房舍,在城外还有大量的土地。① 分家以后,僧月光从家族中继承了大量的土地。对于僧人从世俗家族中继承土地的现象,我们见到的材料还不多,但仅从上述情况分析,佛教僧尼获取土地的途径是非常广泛的。

(四) 寺院购买的土地

谢和耐先生认为,史籍记载佛寺购买土地之事最早见诸《魏书·释老志》。② 当时任城王澄上表请减寺院的土地,指出:"其地若买得,券证听其转之。若官地盗作,即令还官。"可见寺院购买土地的情况由来已久。陈、隋之际的曹溪寺,得"广州马氏、孙氏施钱三百万,买得新会水口洲、小沙洲"。③ 到了唐朝初期,政府和佛教戒律对于寺院"驱策田产,聚集货物"是禁止的。但这种现象并未维持多久,寺院购买土地的事例又大量涌现。唐代宗时,杭州灵隐山道标和尚"置田亩岁收万斛,置无尽财,与众共之"。④ 唐敬宗宝历元年(825年),杭州龙兴寺的南操在该寺募集钱财,置田千顷,"以给斋用"。唐文宗太和年间,天台山国清寺因饮食缺乏,寺中主事僧清蕴咨谋于文举和尚,置寺庄田十二顷,自此该寺不闻告乏。⑤

唐代寺院既购买土地,也出卖土地。唐肃宗时,扬州六合县灵居寺"崇常住业,置鸡笼肥地庄,山原连延,亘数十顷。"后此寺一度荒凉,田地亦被典

---

① 参见郝春文:《唐后期五代宋初敦煌僧尼的社会生活》,中国社会科学出版社1998年版,第78页。
② 参见谢和耐:《中国五—十世纪的寺院经济》,耿升译,甘肃人民出版社1987年版,第150页。
③ 《重修曹溪通志》卷1《附香火供奉》。
④ 《宋高僧传》卷15《道标传》。
⑤ 《宋高僧传》卷16《文举传》。

卖。元和中,该寺僧正积资"收复常住旧典赁田三千余顷,"寺院又恢复了往日的规模。① 另据《文苑英华》卷28《长沙东池记》载:"先是佛庙之旁,有泉沚眼焉,阴流沮洳,不能措杯于其上,加以隙田数百亩,硗瘠渗漏,不产嘉谷,莞莎蒲稗,狼藉组织,公以重价偿僧而求之,僧满志也。"

以上对唐代寺院土地的来源进行了简单的讨论,接下来我们再看一下唐代法律对土地买卖是如何规定的。从唐代的基本法典《唐律疏议》和日本学者仁井田陞辑录的《唐令拾遗》中有关土地的法令来看,唐代政府为了保护均田制度,对土地的买卖是严格限制的。如《唐律疏议》卷12"卖口分田"条规定:"诸卖口分田者,一亩笞十,二十亩加一等,罪止杖一百;地还本主,财没不追。即应合卖者,不用此律。疏议曰:'口分田',谓计口受之,非永业及居住园宅。辄卖者,礼云'田里不鬻',谓受之于公,不得私自鬻卖,违者一亩笞十,二十亩加一等,罪止杖一百,卖一顷八十一亩即为罪止。地还本主,财没不追。'即应合卖者',谓永业田家贫卖供葬,及口分田卖充宅及碾硙、邸店之类,狭乡乐迁就宽乡者,准令并许卖之。其赐田欲卖者,亦不在禁限。"上述这则规定,同样是适应佛教寺院的。既然唐政府授田给寺院的僧人,又有在僧、尼死后寺院退田给政府或转授给寺院其他僧尼之说,因此,这类政府授予的土地当然是严禁买卖的。

在唐律中,还有对占田过限、盗耕种公私田、盗贸买公私田的规定。如在《唐律疏议》卷12"妄认盗卖公私田"中也规定:"诸妄认公私田,若盗贸买者,一亩以下笞五十,五亩加一等;过杖一百,十亩加一等,罪止徒二年"。这也就是说,国家授予寺院僧人的土地不许买卖,国家和私人所有的土地法律上也给予了严格的保护,严禁其他人非法盗卖和侵占。

在唐代制定的有关佛教的法规文件《道僧格》中,也有类似的规定。《道僧格》是唐代祠部制定的关于宗教方面的法律文献,其内容早已佚失,但很多内容仍保存在日本的《养老令》中。② 如"不得私蓄条"中规定:"凡僧尼不得私蓄园宅财物,及兴贩出息"。杜佑《通典》卷11引至德二年郑叔清的奏文提到"准法不合蓄奴婢、田宅私财",都说明寺院买卖土地在唐代是违法行为。

最后,需要指出的是,佛教的戒律也是不准买卖土地的。如在《弥沙塞

---

① 《全唐文》卷745。
② 参见拙文:《日本〈令集解·僧尼令〉与唐代宗教法比较研究》,《政法论坛》2001年卷,中国政法大学出版社2001年3月版。

部和醯五分律》中指出:"四方僧有五种物不可获、不可卖、不可分。何为五?一住处地,二房舍,三须用物,四果树,五华果。"① 此外,在《十诵律》、《四分律》中也有类似的规定。《佛祖统记》卷4更是把田地列为八不净之物,"八不净者:一田园、二种植、三谷帛、四畜人仆、五养禽兽、六钱宝、七褥釜、八象金饰床及诸重物。"

二、唐代寺院买卖土地的动因

虽然唐朝的世俗法律和佛教的戒律都严禁买卖土地,但在唐前期就多次出现寺院僧人买卖、占有土地的现象。早在唐初,就有寺院僧人热衷经营土地财物,他们"嗜欲无厌,营求不息,出入闾里,周旋阛阓,驱策田产,聚集货物","估贩成业",最终导致唐高祖下令沙汰僧尼。唐太宗时,居住京邑清禅寺的慧胄法师,经营四十余年,水陆庄田,仓廪碾硙,库藏盈满,京师殷有,无过此寺。② 慧胄能有如此多的水陆庄田,除了寺院原有的土地及世俗捐助的土地外,大多数应是寺院购买的土地。僧人的这种做法,也就成为世俗官员攻击佛教的口实。不过唐朝前期的反佛,因佛教寺院占有土地的数量还不大,大多人认为佛教会危及封建统治,故而从这一角度提倡毁佛。

及至唐朝后期,随着寺院占有土地数量的增加,佛教寺院买卖土地的现象日益频繁。至德到大历年间,杭州天竺寺"置田亩,岁收万斛"。顺宗时,宰相韦执谊帖至管寺僧善见,嘱其"所管施利银钱到后",将钱三百贯内二百八十贯充买庄,余者买取田园一所。③ 唐穆宗时,杭州龙兴寺设"华严经舍",向众募财,置良田十顷,岁取其利。在敦煌写本的《破历》中,也经常会看到佛寺买田的记载。如:

> 麦四石九斗,粟五石一斗,张留德买地价用。(P4906号《某寺斛斗破历》)

> 丑都头地价,粟三十石。(P4907号《庚寅年九月十一日至辛卯年某寺黄麻入破历》)

> 粟二十石,罗家地价用。麦二十石,买罗家地价用。(P2032v《某年净土寺西仓斛斗破历》)

---

① 《弥沙塞部和醯五分律》卷25。
② 《续高僧传》卷29《慧胄传》。
③ 《全唐文》卷455。

那么,唐代寺院为何不断的购买土地呢?其动机又是什么?这是研究唐代寺院经济必须解决的问题。首先,唐后期僧人的增多,寺院规模不断扩大,为了解决寺院人员的衣食问题,需要大量的土地。以南方僧团为例,唐后期寺院僧团的规模,少者二三十人,多者数百人或上千人。笔者依据《宋高僧传》、《五灯会元》,对唐后期僧团的情况进行了调查,其结果如下:荆溪湛然,受业弟子百人左右;道一"大寂门下八百余人",多时千余人;南泉普愿,"奔走道徒不下数百人";黄檗希运,其弟子十二人,其余者不记其数;明州法常,"徒侣辐辏,六七百纳徒";南岳云峰,弟子三千人,沩山灵祐,及室弟子四十三人,从其学者万记;德山宣鉴,堂中常有半千人;天台慧慕,"其徒数百人";惟宽,"其弟子称师之徒者殆千余";越州大义,"受戒弟子三万余人";天台慧恭,"其徒数百人";韶州从展嗣法弟子二十五人,学徒不下七百;福州大安,僧徒聚至五百;曹山本寂,参学者常二三百人;越州文益,"四远之僧求益者不减千记"漳州桂晖,聚徒二百余众等。由于寺院僧尼人数众多,僧尼的饮食就成为一笔庞大的开支。若没有足量的土地,僧尼的生活就会出现拮据。如 S5820 + s5826《未年(803)沙州尼僧明相卖牛契》就说明了这一点。为方便起见,兹引文如下:

1. 黑牸牛一头,三岁,并无印记
2. 未年润(闰)十月二十五日,尼明相为无粮食及
3. 有债负,今将前件牛出卖与张抱玉。准
4. 作汉斗麦壹拾贰硕。其牛及麦,
5. 即日交相分付了。如后有人称是寒道(盗)
6. 认识者,一仰本主卖(买)上好牛充替。立契后
7. 有人先悔者,罚麦三石,入不悔人。恐人无
8. 信,故立此契为记。
9. 麦主
10. 牛主尼僧明相年五十五(押)
11. 保人尼僧净情年十八(押)
12. 保人僧寅照
13. 保人王忠敬年二十六(押)
14. 见人尼明兼

从这件文书的内容看,尼明相卖牛的直接原因就是无粮。为了保证寺院僧尼衣食无忧,寺院必须要掌握大量土地,这也是唐代寺院频繁购买土地

的最重要的原因。

其次,寺院购买土地,也要有足够的资金和财物。从唐代僧尼的宗教收入看,大体上有如下几种:其一,世俗百姓的施舍,主要是皇帝、官僚贵族和民间百姓。如在武德四年(621年),唐高祖以少林寺僧平定王世充有功,赐物千段。贞观元年(627年),沙门玄琬入宫为皇后授戒,授纳法财,日逾填委。① 唐代大官僚王缙、杜鸿渐等不但自己经常向寺院捐赠财物,每当地方节度使来朝,必延至宝应寺讽令施财,助己修善。在敦煌文献《施舍疏》中,记载了众多民众向寺院施舍的情况,从施舍的物品来看,主要有粮食、药品、生活用品、土地、房屋、金银铜器等。由于寺院经济的日益膨胀,为了限制寺院经济的迅猛发展,在唐玄宗时,曾颁布了《禁士女施钱佛寺诏》。但安史之乱后,这条禁令很快变成了一纸空文。

其二,佛教寺院的经营所得。关于唐代寺院从事手工业、商业的经营情况,法国学者谢和耐,中国学者姜伯勤、张弓等都曾经进行了探讨。早在东晋时期,佛寺即已从事兴贩营利的活动。南北朝时,寺院放贷求利的现象更为普遍,如《南史·甄法崇传》记载,江陵令甄法崇之孙彬,就尝以一束苎州长沙寺库质钱。及至唐代期,随着商品经济的发展,佛教寺院估贩、租赁、借贷等商业活动更加频繁。据《太平广记》卷454记载,元和十二年(817年),上都永平里西南有一小宅,后被官府施给寺院,"寺家赁之"。在敦煌文书中,更是经常见到寺院僧人将钱物借给民间百姓,从中收利的情况。如斯坦因所盗文书S5867号就记载了护国寺僧人高利贷钱的情况,现引文如下:"建中三年(782年)七月十二日,健儿马令痣为急钱用,交无得处,遂于护国寺僧虔英边举钱壹仟文。其月每月头分生利□佰文。如虔英自要钱用,即仰马令痣本利并还。如不得,一任虔英牵制令痣家资牛畜,将充钱直。还有剩不追。恐人无(信),故立私契,两共平章,画指为记。"② 寺院僧人经过苦心经营,掌握了许多钱物,这也就为购买土地提供了可能。

其三,唐代寺院僧人还经常从儭司获得固定的收入,又可通过为他人设斋或作法事而获得财产。如法国国立图书馆所藏文书P2638号中就记载了寺院僧人从儭司分得财物的情况。

    1. 应管诸寺合得儭僧计叁佰伍拾壹人;
    2. 沙弥佰陆拾壹人,合全捌拾壹人半;合得

---

① 《续高僧传·玄琬传》。
② 《敦煌社会经济文献真迹释录》第2辑,全国图书馆文献缩微复制中心出版,第140页。

3. 僦大戒尼式叉尼计叁佰柒拾玖人；尼沙弥计

4. 柒拾壹人，合全叁拾伍人半。上件僧尼通

5. 计捌佰伍拾人，人各支布陆拾尺，僧尼沙

6. 弥各支布叁拾尺。

　　寺院僧人为世俗百姓讲经说法也可获得一定数量的财物。据《纪闻·长乐村圣僧》条载，开元年间，长乐村有一户人家素敬佛教，常给僧食。后设斋供僧，斋毕僧散，忽有一僧扣门请斋，并请施钱。主人曰："吾家贫，率办此斋，施钱少，故众僧皆三十，佛与众僧各半之"。可见，僧人为民间百姓讲经收取报酬已是司空见惯的了。

　　关于唐代寺院的经济状况，早在中宗时，大臣辛替否就曾言："是十分天下之财而佛有七八。"① 辛替否的奏述虽有夸张的成分，但至少说明此时的佛教寺院已财力雄厚了。及至唐后期，随着佛教寺院商业经营的日益活跃，寺院的财物日益增加，寺院僧人经常进行借贷活动，有的寺院还收取利息。既然唐代寺院掌握了大量的财物，寺院又需要土地来养活寺院的人口，这就使寺院买卖土地成为可能。安史之乱以后，随着均田制的瓦解，国家对土地买卖限制的松弛，寺院买卖土地的现象日益普遍了。

三、对唐代寺院土地买卖文书的考察

　　唐代寺院买卖、租赁和借贷活动的活跃，反映了唐代商品经济的发达。但是，唐代的一切商业活动都不是杂乱无章的，而是按照严格的法律程序进行的。虽然唐政府屡次颁布限制土地交易的法令，如在武德及开元二十五年的《田令》中规定："诸买地者，不得过本制，虽居狭乡，亦听依宽制。其卖者，不得更请。"开元二十三年（735年）九月，唐玄宗又下诏："天下百姓口分、永业田，频有处分，不许买卖典贴，如闻尚未能断，贫人失业，豪富兼并，宜更申明处分，切令禁者。若有违反，科违敕罪。"② 但商品交易的大潮势不可挡，绝非一纸法令所能扭转。到了天宝十一载（752年），政府对土地的买卖已无法控制。据《册府元龟》卷495载："如闻王公百官及富豪之家，比置庄田，恣行兼并，莫惧章程。借荒者皆有熟田，因之侵夺；置牧者唯指山谷，不限多少。爰及口分永业，违法买卖，或改籍书，或云典贴，致令百姓无

---

① 《新唐书》卷118《辛替否传》。
② 《册府元龟》卷495。

第六章 律令制下的唐代佛教

处安置。"

唐代的土地买卖需经过严格的程序。土地的买卖首先要制作买卖文书,经官府确认后,除去卖主旧的田籍,更换为新主,发给土地所有的凭证。据《通典》卷2记载:"诸卖买田,皆须经所部官司申牒,年终彼此除附。若无文牒辄卖买,财没不追,地还本主。"可见,唐政府对于非法进行的土地交易在法律上是不予保障的。

关于唐宋土地买卖文书的形式和内容,日本学者仁井田陞进行了探讨。[①] 仁井田陞先生在该著作中,引用了两条唐代土地买卖的资料,第一条为元和九年乔进臣买地契,兹引之如下:

> 元和九年九月二七日,乔进臣买得地一段。东至东海,西至山,南至钏各,北至长城,用钱九十九千九百九文。其钱交付讫,其得更不得忏吝。如有忏吝,打你九千,使你作奴婢。上至天,下至皇(黄)泉。
> 　　保人张坚故
> 　　保人管公明
> 　　保人东方朔
> 　　见人李定度
> 涿州范阳县向阳乡永乐村郭义理
> 　　南二里人　　乔进臣牒

在《江苏通志稿·金石五》中收录了《徐府君夫人彭城刘氏和附铭》,其文如下:

> 其墓园地东弦南北迳直肆拾壹步,西弦南北迳直长肆拾壹步,南弦东西迳直长阔贰拾肆步,北弦东西迳直长贰拾肆步。南至官路,北至买地主许伦界,东至许界,西至王弥界。其墓园地于大和五年(831年)三月拾肆日立契,用钱壹拾叁千伍百文,于扬子县百姓许伦边买所墓园地,其墓园内祖墓壹穴,肆方各壹拾叁步,丙首壬穴。记地主母河宫同卖地人亲弟文秀、保许林、保人许亮、保人苌宁。

从这几则史料来看,我们认为唐代土地买卖的契约须具备如下几个要件。其一,是契约制定的时间。在上述三件土地买卖的契约中,都有明确的

[①] 参见仁井田陞:《唐宋法律文书研究》,东方文化学院东京研究所刊,昭和12年3月出版,第二编第一章第二节。

日期,即元和九年、大和五年、大中元年。其二,是买卖双方的姓名。如第一份契约的买主是乔进臣,卖主不详;第二份契约的买主是徐府君家人,卖主是许伦;第三份契约的买主为刘元简,卖主是高元静。其三,土地的四至及亩数。其四,买卖的担保及证人。从几件文书看,担保人又分买方的担保和卖方的担保,如买卖双方发生违约行为,双方的保人要承担连带责任。证人只是起见证的作用,不承担连带责任。其五,买卖双方在契约成立后的保证。从上述三则契约来看,对买卖双方契约成立后的悔约,并没有明确的罚则。虽然在元和九年的契约中有"打你九千,使你作奴婢"之语,但这并不是法律用语,而是类似于民间的誓言,与我们发现的几件唐代寺院买卖文书和宋代买卖土地的文书相比,显得很不严谨。

在从封建国有土地均田制向封建私有土地庄园制过度的过程中,唐代寺院频繁的土地买卖从中起了很重要的作用。应该说寺院大量的买卖土地就犹如同一针催化剂,加速了均田制的崩溃和瓦解。尽管唐代一些有名的政治家对佛教寺院广占土地现象颇有微词,如武则天时期,就有人宣称"所在公私田宅,多为僧有"。[①] 唐中宗时,又有人称"寺院广占田地及水碾硙"。[②] 但我们认为唐代寺院所掌握的土地绝大多数都是通过正当渠道获得的,其中很大一部分就是通过合法的买卖而取得。

唐代寺院买卖土地的现象虽屡见不鲜,但保存下来的契约文书却很少。在《金石萃编》卷114中,记载了大中初年位于长安东北部的安国寺购买土地的情况。为方便阅读,兹引之如下:

> 安国寺
> 　　万年县浐川乡陈村安国寺,金□壹所,估计价钱壹百叁拾捌贯五百壹□文。舍叁拾玖间,杂树共肆拾玖根,地□亩玖分。庄居:东道并菜园,西李升和,南龙道,北至道。
> 　　牒前件庄,准敕出卖,勘案内□正词、状请。买价钱准数纳讫,其庄□巡交割分付,仍帖买人知,任便为主。□要有回改,一任货卖者奉使判。□者准判牒知任为凭据者,故牒。

这是一件唐代寺院购买政府官庄的买地契约文书。从这份文书的内容看,首先,该文书记载了卖方出卖土地的亩数及土地上的附着物房屋和树木

---

① 《资治通鉴》卷205。
② 《全唐文》卷19。

等,明确标出了该庄的四至。其次,该文书明确记载了买卖双方的名称,买方为安国寺,卖方是地方官府。再次,就双方进行交易的过程而言,双方当事人的法律地位是平等的。由买方出资,卖方在收到买方交付的足额货款后,通知买方接管土地和房屋。丝毫没有官府强迫的迹象。双方交易后制定了买卖文书,并由主管的官员"判官内仆□承彭□、副使内府□令赐绯□□刘行宜"拿出经上级官府准许出卖的审批意见出示给买方。最后,文书中明确了双方发生分歧时的解决途径,那就是和其他的买卖纠纷一样,通过文书中所标明的法律救济来解决。如文书规定,"□要有回改,一任货卖者奉使判"。

在法国国立图书馆所藏敦煌文书中,有 P3394 号《大中六年(852年)沙州僧张月光父子回博土地契》,这是一件单向的土地交换文书。该文书虽非买卖文书,从文书的内容看,却具备了所有买卖文书的要件。如该文书记载了交换双方当事人的姓名,即僧张月光和僧吕智通;还记载了双方交换土地的亩数及四至,僧张月光土地贰拾五亩,共分三段,僧吕智通土地共五畦拾壹亩,分为两段。经双方同意,"各自收地"、"入官措案为定",即经过官府的公证后,"永为主己"。此外,又规定了对方违约的责任,"立契后有人忏吝园林舍宅田地等称为主己者,一仰僧张月光父子知当,并畔觅上好地充替,入官措案。"最后,为田主张月光,保人男坚坚、手坚、儒奴伾力力,以及见人僧张法源、于佛奴、张达子、王和子、马宜奴、杨千荣、僧善惠的签字。

现在如果我们把前面的三件世俗买卖土地的文书和后边两件寺院买卖、交换的文书相对照,就会发现后边的文书规定的更加规范具体,与宋代的土地买卖文书更相似。如后边的文书中又加了两个要件,其一,是到官府进行公证,即入官措案为定;其二,对解决违约的途径、对违约一方所承担的法律责任规定的更明确。如在 P3394 号文书中规定,若僧吕智通违约,由僧张月光觅上好地充替。

以上对唐代佛教寺院买卖土地的问题进行了简单的探讨。在过去,传统的观点认为,唐代寺院占有大量土地,和封建的官僚地主占有私人土地一样破坏了国有土地均田制,因而,无论是当时一些有名的政治家如狄仁杰等人,还是现今的学术界的一些专家,对此大都持否定的态度。其实这种观点未免有失偏颇。从我们见到的材料看,唐代寺院所拥有的土地大多来自国家的合法分配、世俗社会的捐赠、寺院僧人的开发和寺院僧侣的依法购买,很少看到有非法掠夺的迹象。因此,我们认为唐后期的会昌毁佛,对寺院土地的无偿没收,实质上就是赤裸裸的掠夺。

唐代寺院经济的发展对当时的社会经济不但没有起阻碍作用，反而对唐代手工业和商业的发展起了巨大的推动作用。关于唐代寺手工业的繁荣，这从唐代寺院的手工业经营范围广泛、生产规模扩大以及出现了水力加工机械、集约化经营方式等方面体现出来。① 唐代寺院经济对唐代商业发展的促进更为明显，寺院僧人所从事的商业经营，如频繁地进行商品买卖、货物租赁、邸店经营等，都是在合法的情况下进行的。这些正常的经营活动，独到的经营方式，都会极大地促进唐代商业的繁荣。

作为唐代商品交换重要内容之一的土地买卖，同样促进了唐代不动产业交易的规范化。众所周知，在唐以前，由于受重农轻商的思想的影响，商品经济极不发达，很多人把土地视为自己的命根子，非到了万不得已的情况下决不出卖，因而国家对于不动产的买卖很不规范，这从已发现的汉魏六朝的土地买卖文书中就可见一斑。② 但到了唐代，由于佛教寺院频繁买卖土地，使土地的买卖更加规范，买卖双方须制定严格的法律文书，文书中须写明买卖双方的姓名、土地的亩数及四至、双方违约的法律责任、双方的担保人、见证人、土地买卖的日期，最后还要经过官府的公证等，这套完整的程序对买卖双方当事人的利益都给予了明确的保护，这不能不说是一种进步。及至五代北宋时期，对不动产的买卖规定的更加合理，不但照顾到了当事人的利益，而且考虑到了邻接权的问题，制定了区别一般意义上买卖的特殊程序，即先问亲邻、输钱印契、过割赋税、原主离业，这不能不说就是受唐代佛教寺院土地买卖的影响。

第四节　唐代《道僧格》及其复原之研究

据《唐六典》卷6记载："凡律以正刑定罪，令以设范立制，格以禁违正邪，式以轨物程事"，分别概述了唐朝律、令、格、式四种法律形式的适用范围和法律效力。律、令、格、式四种法典形式所包含的内容非常丰富，不仅有大量刑事、民事、经济、诉讼方面的法律规定，还包含许多佛教、道教的法规。尤其是在唐太宗贞观年间制定的《条制》，后来称《道僧格》，更是目前所知的

---

① 参见魏明孔：《隋唐寺院手工业述论》，载《法门寺研究通讯》1998年第12期"98法门寺唐文化国际学术讨论会专号"。

② 参见仁井田陞：《中国法制史研究·土地法、交易法》第一部第二章《汉魏六朝的土地买卖文书》，东京大学出版会1981年版。

我国最早的宗教法典之一。

由于《道僧格》早已佚失,加之古代文献记载极为简略,所以目前在我国,无论是史学界还是法学界、宗教学界对此都无人问津,这不能不说是一件憾事。现笔者参考中外学者的研究成果,试图对这一问题进行分析,不妥之处,祈求教正。

一、唐代律、令、式关于道、佛教的法律规定

唐朝律、令、格、式四种法典形式,完整地保存至今只有《唐律疏议》一种。唐令早已佚失,日本学者仁井田陞、池田温等人曾对其进行了复原,出版了鸿篇巨制《唐令拾遗》和《唐令拾遗补》,弥补了这方面研究的不足。唐代格也早已失传,现仅存敦煌文书 P3078 号、S4673 号唐《神龙散颁刑部格残卷》,TIIT《垂拱后常行格断片》等部分内容。唐代式的命运与格相同,今存有敦煌文书 P2507《开元水部式残卷》以及吐鲁番文书 72TAM230:46(1)、(2)《仪凤度支式残卷》等。令、格、式的不存为全面了解唐代宗教立法带来了很多不便。

1. 我们先看一下《唐律疏议》中关于道、佛教的规定

自秦汉以来,律一直处于制定法的核心地位,是定罪量刑的刑法典。《唐律疏议》共有 502 条,其中关于道、佛教的法规主要分布在《名例律》、《户婚律》和《贼盗律》三篇之中。

《名例律》是关于罪名及定罪量刑原则的法律,列于唐律的首篇,相当于现代刑法的总则部分。该篇涉及道、佛教方面的法律规范有三条:

其一,《名例律》卷 3 "除免比徒"条规定:"若诬告道士、女官应还俗者,比徒一年;其应苦使者,十日比笞十,官司出入者,罪亦如之。"根据长孙无忌等人对该条作出的解释,我们看到:唐代法律严格禁止僧尼、道士穿着俗人服装和历门教化,如僧尼、道士等穿着俗服,则强迫还俗;如僧尼、道士等有历门教化,则处以苦使。假有人诬告僧尼、道士穿着俗服、历门教化,应比照世俗法律,即诬告僧尼、道士着俗服者,折抵徒刑一年;诬告僧尼道士等历门教化者,苦使十日折抵笞十下,苦使百日折抵杖一百下。还俗、苦使,是《道僧格》中对于违犯宗教法规所进行的惩罚措施。如主管官司在审断时故意误判,对应断还俗、苦使而不判,不应断还俗、苦使而错判的行为,则按反坐之法追究主管官司的法律责任。

其二,《名例律》卷 4 "会赦应改正征收"条注文有"私入道、诈复除、避本业"一句,长孙无忌等在疏议中作了解释:"'私入道',谓道士、女官,僧、尼

同,不因官度者,是名私入度"。该条款主要是从立法的角度对"私度"作了明确的诠释。

其三,《名例律》卷6"称道士女官"条:"诸称'道士'、'女官'者,僧、尼同。若于其师,与伯叔父母同。其于弟子,与兄弟之子同。寺观部曲、奴婢于三纲,与主之期亲同;余道士,与主之缌麻同。犯奸、盗者,同凡人。"本条是关于道士、僧尼等特定犯罪主体的适用原则。长孙无忌等在疏议中对此作了解释:首先,凡律文对"道士、女官"的规定,该法条同样适用于僧、尼。其次,凡道士、女官犯奸者,加凡人二等;如出家时犯奸,还俗后事发,亦依犯罪时加罪,仍同白丁配徒,不得以告牒折罪。即使所侵犯的对象是寺、观内的贱民(如部曲、奴婢之类),亦不在减免之列,同凡人之法。若弟子盗窃师、主物品,或师、主盗窃弟子物品,亦同凡人盗窃之法。再次,若寺、观内僧、尼、道士、女官弟子对师、主犯罪,同犯伯叔父母之罪,依《斗讼律》:"詈伯叔父母者,徒一年。"如果寺、观内师、主对弟子犯罪,则"同俗人兄弟之子法,依《斗讼律》,殴杀兄弟之子,徒三年。"复次,凡寺、观内部曲、奴婢对三纲犯罪(观有上座、观主、监斋;寺有上座、寺主、都维那,是为三纲),与俗人期亲部曲、奴婢同,即依《斗讼律》,主殴杀部曲,徒一年;奴婢有犯,其主不请官司而杀者,杖一百。若部曲、奴婢殴主之缌麻亲,徒一年;重伤者,各加凡人一等。

《户婚律》是关于户籍、赋役管理以及婚姻家庭方面的法律,该篇也有一条关于道、佛教方面的法规。据《户婚律》卷12"私入道"条记载:"诸私入道及度之者,杖一百;若由家长,家长当罪。已除贯者,徒一年。本贯主司及观寺三纲知情者,与同罪。若犯法合出观寺,经断不还俗者,从私度法。即监临之官,私辄度人者,一人杖一百,二人加一等。"

本条主要是针对不由官度而私自出家之人的惩罚规定。凡未经官府批准而私自出家为道士、僧尼者,杖一百;如经家长准许,处罚家长。若私自出家,已经注销户籍者,加一等,徒一年;为之剃度者,负连带责任,亦徒一年。如所属州县长官、寺、观三纲知情者,与私度之人及家长同罪。如寺观僧尼、道士犯法,经官府断讫,当事人仍不还俗,则从"私度"之法,杖一百。如主管官吏私自度人,私度一人,杖主管官吏一百,二人加一等,罪止流三千里。

《贼盗律》是关于惩治盗贼犯罪的法律,该篇有两条关于道、佛教犯罪的规定。

其一,《贼盗律》卷17"缘坐非同居"条规定:"诸缘坐非同居者,资财、田宅不在没限。虽同居,非缘坐及缘坐人子孙应免流者,各准分法留还。若女许嫁已定,归其夫。出养、入道及聘妻未成者,不追坐。道士及妇人,若部曲、奴婢,犯反逆者,止坐其身。"长孙无忌等在疏议中解释道:"入道","谓为道士、女官,若僧、尼。"凡道士、僧尼等出家离俗,如家族内犯有谋反、谋大逆等重罪,出家之人不在株连之列。反之,若道士、僧尼等犯反逆重罪,也止坐其身,不株连家属。该条主要强调了道、僧身份的特殊性。

其二,《贼盗律》卷19"盗毁天尊佛像"条规定:"诸盗毁天尊像、佛像者,徒三年。即道士、女官盗毁天尊像,僧、尼盗毁佛像者,加役流。真人、菩萨,各减一等。盗而供养者,杖一百。"对于道士、女官等盗毁佛像、菩萨像,僧、尼盗毁天尊像、真人像者,唐律也有专门规定,即按照凡人盗窃之法论处。

对于唐律中没有规定的其他犯罪行为,则依据《道僧格》"准格律"条的记载,比照世俗法律定罪。

2. 唐令中关于道、佛教的法律规定

唐令中没有单独关于道、佛教管理的篇目,① 据《唐六典》卷6记载,唐《开元令》共27篇,有关道、佛教的法律规定散见于祠令、户令、衣服令、仪制令、公式令、田令、杂令等诸篇之中。

令是关于国家各种制度的法典,类似于现代的行政法,因此,唐令中有关道、佛教的规定,大多是对宗教事务管理的内容。唐令已经佚失,二十世纪二、三十年代,日本学者仁井田陞在导师中田薰的指导下,对唐令进行了复原,经过四年的努力,编纂成《唐令拾遗》一书。在《唐令拾遗》中,收录了一些关于道、佛教的规定。此外,在现存的其他文献中,也有一些佚文。

(1)《唐令拾遗》中关于道、佛教的规定

唐代中央六部之一的礼部祠部司是道、佛教事务的管理机构,据《唐六典》卷4"祠部郎中"条记载:"祠部郎中一人,从五品上;员外郎一人,从六品上;主事二人,从九品上。祠部郎中、员外郎掌祠祀享祭、天文漏刻、国忌庙讳、卜筮医药、道佛之事。"虽然祠部是道、佛教的主管机关,但从仁井田陞、池田温等人所复原的祠令看,未见有这方面的法律条文。

《唐令拾遗·田令二十四》"道士女官僧尼给田"条是关于道士、僧尼受田的法令,其中规定:"诸道士受《老子经》以上,道士给田三十亩,女官二十亩,僧尼受具戒准此。"《大宋僧史略》卷中把该条作为唐《祠部格》中的条文,而《白氏六帖事类集》卷26则云其为唐令的条款,按《唐六典》卷6对令的定义,上述该条显然应属唐令的内容。

《唐令拾遗·杂令二十七》"道士、女道士簿籍"条是关于僧尼、道士户籍

---

① 日本《养老令》中有《僧尼令》的篇目,该篇并非唐令之移植,而是根据唐《道僧格》所创。

管理的法令,其中规定:"诸道士女道士、僧尼之簿籍,亦三年一造(其籍一本送祠部,一本送鸿胪,一本留州县)。"

(2) 现存其他文献中关于唐代道、佛教的令文

《唐六典》是关于唐代国家机关设置、人员编制、职责等方面的法规,其中保存了许多唐令的内容,日本学者仁井田陞在复原唐令时,将其作为重要的参考资料。笔者认为下列两条属于唐令的条款。

其一,《唐六典》卷4"祠部郎中"条:"凡天下观总一千六百八十七所。每观观主一人,上座一人,监斋一人,共纲统众事。而道士修行有三号:其一曰法师,其二曰威仪师,其三曰律师。其德高思精谓之练师。""凡天下寺总五千三百五十八所。每寺上座一人,寺主一人,都维那一人,共纲统众事。而僧持行者有三品:其一曰禅,二曰法,三律。大抵皆以清静慈悲为宗。"从"令以设范立制"的定义看,该条有可能是唐令的条款。

其二,《唐六典》卷4"祠部郎中"条云:"凡道士、女道士衣服皆以木兰、青碧、皂荆黄、缁坏之色。"此条应是唐《衣服令》中的条款。

《唐会要》是关于唐代典章制度的重要文献,也是研究唐代宗教史的重要著作,其中也保存了一些道、佛方面的法令。如《唐会要》卷50"杂记":"(天宝五载)四月八日佛生日,准令:休假一日。"此为唐《假宁令》中的内容。

由于唐代文献中关于道、佛教方面的令文较为分散,对条文的认定也有一定的困难,加之有唐一代唐令的内容不断变化,或许在其他文献中还有这方面的条款。随着学术界对唐代宗教史研究的不断深入,一定会有新的发现。

3. 唐式中关于道、佛教的法律规定

式是国家机关的公文程式和活动细则,是"百司所常行之法",是与律、令、格并称的法律形式。唐式现今也已佚失,据《唐六典》卷6记载:"凡式有三十有三篇。亦以尚书省列曹及秘书、太常、司农、光禄、太仆、太府、少府及监门、宿卫、计账为其篇目,凡三十三篇,为二十卷。"唐式自高祖武德至玄宗开元年间,屡次修订,其篇目名称也各不相同。日本学者仁井田陞从现存的古代文献中推断出唐代《开元式》部分篇名,主要有:吏部式、考功式、户部式、礼部式、祠部式、主客式、兵部式、职方式、驾部式、库部式、刑部式、司门式、水部式、秘书式、太仆式、少府式、监门式。① 我国学者韩国磐根据传世文

---

① 参见仁井田陞:《中国法制史研究·法和道德、法和习惯》,东京大学出版会1981年1月第2版,第332—333页。

献对唐式作了辑存。① 从目前来看，保存内容最多的是现存于法国国立图书馆唐《开元水部式残卷》，编号为 P2507 号。由于唐代的祠部"掌祠祀享祭、天文漏刻、国忌庙讳、卜筮医药、道佛之事"，所以有关道、佛教的规定主要收录在《祠部式》中。

《唐六典》是唐代的官制政书，祠部郎中是道、佛教事务的管理机关，在该书卷 4《尚书礼部》"祠部郎中"条中收录了部分《祠部式》的条文，如：

> 凡国祭忌日，两京定大观、寺各二散斋，诸道士、女道士及僧、尼，皆集于斋所，京文武五品以上与清官七品已上皆集，行香以退。若外州，亦各定一观、一寺以散斋，州、县官行香。应设斋者，盖八十有一州焉。谓四辅、五府、六雄、十望、曹、濮、兖、齐、豫、徐、陈、青、亳、仙、凉、秦、瀛、贝、邢、恒、冀、定、赵、沧、德、深、博、易、相、梁、襄、泽、安、绵、梓、遂、眉、邛、果、彭、蜀、汉、润、越、常、苏、杭、婺、衢、湖、宣、洪、潭、广、桂、陇、邠、泾等州是也。其道士、女道士、僧、尼行道散斋，皆给香油、炭料。若官设斋，道、佛各施物三十五段，供修理道、佛，写一切经；道士、女道士、僧、尼各施钱十二文。五品已上女及孙女出家者，官斋、行道，皆听不预。若私家设斋，道士、女道士、僧、尼兼请不得过四十九人。凡远忌日虽不废务，然非军务急切，亦不举事。余如常式。

上述该条是关于祠祀散斋方面的规定，记述了唐代国家关于国祭忌日活动的具体细则，很明显，是《祠部式》中的内容。

《唐会要》是唐代另一部重要的典制文献，其中也保存一些道、佛教方面的式文，如：《唐会要》卷 49"杂录"："贞观二年五月十九日敕：章敬寺是先朝创造，从今以后，每至先朝忌日，常令设斋行香，仍永为恒式。"本条应是《祠部式》中的条款。同书卷 50"尊崇道教"条："天宝十三载正月十二日，令有司每至春日，则修荐献上香之礼，仍永为常式。"也是《祠部式》中的条款。同书卷 49"僧籍"条："新罗、日本僧入朝学问，九年不还者，编诸籍。"可能是唐《主客式》中的条款。

在《白孔六帖》卷 31"卜筮"条中，也收录了一件唐《祠部式》中的条文："《祠部式》：诸私家不得立杂神及觋巫卜相，并宜禁断，其龟易、五兆、六壬不禁"。该条内容与日本《令集解·僧尼令》"卜相吉凶"条的规定大体相同，说明唐代《祠部式》与《道僧格》的规定是有联系的。

---

① 参见韩国磐：《传世文献中所见的唐式辑存》，《厦门大学学报》1994 年第 1 期。

以上对唐朝律、令、式三种法律形式中关于道、佛教的规定进行了简单分析。由于这些法律规定未形成独立的篇目,十分零散,往往给人造成唐朝政府对道、佛教事务管理混乱的印象。其实则不然,在唐代另外一种法律形式格中,对道、佛教的规定还是颇为详尽的。成书于唐贞观年间的"条制"(即后来的《道僧格》)可以说是中国古代一部非常完备的有关道、佛教管理的法典。

二、唐代关于道、佛教的法典——《道僧格》

唐代格是与律、令、式并称的一种法律形式,是关于"禁违正邪"的刑法典,据笔者研究,唐格的性质主要是对律、令的内容进行扩展和补充。[①]

按《唐六典》卷6的记载"凡格二十有四篇。以尚书省诸曹为之目,共为七卷。"可知唐代格共有7卷24篇,每篇的篇名以尚书省六部二十四司的司名命名。唐代主管道佛事务的机构隶属于礼部的祠部司,有关道、佛方面的法规应收录于《祠部格》中。但是,在日本《养老令》的注释书《令集解·僧尼令》中,却多次出现了唐《道僧格》的名称,这是何故?其与唐《祠部格》又有何关系?这是我们必须要解决的难题之一。

《令集解》是日本著名法典《养老令》的私撰注释书,在平安时期由惟宗朝臣直本汇集中、日诸家令的注释而完成。在《令集解》的注释中,引用了许多唐令、格、式的条文,而这些条文在现存的我国古代文献中多已佚失。因此,《令集解》不仅是研究日本法制史的重要文献,也是研究唐代法律史不可多得的参考书。

在《令集解·僧尼令篇》的注文里,多次提及唐代的《道僧格》。对于该文献,中国古代正史《旧唐书·经籍志》、《新唐书·艺文志》不见著录。据日本《令闻书》记载,唐《开元令》中无《僧尼令》,此篇据唐《道僧格》而创之。[②] 说明唐代确实存在过《道僧格》这部法典。

对于日本《僧尼令》与唐代《道僧格》的关系,日本学者泷川政次郎、诸户

---

① 参见拙文:《关于唐神龙年间〈散颁刑部格〉残卷的文献价值》,收入渡边宽主编:《日中律令制的比较研究》一书,日本文部省平成12—14年度研究成果报告书(基盘研究B1),2003年4月版。
② 日本后妙华寺殿《令闻书》,续群书类丛本,第132页。

第六章　律令制下的唐代佛教

立雄、二叶宪香等人都作过探讨，① 近年来，笔者也曾撰文对该问题进行了讨论。② 但对有些问题，仍有必要作进一步的探究。

1. 关于唐代《道僧格》的成立

根据现有文献的记述，未见有编纂过唐代《道僧格》之事。据《唐六典》卷6记载："皇朝《贞观格》十八卷，房玄龄等删定。《永徽留司格》十八卷，《散颁格》七卷，长孙无忌等删定；永徽中，又令源直心等删定，唯改易官号、曹、局之名，不易篇第。《永徽留司格后本》，刘仁轨等删定。《垂拱留司格》六卷，《散颁格》二卷，裴居道等删定。《太极格》十卷，岑羲等删定。《开元前格》十卷，姚崇等删定，《开元后格》十卷，宋璟等删定。皆以尚书省二十四司为篇名。"从这段文字可以看出，唐代四种法律形式之一的格是以尚书省六部所辖二十四司的司名为篇名，道、佛之事隶属于尚书省礼部之祠部司，故有关道、僧"禁违正邪"的法律规定"格"亦应载于《祠部格》中。

若果真如此，唐代就出现两部关于道、佛教方面的"格"，即《道僧格》和《祠部格》，这很令人费解。对此，日本学者泷川政次郎经过研究，认为《道僧格》的前身就是唐太宗贞观十年(636)命人"依附内律，参以金科"而制定的"条制"。③ 我们认为，泷川政次郎先生试图从《道僧格》的形成来解开这一谜团的思路是正确的，但是，依笔者推断，《道僧格》内容的出现或许会更早。下面让我们比照日本的《僧尼令》，考察一下《道僧格》的形成情况。

据史书记载，中国古代最早出现的有关僧尼违法行为的惩戒法规是北魏的《僧制》。北魏孝文帝太和十七年(493)，下诏制定《僧制》47条。关于《僧制》的内容，已不可考。从宣武帝永平元年(508)诏书中称"缁素既殊，法律亦异。故道教彰于互显，禁劝各有所宜。自今以后，众僧犯杀人已上罪者，仍依俗断，余犯悉付昭玄，以内律《僧制》治之"④ 分析，《僧制》是一部充分参考佛教戒律、由国家制定的有关僧尼惩戒方面的规范性法律文件。

宣武帝永平二年(509)，沙门统惠深又上书皇帝，称"僧尼浩旷，清浊混

---

① 参见泷川政次郎：《中国法制史研究》，东京有斐阁1941年版，第104—109页；诸户立雄：《关于唐代〈道僧格〉的制定年代》，东北大学《东洋史论集》6；二叶宪香：《作为〈僧尼令〉先行法的〈道僧格〉》，收入《奈良佛教论集》第2卷《律令国家和佛教》一书，雄山阁出版株式会社1994年7月版等。

② 参见拙文：《日本的〈令集解·僧尼令〉与唐代宗教法比较研究》，《政法评论》2001年卷，中国政法大学2001年3月版。

③ 参见泷川政次郎：《〈令集解〉中所见的唐代法制史料》，收入《中国法制史研究》，东京有斐阁1941年版。

④ 《魏书》卷114《释老志》。

流,不遵禁典,精粗莫别。辄与经律法师群议立制",并得到批准,① 此为永平二年的"僧制"。

北魏熙平二年(517),灵太后又下令整肃僧尼,并制定了相应的法规,使北魏时期关于佛教的管理更加完善。

现参考《魏书·释老志》,将北魏的《僧制》与《令集解·僧尼令》的内容相比较,我们发现两者有很深的渊源关系。请看下表:

条文出处	条文内容	条文出处	条文内容
《魏书·释老志》所引永平二年"僧制"	出家之人,不应犯法,积八不净物。然经律所制,通塞有方,依律,车牛净人,不净之物,不得为己私畜。唯有老病年六十以上者,限听一乘。又,比来僧尼,或因三宝,出贷私财,缘州外。	《僧尼令集解》"不得私畜"条	凡曾尼,不得私畜园宅财物、及兴贩出息。
《魏书·释老志》所引永平二年"僧制"	或有不安寺舍,游止民间,乱道生过,皆由此等。若有犯者,脱服还民。	《僧尼令集解》"非寺院"条	凡僧尼,非在寺院,别立道场,聚众教化,并妄说罪福,及殴击长宿者,皆俗。国郡官司,知而不禁者,依律科罪。其有乞食者,三纲连署经国郡司,勘知精进练行,判许。京内仍经玄蕃知,并须午以前捧钵告乞,不得因此更乞余物。
《魏书·释老志》所引永平二年"僧制"	其有造寺者,限僧五十以上,启闻听造。若有辄营置者,处以违敕之罪,其寺僧众摈出外州。僧尼之法,不得为俗人所使。若有犯者,还配本属。其外国僧尼来归化者,求精检有德行合三藏者听住,若无德行,遣还本国。	《僧尼令集解》"外国寺"条	凡僧尼有犯百日苦使,经三度改配外国寺,仍不得配入畿内。
《魏书·释老志》所引熙平二年诏令	年常度僧,依限大州应百人者,州郡于前十日解送三百人,其中州二百人,小州一百人。州统、维那与官及精练简取充数,若无精行,不得滥采。若取非人,刺史为首,以违旨论,太守、县令、纲僚节级连坐,统及维那移五百里外异州为僧。	《僧尼令集解》"任僧纲"条	凡任僧纲,必须用德行能化徒众,道俗钦仰,纲维法务者,所举皆徒众,连署牒官。若有阿党朋扇,浪举无德者,百日苦仗。一任以后,不得辄换。若有过罚,及老病不任者,即依以上法简换。
《魏书·释老志》所引熙平二年诏令	自今奴婢悉不听出家,诸王及亲贵,亦不得辄启请。有犯者,以违旨论。其僧尼辄度他人奴婢者,亦移五百里外异州为僧。僧尼多养亲识及他人奴婢子,年大私度为弟子,自今断之。有犯还俗,被养者归本等。	《僧尼令集解》"出家"条	凡家人奴婢等,若有出家,后犯还俗及自还俗者,并追归旧主,各依本色。其私度人纵有经业,不在度限。

---

① 《魏书》卷114《释老志》。

第六章 律令制下的唐代佛教

北魏时期的僧尼之法,由于"不得为俗人所使",到隋文帝开皇十五年,因"诸僧尼时有过失,内律佛制不许俗看",乃敕撰《众经法式》十卷约束僧尼。① 《众经法式》内容已佚失,从上述记载推知,这是继《僧制》之后另一部约束僧尼行为的规范性文件,其主要特点是:由皇帝下令敕修;内容更加丰富,多达十卷;针对"内律佛制不许俗看"的特点,而将该法律文件公开;具有惩戒僧尼过失的功能等。

唐太宗贞观九年(635),沙门玄琬卒。在其临终前,上遗表请沙门犯罪不应与百姓同科。次年,唐太宗命人"依附内律,参以金科",制定了"条制"。《广弘明集》卷28《度僧天下诏》记述了此事。对于《条制》的内容,诏书中有所披露。为更清楚地认识其与《僧尼令》的关系,现列表如下:

条目	《条制》(《广弘明集》卷28)	条目	《僧尼令集解》
1	假托神通,妄传妖怪	1	凡僧尼,上观玄象,假说灾祥,语及国家;妖惑百姓,并习读兵书,杀人奸盗及诈称得圣道,并依法律付官司科罪。
2	谬称医筮,左道求财	2	凡僧尼,卜相吉凶,及小道巫术疗病者,皆还俗。其依佛法,持咒救病,不在禁限。
3	造诣官曹,嘱致赃贿	8	凡僧尼有事须论,不缘所司,辄上表启,并扰乱官家,妄相嘱请者,五十日苦使;再犯者,百日苦使。
		4	凡僧尼,将三宝物饷遗官人,若合构朋党,扰乱徒众,及骂辱三纲、凌突长宿者,百日苦使。
4	钻肤焚指,骇俗惊愚。	27	凡僧尼,不得焚身、舍身。若违及所由者,并依律科断。
5	部内有违法僧不举发	14	凡任僧纲,必须用德行能伏徒众,道俗钦仰,纲维法务者。所举徒众,皆连署牒官。若有阿党朋扇,浪举无德者,百日苦使。一任以后,不得辄换,若有过罪,及老病不任者,即依上法简换。

从这份诏书中所涉及的"条制"内容看,与《令集解·僧尼令》中的6条法律条文有关。那么,唐太宗贞观十年(636年)制定的《条制》是否就是《道僧格》的内容呢?日本《养老令》的私撰注释书《僧尼令集解》第21条"准格律"条对"条制"作了如下解释:"条制外复犯罪,谓令条云。苦使,条制之外,复犯罪也,谓违内律之罪,律令无罪名是也。条制,格也,此令无是格,故云制也。"② 从《令集解》中对"条制"的解释看,条制是格的一种特殊形式,是令中

---

① 《历代三宝记》卷12、《续高僧传》卷2《达摩笈多传》。
② 黑板胜美主编:新订增补国史大系《令集解》卷8,吉川弘文馆1995年8月第9版,第246页。

没有相应篇目的格,因唐令中没有《僧尼令》的篇目,所以关于道、佛教管理的法规《道僧格》也就经常被称为"条制"了。

综上所述,唐代《道僧格》的形成有一个漫长的历史过程。它最早源于北魏的《僧制》,后屡加增修,到唐太宗贞观十年形成了"条制",上升为格,成为祠部管理宗教事务最重要的法规文件。

2.《道僧格》与《祠部格》的关系

在中外古代文献中,多次出现了《道僧格》、《祠部格》的名称,中国古代的法律、宗教典籍中也保存了许多唐代关于僧尼、道士格的条文,因而,如何认证《道僧格》与《祠部格》的关系?《道僧格》是否为《道格》与《僧格》的合称? 已成为复原唐《道僧格》的关键所在。

其一,关于《道僧格》与《祠部格》的关系。

众所周知,唐代尚书省礼部的祠部司是管理道、佛等宗教事务的机构,按《唐六典》卷6、《唐会要》卷39 的记述,唐格是以尚书省六部所辖二十四司的司名为篇名,唐代存在《祠部格》是毫无疑问的。

在唐人的记述中,曾多次出现过《祠部格》的名称,如《白氏六帖事类集》卷26引《祠部格》:"私家部曲、奴婢等,不得入道。如别敕许出家,后犯还俗者,追归旧主,各依本色。"另据《白孔六帖》卷89"僧"条引唐《祠部格》中的"度人格"条云:"王公已下薨,别敕许度人者,亲王二十,三品已上三人,并须亡者子孙及妻媵,并通取周亲,妻媵不须试业;若数不足,唯见在度,如有假冒,不在原首之限也。"日本僧人圆仁在其《入唐求法巡礼行记》卷2"开成四年九月"条中也两次提到唐格,从文中的内容看,似指《祠部格》。现抄录如下:

  祠部 牒

  上都章敬寺新罗僧法清

  右请准格:所在随缘头陀

  牒得前件僧状称:"本心入道,志乐头陀。但是名山,归心礼谒。经行林下,所在寻师。学迦叶之行门,进修佛理。请准元和元年四月十二日敕……。谨检格:僧尼有能头陀者,到州县寺舍,任安置将理,不得所由恐动者……。"

另据《唐律疏议》卷3"除免比徒"条引长孙无忌等疏议云:"依格:道士等辄著俗服者,还俗";"道士等有历门教化者,百日苦使。"在日本《养老令》的注释书《僧尼令集解》中,明确指出上述两条是《道僧格》的条款。那么,唐

《祠部格》与《道僧格》究竟有怎样的关系呢?

从上述唐代文献中所引的《祠部格》看,其与《僧尼令集解》中所援引的《道僧格》条文同为关于道、佛方面的法规。依常理推断,唐代不可能有两部关于道、佛事务的格,《祠部格》中有关僧尼的法律规定与《道僧格》如出一辙,说明《道僧格》就是唐代《祠部格》中的内容,独立成篇。

其二,关于《道僧格》名称出现的时间。

在中外典籍有关《道僧格》的记述中,曾出现《道格》、《僧格》分称的情况。日本宇多天皇宽平年间(885—897)编纂的《日本国见在书目录》第19"刑法家"条著录:"《僧格》一卷",未提及《道格》。另据《唐会要》卷50记载:"开元二十九年正月,河南采访使汴州刺史齐澣奏:伏以至道冲虚,生人宗抑,未免鞭挞,孰赡仪型! 其道士、僧、尼、女冠等有犯,望准《道格》处分。所由州县官不得擅行决罚,如有违越,请依法科罪。"又未提及《僧格》。这两条史料很容易使人怀疑《道僧格》不是一部法典,而是《道格》与《僧格》的合称。

从唐代前期道教、佛教的不同政治地位分析,两者的法律规定也不会完全相同。唐太宗贞观十一年(637),曾下令道士、女官位于僧尼之前。武则天天授二年(691),又敕令"释教宜在道教之上,僧尼处道士之前"。① 唐睿宗景云二年(711),又令僧尼道士女官每缘法事集会,"宜齐行并进。"②

有唐一代,释、道的管理机构也屡经变迁。唐初,天下僧尼、道士女官,皆隶鸿胪寺,武后延载元年(694)以僧尼隶祠部。开元二十四年(736年),道士女官隶宗正寺,天宝二年(743)又将其隶属于司封。③ 上述这些因素,决定了关于僧尼、道士的法律规定是不可能完全相同的。

关于唐前期道、佛教的法规不同,还可找到一些佐证。《全唐文》卷14收录了唐高宗的《停敕僧道犯罪同俗法推勘敕》,内容如下:"道教清虚,释典微妙,庶物籍其津梁,三界之所遵仰。比为法末人浇,多违制律,俱权依俗法,以伸惩戒,冀在止恶劝善,非是以人轻法。但出家人等俱有条制,更别推科,恐为劳扰。前令道士、女道士、僧、尼有犯,依俗法者,宜停。必有违犯,宜依条制。"这里的"出家人等俱有条制",说明道士、僧尼有不同的规定。

前已述及,在唐代修格的历史中未见过有编纂《道僧格》的记述,而《道僧格》又确实存在,那么《道僧格》是何时出现的呢? 这颇令人费解。依笔者

---

① 《唐会要》卷49。
② 《唐大诏令集》卷113。
③ 《新唐书》卷48《百官志》。

推断,唐代《道僧格》之所以未出现在唐代官方修格的记述中,是因为《道僧格》类似于僧、道法规汇编性的文献。按此推论,《唐会要》卷39"定格令"条为我们提供了如下线索:开元二十五年(737年)九月一日,中书令李林甫、侍中牛仙客、中丞王敬从、前左武卫胄曹参军崔冕等奉诏删辑旧格式律令敕,总7026条。其中1324条"于事非要,并删除之",2180条"随事损益",3594条"仍旧不改",总成律12卷、律疏30卷、令30卷、式20卷、《开元新格》10卷。此后,又撰《格式律令事类》40卷,"以类相从,便于省览"。该书编成后,尚书都省写50本,颁行天下。笔者推测,开元二十五年编辑的《格式律令事类》极有可能将唐代祠部中关于僧、道的法规混合编纂在一起,这也就是《道僧格》名称的最初雏形。到唐玄宗开元二十九年,已经有了《道僧格》的说法,据前引《唐会要》卷50的记载:"开元二十九年正月,河南采访使汴州刺史齐澣奏:伏以至道冲虚,生人宗抑,未免鞭挞,孰赡仪型!其道士、僧、尼、女冠等有犯,望准《道格》处分。所由州县官不得擅行决罚,如有违越,请依法科罪。"这里的"望准《道格》处分"六字,给人的印象是指《道格》,似乎不包括《僧格》的内容,但若联系前文"其道士、僧、尼、女冠等有犯"来推断,应包括《僧格》的条款。很明显,齐澣奏表"望准《道格》处分"中的《道格》,就是指《道僧格》。所以,我们认为,在唐玄宗开元以后,唐朝政府将《道格》、《僧格》的规定汇集在一起,于是也就出现了《道僧格》的名称,《道僧格》也正是《道格》和《僧格》合编的体例。

三、对唐代《道僧格》条文的复原

由于《道僧格》一书已经佚失,对于《道僧格》的条文名称、条文数目也没有明确记载,这为复原唐代《道僧格》带来了很多不便。现存至今的日本《养老令·僧尼令》篇是依据唐《道僧格》而制定的,其很多内容与唐《道僧格》相同或相近。有的学者认为,在《养老令·僧尼令》篇中,由日本法学家独创、唐《道僧格》未有相关规定的条文仅7条,即取童子条、不得入寺条、任僧纲条、遇三位以上条、外国寺条、斋会布施条、焚身舍身条共7条,[①] 其余大多数条文都直接或间接地借鉴了唐《道僧格》中的条款。笔者认为,在唐代文献中,

---

① 参见中井真孝等:《僧尼法的起源——以任僧纲条为中心》,收入朝枝善照主编:《律令制国家和佛教》一书,雄山阁出版公司1994年7月版,第84页。

第六章　律令制下的唐代佛教

只有取童子条、外国寺条、① 斋会布施条 3 条未见记载,其他条文都有相关的规定。如"布施"条:"凡斋会不得以奴婢牛马、及兵器充布施,其僧尼不得辄受。"② 唐律中禁止私家藏有兵器,据《唐律疏议》卷 16 "私有禁兵器"条规定:"诸私有禁兵器者,徒一年半;弩一张,加二等;甲一领及弩三张,流二千里;甲三领及弩五张,绞。私造者,各加一等。"既然唐代法律禁止私家藏有兵器,当然也就不会出现以"兵器充布施"的情况,因此《养老令·僧尼令》篇中的"布施"条是经过当时的日本政府修改后颁布的。

下面笔者参考中外文献典籍,对唐代《道僧格》的部分条文进行复原,不妥之处,敬请指正。

(1) 假说灾祥及诈称得圣道条

复原条文:凡道士、女官、僧、尼等上观玄象,妄说吉凶,妖惑百姓,并习读兵书,杀人奸盗及诈称得圣道者,并依法付官司科罪;狱成者,虽会赦,犹还俗。

根据之一:《令集解》卷 7 引唐《道僧格》云:"犯诈称得圣道等罪,狱成者,虽会赦,犹还俗。""犯上件奸盗等狱成,虽会赦还俗。"

根据之二:《唐律疏议》卷 9:"诸玄象器物、天文、图书、谶书、兵书、七曜历、太一、雷公式,私家不得有。"

根据之三:《唐律疏议》卷 18:"诸造妖书及妖言者,绞。注:造,谓自造休咎及鬼神之言,妄说吉凶,涉于不顺者。"

根据之四:《令集解》卷 7 "观玄象条":"凡僧尼,上观玄象、假说灾祥,语及国家、妖惑百姓,并习读兵书、杀人奸盗、及诈称得圣道,并依法律付官司科罪。"

根据之五:《唐大诏令集》卷 113 唐文宗《禁僧道卜筮制》云:"敕:左道疑众,王制无赦;妖言蠹时,国朝犹禁。且缁黄之教,本以少思寡欲也;阴阳者流,所以教授人时也。而有学非而辨,性狎于邪,辄窥天道之远,妄验国家之事。仍又托于卜筮,假说灾祥,岂直闾阎之内,恣其狂惑,兼亦衣冠之家,多有厌胜。将恐寝成其俗,以生祸乱之萌。……宜令所司,举旧条处分。"

---

① 该条在唐代文献中未见有类似的规定,但《魏书·释老志》所引的永平二年《僧制》规定:"其有造寺者,限僧五十以上,启闻听造。若有辄营置者,处以违敕之罪,其寺僧众摈出外州。僧尼之法,不得为俗人所使。若有犯者,还配本属。其外国僧尼来归化者,求精检有德行合三藏者听住,若无德行,遣还本国。"与此规定相同。

② 黑板胜美主编:新订增补国史大系《令集解》卷 8,吉川弘文馆 1995 年 8 月版,第 254 页。

(2) 卜相吉凶条

复原条文：凡道士、僧尼等卜相吉凶，及左道、巫术、疗疾者皆还俗；其依佛法持咒救疾，不在禁限。

根据之一：《唐六典》卷4"祠部郎中"条："凡道士、女道士、僧、尼卜相吉凶，还俗。"

根据之二：《令集解》卷7"卜相吉凶"条："凡僧尼卜相吉凶，及小道、巫术、疗病者，皆还俗；其依佛法持咒救疾，在在禁限。"

根据之三：《唐会要》卷50："永徽四年四月敕：道士、僧尼等，不得为人疗疾及卜相。"

(3) 勾合朋党条

复原条文：凡道士、僧尼以三宝物饷馈官僚、勾合朋党者，皆还俗；毁骂三纲、凌突长宿者，皆苦使也。

根据之一：《唐六典》卷4"祠部郎中"条："（凡道士、僧尼）以三宝物饷馈官僚、勾合朋党，皆还俗。……毁骂三纲、凌突长宿者，皆苦使也"。

根据之二：《令集解》卷7"三宝物事"条："凡僧尼，将三宝物饷遗官人，若合构朋党，扰乱徒众，及骂辱三纲，陵突长宿者，百日苦使。若集论事，词状正直，不在此例。"

(4) 聚众教化条

复原条文：凡道士、僧尼，非在寺观，别立道场，聚众教化，并妄说罪福，及殴击长宿者，并还俗；州县官司，知而不禁者，依律科罪。其有乞余物者，准教化论，百日苦使。

根据之一：《唐大诏令集》卷113引唐玄宗开元十九年（731年）《诫励僧尼敕》，对僧尼"或出入州县，假托威权；或巡历乡村，恣行教化，因其聚会，便有宿宵"的情况，规定：僧尼除讲律之外，一切禁断，"六时礼忏，须依律议，午夜不行，宜守俗制。"

根据之二：《唐大诏令集》卷113引唐代宗宝应元年《条贯僧尼敕》："其僧尼道士，非本师教主及斋会礼谒，不得妄托事故，辄有往来，非时聚会。并委所由长官勾当，所有犯者，准法处分。"

根据之三：《唐大诏令集》卷113引《禁断妖讹等敕》云："比有白衣长发，假托弥勒下生，因为妖讹，广集徒侣，称解禅观，妄说灾祥……蠹政为甚！自今以后，宜严加捉搦，仍令按察使采访。如州县不能察觉，所由长官并量状贬降。"

根据之四：《魏书·释老志》："（僧尼等）或有不安寺舍，游止民间，乱道生祸,皆由此等。若有犯者,脱服还民。"

根据之五:《令集解》卷7"非寺院"条:"凡僧尼,非在寺院,别立道场,聚众教化,并妄说罪福,及殴击长宿者,皆还俗。国郡官司知而不禁止者,依律科罪。其有乞食者,三纲连署,经国郡司,勘知精进练行,判许。京内仍经玄蕃知,并须午前捧钵告乞,不得因此更乞余物。"

根据之六:《僧尼令集解》卷8引唐《道僧格》云:"乞余物,准僧教化论",据《道僧格》"教化"条记载,凡道士、僧尼等巡门教化者,百日苦使。

(5) 饮酒食肉五辛条

复原条文:凡道士、女官、僧、尼饮酒、食肉、设食五辛者,皆苦役也;若为疾病药分所须,给其日限。酒醉与人斗打,皆还俗。

根据之一:《唐六典》卷4:"僧、尼酒醉与人斗打,皆还俗;饮酒、食肉,设食五辛,皆苦役也。"

根据之二:《令集解》卷7"饮酒食肉五辛条":"凡僧尼,饮酒、食肉服五辛者,卅日苦使。若为疾病药分所须,三纲给其日限。若饮酒醉乱,及与人斗打者,各还俗。"

根据之三:《庆元条法事类》卷51《道释门》:"诸僧道饮酒至醉者还俗。"

(6) 作音乐博戏条

复原条文:凡道士、女道士、僧、尼作音乐及博戏者,皆苦使,棋琴不在此限。

根据之一:《唐六典》卷4:"凡道士、女道士、僧、尼作音乐、博戏,皆苦使也。"

根据之二:《令集解》卷7"作音乐"条:"凡僧尼,作音乐及博戏者,百日苦使,棋琴不在制限。"

(7) 有事须论条

复员条文:凡道士、女官、僧、尼有事须论,不缘所司,辄上表启,并扰乱官家、妄相嘱请者,皆苦使。若僧纲断决不平,须申论者,不在此例。

根据之一:《僧尼令集解》引唐《道僧格》佚文:"寺院有事须论故也。"

根据之二:《广弘明集》卷28引唐贞观十年"条制"有禁止僧尼"造诣官府,嘱致赃贿"的条款。

根据之三:《令集解》卷7"有事可论"条:"凡僧尼有事须论,不缘所司,辄上表启,并扰乱官家,妄相嘱请者苦使。"

根据之四:《庆元条法事类》卷50《道释门》:"诸僧道争讼寺观内事者,许诣主守,主守不可理者,申送官司。"

（8）听著木兰条

复原条文：凡道士、女道士、僧、尼衣服皆以木兰、青碧、皂荆黄、缁坏之色。若服俗衣及绫罗、乘大马，皆还俗。

根据之一：《唐律疏议》卷3"除免比徒"条疏议曰："依格：'道士等辄著俗服者，还俗。'假有人告道士等辄著俗服，若实，并须还俗。"

根据之二：《唐六典》卷4："凡道士、女道士、僧、尼衣服皆以木兰、青碧、皂荆黄、缁坏之色。注：若服俗衣及绫罗、乘大马……皆还俗。"

根据之三：《令集解》卷7："凡僧尼，听著木兰、青碧、皂荆黄及坏色等衣。余色，及绫、罗、锦、绮，并不得服用，违者各十日苦使；辄着俗衣者，百日苦使。"比唐《道僧格》处罚略轻。

根据之四：《新唐书》卷24《车服志》："商贾、庶人、僧、道不乘马。"

（9）和合婚姻条

复原条文：凡道士、女道士、僧、尼等和合婚姻，皆苦使也。

根据之一：《唐六典》卷4"祠部郎中"条："凡道士、女道士……若巡门教化、和合婚姻……皆苦使也。"

根据之二：《庆元条法事类》卷51《道释门》云："诸僧道辄娶妻并嫁之者，各以奸论加一等，僧道送五百里编管。"

（10）停妇女条

复原条文：凡寺观道士、僧房停妇女，女道士、尼房停男夫，经一宿以上者，皆苦使；三纲知而听者，与所由人同罪。若犯奸者，依律论断。

根据之一：《令集解》卷7："《释》云：'男女亦同罪'，亦按《格》可知也。"

根据之二：《唐律疏议》卷26："若道士女官，僧、尼同：奸者，各又加监临奸一等，即加凡奸罪二等。"

根据之三：《宋刑统》卷18引唐天成二年六月七日敕节文："（前略）或僧俗不辨，或男女混居，合党连群，夜聚明散，托宣传于法令，潜恣纵于淫风，若不除去，实为弊恶。此后委所在州府县镇及地界所由巡司，节级严加壁刺，有此色之人，便抑收捉勘寻。"

根据之四：《令集解》卷7"凡寺僧房停妇女，尼房停男夫，经一宿以上，其所由人，十日苦使；五日以上，卅日苦使；十日以上，百日苦使。三纲知而听者，同所由人罪。"

（11）不得入寺往来条

复原条文：凡道士、女道士、僧、尼非本师教主及斋会、礼谒、病死看问，不得妄托事故，辄有往来。有所犯者，准法处分。

根据之一:《唐大诏令集》卷113唐敬宗宝应元年八月《条贯僧尼敕》云:"(前略)又崇敬清净,礼避嫌疑,其僧尼道士,非本师教主及斋会礼谒,不得妄托事故,辄有往来,非时聚会,并委所由长官勾当,所有犯者,准法处分。"

根据之二:《令集解》卷7"不得入寺"条:"凡僧不得辄入尼寺,尼不得入僧寺。其有觐省师主、及死病看问、斋戒、功德、听学者听。"

根据之三:《庆元条法事类》卷51《道释门》云:"诸僧、道与尼、女冠不得相交往来。"

(12) 禅行修道条

复原条文:凡道士、女道士、僧、尼有禅行修道,意乐寂静,不交于俗,欲求山居服饵者,三纲连署,在京者经鸿胪、宗正,在外者经州县,勘实并录申官。僧尼有能行头陀者,到州县寺舍,任安置将理,不得所由恐动。"

根据之一:《入唐求法巡礼行记》卷2"开成四年九月十二日"条记载:

"右请准格:所在随缘头陀

牒得前件僧状称:本心入道,志乐头陀。但是名山,归心礼谒。经行林下,所在寻师。学迦叶之行门,进修佛理。请准乾元和元年四月十二日敕:三藏僧般若力奏弟子大念等请头陀奉依释教,准敕修行。所在头陀勿亏圣典。但为持念损心,近加风疾,发动无恒。药饵之间,要须市易将息。今欲往诸山巡礼及寻医疗疾,恐所在关戍、城门、街铺、村坊、佛堂、山林阑若、州县寺舍等不练行由,请给公验者。付库捡,得报敕内名同者。谨检格:'僧尼有能行头陀者,到州县寺舍,任安置将理,不得所由恐动者。'"

根据之二:《令集解》卷8"禅行"条引《释》云:"服饵,谓避谷却粒,欲服仙药也。……或说此文不待服饵可听,何者?唐格,独此文为道士设法,此令兼为僧尼生文故也。此说非也,何者?案《道僧格》并兼也;独为道士立此文者,非也。"①

根据之三:《令集解》卷8"禅行"条:"凡僧尼,有禅行修道,意乐寂静,不交于俗,欲求山居服饵者,三纲连署。在京者,僧纲经玄署;在外者,三纲经国郡,勘实并录申官。判下,山居所隶国郡,每知在山,不得别向他处。"

(13) 任三纲条

复原条文:凡天下寺观三纲及京都大德,皆取其道德高妙,为众所推者补充。若有勾合朋党、滥举无德者,皆还俗。

---

① 参见黑板胜美主编:新订增补国史大系《令集解》第一,吉川弘文馆1995年8月版,第231页。

根据之一：《唐六典》卷18"鸿胪寺"条："凡天下寺观三纲及京都大德，皆取其道德高妙，为众所推者补充，上尚书祠部。"

根据之二：《唐六典》卷4"祠部郎中"条："凡道士、女道士、僧尼……以三宝物饷馈官寮、勾合朋党者，皆还俗。"

根据之三：《令集解》卷8"任僧纲"条："凡任僧纲，必须用德行能化众徒，道俗钦仰，纲维法务者。所举徒众，皆连署牒官。若有阿党朋扇，浪举无德者，百日苦使。一任以后，不得辄换。若有过罚，及老、不任者，即依上法简换。"

（14）苦使条

复原条文：凡道士、女道士、僧、尼有犯苦使者，三纲立锁闭，放一空院内，令其写经，日课五纸，日满检纸数，足放出。若不解书者，遣执土木作，修营功德等使也。其老小临时量耳。不合赎也。其所纵三纲，若纵一日者，苦使一日，准所纵日故。但不满日者不坐也。

根据之一：《释》云："其所纵三纲，若纵一日者，苦使一日，准所纵日故。但不满日者不坐也。"①

根据之二：《令集解》卷8"修营"条引唐《道僧格》云："有犯苦使者，三纲立锁闭，放一空院内，令其写经，日课五纸，日满检纸数，足放出。若不解书者，遣执土木作，修营功德等使也。其老小临时量耳。不合赎也。"

根据之三：《唐令解》云："生缘，谓本生。假犯二百日苦使，有身病退者，病损之后，全不役之类也。但听不之状，熟察耳。"

（15）诈为方便移名条

复原条文：凡道士、女道士、僧、尼以己之公验，授与俗人，令其为僧尼道士。若除贯者，移名之人还俗，依律科断。

根据之一：《僧尼令集解》"方便"条对此解释云："谓僧尼以己之公验，授与俗人，令其为僧尼；其本僧尼，或犹为僧尼，或还俗成白衣，皆同。《释》云：'移名他者，己之公验，卖与俗人，彼此共为僧，是唐格移名，与此殊异。'《古记》云：'不得移名，谓己身还俗，而名与他人为僧是。'《迹》云：'移名他，谓以己度缘公验与他人，若除贯者，移名之僧还俗，合徒一年'。"

根据之二：《唐律疏议》卷12"私入道"条："道士、女官、僧、尼等，非是官度，而私入道，及度之者，各杖一百。"

---

① 参见黑板胜美主编：新订增补国史大系《令集解》第一，吉川弘文馆1995年8月版，第234页。

第六章 律令制下的唐代佛教

根据之三:《令集解》卷8"诈为方便"条:"凡僧尼诈为方便、移名他者,还俗,依律科罪,其所由人与同罪。"

(16) 不得私畜财物条

复原条文:凡道士、女道士、僧、尼不合畜奴婢、田宅私财,违者,许人告发,物赏纠告人。

根据之一:《通典》卷11引唐至德二年郑叔清奏文曰:"准法不合畜奴婢、田宅资财。"

根据之二:《僧尼令集解》卷8"不得私畜"条引唐《道僧格》:"物赏纠告人"。

根据之三:《全唐文》卷30唐玄宗《禁僧徒敛财诏》云:"(世俗百姓)深迷至理,尽躯命以求缘,竭资财而作福,未来之胜因莫效见在之家,业已空事等系风,犹无所悔。愚人寡识,屡陷刑科。近日僧徒,此风犹甚。"若再有僧尼借机敛财,为害百姓者,"先断还俗,仍依法科罪。"

根据之四:《令集解》卷8:"凡僧尼不得私畜园宅财物,及兴贩出息。"

(17) 行路相隐条

复原条文:凡道士、女道士、僧、尼于道路遇五品以上官者隐。

根据之一:《唐六典》卷4:"诸官人在路相遇者,四品已下遇正一品,东宫官四品已下遇三师,诸司郎中遇丞相,皆下马。凡行路之间,贱避贵,少避老,轻避重,去避来。"

根据之二:《令集解》卷8"遇三位已上"条:"凡僧尼,于道路遇三位以上者隐,五位以上,敛马相揖而过,若步者隐。"

(18) 准格律条

复原条文:凡道士、女道士、僧、尼犯徒罪一年以上者,先还俗,依律科罪,许以告牒当徒一年,虽会赦犹还俗。若犯奸盗,不得以告牒当之。如犯百杖以下,每杖十,令苦使十日;若罪不至还俗,并散禁。如苦使条制外,复犯罪不至还俗者,三纲依佛法量事科罚;其还俗,所罚之人,不得告本寺三纲及徒众事故。若谋大逆、谋判者,不在此例。

根据之一:《僧尼令集解》卷8"准格律"条惟宗直本注释曰:"格者,临时诏敕也;律云:'事有时宜,故人主权断诏敕,量情处分。'其准格律者,元为俗人设法,不为僧尼立制,是以称准也。告牒者,僧尼得度之公验也。依律:杂犯死罪者除名。即知,僧尼犯死罪者,亦先还俗,然后处死;其流罪者,比徒四年,以告牒当徒一年,其余三年,役身也。……案《道僧格》,此条除一篇之内,称依律科罪,或还俗、或苦使之外,为杂犯立例。……不得告众事者,谓众僧之事也。《道僧格》云'徒众事故。'……问:'僧尼有犯会赦降者,若为处分?'答:'本格:立会赦犹还俗。'"

根据之二:《唐律疏议》卷6"称道士女官"条:"诸道士、女官时犯奸,还俗后事发,亦依犯时加罪,仍同白丁配徒,不得以告牒当之。"

根据之三:《令集解》卷8"准格律"条云:"凡僧尼有犯,准格律,合徒年以上者,还俗,许以告牒当徒一年。若有余罪,自依律科断。如犯百杖以下,每杖十令苦使十日;若罪不至还俗,及虽应还俗未判讫,并散禁。如苦使条制外复犯罪不至还俗者,令三纲依佛法量事科罚,其还俗,被罚之人,不得告本寺三纲及众事,若谋大逆、谋叛,及妖言惑众者,不在此例。"

(19) 私度条

复原条文:凡道士、女道士、僧、尼等,非是官度,而私入道者,各杖一百。所属州县官司及所住观寺三纲、知情者,各与入道人同罪。若犯法还俗,合出观寺,官人断讫,牒观寺知,仍不还俗者,依私度法。断后陈诉,须著俗衣,仍披法服者,依私度法,科杖一百。

根据之一:《唐律疏议》卷12"私入道"条引疏议曰:"'私入道',谓为道士、女官、僧、尼等,非是官度,而私入道,及度之者,各杖一百。注云'若由家长,家长当罪',既罪家长,即私入道者不坐。已除贯者,徒一年;及度之者,亦徒一年。'本贯主司',谓私入道人所属州县官司及所住观寺三纲,知情者,各与入道人及家长同罪。若犯法还俗,合出观寺,官人断讫,牒观寺知,仍不还俗者,从私度法。断后陈诉,须著俗衣,仍披法服者,从私度法,科杖一百。"

根据之二:《令集解》卷8"私度"条:"凡有私度及冒名相代,并已判还俗,仍披法服者,依律科断。师主、三纲及同房人知情者各还俗。虽非同房,知情容止,经一宿以上,皆百日苦使。即僧尼知情,居止浮逃人,经一宿以上者,亦百日苦使。本罪重者,依律论。"

(20) 教化条

复原条文:凡道士、女道士、僧、尼等有令俗人付其经像、历门教化者,百日苦使。

根据之一:《唐律疏议》卷3"除比免徒"条:"依格:'道士等有历门教化者,百日苦使'。"

根据之二:《唐六典》卷4:"凡道士、女道士等……若巡门教化……皆苦役也。"

根据之三:《令集解》卷8"教化"条:"凡僧尼等,令俗人付其经像、历门教化者,百日苦使。因此乞财物过多者,以诈欺取财论。其俗人者,以律论。"

(21) 不得焚身舍身条①

复原条文:凡道士、僧尼等,不得钻肤焚指,骇俗惊愚,违者依法科断。

根据之一:《广弘明集》卷28《度僧天下诏》曰:"戒行之本,惟尚无为。多有僧徒,溺于流俗,或假托神通……或钻肤焚指,骇俗惊愚。并自贻伊戚,动挂刑纲,有一于此,大亏圣教。朕情深持护,必无宽舍。已令依附内律,参以金科,具陈条制,务使法门清整,所在官司宜加检察。"

根据之二:《入唐求法巡礼行记》卷3引会昌二年九月敕:"天下所有僧尼解烧咒术、禁气、背军身上杖痕鸟文,杂工巧,曾犯淫养妻不修戒行者,并勒还俗。"

(22) 禁毁谤条②

复原条文:凡道士、僧尼等,如有道士诽谤佛法,僧尼排斥老君,更相訾毁者,先决杖,即令还俗。

根据之一:《唐大诏令集》卷113武则天圣历元年正月《条流佛道二教制》载:"佛道二教,同归于善。无为究竟,皆是一宗。比有浅识之徒,竞于物我,或因忿怨,各出丑言。僧既排斥老君,道士乃诽谤佛法,更相訾毁,务在加诸。人而无知,一至于此!且出家之人,须崇业行,非犯圣义,岂是法门?自今僧及道士敢毁谤佛道者,先决杖,即令还俗。"

(23) 身死条

复原条文:凡道士、僧尼等身死,三纲申州县纳符告注毁,在京纳于祠部,次年账开脱。

根据之一:《佛祖统记》卷41:"敕僧尼有事故者仰三纲申州纳符告注毁,在京于祠部纳告。"

根据之二:《五代会要》卷16"后周显德二年五月"条:"(道士僧尼)如有

---

① 按《令集解》卷8"焚身舍身"条所引日本律学家惟宗直本等人的注释:"检《道僧格》,无有此条",说明《道僧格》中没有相应的规定。但《广弘明集》卷28引唐太宗贞观十年(636)命人"依附内律,参以金科"而制定"条制"中,却有禁止"钻肤焚指,骇俗惊愚"的条款,与此相类似。而贞观十年的"条制",就是《僧格》的内容。日本在八世纪初编纂《僧尼令》时,所参考的《道僧格》中已没有该项规定,说明《道僧格》在唐前期也屡经修订,或许后来被删除。

② 本条在日本《养老令·僧尼令》中未有相关的规定,但从《条流佛道二教制》的名称看,"条制"应属于格的内容;另外,从该条的内容看,也属于"禁违正邪"的条款,所以我们推断其属于《道僧格》中的条文,因道教在奈良时期的日本未曾流传,故当时的日本政府在制定《僧尼令》时将该条删除。

身死还俗逃亡者,旋申报逐处州县,次年账内开脱。"

根据之三:《令集解》卷8"身死"条:"凡僧尼等身死,三纲月别经国司,国司每年附朝集使申官。其京内,僧纲季别经玄蕃,亦年终申官。"

根据之四:《庆元条法事类》卷51《道释门》:"诸僧道身死若还俗及避罪逃亡,其度牒或牒六念若紫衣师号牒在寺观而主首过十日不纳者,杖六十还俗,仍许人告。州县不即毁抹及过限不行缴申所属,杖一百。"

(24) 还俗条

复原条文:凡道士、女道士、僧、尼等有自愿还俗者,许之。凡私家部曲、奴婢等,不得入道,如别敕许出家,后犯还俗者,追归旧主,各依本色。

根据之一:《白氏六帖事类集》卷26引唐《祠部格》:"私家部曲、奴婢等,不得入道。如别敕许出家,后犯还俗者,追归旧主,各依本色。"

根据之二:《全唐文》卷74唐文宗《条流僧尼敕》云:"且僧尼本律,科戒甚严,苟有违犯,便勒还俗。若有自愿还俗者,官司不须立制。"

根据之三:《令集解》卷8"还俗"条:"凡家人奴婢等,若有出家,后犯还俗,及自还俗者,并追归旧主,各依本色。其私度人,纵有经业,不在度限。"

(25) 度人条

复原条文:王公已下薨,别敕许度人者,亲王二十、三品已上三人,并须亡者子孙及妻媵,并通取周亲,妻媵不须试业;若数不足,唯见在度,如有假冒,不在原、首之限也。

根据之一:《白孔六帖》卷89"僧"条引唐《祠部格》中的"度人格"云:"王公已下薨,别敕许度人者,亲王二十、三品已上三人,并须亡者子孙及妻媵,并通取周亲,妻媵不须试业;若数不足,唯见在度,如有假冒,不在原首之限也。

综上所述,虽然唐代律、令、格、式四种法律形式中都有关于佛、道的规定,但律、令、式中的法律规定皆很零散,只有《道僧格》中的规定相对集中,内容也最为齐整。《道僧格》是中国古代第一部由国家制定的具有强制约束力的宗教法典,是唐代国家法律与佛、道戒律相结合的产物。由于格的性质是"禁违正邪",因此,《道僧格》的出现说明李唐政府对于僧、道事务的管理更加严格,反映了唐代的宗教立法已具有很高的水准。另外,从《道僧格》对僧尼、道士犯罪的定罪量刑看,与当时日本的《养老令·僧尼令》篇相比,唐代立法都有偏重的倾向。如日本《僧尼令集解》"三宝物"条规定:"凡僧尼,将三宝物饷馈官僚、若合构朋党,……百日苦使。"据《唐六典》卷4"祠部郎中"条引唐《道僧格》佚文:"(道士、僧尼)以三宝物饷馈官僚,勾合朋党者,皆还俗。"又如《僧尼令集解》"听著木兰"条："凡僧尼,听著木兰、青碧、皂荆黄及坏色等衣。余色,及绫、罗、锦、绮,并不得服用,违者各十日苦使;辄著俗衣者,百日苦使。"《唐律疏议》卷3"除免比徒"条疏议曰："依格:'道士等辄著俗服者,还俗。'假有人告道士等辄著俗服,若实,并须还俗。"《唐六典》卷4亦云："凡道士、女道士、僧、尼衣服皆以木兰、青碧、皂荆黄、缁坏之色。注:若服俗衣及绫罗、乘大马……皆还俗。"还俗是重于苦使的刑罚,日本的《僧尼令》在定罪量刑方面,无疑比唐代《道僧格》的处罚要轻。

最后,需要明确提出的是,笔者所复原的唐代《道僧格》25条条文只是原法典中的一部分。据《魏书·释老志》记载,北魏孝文帝十七年,制定《僧制》47条,到唐太宗贞观十年,经过了一百四十余年的发展,又在此基础上制订了《条制》,即《道僧格》,这期间对于佛、道教的立法也不断完善,唐代《道僧格》的内容应比北魏时期的《僧制》更为丰富,唐代《道僧格》的条文或许会远多于笔者所复原的条款。我们相信,随着对唐代佛教史研究的深入展开,还会发现一些新的条文,我们期待着学术界有志之士共同参与或关注这项复原工作。

附录

主要参考文献

一、古代典籍与出土文献

1. 《十三经注疏》/阮元,中华书局影印本。
2. 《商君书锥指》/蒋礼鸿,中华书局标点本。
3. 《史记》/司马迁,中华书局标点本。
4. 《汉书》/班固,中华书局标点本。
5. 《后汉书》/范晔,中华书局标点本。
6. 《三国志》/陈寿,中华书局标点本。
7. 《晋书》/房玄龄,中华书局标点本。
8. 《魏书》/魏收,中华书局标点本。
9. 《北史》/李延寿,中华书局标点本。
10. 《宋书》/沈约,中华书局标点本。
11. 《南齐书》/萧子显,中华书局标点本。
12. 《北齐书》/李百药,中华书局标点本。
13. 《周书》/令狐德棻,中华书局标点本。
14. 《隋书》/魏征,中华书局标点本。
15. 《旧唐书》/刘昫,中华书局标点本。
16. 《新唐书》/欧阳修,中华书局标点本。
17. 《旧五代史》/薛居正,中华书局标点本。
18. 《新五代史》/欧阳修,中华书局标点本。
19. 《宋史》/脱脱,中华书局标点本。
20. 《元史》/宋濂,中华书局标点本。
21. 《明史》/张廷玉,中华书局标点本。
22. 《清史稿》/赵尔巽,中华书局标点本。
23. 《通典》/杜佑,中华书局。
24. 《通志》/郑樵,中华书局。
25. 《文献通考》/马端临,中华书局。
26. 《全唐文》/董诰,上海古籍出版社。
27. 《唐会要》/王溥,中华书局。

28. 《五代会要》/王溥,中华书局。
29. 《宋会要辑稿》/徐松,中华书局。
30. 《大唐开元礼》/萧嵩,古典研究会发行。
31. 《艺文类聚》/欧阳询,上海古籍出版社。
32. 《唐六典》/李林甫,中华书局标点本。
33. 《唐大诏令集》/宋敏求,学林出版社。
34. 《唐大诏令集补编》/李希泌,上海古籍出版社。
35. 《太平广记》/李昉,中华书局。
36. 《册府元龟》/王钦若,中华书局。
37. 《太平御览》/李昉,中华书局。
38. 《白氏六帖事类集》/白居易著(宋孔传编),文物出版社影印本。
39. 《唐律疏议》/长孙无忌(刘俊文点校),中华书局标点本。
40. 《宋刑统》/窦仪(薛梅卿点校),法律出版社。
41. 《天圣改旧新定律令》/史金波等点校,法律出版社。
42. 《大元通制条格》/郭成伟点校,法律出版社。
43. 《大明律》/怀效峰点校,法律出版社。
44. 《大清律例》/田涛、郑秦点校,法律出版社。
45. 《陆宣公集》/陆贽,浙江古籍出版社。
46. 《入唐求法巡礼行记》/圆仁(白化文等校注),花山文艺出版社。
47. 《资治通鉴》/司马光,中华书局标点本。
48. 《贞观政要》/吴兢,上海古籍出版社。
49. 《中国印度见闻录》/穆根来等译,中华书局标点本。
50. 《唐大和尚东征传》/(日)真人元开(汪向荣校注),中华书局标点本。
51. 《庆元条法事类》/谢深甫,燕京大学排印本。
52. 《明公书判清明集》/中国社会科学院历史研究所点校,中华书局标点本。
53. 《宋高僧传》/赞宁,中华书局标点本。
54. 《五灯会元》/普济,中华书局标点本。
55. 《大慈恩寺三藏法师传》/慧立,中华书局标点本。
56. 《坛经》/慧能,中华书局标点本。
57. 《广弘明集》/道宣,中华书局标点本。
58. 《法苑珠林》/道世,中华书局标点本。
59. 《续高僧传》/道宣,中华书局标点本。
60. 《七国考》/董说,中华书局标点本。
61. 《唐明律合编》/薛允升(怀效峰、李鸣点校),法律出版社。
62. 《盟水斋存牍》/颜俊彦,中国政法大学出版社。
63. 《敦煌吐鲁番文献真迹释录》/唐耕耦,全国图书馆文献缩微复制中心出版。

64. 《吐鲁番出土文书》(1—9册)/武汉大学历史系等整理,文物出版社。
65. 《睡虎地秦墓竹简》/睡虎地秦墓竹简整理小组,文物出版社。
66. 《张家山汉墓竹简》/张家山二四七号汉墓竹简整理小组,文物出版社。
67. 《敦煌契约文书辑校》/沙知,江苏古籍出版社。
68. 《中西交通史料汇编》/张星烺,中华书局。
69. 《元代法律资料辑存》/黄时鉴辑点,江苏古籍出版社。
70. 《中国历代契约汇编考释》/张传玺,北京大学出版社。
71. 《唐令拾遗》/仁井田陞(栗劲等译),长春出版社。
72. 《唐令拾遗补》/池田温,东京大学出版会。
73. 《令集解释义》/三浦周行、泷川政次郎释义,国书刊行会。
74. 《律》/黑板胜美主编,吉川弘文馆。
75. 《唐律疏议订正上书》/狄生北溪,《改定史籍集览》丛书,近藤活字所出版。
76. 《大织冠传》/群书类丛本,平文社。
77. 《续日本纪》/黑板胜美主编,吉川弘文馆。
78. 《令闻书》/一条冬良,续群书类丛本。
79. 《本朝法家文书目录》/,续丛书类丛本。
80. 《令义解》/黑板胜美主编,吉川弘文馆。
81. 《令集解》/黑板胜美主编,吉川弘文馆。
82. 《类聚三代格》/黑板胜美主编,吉川弘文馆。
83. 《译注日本律令》/泷川政次郎主编,三阳社。

二、学术著作

1. 沈家本:《历代刑法考》,中华书局1985年版。
2. 程树德:《九朝律考》,中华书局2003年1月版。
3. 杨鸿烈:《中国法律在东亚诸国之影响》,中国政法大学出版社1997年7月版。
4. 杨鸿烈:《中国法律思想史》,中国政法大学出版社2004年版。
5. 瞿同祖:《瞿同祖法学论著集》,中国政法大学出版社1998年版。
6. 杨廷福:《唐律初探》,天津人民出版社1982年版。
7. 韩国磐:《北朝隋唐的均田制度》,上海人民出版社1984年版。
8. 黎虎:《汉唐外交史》,兰州大学出版社1998年版。
9. 乔伟:《唐律研究》,山东人民出版社1985年版。
10. 戴炎辉:《唐律通论》,台湾中正书局1965年版,1971年3版。
11. 向达:《唐代长安与西域文明》,生活·读书·新知三联书店1979年2版。
12. 刘俊文:《敦煌吐鲁番唐代法制文书考释》,中华书局1989年版。
13. 栗劲:《秦律通论》,山东人民出版社1985年5月版。
14. 张晋藩主编:《中国法制通史》,法律出版社1999年版。

15. 张中秋:《唐代民事经济法律述论》,法律出版社 2002 年 4 月版。
16. 钱大群:《唐律研究》,法律出版社 2000 年 8 月版。
17. 王立民:《唐律新探》,上海社会科学院出版社 1993 年 6 月版。
18. 陈顾远:《中国婚姻史》,上海书店 1984 年第 1 版。
19. 钱大群、夏锦文:《唐律与中国现行刑法比较论》,江苏人民出版社 1991 年版。
20. 叶孝信主编:《中国法制史》,北京大学出版社 1996 年 10 月版。
21. 康学伟:《先秦孝道研究》,台湾文津出版社 1991 年版。
22. 夏应元:《秦时至隋唐时期的中日文化交流》,收入大庭脩、王晓秋主编:《日中文化交流史丛书》之一《历史》,大脩馆 1995 年 7 月版。
23. 郝春文:《唐后期五代宋初敦煌僧尼的社会生活》,中国社会科学出版社 1998 年版。
24. 杨际平:《均田制新探》,厦门大学出版社 1991 年版。
25. 董家遵:《唐代婚姻研究》,收入《中国古代婚姻史研究》,广东人民出版社 1995 年版。
26. 吴枫:《隋唐历史文献集释》,中州古籍出版社 1987 年版。
27. 韩国磐:《隋唐五代史论集》,上海人民出版社 1979 年 10 月版。
28. 陈寅恪:《隋唐制度渊源略论稿》,河北教育出版社 2002 年版。
29. 韩国磐:《中国法制史研究》,人民出版社 1993 年版。
30. 刘俊文:《唐代法制史研究》,台湾文津出版社 1999 年版。
31. 郭东旭:《宋代法制研究》,河北大学出版社 2000 年 8 月版。
32. 张晋藩主编:《中国民事诉讼制度史》,巴蜀书社 1999 年 5 月版。
33. 刘俊文、池田温主编:《中日文化交流史大系·法制卷》,浙江人民出版社 1996 年 12 月版。
34. 薛梅卿:《宋刑统研究》,法律出版社 1997 年版。
35. 屈超立:《宋代地方政府民事审判职能研究》,巴蜀书社 2003 年版。
36. 陶希圣主编:《唐代土地问题》,"国立"北京大学 1937 年版。
37. 陶希圣主编:《唐代寺院经济》,食货出版社 1937 年 5 月版。
38. 〔日〕佐藤诚实:《佐藤诚实博士律令格式论集》,汲古书院平成 3 年 9 月版。
39. 〔日〕中田薰:《法制史论集》,岩波书店 1985 年 12 月版。
40. 〔日〕桑原骘藏:《桑原骘藏全集》第 3 卷,岩波书店昭和 43 年 4 月版。
41. 〔日〕内藤乾吉:《中国法制史考证》,东京有斐阁 1963 年版。
42. 〔日〕泷川政次郎:《律令格式之研究》,角川书店昭和 42 年 5 月版。
43. 〔日〕泷川政次郎:《日本法制史》,角川书店昭和 44 年 6 月版。
44. 〔日〕森鹿三:《中国的法律、日本的法律》,收入《讲座中国之五·中国和日本》,筑摩书房 1972 年版。
45. 〔日〕道端良秀:《唐代佛教史研究》,法藏馆昭和 32 年版。
46. 〔日〕仁井田陞:《中国法制史研究·刑法》,东京大学出版会 1980 年版。
47. 〔日〕仁井田陞:《中国法制史研究·法与道德、法与习惯》,东京大学出版会 1981 年版。
48. 〔日〕仁井田陞:《中国法制史研究·土地法、交易法》,东京大学出版会1981年版。
49. 〔日〕仁井田陞:《唐宋法律文书研究》,东方文化学院东京研究所昭和12年3月版。
50. 〔日〕《井上光贞著作集》第5卷《古代的日本和东亚》,岩波书店198年3月版。
51. 〔日〕水本浩典:《律令注释书的系统研究》,塙书房1991年2月版。
52. 〔日〕利光三津夫:《律之研究》,名著普及会昭和63年3月版。
53. 〔日〕利光三津夫:《律令及令制研究》,明治书院1959年版。
54. 〔日〕布施弥平治:《明法道之研究》,新生社昭和41年9月版。
55. 〔日〕松本政春:《律令兵制史的研究》,浦文堂2002年6月版。
56. 〔日〕浅井虎夫:《中国法典编纂的沿革》,汲古书院昭和52年4月版。
57. 〔日〕宫地直一:《神道史研究序说·神道史1》,收入《宫地直一论集·5》苍洋社刊,昭和60年2月版。
58. 〔日〕池田温主编:《中国立法和日本律令制》,东方书店1994年4月版。
59. 〔日〕坂本太郎:《坂本太郎著作集》第7卷《律令制度》,吉川弘文馆平成元年3月版。
60. 〔日〕金子修一:《古代中国和皇帝祭祀》,汲古书院平成14年3月版。
61. 〔日〕国学院大学日本文化研究中心编:《日本律复原之研究》,国书刊行会昭和59年版。
62. 〔日〕堀敏一:《律令制与东亚世界》,汲古书院1994年版。
63. 高道蕴、高鸿钧、贺卫方主编:《美国学者论中国传统》,中国政法大学出版社1994年版。
64. 谢和耐:《中国五—十世纪的寺院经济》,耿生译,甘肃人民出版社1987年5月版。
65. 童丕:《敦煌的借贷》,余欣等译,中华书局2003年版。

三、学术论文

1. 杨廷福:《〈唐律疏议〉制作年代考》,《文史》第5辑,1978年版。
2. 蒲坚:《试论〈唐律疏议〉的制作年代》,《法律史论丛》第2辑,1982年版。
3. 刘俊文:《敦煌写本永徽东宫诸府职员令残卷校笺》,《敦煌吐鲁番出土文献研究论集》,北京大学出版社1986年版。
4. 戴建国:《天一阁藏明抄本〈官品令〉考》,《历史研究》1999年3期。
5. 霍存福:《论礼令关系与唐令的复原》,《法学研究》1990年3期。
6. 荣新江、史睿:《俄藏敦煌写本〈唐令〉(ДХ.3558)考释》,《敦煌学辑刊》1999年第1期。
7. 郑显文:《日本〈令集解·僧尼令〉与唐代宗教法比较研究》,《政法评论》2001年卷,中国政法大学出版社2001年版。
8. 陈鹏生、陈汉生:《孔子的"孝"义及其对封建法制"不孝入罪"的影响》,收入乔伟主编:《孔子法律思想研究》一书,山东人民出版社1986年版。
9. 刘俊文:《唐律与礼的密切关系例述》,《北京大学学报》1984年第3期。

10. 王立民:《论唐律令格式都是刑法》,《法学研究》1989 年 4 期。
11. 郑显文:《律令制下的日本神祇祭祀》,《世界历史》2004 年第 2 期。
12. 施一揆:《元代地契》,载《历史研究》1957 年 9 期
13. 陈国灿:《对唐西州都督勘检天山县主簿高元祯职田案卷的考察》,收入《敦煌吐鲁番文书初探》一书,武汉大学出版社 1983 年 10 月出版。
14. 杨际平:《敦煌出土的放妻书琐议》,《厦门大学学报》1999 年第 4 期
15. 范邦瑾:《唐代蕃坊考略》,《历史研究》1990 年 4 期。
16. 陈尚胜:《唐代的新罗侨民社区》,《历史研究》1996 年 1 期。
17. 郑显文:《唐代债权保障制度研究》,《西北师大学报》2003 年 1 期。
18. 陆庆夫:《唐宋间敦煌粟特人之汉化》,《历史研究》1996 年 6 期。
19. 宁志新:《试论唐代市舶使的职能及其任职特点》,《中国社会经济史研究》1996 年第 1 期。
20. 刘玉峰:《试论唐代海外贸易的管理》,《山东大学学报》2000 年 6 期。
21. 李庆新:《论唐代广州的对外贸易》,《中国史研究》1992 年 4 期。
22. 何兹全:《中古时代之中国佛教寺院》,《中国经济》1934 年 9 月。
23. 韩国磐:《传世文献中所见的唐式辑存》,《厦门大学学报》1994 年第 1 期。
24. 白文固:《唐代僧尼道士受田问题辨析》,《社会科学》(甘肃)1982 年 3 期。
25. 魏明孔:《隋唐寺院手工业述论》,载《法门寺研究通讯》1998 年第 12 期"98 法门寺唐文化国际学术讨论会专号"。
26. 霍存福:《唐式性质考论》,《吉林大学学报》1992 年第 6 期。
27. 黄正建:《唐式摭遗》,《98 法门寺唐文化国际学术讨论会论文集》,陕西人民出版社 2000 年版。
28. 高树异:《唐宋时期外国人在中国的法律地位》,《吉林大学学报》1978 年第 5、6 期。
29. 苏钦:《唐明律"化外人"条辨析》,《法学研究》1996 年第 5 期。
30. 何勤华:《唐律债法初探》,《江海学刊》1984 年第 6 期。
31. 高潮、刘斌:《敦煌所出买卖契约研究》,《中国法学》1991 年第 3 期。
32. 齐陈骏:《有关遗产继承的几件敦煌遗书》,《敦煌学辑刊》1994 年第 2 期。
33. 邢铁:《唐代的遗嘱继产问题》,《人文杂志》1994 年第 5 期。
34. 刘俊文:《论唐格——敦煌写本唐格研究》,《敦煌吐鲁番学研究论文集》,汉语大词典出版社 1991 年版。
35. 魏道明:《中国古代遗嘱继承制度质疑》,《历史研究》2000 年第 4 期。
36. 杨廷福:《唐代妇女在法律上的地位》,《法律史论丛》第 3 辑,法律出版社 1983 年版。
37. 陈汉生、赵翔:《唐代商事立法探究》,《政治与法律》1989 年第 1、2 期。
38. 林咏荣:《唐明律的比较研究》,《法学丛刊》1962 年 10 月出版。
39. 〔日〕仁井田陞、牧野巽:《故唐律疏议制作年代考上、下》,《东方学报》第 1 册、第 2 册,1931 年;后被律令研究会收录于《译注日本律令一、首卷》,东京堂 1978 年影印

出版。

40. 〔日〕冈野诚:《日本的唐律研究——以文献学研究为中心》,《明治大法律论丛》54卷4号,1982年版。
41. 〔日〕小林宏:《关于〈唐律疏议〉的原文》,《国学院法学》12卷2号,1974年版。
42. 〔日〕奥村郁三:《唐律的刑罚》,《大阪市大法学杂志》8卷2号,1961年版。
43. 〔日〕滋贺秀三:《唐律中的共犯》,收入《清代中国的法与审判》,创文社1984年版。
44. 〔日〕池田温:《关于唐代律令的继承》,《日本思想大系月报》,1976年版。
45. 〔日〕菊池英夫:《论唐代史料中令文与敕文的关系》,《北海道大学文学部纪要》21:1,1973年版。
46. 〔日〕板上康俊:《〈令集解〉中所引用的唐令》,《九州史学》第85号,1986年版。
47. 〔日〕池田温:《唐令与日本令——〈唐令拾遗补〉编纂集议》,收入《中国礼法与日本律令》东方书店1992年。
48. 〔日〕桑原骘藏:《王朝律令和唐律令》,《历史和地理》,第6卷5号,大正6年11月出版。
49. 〔日〕布目潮渢:《试论汉律体系化—有关列侯之死刑》,《东方学报》第27册,昭和32年3月出版。
50. 〔日〕梶山胜:《"汉委奴国王"金印与弥生时代的文字》,收入《古文化丛谈》第30集上,1993年版。
51. 〔日〕岩桥小弥太:《唐律与日本律》,《历史教育》第9卷3号,1961年版。
52. 〔日〕奥村郁三:《日唐律之比较》,日本关西大学《法学论集》8卷3号,后收入《日本古代法之研究》,法律文化社1959年版。
53. 〔日〕川北靖之:《日唐律比较研究序说》,收入《律令制的诸问题——泷川政次郎博士米寿纪念论集》一书,汲古书院昭和59年5月出版。
54. 〔日〕太田晶二郎:《天地瑞祥志略说》,原文发表于昭和48年《东京大学史料编纂所报》第7号,后收入《太田晶二郎著作集》第1册,吉川弘文馆平成3年8月出版。
55. 〔日〕仁井田陞:《汉魏六朝的土地买卖文书》,《东方学报》东京第8册,昭和13年1月。
56. 〔日〕安江和宣:《大尝祭神馔供进之仪式》,收入《续大尝祭之研究》一书,皇学馆大学出版部平成元年6月出版。
57. 〔日〕仁井田陞:《明清时代的人卖人质文书研究》,《史学杂志》第46编4、5、6号,昭和10年4、5、6月出版。
58. 〔日〕冈野诚:《唐律中关于禁婚的范围》,日本法制史学会《法制史研究》第25辑,1975年版。
59. 〔日〕加藤繁:《唐代不动产的"质"》,收录于《中国经济史考证》第1卷,商务印书馆1959年版。
60. 〔日〕泷川政次郎:《〈令集解〉中所见的唐代法制史料》,收入《中国法制史研究》东京有斐阁 1941 年版。
61. 〔日〕二叶宪香:《作为〈僧尼令〉先行法的〈道僧格〉》,收入《奈良佛教论集》第 2 卷《律令国家和佛教》一书,雄山阁出版株式会社 1994 年 7 月出版等。
62. 〔日〕中井真孝:《僧尼法的起源——以任僧纲条为中心》,收入朝枝善照主编《律令制国家和佛教》一书,雄山阁出版公司 1994 年 7 月出版。
63. 马伯良(Brian E. Mcknight):《〈唐律〉与后世的律:连续性的根基》,《美国东方学会学刊》(Journal of the American Oriental Society),收入高道蕴等主编《美国学者论中国法律传统》,中国政法大学出版社 1994 年版。
64. 崔瑞德:《初唐法律论》,张中秋译,《比较法研究》1990 年第 1 期。

后　记

　　这本小书是笔者自1997年到中国政法大学工作后所撰写的部分研究成果。

　　时光荏苒,岁月如梭。从1983年步入神秘的大学课堂至今已有二十几个年头了。这期间虽屡经辗转,四处求学,饱尝了世事的艰辛与清贫,但我仍痴心不改。现即将跨入不惑之年,虽曰"不惑",反而觉得更加困惑,发现自己所学甚寡,所知甚少,今后仍需加倍努力。在此姑且引屈原《离骚》中的一句话以自勉:"路漫漫其修远兮,吾将上下而求索。"

　　二十余年来,我由一个涉世未深的青年成长为一名大学教师,固然有自己的努力,但与众多老师的提携、妻子的支持、朋友的关怀是分不开的。可以说没有他们的帮助,也就没有我的今天。在此,我要深情地对他们说一声"谢谢!"。

　　首先要感谢的是我大学的启蒙老师高蕴华先生。高老师虽非名家大师,但他对事业的追求、对学生认真负责的态度却丝毫不逊色任何一位名家。正是高老师把一名名像我这样的无知青年引向了治学之路。1994年,当我收到博士录取通知书的时候,高老师因常年劳作,被肺癌夺去了年轻的生命。在他弥留之际,仍写信勉励我治学要持之以恒,切勿松懈,争取在自己的研究领域取得更大的成绩。

　　此后,我又有幸遇到了吴枫和宁可两位老师。吴老师是著名的文献学专家。他强调研究历史要从基本的文献资料入手,不要先入为主,尤其不能凭主观想像构筑材料,这种治学态度对我影响很大。宁可先生是国内知名的学者,素以治学严谨而著称。我在读博士期间,经常看到先生为核对一条材料而奔走于各个图书馆之间。宁先生对我们也关爱有加,甚至在我毕业之后,也是有问必答,如这本小书中的某些章节就曾请先生审阅过。

　　1997年,我被分配到中国政法大学工作。单位的领导和同事们给了我很多帮助。尤其是徐世虹教授和沈厚铎教授,两位先生无论是在学业上或是在生活上都曾给予了许多无私的帮助。2002年至2003年,我在日本皇学馆大学作研究员期间,皇学馆大学的渡边宽教授、荆木美行教授和岛原泰雄教授等在各方面给予了关照,已故的皇学馆大学校长大庭脩教授为促成此次学术交流出力颇多,本书的第二章就是笔者在日本学习期间撰写完成的。

正如每一位成功的学者背后都有众多的师友帮助一样,这二十余年来,自己每向前迈进一小步,都离不开导师和单位领导的支持与关怀。今后我将继续努力,争取撰写出更多的学术精品著作。

最后,感谢中国政法大学科研处的领导为本书的出版所作的努力,尤其是杜学亮老师为本书联系出版到处奔走!感谢北京市社会科学理论出版基金会为本书的出版提供了这一难得的机会!感谢北京大学出版社出版此书!

郑显文
2004 年仲夏于京郊军都山下法大公寓

文字不清